JN287860

ヨーロッパ思想史における〈政治〉の位相

ヨーロッパ思想史における〈政治〉の位相

半澤孝麿

岩波書店

凡　例

一　文献の引用または参照に当たって邦訳を使用した場合、煩を避けるため、原則としてその邦訳名のみを表示し、原書の著者名、書名は省略した。また、原書の出版年を算用数字で括弧内に表示し、訳書の出版年は省略した。

（例）A・O・ラヴジョイ『存在の大いなる連鎖』（1936）（内藤健二訳、晶文社）

一　訳文は概ね当該訳書によったが変更した場合もある。必要と考えられる場合にはその旨をそれぞれの箇所で明記した。

一　本文中、邦訳書のない文献に言及する場合、題名の邦訳を記し、続いて原題名・出版年を括弧内に表示した。

（例）Q・スキナー『近代政治思想の基礎』（*The Foundations of Modern Political Thought*, 1978）

一　慣行に従って『　』、「　」はそれぞれ、書名、論文名または引用を表示するが、〈　〉は、著者による特定の用語法または強調を示す。

一　人名表記は、概ね『岩波西洋人名辞典』その他、慣用に従ったが、シェイクスピア、ベイコン、コウルリッジ等、二重母音を示す表記に変更した場合がある。

目次

ヨーロッパ思想史における〈政治〉の位相

目次

序　章　主題と方法

本書は、相互に深く関連し合うもののそれぞれは独立の主題を持つ四つの章から成り立っている。そのいずれもが、特定の思想家を個人として全体的・総合的に論ずるいわゆるモノグラフではなく、時代を異にする複数の思想家の言説に共通な、特定の局面を対象とする、いわば主題別の思想史、通時的な観念史の物語である。

さて、政治とは何らかの意味で権力を手段とする社会の統合作用であるとするならば、あらゆる社会、とりわけ国家と呼んでよい社会に政治は存在するし、また、政治が存在する限り、それに関する理論的思考すなわち政治思想もまた存在するであろう。当然のことながら、それぞれの社会において政治が語られる言葉は、当該社会の文化全般、とくにその規範言語と相関的である。本書の対象とするヨーロッパ政治思想史もその例外ではあり得ない。ところが、ヨーロッパ産の政治語彙がほとんど普遍的な価値として語られる現代にあっては、その事実はしばしば無視されるか、または忘れられがちである。そして、それらの語彙は、それぞれがいかなる意味で普遍性を持つのか、あるいは、そこにはいかなる人間論的前提があるのか、明確にされないまま、イデオロギーの市場に流通することになる。それは、使用される言葉の意味を一つずつ精確にして議論を進行させることが事実上不可能な、さまざまなレヴェルでの教科書の世界にとくに著しい。このことは、わが国のような非ヨーロッパ世界において、政治について明晰な理論的思考を追求する上で少なからぬ阻害要因となるであろう。とすれば、そこから脱却するためには、ヨーロッパにおいて、最も広い意味で政治思想と呼んでよい歴史的な思想現象の中で、何が、どのような意味で、ヨーロッパに固有のものなのかを明らかにしていくという基礎的作業が、たとえ迂遠ではあっても求められるのではないだろうか。では、それを明らかにする思想史的再現として何が可能か。また、それを試みるに当たって、いかにすれば、政治思想史の歴史研究としての任務を強調してきた立場から従来の通時的政治思想史に対してしばしば向けられてきた〈非歴史性〉、〈神話性〉の批判に耐えることができるのか。以下の四章は、それぞれの主題を通しての、この二つの問いに対する具体的回答の試みである。

まず第一章では、ヨーロッパ政治思想史において最も強力な倫理的力《モラル・フォース》を振るってきた、その意味で最重要価値たるに相違ない「自由」と言う言葉を取り上げ、この言葉の意味を構成する観念の集合を〈状態としての自由〉と〈能力としての自由〉との二つに整理して、その内容、組み合わせの歴史的変化を古典ギリシア時代から現代まで選択的に跡付ける。第二章では、ヨーロッパにおいては、とくにキリスト教成立以降、〈政治〉に対して、それを相対化する〈非政治〉の強い論理の磁場が働いていたのではないか、との仮説を設定し、その歴史的位相の変化を、「キリスト教的愛」および「友情」という言葉や、知識人の独立の観念を追跡することによって明らかにしようと試みる。これは、第一章に見た「自由」の価値を前提にした上での、人間の最も基礎的な連帯の原理の問題である。対して第三章は、前二章のように古典古代から現代までを通観するのではなく、十六世紀という一つの時代における思想家たちの世界理解の推移を、ペシミズムの昂進を基調に想定して追う。この章は、とくにわが国の政治思想史研究において長い間自明と考えられてきた普遍主義的「近代」概念に対する一つの疑問を提出し、それとはいささか異なるヨーロッパ近代概念を示唆するための章でもある。この問題を考えるとき、とりわけ十六世紀をどう理解するかは重要な分かれ道となるであろう。最後に第四章は、少なくとも十八世紀の中葉まで支配的だったヨーロッパの歴史意識は、その核心においては保守的なものだったのではないかと想定しながら、なおかつ、政治思想としての保守主義は、世俗化の時代たる近代を俟ってはじめて展開したと考え、十六世紀以降のその形成と特質を、三つの類型を設定してそれぞれに追求する。

これらの章全体を貫通する主題・方法上の意図は、ヨーロッパの政治思想を、及ぶ限りその規範言語全体との関連において捉え直してみることであり、言い換えれば、〈ヨーロッパ思想史の中の政治〉の位置とその位相の考察である。そのキー・ノートは〈非政治的なもの〉にある。四つの個別主題とそれぞれを扱う手法は、ある意味ではそれぞれ独立に、対象の性質に即して直観的に選択されたものではあるが、いずれの章においても、その章の主題と関わる主要な観念または概念の通時的な特質あるいは型の叙述を通してヨーロッパ政治思想の固有性の再現を目指すという点で、また、この目的のために、それぞれ説明のための基礎的な作業仮説を設定し、その仮説を、取り上げた思想家の個々の作品のテクスト解釈として裏付けるという手続きを取るという点で、さらには、考察の素材を従来の政治思想史の正典以外にも、また通常は他分野の対象とされている作品にも拡大して求めようとする点で、すべて共通である。ここで、とりわけ個々の作品のテクスト解釈を重視するという意味は、取り上げるテクストについて、断片的な言葉の引用を慎み、可能な限りそのテクスト全体の蓋然的著作意図に即して理解することに努めるという意味である。叙述の重心をそこに置くのは、何よりも、ここでの論議に対する反証可能性を明らかにしておく必要があると考えるからである。さもなければ、思想史研究における蓄積は不可能であろう。

　だが、なぜ、従来の多くの政治思想史が、非歴史的として批判されなければならないのか。それを説明することは、取りも直さず、研究史における本書の位置を確認することである。以下、この序章では、もっぱらこの点に焦点を絞って考察してみたい。ところで、丸山真男は、日本思想史における歴史意識の「古層」論の展開に先立つこと一〇年、一九六一年の講演「思想史の考え方について」の中で、次のような、対象に即した思想史分類論を述べている。すなわち、「対象という点から見ましても、いろんな種類の思想史がプルーラルに成立しえます」が、「少なくも現在まで存在した思想史は、対象から分類していくと」、「教義史」、「諸々の観念の歴史」、「時代精神ないし時代思潮の歴史」の三種類に分けることができる。ただし、「学問の独立の分野としての思想史の自覚」が現われてきたのは、後二者において初めてである。丸山は、こう論じた上でさらに、政治思想史は「一方では政治学という専門科学の一ジャンルとしても考えられるし、もう一方から言えば政治、経済、教育、芸術、宗教といったいろいろな領域にまたがる人間活動全体の中で、政治という人間活動の側面において働く思想にウェイトをおいた思想史としても考えることもできる」、という分類を重層的に示している。ここで丸山は、広い意味での政治思想史において、「教義史」として政治学に従属する「政治学説史（政治学史）」と、自らの学問的独立を自覚した「思想史」として、より広範な問題を視野に入れつつしかも政治に相対的に大きな比重を置くという意味での「政治思想史」とを区別している。こうした丸山の分類は、それまでの彼の「政治思想史」研究と、その後彼が模索する「思想史」との間の、彼の中での深まり行く緊張関係を暗示するかに思われるが、それについては、彼がそこで後者の例として挙げているA・O・ラヴジョイの「観念史」の問題とともに、後に触れることにしたい。もちろん、学説史といえども実際の作業においては、「政治学史は政治学の一分科である」と宣言しながらなお、「学説史における思想の重要性を見逃すのは、学説史を貧しくするだけである。論理的完結性をもった学説でさえ、理論に先立つ思想があり、思想を営む人間がある」という福田歓一の言葉が示すように、実際上は両者の分界は相対的、流動的であり、また、そうでなければならないであろう。それでも、丸山の分類に即して言えば、次に述べるように、従来の多くの政治思想史はむしろ政治学説史（理論史）であった。これに対して、〈思想史の中の政治〉を主題とする本書は、理論史を無視するものでは無論あり得ないが、それでも、より多く、独立した思想史としての政治思想史を目指すものであるということは、予めここで明らかにしておきたい。とすれば、従来の多くの政治思想史に対する非歴史性、神話性の批判は、正確には政治理論史に対してのものであると言わなければならない。それはいかなる意味で正当な批判であるのか。そこで、従来の政治思想史ないし政治理論史の、歴史叙述としての性格を振り返ってみよう(1)。

ヨーロッパにおいて、実質的には政治史を中心とする一般的な歴史叙述は、周知のように、古典ギリシア時代と共に古い。これに対して通時的な思想史——人間が自己の意識の時間的変遷を対象化した歴史——叙述の成立は、十八世紀中葉以降、主としてドイツにおいてであり、それはヘーゲルの高名な講義の題名が示すように、「哲学史」としてであった。そして、ヘーゲル以来哲学史の中に含まれていた政治思想史がそこからさらに独立したのは、あるいは福田の言うように十九世紀中葉のブルンチュリにおいてかもしれないが、今日の政治思想史または政治理論史との連続性という点では、W・A・ダニング（W. A. Dunning）『政治学説史』（*A History of Political Theories*, 1902–1906）頃以来と見るのが妥当であろう。今ではほとんど忘れられたかに見える歴史家G・P・グーチ（G. P. Gooch）が、イギリスで最初のデモクラシーの政治思想史と自負した『十七世紀イギリスの民主主義思想』（*English Democratic Ideas in the Seventeenth Century*）を世に送ったのは一八九八年、それがH・J・ラスキの助けによって再刊されたのは一九二七年のことであった。とすれば、現在では多くの大学で当然の科目とされている政治思想史（理論史）の歴史は、僅かに一世紀ほどのものでしかない。ダニングはその「序説」で主題を提示して、権力の現象、すなわち家族や氏族とは異なったものとしての国家が社会生活上の決定的要素となった時から政治学の歴史は始まるとし、国家が消滅するとき、政治理論史もまた消滅するであろうとしている。そこに示されているように、理論史型の政治思想史は、現在に至るまで、国家論、権力論、あるいは国家の下での自由などを主題としてきた。このことは、かつて最も標準的なテクスト・ブックとされ、福田も「都市国家の理論、普遍的共同体の理論、国民国家の理論の三部構成をとっていることに、特に多くの示唆を受けた」と述べているG・H・セイバイン（G. H. Sabine）『政治理論の歴史』（*A History of Political Theory*, 1937）においても変わらず、それが現在まで続く多くの政治思想（理論）通史のプロトタイプとなっていると言ってよい(2)。二十世紀の前半、大学における一専門分野として成立してきた政治理論史にとって、初期におけるそうした主題の選択または限定は、それが「政治学の一分科」と考えられた以上は当然であった。その時、政治学が直面していたのは、普通選挙制という形でのデモクラシーの制度的完成、すなわち、ヨーロッパにとって、政治社会の規模の未曾有の拡大と質的変化であり、ウェーバーに倣って言えば、「職業としての政治」の出現という状況であった。

この状況の下で、こうした主題をめぐって展開された理論史型政治思想史には、歴史叙述として顕著な一つの特徴があった。それは、一言で言えば、強い神話創出的性格である。すなわち、成立してきた政治理論史には、たとえばダニングがより理論発展史的であるのに対してセイバインはより歴史主義的であるといった個人的差異はあるにせよ、全体的には、古典ギリシア以来、とりわけ十六世紀以降の、近代的・普遍的・デモクラティックな政治理念の連続的発展を跡付けるという、〈ヨーロッパ政治理念成長史〉という性格があった。この特徴は、戦間期および戦後初期にとくに顕著であったが、それは、この時期、ヨーロッパにとってファシズム、全体主義の脅威が文字通り現実のものであったことを考えれば何ら不思議ではない。ヨーロッパにおけるヨーロッパ政治思想史は、切迫した危機を前にして、それらの脅威に対抗する自己の精神的遺産の絶対的・普遍的価値を確認しなければならなかった。自己の属する文化の政治思想史を語る行為は、同時に、文明そのものに外ならない自己の政治的伝統を擁護するための、まさに政治的行為であった。一九六〇年代末以降、Ｑ・スキナーらの激烈な批判の対象とはなったが、とくにこの時期の政治思想史が、政治的神話創造を強く志向したのには、十分な理由があったと言うべきであろう。神話は、それに共感する読者の存在によって一つの歴史的実在となる。一九四八年、ケンブリッジの初代政治学教授Ｅ・バーカーに、自然法の歴史についての次のような言葉がある。

> 自然法の観念の起源は、永遠不変の正義の概念へと向かわせる、古く、破棄しがたい人間精神の運動……に帰すべきであろう。人間的権威はこの正義を表現する、いや表現すべきであるが、決して作りはしない。……この正義は、宇宙の性質から、すなわち神の存在と人間理性とから発するより高次の、いや究極の法と概念されている。……これらの概念とその帰結へと向かう人間精神の運動は、アリストテレスの『倫理学』と『修辞学』の中にすでに姿を現している。だが、この運動が最初の大規模かつ一般的表現を達成したのは、ヘレニズム時代のストア

派思想家たちにおいてであった。そして、その表現は……人間の文明性(civility)の一つの伝統となり、この伝統が『歩廊』のストア派教師たちから、一七七六年のアメリカ革命、一七八九年のフランス革命にまで連綿として続くのである。

同様の態度は他にも、早くも一九三八年、A・P・ダントレーヴが「政治思想への中世の貢献」を論じ、また戦後になってF・ワトキンスが、「古代ギリシア、ローマの日々以来、法の下での自由の概念は、西欧の政治生活の特徴」であって、この法の支配の原理こそ「人類の歴史に対する西欧の際だった貢献である」と論じているところにも、さらにはA・D・リンゼイが、近代民主主義国家とはギリシア、ローマの立憲主義と中世の多元主義の伝統への復帰である、と論じているところにも見ることができる。このように、ヨーロッパ政治思想は、とくにデモクラシーの理念において普遍人類的な文明の価値を体現するものであり、その歴史には実体的連続と発展があるとする観念は、まさに五〇年代までの政治思想史研究のパラダイムそのものであった。長い時代を生きたバーカーも、わが国の戦後一時期を圧倒的に支配した後、今や没却の淵にある感すらするラスキも、それぞれの政治的立場を越えて、このパラダイムを生き続けた。それだけではない。戦後四半世紀近く経過した一九六八年、J・プラムナッツの次のような発言がある。

ロックはもちろん民主主義者でなく、導入部の議論から民主主義的結論が引き出されないような限定をきっちりとしている。しかし、彼は、すべての人間がたんに人間であるがゆえに有する権利について語り、政府はこれらの権利を保護する義務を持ち、臣民は、この義務が果されない時、政府に抵抗する権利を持つとも論じている。彼の議論は、彼も彼の同時代人もそのような結論を引き出さなかったにもかかわらず、民主主義的な含意を持っ

ているのである。(3)

だが、ここで引用した二人の言葉について、その歴史認識としてのステイタスを考えてみると、まずバーカーの言葉においては、「自然法」という言葉があまりにも過積載であることは明らかである。そもそもアリストテレスにおいて自然法の観念そのものが存在していたか否か疑問であるところに始まり、ストア、中世、近代の自然法概念の共通性は何なのか、いや、その三つそれぞれについてすら、何を基準にしてそうした概括が歴史的に正当化されるのか、問題は尽きない。これは、異なる理論家たちの用語の一致から理論の実体的同一性を推定する、スキナーのいわゆる「教義の神話」の一典型例であろう。ただし(アリストテレスは別としても)、少なくともストア以降のヨーロッパ政治思想史において、「自然法」または「自然」という同じ言葉が政治理論の中心に使われ続けたという事実は厳としてあり、その事実をどう理解するか、連続の過度の実体化は拒否するとしても、答えは一義的ではあり得ない。実際、独り「自然」に止まらず、多くの政治的語彙の、時代を超えた持続性は、まさにヨーロッパ政治思想史に特徴的な事実であって、この事実への対応は、とりわけ一九七〇年代の方法論論争以降、政治思想史研究者すべてに共通する課題であると言ってよい。そして、本書全体もまた、一つにはこの問題の処理のためのものであるということを、ここで明言しておきたい。

次に、プラムナッツの言葉について言えば、明らかにロックが意図しなかった、と言うよりは積極的に回避したかもしれない「含意」をそこに見出そうとしているのは、思想家の発言の歴史的意義(と研究者が認定するもの)と、その発言を行った行為主体(思想家)の蓋然的意図とを無批判に融合させるものであって、スキナーの表現を借りれば、「予期の神話」以外の何ものでもない。当該思想家の意図に反してまで何らかの「含意」を見出そうとするならば、極言すれば、あらゆる恣意的な思想史の構成が可能となろう。それぞれの神話を産んだ特定の政治の季節が過ぎ行くとともに、その神話の「神話性」が虚偽の同義語として意識され、批判の対象となるのは不可避である。世代を異にするスキナーの問題提起は、二十世紀前半に新しい学問分野として政治思想史が登場して以来半世紀、それに対する最初の全面的異議申し立てであったが、ある意味では、それは、スキナーならずとも誰かがなすべき発言だったであろう。もちろん、自然科学におけるパラダイムの転換とは異なり、政治思想史においては、すでに述べたように、同じ認識と課題の意識を共有する著者と読者がいる限り、プラムナッツのように、同じ神話は繰り返されるであろう。この事情は、こうした議論を大きく受け入れた同時代の日本の学界についても妥当する。その受容は、わが国においても政治学研究者が、ヨーロッパにおけるのと共通の状況認識を持っていたからこそであったに違いない。そのことは、戦前から戦後初期にかけて政治思想史研究者が熱心に論じた、いわゆる「多元的国家論」、マルクス主義を始めとする社会主義、あるいは比較的最近でも、市民社会成立史論などを思い出してみれば明らかである。

ところで、今取り上げたのは主として戦間期から戦後にかけてのアングロ・アメリカの政治理論史であるが、それとは位相を異にし、また、それ自身は政治思想史ではないものの、実質的には理念成長史と見られるという意味ではパラレルの議論が、二十世紀初めからのドイツにあったことは、とくに日本におけるヨーロッパ政治思想史研究の過去を考えるためにも、一言付け加えて置くべきであろう。すなわち、ヘーゲルを出発点とし、それ以来のドイツ哲学思想史の伝統と新カント派の科学論を結合しようとした、ディルタイに見られる〈精神史〉である。ここでは、人間の意識――心の動き――を対象とする科学として、明確に自然科学と区別された精神科学が構想され、歴史過程全体が、人間の「生」の本質的共同性を根拠に、一人の個人の生における精神の成長過程に類推される。そして、とりわけルネサンスと宗教改革の時代が、個人の人生における青年期として描かれる。(4) 人間はかつての自己の内面の様子を思い出すかのように、歴史の過去を追体験することができるというのが、そうした思想史叙述の根拠であった。科学的に装いを変えてはいるが、これもまた、(特殊ドイツ的という形容詞を付すべきではあろうが)やはり、一つの理念成長神話の創出であろう。ただし、そこで成長したとされるのは、それ自身科学とされている、人間のより正確な自己理解であり、その「進歩」であった。ディルタイ以後、国民国家理念の形成史を語ったF・マイネッケ『近代史における国家理性の理念』(1924)も、同じ系譜に属する理念発展史と見ることができよう。マイネッケのも含めてこのドイツ「精神史」は、デモクラシーに対する態度においても、国家の意味付けにおいても、アングロ・アメリカ系の政治理論史とはかなり異なる性格のものである。また、驚くべきことに、最近およそ四半世紀前に至るまで半世紀以上も、両者の相互交渉はほとんどなかったのが事実である。にもかかわらずそれは、日本におけるヨーロッパ政治思想史の、とくに初期近代に関する叙述の重要な素材を提供してきた。それについては、丸山真男のヨーロッパ政治思想史理解と関連して後に述べる。

このように、理論史型政治思想史には、共通して理念成長史的性格が見られる。それは、一面では、T・クーン『科学革命の構造』(1962)以前の、多くのジャンルの学説史に共通の特質だったのかもしれないが、やはり、より本質的には、すでに述べたように、その成立と発展期の政治状況の然らしめた、ヨーロッパの研究者たちの危機意識の現われと見るべきであろう。注(1)に引用したようにスキナーは、正確な自己認識の必要性を、一九七〇年以降展開されるその批判活動の出発点に置いたが、その時彼が、彼の批判の対象とされた戦間期から戦後初期の研究者たちにおいてもまた、激しく動揺する世界にあって自己の歴史的位置と可能性を知りたいという、自己認識への強いドライヴが働いていたことをまったく否定したのだとすれば、それは不遜の誹りを免れないであろう。そこでの自己認識の中心課題は、デモクラシーへの自己の社会の潜在的能力、および全体主義政治への対抗能力を、自己の伝統の中に発見し、確認することであった。「学問的認識は必然的に人間の自己認識の意味をもつ」のは普遍的真理だとしても[5]、また、歴史を書く行為はすなわち社会的行動であるということも自明だとしても、とりわけこの時期のヨーロッパの研究者たちにおいては、自己認識の動機と、一つの政治行動としての思想史叙述が不可分なものとして、強く意識されていたと見なければならない。同じ意識は、戦後の日本においても存在した。丸山真男は一九五七年に執筆され、後に同名の「岩波新書」に収録された論文「日本の思想」の「まえがき」において、「日本思想史の包括的な研究がなぜ貧弱なのか」と問いを発し、「自己認識の意味」と題した項目で次のように述べている。丸山においても自己認識と行動とは一つのものであった。

問題はどこまでも超《スーパー》近代と前近代とが独特に結合している日本の「近代」の性格を私達自身が知ることにある。ヨーロッパとの対比はその限りでやはり意味があるだろう。対象化して認識することが傍観とか悪口とかほめるとかけなすとかといったもっぱら情緒的反応や感覚的嗜好の問題に解消してうけとられている間は、私達の位置から本当に出発することはできない(6)。

とすれば(眼をヨーロッパに戻して)、そこで語られたヨーロッパ政治思想史物語に、後の世代から見れば無意味な神話的要素が濃厚にあったとしても、そのこと自体は必ずしも非難に値するものとは言えないであろう。もちろん、神話と虚偽との境界は紙一重であり、流動的であるとしても、実際、極端な例外を除けば、それらのすべてが非歴史的な虚偽や記時錯誤《アナクロニズム》だったわけではない。むしろ、歴史叙述としてのその問題は、より本質的には、そこで、広い意味で政治思想と呼んでよい現象の中でも国家論を中心とする、しかもそのうちの特定の主題のみが選択されたこと、およびそこから来る叙述の一面性、すなわち、そうした主題選択の裏面として、政治を取り巻く思想史上の他の重要なテクストや主題が恣意的に排除されたこと、などにあったのではないだろうか。もちろん、この問題は、大学における専門分化という制度的要因と不可分でもあろうが、いずれにせよ、この点についても修正を試みるのが本書の一つの意図でもある。

以上は、従来のヨーロッパにおけるヨーロッパ政治思想史研究に対する本書の位置の問題である。そこで、次にその日本における研究との位置関係を確認しておきたい。さて、日本におけるヨーロッパ政治思想史研究は、当然、ヨーロッパのそれに多くを負うものではあったが、さりとてその輸入に終始したわけではない。とりわけ戦後においてそれは、それ自身に独自の一つのパラダイムを成立させていた。その特質は、一言にして言えば、強い中世・近代非連続史観である。だが、今にして思えばそれは、戦後日本が必要とした一つのヨーロッパ近代神話であった。これについてもやはり、出発点は丸山に求めなければならない。ここで取り上げるのは、とくにその前期諸作品である。ただし、後期の丸山は、かつての自己の日本政治思想史研究とは方法的に著しく異なった日本思想史研究に進み、時には前者を撤回するかのような発言もしている。丸山論がここでの主題なのではないが、以下その事実も念頭に置きながら考えてみたい。

さて、丸山の政治思想史が、日本を対象としながらも、常にヨーロッパを一つの重要な引照基準としていることは明らかである。それは、右の引用の中の「ヨーロッパとの対比はその限りでやはり意味があるだろう」という言葉に端的に見られるように、日本の近代を論じている場合だけでなく、「もちろん漢語の「自然」が人為や作為を俟《ま》たぬ存在だという意味では、それは“natura”と同様に、「おのずから」の意に通じている」という「歴史意識の「古層」」の言葉のように、固有に日本の思想を論じている際にも姿を現している。ここでは、最初期の作品「近世日本政治思想における「自然」と「作為」」(一九四一年)の中に、そのヨーロッパ像の特質を見てみたい。結論を予め言えば、それは、若き日の彼が、「私のヘーゲルへの傾倒ぶりを見て、「ヘーゲルは危ないよ、ドイツを見てごらん。ヘーゲリアンはほとんどナチスの陣営に行ってしまった」」と、師南原繁に言われたと自ら回顧しているように、圧倒的に「ヘーゲル哲学の影響下に」あった[7]。初期丸山のヨーロッパ近代理解が、ヘーゲルのそれの強い神話性をほとんどそのまま引き継ぐものとなったのは不思議ではない。まず丸山に聞こう。

中世の人間が未だ一切の社会的結合を家族のごとき自然必然的団体（所謂 societates necessariae）を原型として理解していたとすれば、近世の人間は逆に社会関係を可能な限り人間の自由意思による創設から（所謂 societates voluntariae として）把握しようとした。近世に於ける「人間の発見」の真の意味はここにある。……〔それは〕人間が主体性を自覚したという意味に於て理解されねばならぬ。……有機体に於てはそれの外に立ちそれを作り出す主体というものは少なくも第一義的には考えられない。有機体は自足的全体であって、一切は有機体の中に自然的に生成する。

そこ〔ヨーロッパ思想史〕では、中世的制度観より近代的なそれへの推移は果してどの様な論理的かつ歴史的道程を経て行われたか。欧州に於ても自然的秩序乃至《ないし》有機体説が一挙にして作為的秩序思想の完成形態としての社会契約説乃至機械観にとって代られたわけでは決してなかった。「個人の発見」の意味が個人の秩序に対する主体性の自覚にある事は前に述べたが、こうした主体性は個人一般に最初から与えられたのではなく、――それは本来デモクラティックな政治理念の普及を俟《ま》って初めて可能である――歴史的には、近世統一国家の代表者としての絶対君主がまずかかる自覚者として現われた。絶対君主こそは自己の背後になんらの規範的拘束を持たずして逆に一切の規範に対する主体的作為者の立場に立った最初の歴史的人格である。中世の君主にはこうした位置は決して与えられなかった。そこでは神的理性（ratio divina）によって貫徹された有機共同体そのものが最高主権性をもち、君主はかかる共同体秩序内の、特殊目的を賦与された存在であった。

> デカルトはメルセンヌ宛の手紙（一六三〇年四月一五日付）でこう言っている。「……神は恰度、国王が自分の領土に法律を制定する様に、自然界にこれらの法則を定めて置いたのである」。この最後の言葉に注意せよ。デカルトの神に比すべき地位に立ち、自己の背後に、自己が服従し実現すべきいかなる規範的理念をも蔵せざる絶対的主体として一切の規範秩序を自由意思よりして制定し、法・不法を区別する政治的決断を自己の手に独占する政治的支配者とはまぎれもなく、近世初期の絶対君主の理念型ではないか。世界に対して絶対無差別に超越する神の映像がはじめて、秩序に対して完全な主体性をもった政治的人格の表象を可能にしたのである[8]。

丸山は、この〈中世＝自然秩序・近代＝作為秩序〉論を、十数年後の「日本の思想」においていま一度繰り返し、さらにそれをデカルトにおける「近代」認識論の成立と結びつけて、次のように述べている。

> 近世ヨーロッパにおいては、唯一絶対の神による世界秩序の計画的創造という思考様式が世俗化されて、自由な責任の主体としての絶対君主による形式的法体系や合理的官僚制さらに統一的貨幣制度の創出への道を内面的に準備した。その論理的媒介をなしたのが、精神を物体から切り離し、コギトの原理に立って経験世界の認識主体（悟性）による構成を志したデカルトにほかならない。中世自然法――そこでは自然が超自然に従属し、自然秩序の各部分がそれぞれ恩寵の光被をうけて有機的な階層秩序を構成する――によって弁証されていた教会・貴族・ギルドなどの封建的身分の自主的特権を解体して、これを統一的な主権に平等に服する国家構成員たらしめた絶対君主の歴史的事業は、一方、権力のロゴスの自覚（国家理性の問題）となり、他方、厖大な人間的エネルギーを教会的自然法の拘束から解き放った。……ところでロックからホッブズを経てルソーに至って完成される近代国家の政治理論は、近世認識論の発展と併行し、それぞれに大きな相違を含みながらも、ひとしく経験世界の

主体的作為による組織化という発想を受けついで、頂点の制作主体としての君主の役割を、底辺の主体的市民の役割にまで旋回したのである。(9)

こうした丸山の言葉は、その基本線の「近代」概念において、『歴史哲学』におけるヘーゲルの次の言葉と見事に照応していないだろうか。もちろん、丸山にはヘーゲルにおけるようなプロテスタンティズムへの言及や、当然のことながらフリードリヒ二世(大王)への讃美はない。また、丸山が主体的作為の論理の自己展開の帰結としてデモクラシーを構想し、その理論的頂点にルソーを据えている点でも両者は同じではない。にもかかわらず、中世と近代との断絶を強調する点で、また、歴史過程をある種の論理過程と同一視する点で、さらには、その中でも、とくに「近代」の最も基本的な性格を行為者の主体的な自由の意識に求める点で、丸山はヘーゲルと同じである。ヘーゲルは言う。

思惟の意識はデカルトによってはじめて、あのすべてを動揺させる思惟の詭弁から脱した。……人間の眼は明晰になり、感覚は活発になり、思惟は能動的に、判明なものとなった。……権威に基づく信仰に対して主観の自己支配が立てられ、自然法則こそ外物と外物とを結ぶ唯一の結合者であることが認められるようになった。……人間は自然認識を通じて自由となったのである。次にまた思惟はその目を精神の面にも向けた。権利とか人倫とかは、前にはただ旧約聖書や新約聖書の中に記された神の律法として外的に命ぜられていたか、そうでなければ古い羊皮紙の中に書かれた特別な形式で特権としてあるか、あるいはまた条約の中に示されていたのであったが、それが今は人間の意志という現実的な地盤に基づくものと見られるようになった。……人々は〔グロティウスやキケロに倣って〕市民の人格と財産との安全の原理、のみならず公共の福祉の原理、いわゆる国家理性をも見た。これらの原理からして、一面においては私権が徹底的に無視されることになったが、しかし他面においては、それによって既得権が抑えられて、普遍的な国家目的が遂行されることになった。この点から見るとき、フリードリヒ二世は、現実的な国家の関心が普遍性と最高の意味を持つような新時代の実現をはかった君主ということができる。……彼の不滅の事業は自国の法典、一般法を作ったことであった。

絶対的な意志とは、自由であろうとする意志そのものにほかならない。この自分を意欲する意志こそ一切の権利と一切の義務との根拠であり、したがってまた一切の法律、義務命法、および責任の根拠である。……意志の自由そのものは、……人間をして人間たらしめるものであり、したがって精神の根本原理である。(10)

ヘーゲルにおいてこれらの言葉は、ルター主義も含めて、プロイセン王国を中心とするドイツの国家意識の高揚という意図と不可分であり、象徴的人格としてのフリードリヒ二世讃美に見られるように、『歴史哲学』は、その神話創出を担うものであった。少なくともフランス革命以前、ドイツこそ、精神の根本原理である自由な意志の発現する世界史的国家であった。ところが、独り丸山においてだけではなく、一般に日本においてヘーゲルの言葉は、段階論的なマルクス主義歴史観の優勢も手伝って、そうした特殊十九世紀ドイツの文脈から切断され、「近代」思想全般の実体的特質そのものと受け取られた。それは、ヨーロッパ政治思想史または社会思想史に関するこの時期の日本の任意の文献、とりわけ教科書の記述を見れば明らかである。だが、こうした理解は、現在の地点に立って、先にバーカーやプラムナッツについてしたと同じように、ヨーロッパ政治思想史認識、またはその枠組みとしてのステイタスを考えてみると、少なからず問題があると言わなければならない。もちろん、すでに触れたとおり、丸山自身後になって、「原型」論、または「古層」論という形での「文化接触と文化変容という観点の思想史への導入」、すなわち日本思想史に対する「横波の契機」の考察が、同時に、不可避的にその「個体性」(これは「経時的特質」の意であろう)の検討を彼に迫り、それは、結果として、その「普遍史的な発展段階論の否定を伴わずにはいられない」としている。だが、そうしたいわば、一九六〇年以前の歴史論の撤回宣言は、ヨーロッパ思想史に即してのものではない以上、また、丸山自身の宣言にもかかわらずそれが、爾後もヨーロッパ政治思想史のモデルとして社会的に通用し続けたのではないかと思われる以上、丸山論とは関わりなく、ここでその歴史叙述としてのステイタスの問題の処理を避けて通るわけにはいかない(11)。

まず、〈中世＝自然秩序・近代＝作為秩序〉論のうち、絶対君主に関する言明について言えば、このモデルでもって、初期近代国家を一般的に説明することはほとんど不可能である。丸山の言うような、「自己の背後になんらの規範的拘束を持たずして逆に一切の規範に対する主体的作為者の立場に立った」「歴史的人格」たる君主など、初期近代のヨーロッパにおいてはおよそ現実には存在しなかったと言っても過言ではない。丸山に従って、デカルトのコギトの原理が、規範から自由な主体たる絶対君主の出現の「論理的媒介をなした」(この言葉の具体的意味は不明であるが、〈理論的正当化を準備した〉と解したい)と想定するにしても、仮にもその図式が適用できそうなのは、ガリカニスムの伝統を利用できたルイ十四世か、または、啓蒙とともに思想世界の世俗化がすでに進行しており、しかも権力に従順なルター主義教会の上に立つという事情に恵まれた、(ヘーゲルも言うとおり)フリードリヒ大王であろう。だが、第三章に述べるように、一般に、とりわけ十七世紀前半までの国王たちは、一方、その力量に応じてマキアヴェリアンな政治を実践するとしても、他方、いかにして自然法と「法の支配」の原則の遵守を演技し、貴族たちの同意を得るかに汲々としなければならない存在であった。彼らのうち、絶対君主としての外観を早期に呈したのはイングランドのヘンリー八世であろうが、自前の強大な軍隊を持たないヘンリーにとって、その権力意志の実現のためには、議会を操縦し、その協力を求める以外に方法はなかった。続く時代、カルヴァン主義的な神授権説を振りかざして文字通り絶対君主たろうとした、前期ステュアート王朝が議会軍によって終止符を打たれた結末は、あまりにも周知の事実である。その後イングランドでは、少なくとも一世紀半に及ぶ貴族支配の時代が続く。

思想史を見ても、初期近代政治理論史上、主権の絶対性を質・量ともに最も要請したのはボダンとホッブズであろうが、彼らの言う主権者ですら、その主権に対する自然法の拘束力は認めなければならなかった。ボダンもホッブズも、自然法の解釈権を主権が独占的に行使すると主張したにすぎず、それが自然法の「規範的拘束」から解放されているとはしなかった。これも第三章に述べるように、王政を前提する限り、中世以来なお政治思想における支配的ジャンルであり続ける「君主の鑑」の諸作品は、ボダンのそれも含め、いずれも、国家の命運は君主次第であることを認めながら、だからこそ君主は伝統的倫理の要請に応えなければならないことを強調してやまない。その点で、マキアヴェッリの『君主論』や『リヴィウス論』ですら、それらとの距離は表面的なものであって、その根底においては通常考えられているほど大きくはない。神授権のイデオロギーは注意深く行使すべき危険な教義であった。初期近代の後期、とくにフランスでは、貴族その他中間権力が後退し、君主の力が相対的にも絶対的にも上昇したとしても、資本主義の先進国イングランドでは状況は著しく異なっていた。いずれにせよ、そうした政治史の事実を認めることと、君主が一切の規範の拘束から解放されて逆にそれに対する絶対的な「主体的作為者」の地位に登ったと主張することとは、まったく別の事柄である。ヨーロッパの君主は何はさて措いても(エラスムスの言葉を借りれば)「キリスト教君主」でなければならなかった。これが思想史にとって最も基礎的な事実である。

中世＝自然秩序論そのものについて言えば、歴史認識として主張するには、この中世概念は時間的にも意味的にも一般化され過ぎている。確かに有機体論は、幾世紀にもわたる中世政治思想を貫通する一、、つの側面であったとしても、他方、すでに政治思想が大きく展開を始めていた中世盛期には、トマスの与えた神法・自然法・人定法の区別を持ち出すまでもなく、「自然」の観念は、即自的な所与を必ずしも意味せず、その中に豊かな(丸山の言葉を借りて言えば)「作為」の承認を含むものでもあった。このことを見過ごしてはならない。少なくとも十三世紀のアリストテレス受容以後、自然と人為は決して二者択一の関係にはなかった。というよりは、自然それ自体が人為を内包するものであった。それは、あの有名なnatura naturans(能産的＝産出する自然)とnatura naturata(所産的＝産出された自然)の区別にも明らかである。後に述べるラヴジョイの理解を受け入れるならば、その根源には、プラトン以来の神の二重概念があった。こうした、たんなる自然学的範疇を越えた「自然」の二重性によって、すでに中世において人間は、その自由意志により、自然的理性の承認する限りいかなる政治制度の構築をも許される主体であった。そして、この点において、中世盛期と初期ルネサンス期とはまったく連続的であった。自由な市民の徳を強調する、十五世紀初期フィレンツェにおけるレオナルド・ブルーニが、教皇政治を批判し、共和政フィレンツェを新しきアテナイとしようとする意気にどれほど燃えていたとしても、ラテン語で表現されたその政治言語は、共通善を強調する中世のそれの外に出るものではなく、ましてや反キリスト教ではなかった。プラトンの諸作品から入り、アリストテレス『政治学』や『ニコマコス倫理学』の新ラテン語訳に取り組み、教皇秘書を経て晩年にはフィレンツェの高官となったブルーニの信仰は、マキアヴェッリと同じような意味では疑われていない。「自然」はたんなる所与ではなく、その中に明らかに柔軟な規範性を含んでいるがゆえに、異教徒の政治体制も、(能産的自然たる)理性に反しない限り正当性を賦与されたと考えるべきであろう。

逆に、だからこそ、たとえキリスト教君主であっても正当な統治と堕落した統治の区別がなされなければならなかった。確かに、中世の世界像はすべてを治める者と治められる者という縦の関係において考える。また、トマスは、全体は個に優先すると繰り返して主張している。同じ主張は、十五世紀の前半にはブルーニ、後半には、フィレンツェのプラトン・アカデミーの中心人物マルシリオ・フィチーノにおいても繰り返されている。[12] 明らかに、社会の階層構造は(所産的の意味で)「自然」であった。しかし、この命題もいったんは「自然法」という規範体系のフィルターを通過したものであることに留意したい。中世においては、慣習法ですらそれが理性に適う限りにおいて正当とされていたことも、同じ事柄の異なった現われであろう。実際、丸山がその「注」で直接に訴えているO・ギールケは、現実の時代としての中世において有機体論は終極的勝利を収めることは結局なかったこと、そこでは、人々は一方では宇宙のあらゆるところに王政的性格を認めながら、他方では、とりわけアリストテレスの受容以来、教会制度においてすら、共和制的政治も考えることができたことを繰り返し強調している。すでに十九世紀末、ゲルマニスト・ギールケは、その驚くべく豊かな出典注を通して、中世においては、たとえば人民による統治者決定論と王権神授論のように、自然についても人間についても一見矛盾する主張が、トマス以下、まさに同一の思想家によってなされ得たことを教えている。[13] 丸山がその点についてどう考えたのか、記されていない。中世思想のこうした折衷的性格は、ルネサンス期にもそのまま継続するであろう。実際、中世とルネサンスの断絶を強調するブルクハルト以来の通念は（それと基本的には同じ枠組を政治思想史にも拡大しようとするH・バロン以来のいわゆる「政治的人文主義」概念も含めて）、研究史の過去から現在にわたってさまざまに批判され、少なくとも留保が求められている。これについては第三章であらためて触れる。

神および君主に関わるデカルトの発言の解釈、および、それと関連して「近代」デモクラシーの系譜論について言えば、ここで引かれているデカルトの言葉やコギトの原理に、丸山の言うような象徴的意味を見出すのはかなり困難である。[14] 丸山は、デカルトの中に著しく主意的な神概念を見、同時に、それとパラレルなものとして、絶対君主における自由意志の形式性、あるいは倫理的無規定中立性を想定している。だが、まず神について、デカルトが「世界に対して絶対無差別に超越する」支配者という、カルヴァン的な神概念を抱いていたと断定するのには慎重でなければならない。確かに『方法叙説』第二部の冒頭には、単一の立法者による事業を讃美する有名な一節がある。また、『哲学原理』第一部第二八節では、「被造物の目的因ではなく、動力因を検討すべきである」とし、「神をあらゆるものの動力因として考察すること」を主張している。それは、パスカルをして「私はデカルトを許せない。彼はその全哲学の中で、できることなら神なしで済ませたいと思ったでもあろう。しかし、彼は、世界を動き出させるために、神にひと弾《はじ》きさせないわけにはいかなかった。それから先は、もう神に用がないのだ」と非難させた一つの理由であったかもしれない。

周知のように、コギトの原理、すなわち魂の身体からの独立の主張は、予め感覚の内になかった何ものも知性の内には存在しないとする、トマス以来のスコラ学認識論との正面衝突を意味した。だが、パスカルの非難にもかかわらず、デカルト自身の動機においては、彼の神論の中心的作品たる『省察』は、何よりもまず、彼の心の中で神の存在を確認するためのものであった。『省察』における神論に対するホッブズの批判へのデカルトの「答弁」は、ほとんど高踏的な拒否であった。もちろんそこで論じられる神の存在証明は、コギトの原理と矛盾しないものでなければならなかった。この点は『哲学原理』においても変りはない。だが、ここで見過ごしてはならないのは、神のそうした動力因的説明や、『情念論』における人間行為の生理学的説明は、カルヴァン的な、文字通りあらゆる意味において世界の恣意的支配者たる神概念とは相容れないだけではなく、また、人間行為の大原則たるべき「自由意志」の否定や、その形式性、無規定中立性をまったく意味しないことである。「思索私記」も含めてデカルトは、いずれの作品においても、また書簡においても、しばしばカトリック的意味での自由意志の重大性に言及している。たとえば「省察」四では、人間が、神の似姿として、理性とともに自由意志を持つものとして創造されたこと、神の似姿たる人間は「意志の自由を正しく使用」すべきこと、「自由意志の正しくない使用の内に誤謬の形相を構成するあの欠如が内在する」こと、その場合には「私は罪を免れないであろう」としている。この義務については、たとえ王たりといえども適用を免除されるものではないであろう。だからこそデカルトは、エリザベト王女にキリスト教的生を説いて、「至高善」は徳を持つことにあり、しかも「徳」は「自由意志に完全に依存するものである」と言わなければならなかった。これらの言葉が、第一章に述べる、自由意志論におけるアウグスティヌスの議論と、いや、トマスの、あるいはダンテ『神曲』において展開されている議論とすら、どれほどの距離があるのか、コギトの原理についてと同じく注意深く判断しなければならない。デカルトはそのキリスト教信仰にもかかわらず、無限な実在というトマスの神概念を深いところで破壊したという、E・ジルソンの説明を受け入れるとしても、にもかかわらずその神概念の射程は道徳哲学には及んでいない。彼にとって自由意志説は、「暫定倫理」以上のものであったと考えるべきである。一人の人間としてもデカルトは、カトリックの家に生まれ育ち、教会に忠実なカトリック信者として生を送り、世を去った。メルセンヌ神父を始め、デカルトの知友の多くはカトリックであり、対立はあるものの、イエズス会士の中にも多くの支持者があった。同時代の伝記作者バイエは、デカルトの最大の対立者は正統カルヴィニストであったことを告げている。

次に、君主については、それに関するデカルトの議論の中に、丸山のように「近世初期の絶対君主の理念型」を認めるのはほとんど不可能である。政治に関するデカルトの発言は、『方法叙説』第三部の暫定倫理論を含めても決して多くはないが、まず第一に、『情念論』や書簡に言葉少なに語られている国家論が、全体を部分に優位するものとする、アリストテレス－トマス的(そして、フィチーノ的)有機体国家論であることはほとんど疑問の余地がない。第二に、君主については、マキアヴェッリ『君主論』について意見を求めたエリザベトに答えて送られた書簡に見る限りデカルトは、一方では、君主は善良、誠実で、約束を守り、人民の信頼と公共の福祉を何よりも大切にしなければならないと説くと同時に、他方では、臣民、友邦、敵国を明晰に識別し、臣下の憎しみと侮りを避け、習慣を尊重し、しかるべき演技をし、必要とあらば力と奸智を駆使して戦争も含む断固たる態度を取らなければならないとしている。マキアヴェッリに対する批判と承認の交錯するデカルトのこうした議論は、君主はいかなる場合にも約束は遵守すべしとする点を別とすれば、第三章に述べるリプシウス『政治学六巻』の議論との親近性すら感じさせるが、それも含めて、総じて同時代までの「君主の鑑」の枠外に出るものとは思われない。丸山のデカルトについての言及は、もちろんスキナーらによる政治思想史神話批判のはるか以前ではあったが、デカルトの政治的発言は、同時代の思想家たちの政治的発言の多くと同じく、その解釈に当たっては政治的文脈の解読が強く要請されるであろう。いずれにせよ、「暫定倫理」も含めてそれらすべてにおいて、彼の精神の、モンテーニュやパスカルにも勝って本質的な非政治性が示されていることを見過ごすべきでない(15)。

最後に、「近代」的人間の主体性の自覚がまずそうした絶対君主によって担われ、それが最終的にはデモクラシーにおける市民の「個人一般」にまで拡大された、とするデモクラシーの系譜論――この図式もまた戦後日本においては必ずしも丸山だけのものではなかった――は、その歴史認識としての正当性を主張するためには、たんにホッブズ、ロック、ルソーの解釈問題に止まらず、フランス革命の解釈も含めて、あまりにも多くの、しかも反証可能性に乏しい、仮説の連鎖に依存せざるをえないことは明らかである。ここはこの点について詳しく立ち入る場ではないが、間違いなく言えることは、具体的意味の必ずしも明らかではない「主体的個人」という言葉も含め、「そのように表現するには、後の時代になって初めて手にし得る概念を必要とする」ということであろう。すでに一九二九年、ホイジンガは、「中世と近代を絶対的対立として見る」ことの危険を指摘して、「ある人に先駆者のレッテルを貼ると、その人は、本来そこで理解されるべき彼の時代から引き離されてしまう。そして歴史は脱臼する」と警告した(16)。バーカーをはじめとするアングロ・アメリカ系の政治思想史研究が、ヨーロッパ政治思想史の連続性を過度に実体化したとするならば、丸山のヨーロッパ政治思想史観は、ヨーロッパ中世と近代の非連続をやはり実体化したと言わなければならない。

そうした「近代」概念は、結局は一つの壮大な「予期の神話」であった。独り丸山だけではなく、日本においてこうしたヘーゲル風近代神話が一般的に支配した背景には、彼自身回顧しているように、マルクス主義の圧倒的影響力があったことは間違いない。とくに丸山の場合、彼が終生絶えず立ち返った福沢諭吉の文明社会論のモデルであったギゾーやミルの近代ヨーロッパ像が、基本的にはヘーゲルのそれと親和性があったことも無関係ではないであろう。いずれにせよ、ここでは、上記一三頁の引用が雄弁に語っているように、「日本思想史」の神話の虚偽性に対する丸山の「戦う意志」が、自らの内面の確信を支持すべく、別の強烈な神話を必要としたと考えたい(17)。「近代」ヨーロッパ政治思想史観は丸山に、一つには、日本政治思想史に内在した「作為」の論理を発掘するための、いま一つには、「作為」の論理が長い忍苦の旅を終って、いま己れの青春を謳歌しようとしたとき、早くもその行手に待ち構えていた荊棘の道」、すなわち「我が国に於て凡そ「近代的なるもの」が等しく辿らねばならぬ運命」と戦うための神話を提供した(18)。この意味では、すなわち、歴史的自己認識と政治行動とを一体と考えることにおいて、日本政治思想史研究における若き丸山は、同時代ヨーロッパのヨーロッパ政治思想史研究者たちと正確にパラレルの姿を示していると言うべきであろう。

言うまでもなく丸山は日本政治思想史研究者である。ところで、戦後日本で、丸山の志を引き継ぎ、それをヨーロッパ政治思想史研究そのものにおいて実践しようとしたのが福田歓一である。福田は、中世・近代非連続観をほとんどア・プリオリとして出発する。彼はその主著で言う。

中世ゲルマン世界のように、伝統に支配される身分制社会が、一個の神与の、さらには「自然の」秩序と考えられる場合と、ホッブズにおいてその決定的指標を確立した契約説、すなわち自然権の哲学との間には、いわば存在と作為との論理的対立が横たわっており、社会そのものを自然の所与として受け取る立場は、社会そのものを契約による原子的個人の作為と考える立場と到底原理的に相容れるものではないであろう。

社会契約説は、もとより、政治社会を歴史から切断して、たんに人間の理性的意識の上にこれを構成してみせた。……政治社会にまつわる神秘のヴェイルは剝がれ、社会＝歴史的世界をとらえる範疇機構は一変して、それは理性的認識の対象となるにいたった……けだし、文化創造の自覚的論理の構成のみが、所産としての文化への埋没から人間を解放し、文化を方法的に営まれる無限の過程とするからであって、そもそもヨーロッパ近代の画期的意義はこの外のものではない(19)。

これらの文章と丸山との呼応は明らかである。もちろん、丸山の問題がそのまま福田のそれなのではない。ヨーロッパ政治思想史研究者としての福田に固有の課題は、「道徳哲学としての近世自然法」という最初の公開論文の標題が示すように、「主体的」個人の営む自覚的相互作用としての政治すなわち秩序形成活動、そしてそのテロスとしてのデモクラシーの理論を近代国民国家の中に見て、その形成を理論史的に跡付けることであった。そこには、丸山を受け継いで、デモクラシーを中核とする現代政治理論のよるべき神話を構築しようとする明確な意志がある。「社会契約説の理論史的意義ならびに現代的意義」と題された章の冒頭の次の一節は、この意志を正確に語っている。

ホッブズよりルソーまで、実に百有余年にわたる巨人の作業によって、近代ははじめて社会契約説においてその政治哲学を獲得し、近代国民国家は哲学的にその根拠を与えられたということができる。およそ近代が、たんにこれに先行する中世のみならず、古典古代を含むあらゆる時代に対して築きあげたその特質が、まさに人間を所与の共同体から解放し、その人間的資質の完成、すなわち無限の進歩をあげて人間自らの知識と勤労とに求め、人間自らの責任に委ねた点にあるとすれば、人間における政治秩序の問題も、また人間自らの創造によって解決せらるべきは、いうをまたないであろう(20)。

標題における「意義」という言葉の反復使用にその決意が窺われるように、福田は、一九五〇年代初めより二〇年間にわたり、この神話の確認のための学説史研究に心血を注いだ。だが同時に福田は、未だ若かったにもかかわらず、ヨーロッパ政治思想史の特質がその語彙の驚くべき持続性にあることを十分に認識していた。したがって、その主要な努力は、ヨーロッパ政治思想史において最も中心的地位を占めてきた「自然」という言葉の意味変化の究明に向けられることとなった。福田は、さまざまな思想家における自然概念を丹念に追求することによって、中世から近代への政治思想の劇的転換を論証しようとする。だが、変幻自在なこの言葉を追求する作業は、その強い「戦う意志」と同じほどに強い「知る意志」からして、歴史認識における厳密性をとりわけ重視する福田にとって、困難を極めたに違いない。しかも(これはすでに本書の視点を挿入することになるが)、その作業は、確かに意味こそ絶えず変化し続けるとしてもなお、ヨーロッパにおいて人々は「自然」という言葉にその中心思想を託し続けた、という事実を説明しない。福田の困難はそれだけではなかった。その最たるものは、彼がその鼻祖と見たホッブズに始まり、ロックからルソーそしてカントに至る社会契約説のすべてに、人間の内面を規制する人間中心的「道徳哲学」と「政治哲学」の結合を見ようとする強い意志にもかかわらず、そのための緻密な資料解析に進めば進むほど、同時にその視点からする叙述の一貫性を挫くものにも突き当たらざるをえなかったことであった。

こうして福田は、一見機械論的なホッブズの哲学においてすら、「社会理論を内面規範として演繹するに十分な、高次の価値概念が求められ得る」としながらも、他方でホッブズが、結局は「所与の権力の正統性を擁護」したことを、「その劃期的成果を自ら裏切って……一個の形式的保守主義者として立ち現れた」として批判しなければならなかった。同じようにロックもその「神学への屈服」において、また「輝かしい近代性の貫徹」によって「社会契約説そのものの絶頂」を達成したと見るルソーも、「この理念像への過程における自然法の組織論的意味、その現実的機能を見失ったことは、ルソーの近代的発想の自己崩壊を示すもの」として、さらには、「人間個人の先験的尊厳がはじめて論理化せられえた」とされるカントですら、人々に「外的自由の放棄」を求める国家契約論が「所与の国家に義認を与えないルソーの革命性をまったく蒸発させて、むしろ形式的保守主義に格好の正当化を与えている」ことを、それぞれ批判しなければならなかった。いずれの論点も、テクスト解釈として正確なものであると言わなければならない。「われわれは厳密に客観的であるように心掛けなければならない」とは、別なところでの福田自身の言葉である(21)。

以上は、日本において展開された独自なパラダイムとしての、丸山と福田におけるヨーロッパ近代政治思想史叙述の特質である。もちろん、右に見たとおり、そこに両者の差異も明らかである。ある面では「古層」論以降の丸山は、その抽象的なヨーロッパ像に自ら問題を感じつつも、他面ではそれを抱いたまま生涯を終えたが、福田はなお、ヨーロッパ政治思想史に即してその「知る意志」を発動し続けなければならなかった。その苦闘の軌跡は、永年にわたる東京大学における政治学史講義を回顧した、「日本における政治学史研究」(一九八六年、『著作集』第四巻)につぶさに語られている。にもかかわらず、丸山の影響力とは異なった意味ではあるが、福田についても、彼が丸山から継承した「戦う意志」をバネとした『近代政治原理成立史序説』が、戦後日本におけるヨーロッパ政治思想史研究の取るべき基本的方向性を指示した、ということは記憶されてよいであろう。ヨーロッパ産でありつつしかも世界を支配するデモクラシーの原理を受け入れ、それに対する現代的要請を満たすべき神話創出への強い意欲、それを歴史認識によって支えるための真摯で緻密な資料探索と鋭い論理分析、そして、自らの叙述の全体構想に対する重大な阻害要因も隠さない知的誠実、これらに対して同時代の多くの研究者の共感と支持が寄せられたことが、加藤節の言うように、一九七一年の刊行以来、この書物が「この国の近代ヨーロッパ政治思想史研究にとって、常にそこから出発すべき解釈範型としての地位を占め続けてきた」理由であろう。そこに収録されている第一論文「道徳哲学としての近代自然法」（一九五二―一九五六年）発表以来半世紀、その間の思想史研究の蓄積に照らせば、全体としての物語構成や、社会契約説の歴史的解釈などには今では疑問の余地があるとしても、個々の部分における叙述は、その洞察力とともになお価値を失っていない(22)。

だが、優れた研究が、優れていればこそ、読者の思考と歴史的想像力に対して制度化＝定型化作用を営むこともまた、逆説的ではあっても、歴史の学習における真実である。とすれば、一つの歴史叙述の神話性に対する正当な批判は、スキナーがその実践によって示したように、別な歴史叙述によってしか示され得ないであろう。ささやかながら本書は、スキナーとはまったく異なった方法による、そのための試みの一つである。思想史の学問としての独立を意識した時丸山は、対象の異なるに従ってさまざまな思想史が「プルーラルに成立し得る」とした。同じことは、時代区分も含めて、主題や方法についても妥当するはずである。さもなければ、通時的思想史物語としては、常に単線的成長物語だけしか存在を許されないことにならざるをえないであろう。そして、知るに値する、あるいは知るべき、多くの物語が捨象されることになるであろう。たとえそこに、一方は日本ファシズム、他方はヨーロッパにおける理想主義的政治思想の没落という、それぞれ異なった意味ではあったが、丸山や福田が共通に心を痛めた挫折の物語が挿入されることはあっても、である。

ヨーロッパ、日本双方におけるヨーロッパ政治思想史の研究史をこのように見てくるとき、本書とそれらとの位置関係は、形式的にも実質的にも、自ずから明らかであろう。まず形式的には、本書では、自覚的な神話創出は可能な限り避けられるであろう。もちろん、これに対して、すべての政治思想史叙述は政治的行為なのであって、意図するとしないとに関わりなくそこでの政治的神話創出は不可避であるとの批判が加えられようが、それに対しては、最初に述べたように、仮説の設定‐その検証という手続きを取ることで、反証可能性に開かれた叙述を目指すと答えておきたい。必然的に、ヨーロッパ思想史を通じて直接的な自己認識を目指すことも、可能な限り禁欲しなければならない。なお、これらとの関連で一つ強調しておかなければならないことがある。それは、政治哲学と人間論とくに哲学的認識論との関係の問題である。戦後日本におけるヨーロッパ政治理論研究の一つの特徴的傾向は、両者の必然的関係を前提し、マキアヴェッリ、ボダン、ホッブズ、カント、ベンサム等誰であれ、所与の思想家の認識論から政治理論を演繹的に解釈しようとするところにあった。だが、一つの政治思想とその著者の抱く哲学的認識論とは、たとえその政治思想家が同時に哲学者でもある場合ですら――そのことの認定自体、必ずしも一義的とはいかないが――、必然的関係にあるとは必ずしも言えない。もちろん、一定の人間認識なしに政治思想が成立することはあり得ず、とくに哲学者の政治思想においてはその認識論は大きな意味を持つであろう。にもかかわらず、認識論は、一つの政治思想を構成する上では、動機（または意図）を中心とする多くの要因の一つと見るべきである。とすれば、哲学的認識論と政治思想との関係は本質的には偶然的なものと考え、その上で個々の思想家における両者の関連を個別に考察する方が、神話化への危険はより少ないであろう。ホッブズのように、認識論から政治思想を演繹的に理解することを、対象とする思想家の側が欲しているかに見える場合ですら、少なくとも蓋然的に推定された動機への引照なしにそれに従うことは危険であろう。思想という、抽象度の高いレヴェルにおいてすら、そもそも政治が何であるべきであり何であるべきでないと考えられているかという問題は、冒頭にも述べたように、きわめて文化的な負荷のかかった（culture loaded）問題である。政治思想とは権力と自由の問題、権力に対する服従義務の問題であるとするのも、それ自身、政治を自由人の相互関係の問題とするヨーロッパの文化的伝統に固有の発想であろう。とするならば、外国研究としてのヨーロッパ政治思想史研究は、そうした発想の前提にある人間とその相互的関係性についての観念、そしてそれらの観念が乗せられた語彙の意味内容にまで遡って見ていく必要があるのではないだろうか。その場合、一つの政治的・文化的伝統を語る以上、力点は、日本思想史について丸山がその「古層」論で実践したように、語彙の歴史の断絶よりはむしろ持続を語る方に置かれるのは当然である。かつてのヨーロッパにおけるような、政治理念の実体的連続の神話に陥らないように注意しながら、断絶を知るためにも、その前提として持続に注目すべきではないか、というのが本書の基本的立場である。もちろん、こうした目的が以下の叙述においてどこまで実現しているのか、かつてスキナーが、その『近代政治思想の基礎』(*The Foundations of Modern Political Thought*, 1978)について批判されたのと同じように、実際の叙述がここでの宣言を裏切ってはいないか、読者の判断に委ねる外はない。

次に、従来の研究との実質的位置関係について言えば、そこには二つの問題がある。その一つは、〈近代〉とそれ以前の時代との具体的な時期区分をどこに設定するかであり、いま一つには、政治思想史における〈近代〉としていかなる指標を求めるかである。これらの問題に対する答えは、具体的には以下の四章において与えられるはずである。ただ、最も一般的に言えば、まず第一の問題についてでは、すでに〈世俗化〉という言葉の使用によって示唆したが、本書は、十六世紀から十七世紀初期の思想史は、それ自身の特徴を示しながら、なお長い崩壊過程にある中世との強い連続を示していたとの判断の上に立っている。(23) 政治思想史において、誤解のない意味で〈近代〉と言えるのは、理論の少なくとも表面からキリスト教の姿が消えた、早くとも十八世紀後半以降と考えなければならない、というのが本書の前提する判断である。もちろんそれは、コウルリッジなどいわゆるロマン主義その他、十九世紀ヨーロッパにおけるキリスト教への関心の強さを否定するものではない。人間の意識という、ある意味においてきわめて変化し難い対象を扱う政治思想史において、時代区分論はあまりにも強い位置を占めてはならないであろう。ホイジンガは、中世・近代対立図式を前提としながら「ルネサンス」を一括して近代の側に引きつけて見ようとする単線的歴史解釈を厳しく批判し、「設定した問題に複数主義的取り扱いをするよう、心掛けるべきだ」と述べている。(24) ホイジンガの警告は、彼が論じた文化史についてだけではなく、思想史についても妥当するであろう。なお、第二の問題すなわち、〈近代〉の指標として何を考えるかについても、最も一般的には〈世俗化〉という言葉の使用の中にすでに含まれているが、思想史の前面からのキリスト教の退場、「自由」という言葉の、能力概念から状態概念への力点の変動、保守主義政治思想の成立等、本書全体の中でその具体性を明らかにしていきたい。

本書のこうした方法と内容について、直接的ではないが多くの示唆を与えられたのは、先に注(1)で言及したラヴジョイ『存在の大いなる連鎖』であった。そこで、最後にそれについて若干述べて、この序章を閉じることとしたい(25)。ここで注目したいのは、少なくとも十九世紀までのヨーロッパ思想史全体を、その論理において絶対的に相対立する二つの観念の緊張に発する物語として描こうとする壮大な主題と、その主題を支える「充満の原理」という仮説的な説明原理の設定であり、またその仮説に即した示唆的な時代区分、さらには、その「充満の原理」の論理の系である十八世紀以来の進歩史観およびロマン主義の成立が、この原理そのものを最終的に崩壊させたとする歴史認識、そして政治思想史へのその含意である。

さて、ラヴジョイの主題は、より広い世界像としての哲学または形而上学である。その出発点はプラトンに求められている。ラヴジョイによれば、プラトンとプラトン的伝統には、最初から、彼岸指向性と此岸指向性という、いかにしても相互に調和し難い二重の方向性があった。プラトン以降、キリスト教の「神」も、この二重性を免れるものではなかった。ここでラヴジョイが、キリスト教の神概念を、それ自身論理的に完結した、彼自身の言葉を使えば「単位観念」とすることを拒否していることに注目したい。ラヴジョイは言う。プラトンにおいて、一方、彼岸指向性は、『パイドロス』および『国家』第六・七巻における最高善としての「善のイデア」に象徴される。この善の本質は完全な意味での「自己充足」であり、この世の何ものにも依存しない。被造物はそれに何ものも付加することはできない。その属性を表現できるのはこの世のそれの否定においてのみであり、「人間にとって最高の善は自分をいかにしてそのような世界に移すか」でしかない。ところが、ラヴジョイによれば、他方でプラトンは、「普通の思考のすべてに無縁でありそれにとっての外物を一切必要としないという、純粋な完全であるイデアのイデアという観念に到達するや否や、直ちに、この超越的で絶対的な存在の中に、この世の存在を必要とする論理的な根拠を見出し」、しかも、「およそ考えられるあらゆる種類の有限で、時間的で、不完全な有形の存在の必要性と価値」を主張する。プラトンにおけるこの二重性、彼岸主義から此岸主義への、いわば弁証法的転換を象徴するのは『ティマイオス』である。ティマイオスは言う。「自ら善であり、善であるものにあっては、他の何ものに対しても羨望の念が起こらない。羨望がないので彼は、万物ができるだけ自分に似ることを望んだのだ。ゆえに、このことをとりわけ生成と宇宙との最高の創造原理であるとして賢者より受け入れるのはまったく正しいことであろう」。こうして（とラヴジョイは続ける）、「自己充足している完全さという観念が、大胆な論理転換によって――初めの意味をまったく失わずに――自己を超越する豊饒さの観念に換えられた」。「すべての善はそれ自身をまき散らす……という中世に言われた命題が、ここに形而上学の公理として姿を現す」（これは、まさに「能産的自然」の概念であろう[26]）。彼は、こうした、宇宙の本質として多様性を強調する観念を、ルネサンスの自然哲学から採った言葉を用いて「充満の原理」と呼ぶ。

ラヴジョイによれば、この「充満の原理」は、プロティノスを経て中世以降、「漸次移行の原理」と「連続の原理」を伴って、垂直的に展開する宇宙のほとんど無限の多様性の説明として繰り返されて行くが、キリスト教の彼岸主義と拮抗しながらこの三幅対の原理が完全な論理的展開を見せたのは、中世後期および近代初期においてであった。これらの原理によれば、万物は、すべてが他に対して一定の欠如を示すという関係において、一つの連続した「存在論的梯子」を形成する。そこでは、すべてはその価値において等しくないが、すべては存在しなければならない。なぜならば、いかに小さなものであっても、その欠損は、存在の偉大な鎖の断絶をもたらさざるをえないからである。その意味では「充満の原理」は、悪の存在まで含めて、スピノザに象徴されるように、絶対的必然論の論理である。しかし、中世キリスト教はそうした此岸主義の論理を一方では許容しながらも、他方、当然のことながらその独り歩きを許すことはしなかった。トマスは、「創造における最善のものは宇宙の完全さであり、それはものの秩序ある多様性から成り立つ。……ゆえに、人間の多様性は功績より生じるものではなく、第一に、神によって意図されていた」としながらも、最終的に人間は、「被造物への関心」から離れて生きなければならず、真の幸福とはこの一なる神の静観のうちにのみある、とする。(27)「完徳の勧めにおいて教会の倫理的教えを決定し、ルネサンスに至るまで、そして、カトリックのみならずプロテスタントの正統神学においてはルネサンス以降にもヨーロッパを支配した」のはこの彼岸主義、すなわちプラトン的に言えば「善のイデア」であった、とラヴジョイは確認する。(28)その点では、宗教改革は最小の変化しかもたらさなかったと彼は見ているのであろう。

だが、「中世思想における内的対立」の継続も宗教改革までである。ラヴジョイは、ヨーロッパ思想史の舞台では「充満の原理」が、時代の経過とともに思想家たちの心をますます一方的に支配するようになっていく、という事実に読者の目を否応なく向けさせ、新天文学、スピノザ、ライプニッツ、さらには十八世紀哲学一般から、生物学にまで及ぶその論理の展開を克明に跡付けていく。まず、ラヴジョイは、神義論または弁神論（theodicy）すなわち悪の存在の説明において、「充満の原理」によってその必然性を論証しようとする十八世紀哲学の一般的傾向は、スコラ哲学における悪の意味づけの理論と基本的に連続していると見る。また、「充満の原理」は、宇宙の本質としての「階層制」とそこにおける人間の位置の名において、人間の不平等を容認する本質的に保守的な理論であり、それが最高潮に達したのが十八世紀であったと診断する。その根拠は、ポープ、ボーリングブルック、ヴォルテール、カント等であり、平等を主張したルソーですら、『エミール』（第二編）において、「存在の連鎖」の観念の下にあることを表明している事実を読者は示される。(29)ここでラヴジョイが、「充満の原理」という形而上学の視点から、基本的に中世と初期近代とを連続の相の下に考えていることは明らかである。

しかし、ラヴジョイによれば、「充満の原理」は、十九世紀に入り、それ自身の重みによって突然崩壊し、ついに破局を迎える。その契機は、十八世紀以来の「存在の連鎖の時間化」にあった。すなわち、この原理は、プラトン以来一般的には、神の善に対する信仰の表現としても、また、宇宙秩序の原理としても、「進歩に対するいかなる信念とも、いや、宇宙全体のいかなる種類の重要な変化を信ずることとも、相容れなかった」。「新しきものの出現はなかったし、この後も不可能であろう」と多くの人々は考えてきた。しかし、「論理的に徹底したオプティミズムは……悪の恒存説に等しい」。これに対して、同じ十八世紀には「終わりなき進歩としての人間の運命」という観念が対置され始める。かつてのダンテにおけるような「中心を静かに保つ平和」の観念は退けられ、「終わりなきものの追求、達し難い目的の不断の追求」という観念が次第に勝利を占めるようになっていくが、それもまた、「充満の原理」の、ただし、時系列の方向への、解釈の転換としてであった。(30)だが、それによって、かつては時間の要素を視野に入れつつも本質的には静態的な宇宙的空間秩序の原理であった「充満の原理」が、今や、その実現のためには将来に向けての無限の時間を要求する、時間原理そのものと考えられるようになった。こうして、「ついに、プラトン主義的宇宙の構造は逆立ちさせられた。最初は完全かつ不動とされた「存在の連鎖」は、「生成」に変換させられてしまった。後者においては、あらゆる真の可能性は、段階的に、ただし時間の中での巨大で緩慢な展開を通じてのみ実現される運命を持つのである」。それは、「神自身が時間化される」ことであった。今や神自身がこの「生成」の中に置かれ、あるいはそれと同一視される。宇宙の過程の本質はもはや「下降」ではなく「上昇」となった。それは、「充満の原理」の自己崩壊に外ならなかった。(31)

そして、この方向性に拍車をかけたのがロマン主義芸術家の自己神化である。若きシラーは、「あらゆる種類の完成は、宇宙の充満の中で達成されなければならない」と叫ぶ。そして、「再び、プラトンの二つの神——不動で自足した神と、可能なものすべてを時間の中で限りなく実現しようとする創造的衝動——を持ち出す」。ロマン主義者シュレーゲルにとって、「その芸術的行為が人間の芸術家によって模倣され補足されるべき神は、何よりも多様性を評価する神」でなければならなかった。だが、ロマン主義の帰結は「充満の原理」の時間化の助長には止まらなかった。爾後ますます自己目的化する多様性重視の時代精神は、個人の尊重だけではなく、シュライエルマッハーにおけるように、「人種、国民、家族そして性というような集合的個体」の独自性を重んずるところから、さらに「人間の自己中心癖、そしてとくに、政治や社会の分野では、ナショナリズムや人種主義という集団的虚栄」、「個人や特定集団の優越性の信仰」をもたらした。「その悲劇的結末は、現代のわれわれすべてが見たり経験したりしてきた」[32]。ラヴジョイのこの診断は、第一章末尾に見るI・バーリンの、アンビヴァレントなロマン主義診断と、その結論において共通である。

こうしてラヴジョイは、その壮大な物語の後、存在の連鎖という観念の歴史は、ヨーロッパ人の形而上学的想像力として「多くの奇妙に幸福な結果を」思想史にもたらしたにもかかわらず、最終的には「失敗の歴史であった」、といささか過激な判決を下す。それが「失敗」であったという意味は、それはデモクラシーと本質的に相容れないという政治的含意においてだけではない。それは、宇宙の完全な意味での合理的理解可能性を前提していたこと、すなわち認識においても、終極的には「失敗」であった。なぜならば、空間的合理性としての「充満の原理」には「開かれた選択は今も無いし、有ったこともない」からである。それは「一つの巨大な事実、すなわちわれわれが経験する存在は時間的であるという事実」と矛盾する。「合理性が完結性として偶然性すべてを排除すると考えられる時には、それ自体が一種の非合理性となる」。と言うのもそれは、あらゆる選択を排除することにならざるを得ないからである。また、「充満の原理」に伴った「連続の原理」、すなわち世界の事物の「質的な連続は、要するに言葉の矛盾である」。なぜならば、本質的に「宇宙は偶然的宇宙」だからである[33]。プラグマティズム哲学者ラヴジョイのこの結論は、再びバーリンの、ただしここでは、歴史的必然性論批判を想起させる。

時に、より一貫した静観的世界像としてのインド哲学との対比においてラヴジョイが進行させてきた、こうしたヨーロッパ宗教・形而上学における想像力の歴史物語は、最初に提起されたように、確かに二つの対立する観念に発する緊張の物語ではあるが、より多く、此岸性の原理の起源と最終的支配の物語であると見るべきであろう。その限りで、これはむしろ〈近代〉ヨーロッパ思想史であり、〈世俗化〉の事実こそがこの物語を成立させていると見なければならない。それは、〈非政治的なもの〉と同じく、従来の政治思想史の視野には入ってこなかった、思想史の別な重要な側面にあらためて注意を促す。本書が、世俗化を近代の主要な指標として政治思想史物語を具体化しようとする時、ラヴジョイの時代区分はきわめて示唆的であった。だが、それにもかかわらずラヴジョイの物語は、「充満の原理」という、その核心においては必然論的な仮説をヨーロッパ思想史の説明原理として採用したことによって、まさにその出発点において、ヨーロッパ思想史におけるもう一つの最重要問題を叙述からほとんど排除することとなった。それは、「自由」の意識の問題である。しかし、この種の限界は、仮説の設定－その検証という方法を採るすべての思想史研究が常に、それぞれ負わざるを得ない不可避の限界であろう。思想史研究は、この限界を認めつつもなお、一つの仮説－検証体系の評価を決定する基準として、その説明力の射程、および一次・二次資料解読の正確さの要求を維持し続けるべきであろう。それとともに、この限界を補うものとして、（再び丸山に倣って言うならば）「プルーラルに成立し得る」物語の探求が試みられなければならないであろう。このことを意識した上で、以下、本書では、まずは「自由」の意識の歴史的分析に最初の課題を求めて行きたい。

第一章　「自由」の倫理的力(moral force)に関する歴史的一考察

一　出自と理由

（ｉ）　仮説の提示――「自由」の観念の核心

ヨーロッパ政治思想史における最大のキー・ワードの一つが〈自由〉であることについて、異論を挟む人はいないであろう。とりわけ近代の思想家で、ベンサムという重要な例外を除けば、自由を熱烈に擁護しない人はないと言ってよい。事は政治に止まらない。少なくとも共和政ローマ以来二千余年、西欧の思想家たちにとって、およそ人間を語るとき、政治においても非政治においても、自由は特別の言葉であり続けてきた。自由こそ人間をして人間たらしめるものであり、自由を喪失することは人間性を喪失することに外ならなかった。近代日本を含めて、非ヨーロッパ世界がどれほどヨーロッパ産の政治の語彙を受け入れ、今日それらが普遍化しているとしても、この命題がほとんど無条件で受け入れられてきた、またそのことが現実の政治にも意味を持ち得た社会は、ヨーロッパ以外にはない。

古くは、国の支配者たるべき哲学者は「死よりも隷属を深く恐れる自由な人間とならねばならない」というプラトンの言葉に始まり、「自由を得させるために、キリストは私たちを解放してくださった」というパウロの言葉、「自らの自由を放棄すること、それは人間たる資格を放棄することであり、……人から自由意志を奪うことは、彼の行為から道徳性を奪うことである」というルソーの言葉、「自由の原理は人が自由でなくなる自由を持つべきだと要求することはできない。自己の自由を放棄するのを許されるとすれば、それは自由ではない」というJ・S・ミルの言葉、これらの言葉は、そこで想定されている自由の主体や発言の文脈の差異にもかかわらず、自由の宣言、すなわち隷属の拒否においては同じであり、いずれにおいても言明に重大さを与えているのは、その意味における「自由」という言葉の、倫理的意味での〈重み〉《モラル・フォース》である。また、F・A・ハイエクが、その『自由の条件』(1960)の序文で、ヨーロッパで見失われかけている「自由の伝統」を確認すべく、「自由の哲学の基本原則を包括的に再叙述したい」と述べたとき、後に述べるように、その「自由」の内容は、プラトンやルソーのそれとはもはや大きく異なっていたとしても、にもかかわらずその究極の理念を、同じく隷属の拒否としての「自由」の名において語ることにおいては同じであった。だが、ヨーロッパではナチスですら、アウシュヴィッツ強制収容所の正門に「労働は自由〔強調は筆者〕への道」(Arbeit Macht Frei)と掲げることができた[1]。そう宣言したときナチスは、自由という言葉の意味をグロテスクに歪曲したとしても、さりとてその本来の意味とまったく無関係な用語法をしたとは言えないであろう。なぜならば、それでは誰もその意味を理解できなかったはずだからである。それにしても、ナチスの用語法も含めて上記の僅かの用例だけでも、ヨーロッパにおける自由という言葉の重大性を窺わせるに十分ではないだろうか。依然として続けられている「リベラリズム」論争も、「正義論」論争も、事態の別の例証に過ぎない。とすれば、この言葉の歴史には、ヨーロッパ思想史の特質がすべて刻み込まれていると予想してよいであろう。ところで、津田左右吉はその「日本語雑感」のうち、「自由という語の用例」と題した一節で、現代日本で普通に用いられている「自由」という言葉はヨーロッパ語の訳語としてであるが、本来、日本語のそれは、禅僧やキリシタンの用例を除いて、勝手、わがまま、無法など、一般的には非難の意味合いが基本であったと指摘した後で、次のような鋭い問いを発している。

日本語やシナ語に、今日自由と訳されているヨウロッパ語に適切なものがあるかというと、それは無さそうであ

る。然らばどうしてそれが無いか、逆にいうと、ヨウロッパにどうしてそういう特殊の語があるか。(2)

さて、本章は、最初から意図したのでは必ずしもないが、少なくとも結果として、津田のこの問いに対する一つの応答の試みである。ここで津田の問いを次のように言い直してみたい。第一に、なぜヨーロッパにおいて「自由」という言葉はそれほどの倫理的力《モラル・フォース》を持ってきたのか、その歴史的出自はどこにあるのか。第二に、(これはもはや津田の問いの外に一歩踏み出すことにはなるが)ヨーロッパの現代において、この言葉をめぐる諸観念の内容またはそれらの組み合わせに、実はある種の変化が生じてはいないだろうか、もしそうだとすれば、それはどのような性質のものであり、どのようなヴェクトルを持っているのか。この二つがここでの問いである。

当然、観念の内容の変化は、またその倫理的な作用力に影響せざるをえないであろう。しかし、翻って、〈自由〉という言葉がヨーロッパ思想史において持ってきた重みと、その重みの然らしめた意味の多様性とを考えるならば、こうした問いを発すること自体、〈無知ゆえの傲慢〉の誹りを免れないかもしれない。それでも、巨像に立ち向かう蟷螂の斧たることは自覚しつつ、ここでは、右の二つの問いに対する答えを探ってみたい。だが、本章は、ヨーロッパで現在流通している何らかの「自由主義」論のいずれかに荷担しながら、地球のこちら側で〈自由〉の哲学的または政治的論議を試みようとするものではない。むしろその外に立って、その脱構築を意図するものである。具体的には、以下の論述では「自由主義」、「リベラリズム」という言葉を分析の用語として使用することは避けたい。とりわけ十九世紀以来今日まで、ヨーロッパそれ自身の内部に、たんなる特定の自由の主張だけではなく、数多くの自由〈論〉があったが、序章に述べたように、それらは本来、ヨーロッパ人にとっての歴史的自己認識の行為なのであって、そこでの論議は素材として無視し得ないのは当然だとしても、津田の問いに対する答えを直接にそこに期待することはできないし、そうすべきでもないであろう。

したがって、以下では、津田の問いに答えるべく、本書の他の諸章と同様、ヨーロッパ政治思想史における語彙とその意味の長い持続性を前提としながら、その一つの重要な範例として、自由という言葉の恒常的・核心的意味と、各時代の各思想家によるその具体化や修正を探ってみたい。ヨーロッパにおいては今なお、現在の問題の解決への探求が、過去に用いられた言葉の新しい意味づけとして行われている、という事実がこうした問題構成を要求する。言うなればこれは、自由という主題とその歴史的変奏についての一つのスケッチの試みである。当然のことながら、そうした変奏は思想家とその作品の数だけあるはずであるが、それらの変奏には実はいくつかの型があり、しかも、それらの型を構成する基本的モティーフは、中世以前、アウグスティヌスまででほぼ形成されたのではないか、そして、以後、思想家たちの言説の相違は、それらの要素のどれをどのように組み合わせるか、また強調・弱調するかによって生じているのではないか、確かに、とりわけ十八世紀後半以降、それまでとは位相を大きく異にする論議が現れ、その影は二十世紀後半にまで及んでいるとは言え、また別の意味で、問題の構造は現在においてもなお変りないのではないか。これがここでの最も一般的な作業仮説である。

議論の出発点として、ヨーロッパにおける「自由」の古来の意味は「他人の恣意的意志からの独立」である、という『自由の条件』の中にあるハイエクの説明を借用することから始めたい。すなわち、ヨーロッパにおける「自由」という言葉には、その出発点となったギリシア語の eleutheria および、それと語形こそ違うが源は同じとされているラテン語の libertas 以来[3]、現在に到るまで、〈他者の意志または支配に隷属しない〉という意味が最も基本的な部分としてあるのではないかと想定したい。ハイエクは、「ヨーロッパの人間は、自由人と非自由人とに分かれて歴史に登場した」と述べている。とすれば「自由」という言葉は最初から、ヨーロッパという、隷属する者としない者とに分化した社会において、個人にせよ集団にせよ、その地位と運命を表現する重大な言葉であったと考えるべきであろう。

そして、そこから、「隷属しない者」に要請される行為規範としての意味をも帯びるようになったのではないだろうか。ハイエクの説明は、後に述べるアリストテレスの用語法とも一致する。因みに、この意味での「自由」と、「自分の心のままに行動できる状態・思うまま」という日本における伝統的用語法との間には、[4]津田も言うとおり、出発点からしてズレがあることは間違いない。ヨーロッパ思想を大きく受け入れた現在の日本語の「自由」の語感の中では、この二つが無意識のうちに混在しているのであろう。

日本語との異同の問題はさて措き、この〈他者の意志に隷属しない〉という意味での自由は、まずはギリシア時代、たとえばトゥキュディデースの『戦史』の中で、「自由なポリス」、「ギリシアの自由」、「われわれの自由」と言われているところに見ることができるが、[5]これは、個人についてではなく、個々のポリスまたはポリス世界という、いずれにしても共同体全体の状態についての言及である。遥か後の時代、『リヴィウス論』におけるマキアヴェッリの用語法もこれに近い。これに対してプラトンとアリストテレスは、他者に隷属しない「自由」を、ポリスの政治を構成する市民個々人に即しても論じている。そこで、これらの例や、また、後に引用するアリストテレスなどを参照して、以下、長期にわたるヨーロッパ思想史の分析のための具体的な作業仮説として、次のように仮定してみたい。すなわち、ギリシア時代以来、自由という言葉を構成する観念の集合には、その核心として、相互に関連する二つの基本的観念が含まれていたのではないか。その一つは、他者の意志に隷属しない者の、隷属していないという〈状態〉である。トゥキュディデースの用例は、この〈状態としての自由〉をポリスに即して言っているが、同じことが個人についても言われる。後者は、〈自由人である〉という事実そのものに外ならない。ここで、〈自由人〉という言葉は、現代人まで含む最も広い意味に理解したい。自由という言葉の中身のもう一つは、その状態にある者、すなわち、他者に隷属していない者が、隷属していないという事実によって所有している〈能力〉である。すなわち、自由人とは〈能力としての自由〉の主体である。なお、ハイエクは、同書の本論に入り「自由の価値」を論ずる段になると、あるべき自由とはもっぱら〈状態〉の意味であり、それは「力〔すなわち能力――筆者注〕としての自由」とは区別されなければならず、かつ自分は後者を拒否する、と論じている。このハイエクの言明は、それ自体、伝統的な「自由」の観念の現代における変容と受け取るべき現象ではないかと思われるが、この問題は第三節であらためて考えたい。

ところで、この仮説の下に思想史を眺めてみると、古典ギリシア以来、〈状態としての自由〉の観念は、当然のことながら、それが望ましい事実の表現である以上、個人についても共同体についても、基本的には論争されることなしに受け入れられてきたと言ってよいであろう。ただし、すぐ後に述べるように、とくにキリスト教成立以降、個人について、この自由の状態は、たんに外的なそれに止まらず、非政治的な、心の、内面的状態の意味にも用いられることとなった。こうした、個人に関する〈状態としての自由〉の観念の外面と内面への二重化、および、後者の重視は、その後長くヨーロッパ思想史を支配し、自由の問題を複雑化したが、二十世紀後半にもなると、本章の最後に論ずるI・バーリンのように、外的独立の要件が欠如している奴隷の場合など、もっぱら内面の心の状態だけが意味されたとき、それは「自由」とは認められない、とする者も出てくる。これに対して、〈能力としての自由〉の観念と、したがってまたその意味に対する〈評価〉には、実は最初から、あるアンビヴァレンスがあったと思われる。すなわち、自由人は、自分のしたいことができる存在であるが、その能力を一方では自分勝手に、利己的に使うことができる――この意味での自由は、日本の伝統の中にある一つの用語法に近いのであろう――と同時に、他方ではそれをより高貴な、自由な市民として〈なすべきこと〉、すなわち善なる目的のためにも使うこともできる、または使うべき存在である。したがって、〈能力としての〉自由という言葉でそのいずれを主としてイメージするかによって、それに対する人の相対的な態度には自ずと差異が生じてくることになる。たとえば、プラトンが、自由に対して、その本質についての肯定的論議にもかかわらず、現実的判断としては必ずしも好意的でなかったことはよく知られている。確かにプラトンは「友愛」とともに「自由」を、国家と個人の双方にとって重要とするけれども、同時に彼は、その自由は、とりわけデモクラティア（demokratia）においては例外なしに過度にならざるをえないと考えた。生活方法、言論いずれについても自由と平等を原理とするデモクラティアにおいて、結果として「最高度の自由から、最も野蛮な最高度の隷属が生まれてくる」とする悲観的診断はあまりにも有名である[6]。ここには、「自由」という言葉が、その能力の行使に必然的に伴う「善」の観念を媒介として、たんなる事実の記述には止まらず、一つの規範性をも最初から内包していたことが示されている。だからこそ、プラトンだけでなく、たとえばホッブズのように〈能力としての〉自由に対して相対的に好意的ではない思想家は、人間行為の説明として、同じく相対的にではあるが、必然論により傾くであろう。彼らはしばしば教育＝訓練に、その政治理論における梃子の支点を求める。それは、教育＝訓練が、受け手に対しては必然としての効果を発揮し易い分野だからであろう。『国家』の全編は、プラトンのこの視点を余すところなく示している（なお、ホッブズ研究の中では一般的には必ずしも重視されていないが、『リヴァイアサン』においても教育は、主権者が国民に対して行う重要な職務とされていた）。これに対してアリストテレスの態度は、他の多くの問題についてと同様、複雑である。『政治学』の中から、少し長いが二箇所引用する。

民主政の中でもひときわ民主政的と見られているものにあっては、追求される政策は、本当の利益とは正反対である。その理由は誤った民主政の観念にある。民主政を定義するものとして一般に言われているものは二つある。その一つは多数者の主権であり、いま一つは諸個人の自由である。一般に、正義とは平等なりと言われ、平等とは大衆の意志を主権的とすることなりと言われる。そして、自由とは「自分の好きなことをすること」なりと言われる。そういう考え方の結果、極端な民主政においては、各個人は好き勝手に生きることになる。……これは良くない考えである（第五巻第九章 1310a）。

民主政の型の国制の基本原理は自由である。実際、自由はこの型の国制においてのみ享受されると一般に考えられている。それこそが民主政の目的だから、というのがその理由である。自由の一つの形式は、支配することとされることが相互に交代することである。民主政的な正義の概念は、算術的平等である……民主政において結果としておこるのは、貧者が富者よりも主権的となることである。というのも、彼らは多数だからであり、そして、多数者の意志こそ最終的だからである。これが、自由というものの一つの徴である。……もう一つの徴は「好きなように生きること」である。そうした生活こそ自由人たることだ、と言うわけである。……これは、民主政の第二の特徴である。そこから帰結するのは、理想的には、人は誰にも支配されない、または、少なくとも人は交代に支配すべきだ、という見解である。こうしてそれは、平等に基礎を持つ自由に貢献するのである[7]（第六巻第二章 1317a－b）。

ここでアリストテレスは、プラトンと同じく、〈状態としての自由〉をデモクラティアと結びつけて理解し、その上で、そこに存在している〈能力としての自由〉を論じているが、明らさまにデモクラティア嫌いだったプラトンと違って、彼の態度は慎重に見える。すなわち、第一の引用では、一見自由に対して批判的なようでありながら、その批判は実はデモクラティア一般に対してではなくて、〈能力としての自由〉の濫用である「極端な民主政」、「誤った民主政の観念」に対して向けられている。ここではアリストテレスは、プラトンとある程度一致すると言えよう。しかし、これに対して第二の引用では、同じく自由とは「好きなように生きること」だと言われてはいても、それはむしろ、自由人の政治として本来あるべき、「同じ人が支配し、かつ支配される」という状態の別な表現であることは明らかである。その意味で〈状態としての自由〉は、自由人がその能力を正当に行使して相互に支配するという、正しい政治の基礎である。アリストテレスにおいては、自由の二つの局面は本来調和すべきものであった。因みに、ここにもその一端が現われているように、『政治学』におけるアリストテレスは、デモクラティアを逸脱形態の国制とするその原則論から通常思われているほどには、デモクラティアに対して否定的ではなかったのではないだろうか。『ニコマコス倫理学』第八巻第一〇章において、本来の、あるべき国制の一つとしての「ティモクラティア」(有産者政)と「デモクラティア」とが「境を接している」と見られていること、そして、後者は、「悪しき種類としては最もその程度のはなはだしくないもの」(1160b)とされていることも考慮に入れてよいであろう。アリストテレスは、人々が著しく堕落してはいず、法が守られ、デマゴーグが跳梁しない限り、デモクラティアの中に現れる人々の集合的判断は、少数者の判断よりも健全であり、したがってまた蓋然的に、デモクラティアは寡頭政よりも安定的であると診断した(8)。アリストテレスのこの考えは、本来の国制とされる有徳な君主や立派な貴族の支配は抽象的には善であるに違いないが、そうしたものは現実にはあり得ない、という判断と連動している。そして、プラトンが、デモクラティアはその自由への圧力のゆえに〈必然的〉に僭主政に転化すると主張するのに対して、アリストテレスは、それは条件次第なのだとして、「ソクラテスによって語られている」『国家』を名指しで批判している(9)。

このようにアリストテレスの自由論は、そのデモクラティア論と連動している。そのことを、本書の主題の一つであるヨーロッパ政治思想史における政治と非政治の関係という視点に関わらせて言い直すと、ギリシア世界の政治思想として当然のことながら、こうしたプラトンとアリストテレスの自由概念は、やはり政治の領域内の議論であった。結局、状態としても能力としても、国家について言われるにしても個人について言われるにしても、ギリシアの自由は、一般に理解されているように、ポリスとの関連を離れることはなかった。第二章第三節で触れる、ギリシア思想における非政治的要素たる内面の「観想的生活」が、「自由」という言葉で表象されることは、プラトンにおいてもアリストテレスにおいてもなかった。次節で述べるとおり、アリストテレスは、行為の倫理性の条件として、行為者における「選択」の要素を重視したが、それを「自由」として語ることはなかった。『ニコマコス倫理学』は、自由の観念それ自体についてはまったく語っていない。もちろん、「政治」を最高の善とするアリストテレスにおいても、その観想的生活論だけではなく、友情論にもまた窺われるように、ポリスの生活に対する懐疑の影がなかったわけではない。国家の生活への参加と人間の最も優れた卓越の実現とは必ずしも一致しないのではないか、政治を越えた高次の真理の観想は、個人の心の中でのみ、またはその観想を共有しうる少数者の交わりの中でのみ実現するのではないか、とアリストテレスは考えていた節もある(同じ懐疑はプラトンにも見られるが、この点については、第二章第四節(・i)であらためて述べる)。しかし、その留保を付すにせよ、やはりアリストテレスにおいてもまた「自由」は、本質的にポリスとの関わりを離れることはできなかったと見るべきであろう。プラトンも批判する、個人の放恣としての自由は、それが反ポリス的＝反社会的であるがゆえに、本来の自由の堕落として非難されるのである。

時代を下って共和政ローマになると、当然、キケロの自由論が眼に入ってくるが、自由を政治との関わりで語ることでは、キケロもまた基本的にはギリシア以来の伝統内の人であった。キケロは、「自由」とは「望みどおりの生き方ができること」であり、それをなし得るのは「正しいことをそのまま実行している人、義務に喜びを感じている人」だけであると言う。また、共和政を讃えて「自由な国家」、「自由な精神」を主張する。彼は、自由なローマから法を奪い、自由を破壊したカエサルを許せない。彼は私有財産の自由を擁護し、私有財産の保護こそ国家の任務なりとするが、それは、私有財産——もっとも、それは不名誉な方法によって獲得されてはならないが——なしには、政治家たる者安んじて国家に奉仕できないからである。[10] キケロにおいて「自由」は、状態、能力いずれの意味においても共和政の条件、特質に外ならなかった。他方でここでは、「自由」という言葉の重心点は、ギリシアにおけるような、第一義的に事実の領域から、規範の領域に移行しかけているかに見える。自由を共和政と重ね合わせる同様の語法は、一世紀以上後、タキトゥス『ゲルマニア』に再現する。

これに対して、自由という言葉の思想史において、キケロのようにもっぱら政治との関連においてではなく、それを離れてまったく非政治的な、また、強く規範論的な意味でこの言葉を使用したものとして重要なのは、新約聖書のパウロの手紙であろう。「自由」への言及はペテロの手紙にもあるので、それも併せて引用する。

「私は自由な者ではないか。使徒ではないか。私たちの主イエスを見たではないか」。「私は、すべての人に対して自由であるが、できるだけ多くの人を得るために、自ら進んですべての人の奴隷になった」（コリント人への第一の手紙、第九章・一、同・一九）。「自由を得させるために、キリストは私たちを解放してくださったのである」。「兄弟たちよ。あなたがたが召されたのは、実に、自由を得るためである。ただ、その自由を、肉の働く機会としないで、愛をもって互いに仕えなさい」（ガラテヤ人への手紙、第五章・一、同・一三）。「自由人にふさわしく行動しなさい。ただし、自由をば悪を行う口実として用いず、神の僕にふさわしく行動しなさい」（ペテロの第一の手紙、第二章・一六）。

では、これはヨーロッパ政治思想史における自由という言葉の規範論的使用、そしてこの言葉をめぐる政治と非政治の緊張、あるいは争奪戦の最初の現れと見るべきであろうか。だが、ここにヨーロッパ思想史における新しい自由の観念が始まる、とは直ちには言い切れないのではないだろうか。なぜならば、（異論の余地はあるかもしれないが）ここでのパウロとペテロの用語法は、一面では、ギリシア以来の、自由人の属性としての自由という言葉の二つの意味のうち、まずは状態概念の方を、身分においてはなお奴隷であるかもしれないキリスト者のあるべき〈内面の状態〉を表す言葉として、いわば比喩的に当てはめただけであって、それまでの自由という言葉の意味に何ごとかを付け加えたものでは必ずしもないのではないか、と思われるからである。もちろん、ここでペテロもパウロも、〈能力としての〉自由が堕落する可能性に言及していることは見逃せない。だが、これも「自由」の社会的効果に関わる、その意味では伝統の範囲内の発言と見るべきであろう。しかし他面では、そうした伝統的語法であるにもかかわらず、ここで「自由」が、非政治的な、〈個人の心の状態〉との強い結びつきを与えられたことの重要性は認めなければならないであろう。この意味でそれは、同じ頃に、かつては奴隷であったエピクテトスが、「自由とは好きなように生きることである」という、先に引用したアリストテレスの言葉を引きながら、同時にその自由を、やはり個人の心の状態の意味に解して、それはストア的な意味で、恐れも苦しみも不安もない、平静な精神にのみ可能だとしているのと一脈相通ずるものがある。(11) その限りでは、現実への働きかけの態度においてはまったく異なるが、パウロもエピクテトスも、その後「自由」が個人の精神の問題として非政治の領域で語られる方向への歩みを進めたと言ってよいであろう。遥か後の時代、この〈心の平安〉としての自由は、たとえば、一四四一年の作と言われる『イミタチオ・クリスティ』の一つの主題となり、またルター『キリスト者の自由』(1520)において大きな意味を持つことになる。

(ii) アウグスティヌス『自由意志』の重要性

以上に対して、とりわけ〈能力〉としての自由という言葉を、まったくキリスト教の言葉として、すなわち、たんに自由人の属性を表す言葉としてではなく、神との関係における人間そのもののあり方に関わる言葉として、その意味で、すぐれて非政治的価値を表現する言葉として正面から打ち出したのが、三九〇年前後に書かれたアウグスティヌスの著作『自由意志(について)』(*De Libero Arbitrio*)である。振り返ってみれば、古典ギリシアにおいて「自由」(eleutheria)という言葉は、重要なりとはいえ、第一義的には、自由人という〈事実〉を表現する言葉であっただけに、

「徳」、「幸福」、「正義」などのように一般的な規範言語として用いられたとは言えないであろう。プラトンにおいてもアリストテレスにおいても、「自由」は枢要徳の地位を与えられてはいない。これに対してアウグスティヌスは、「自由」(libertas)に、国家だけではなく、およそ人間そのものに関わる規範の言葉として(もちろん、この言葉の意味する事実性は自明のこととして)、決定的な重要性を賦与した。第一義的にはマニ教との論争のために書かれたこの作品で彼は、人間の行為はすべて必然性に支配されているという見解に反対して、第一巻の題名として「罪は自由意志によって起こる。このことは罪の本質からして明らかである」と宣言し、後にペラギウス派が利用できたほどに、自由意志を根拠とした神に対する人間の責任を強調する。明らかにアウグスティヌスの意図は、たんに受動的な〈状態としての自由〉だけでなく、最高の善も最悪の罪もいずれをも選択し得る、神与の〈能力としての自由〉を人間に帰して、その自由の行使の仕方に個人の責任を問う、という厳しい態度を打ち出すところにあった。ここでは自由は、倫理的に無規定な、したいことができる能力ではなく、本質的には、理性の指示に従ってまず善を意欲し、次いでその意欲に従って行為するという意味で、魂が神から与えられた〈善をなすための能力〉に外ならず、また、それ以外のものであってはならない。しばらくアウグスティヌスに留まって考察してみよう。

アウグスティヌスの議論の大前提は、人間には神から与えられた「内なる理性」があり、それが「人間に生の自覚を与え、生を導く」とするところにある。「われわれは魂を持つことで動物にまさる」のであり、それを「理性と呼ぶほか正しく呼ぶことはできない」。そして、人はこの理性を正しく知解しなければならない。すなわち、「生きていることの知識は、生きているという事実よりも優れたものであり……、「知解する」(intellego)とは、精神の光そのものに照らされて、より大きな光と完全さの中に生きることに外ならない[12]」。「欲情は理性に服従しない欲求であって、それはむしろわれわれを悲惨なものとする。……それ故、魂の持つこういう動きを理性が支配するとき、人間は秩序の下にあると言わねばならない」(I・8・17)。こうしたプラトン風理性概念を大前提としてアウグスティヌスは次のように言う。人には服すべき二つの法がある。一つは時間的な法すなわちこの世の法であり、いま一つは永遠の法である。人はまず、この世の法によって、人間社会の平和に仕える限りにおいて自らの欲望すなわち所有を正当化される。その所有とは、健康その他身体に属する善、自由人であること(強調は筆者)、肉親、下僕等身近な人々、国、そして金銭などである。もちろん、不当な所有に対しては、時間的な法が、その全部か一部の剝奪という罰を加えるであろう(I・15・32)。こう主張する限りにおいて、アウグスティヌスは古典古代の人である。しかし、キリスト教思想家アウグスティヌスからすれば、人間にとってより本質的なのは永遠の法への服従である。永遠の法とは「万物を最もよく秩序付ける正義」である(I・6・15)。そして、この永遠の法に対する人の服従は「自由意志」(liberum arbitrium)において行なわれるのでなければならない。なぜならば、「神はすべての善きものの創造者」であり(I・2・5)、「神の似姿に従って創造されたと最も正しい意味で言われる」人間には、正しく生きるために自由意志が与えられているからである。[13]すなわち、永遠の法への服従とは、自由意志によって「内なる理性」に従うことに外ならない。他方、同じ自由意志によって人間は罪を犯すことが可能である。もちろん、正しく生きるために、すなわち善を欲し善なる行為をするために、善なる神によって自由意志が与えられたのだから、罪を犯した時には罰が与えられなければならない。そもそも、人間の行為がすべて必然性に服従してなされるのであれば、その行為に正や不正を帰しても無意味ではないか。世界はマニ教の主張するように光の原理と闇の原理が二元的に対立する場ではない。確かにこの世には悪が存在するが、それは被造物たる人間の作り出したものであり、本質的意味において実在ではない。したがって、罪に対しては罰が与えられることによって、正義——善なるものとして創造された世界の本来の秩序——が回復・勝利するのである。その場合、人が意志によらずになしたことは、正しい行いでないとしても罪ではない。言い換えれば、「罪においても〔善に対する〕報いにおいても正義がなければならなかった。……それゆえ、神は人間に自由意志を与える必要があったのである」(II・1・3)。もちろん、人間の意志的行為は、神の眼からすればすべて予知されたものである。しかし、そこから、個々人がその「意志によらずに何かを欲するという結論は出てこない」(Ⅲ・3・7)、すなわち「神の予知のために私の権能が除去されることはない」(Ⅲ・3・8)。「神は人間をつくり、罪を犯すか犯さないかのいずれかを選択する権能をこれに与えたとしても、それによって神は人間に罪を犯せと強制したのではない」(Ⅲ・5・14)。したがって、人間の行為は必然性の支配の下にあるという議論は誤謬以外の何ものでもない(14)。

このようにアウグスティヌスは、人間には神に与えられた理性と並んで自由意志があり、意志の自由な選択によって善悪いずれをもなし得るのが人間なのだ、と強く主張した。こうした人間の厳しい両義的可能性、そこに由来する選択意志の重要性を、アウグスティヌスはまた、「意志は中間の善である」という言葉によっても表現している(Ⅱ・19・52—53)。意志の中間性のゆえに人間は、不変の善すなわち神への愛に従うとき「第一の大きな善を完成にもたらす」こともできるが(Ⅱ・19・53)、反対に、肉の誘惑に負けて罪を犯すとき人間は無に傾き、善の欠如(vitium = vice)状態となる。しかし、ここで何よりも重要なのは、この欠如は「意志的な欠如であって、われわれの権能の中におかれている」ことである(Ⅱ・19・54 —— 強調は筆者)。だからこそ、「魂が自分の快のために優れたものを捨てて劣れるものを選ぶことが起こるとき、われわれはその魂に罪を宣告するのである」(Ⅲ・1・2)。なぜならば、「われわれの権能の中にある」とは、「われわれが欲するときにそれをなす」という意味にほかならないからである(Ⅲ・3・7)。この、悪の意味づけの問題は、後にトマス『神学大全』の中心主題の一つとなるであろう。

ところで、アウグスティヌスに見られるこうした自由意志 = 選択意志の重視論とは、前提されている目的論の性格こそ違え、また、「自由」という言葉こそ用いられていないとは言え、実質的に近い議論が、すでにアリストテレス『ニコマコス倫理学』において詳しく展開されていたことはここで確認しておかなければならない。よく知られているように、アリストテレスはその第一巻第七章で、人間における究極的・自足的な目的すなわち最高善として「幸福」を掲げ、さらに優れて人間的な善(すなわち幸福)は、「最も究極的な卓越性(または徳 arete)に即しての魂の活動である」としている(1098a――強調は筆者)。アウグスティヌスを含め以後の思想史との関連で注目すべきは、ここでアリストテレスが、幸福を「魂の活動」としている点であろう。というのは、アリストテレスの言う「魂の活動」とは、目的論における実質的差異を考慮に入れた上でなお、アウグスティヌスの言う理性または理性の行使に類比的なものと考えてよいと思われるからである。アリストテレスによれば、「最高善を解してそれは所有にあるとするのとその使用にあるとするのとの差異、状態《ヘクシス》と解するのとその活動《エネルゲイア》と解するのとの差異は、思うに僅少ではない。……人生におけるうるわしき善の達成者となるのはその能力を正しい仕方で働かせるところの人々なのである」(1098b–1099a――強調は邦訳)。すなわち、アリストテレスは、「徳」を、本質的に「状態」であるとするが(1106a)、それは、そこに作為のまったく存在しない即自的な状態の意味ではない。魂が、本当の意味において徳ある魂たり得るのは、それが活動状態にある時においてのみである。確かにアリストテレスは、「能力」(dynamis)という言葉を、人間の魂と肉体に内在する一つの働きとして、倫理的にはいわば中性的概念として用いてはいるが、ここに言明されているように、彼にとっては、魂における〈善への能力〉を正しく高貴に行使している状態こそ、「徳」または「卓越性」に外ならなかった(1099b, 1153a)。それがすなわち、人間における目的としての「快楽」と「幸福」である。

この議論を受けて、アリストテレスは第三巻第一章の冒頭で、知的・倫理的「卓越性」または「徳」は情念および行為に関わるが、「賞賛ないしは非難の向けられるのはこれら情念や行為が随意的のものである場合に限られる」(強調は邦訳)と論じている(1109b)。アリストテレスから見て、とりわけ随意的すなわち意志的(ekousios)行為が賞賛または非難の対象とならなければならない理由は、それが〈善への能力〉を行使する「魂の活動」だからこそであろう。同じ論旨でアリストテレスは、続く第二章ではとくに行為の「選択」を強調して、「われわれが何らかのふうの人間であると言えるのは、われわれが諸々の善を「選択」するかそれとも悪を「選択」するかに従ってである」としている(1112a)。さらに、「正義」を論じた第五巻第八章では、人の行いが正義の行為であるのか不正のそれであるのかは、それが意志的か非意志的かによって定まるとして、「「選択」に基づいて害したのであるならば、彼は不正を働いているに止まらず、また不正な人間である。……同じくまた、選択に基づいて正しく行為するとき、それは正しい人間である」と述べている(1136a)。また、(第一巻第一〇章に戻るが)アリストテレスは、こうした卓越性に即した活動は、それが持続的、安定的な心の状態であるとき最も優れたものであるとして、次のような言葉を残している。いわく、「もし人が数多くの大きな不幸を、苦悩への無感覚のゆえにではなく、高貴であり矜持高きがゆえに平然として堪えるならば、かかる不幸の中においてもうるわしさは輝き出るのである。……まことに、真の意味における善き人・賢慮の人は、われわれは思うのであるが、いかなる運命をも見事に堪え忍ぶ。……幸福な人はいかなる場合においても決して惨めな人間たりえないのである」(1100b–1101a)。[15] 周知のとおり「徳」も「正義」も、ともにアリストテレス倫理学と政治学に共通の中軸概念であることを考えれば、こうした選択意志重視論もまた、そこで枢要な地位を占めていると考えなければならない。だが、すでに述べたように、アリストテレスにおいては、そうした「魂の活動」としての選択意志が、「自由」という言葉で表象されることはなかった。

(アウグスティヌスに戻れば)先に引用したパウロとペテロの手紙は、非政治的領域で、選択意志を「自由」として語っている。そしてアウグスティヌスは、それに疑う余地なく明確な理論的表現を与えた。表題『自由意志』は、「自由選択」とも訳し得るとされる所以である。[16] もちろんこの作品においてアウグスティヌスは、ここで見てきたように、神の似姿たる人間が、高貴な目的のために行使する〈能力としての自由〉論に力点を置いて論議を展開してはいるが、同時にまた彼は、「この真理に服するとき、そこにわれわれの自由がある。そして、真理はわれわれを死から、すなわち罪の状態から解放する神ご自身である」という言葉にも示されているように(II・13・37)、明らかに〈状態としての自由〉の概念を、その前提として強調することも忘れなかった。アウグスティヌスにおいては、まさに、最も本質的な意味において〈権威が人を自由にする〉のであって、人が自らの自由意志によって永遠の法に服する時、自由の二つの局面は、アリストテレスとは異なった意味においてではあるが、やはり自ずから一致・調和すべきものであった。「不動の善(すなわち神への愛――筆者注)に固着する精神の状態が、人間に固有の第一の善である」(II・19・52)という一節も同じ文脈で理解されよう。同様に、「自分の善き意志を愛し、それに大きな価値をおくことは、それ自体善き意志」(I・13・28)であって、そのような人は幸福であり、それと反対の意志を持つ人は悲惨である。正しく有徳に生きることはすなわち、意志によって最高の善を所有することであり、人間の真の喜びは「この善の所有から生まれるものである」(I・13・29)。とするならば、アウグスティヌス自身はそう明言はしていないが、〈能力としての自由〉たる選択意志の悪しき行使によって神への愛から離れた人間は、真の意味では、もはや人間が神から与えられた〈状態としての自由〉を享受していない、とすら言うべきであろう。なお、自由意志説についてアウグスティヌスは、人間が自由意志を持ち得ること自体、神の恩寵の賜であることを強調した、とするいわゆる恩寵先行説の解釈がある。だが、神の予定論と同じく、プロテスタンティズム神学のア・プリオリからすればそう言わなければならないとしても、それがそのまま、『自由意志』のテクスト解釈として妥当するとは思われない。

後に触れるエラスムスの『評論・「自由意志」について』以来の異なる解釈もあることを承知の上で私は、こうした『自由意志』における議論は、『告白』第七巻第三章以下の議論を経て、彼の最大の作品である『神の国』に至るまで、基本線はそのまま引き継がれているものと理解する。この作品でアウグスティヌスは、アフリカの地に住みながらも、永遠の都ローマの未曾有の混乱を憂え、ローマの災厄はキリスト教反対者が言うようにローマがその神々を捨てたからではなく、ローマ自身の堕落によるものであると力強く主張し、神への不従順のもたらす悲惨な奴隷の生を語る。必ずしも常に自由意志論を主題とはしていない『神の国』においてもその議論が貫かれていることは、蛮族のローマ侵入の際、捕囚の間に暴行を蒙ったキリスト者の女性が自殺することの可否を主題とした第一巻の議論においてすでに明らかである。アウグスティヌスは言う。「自分の意志が確乎不動であり続けるならば、他人が肉体によって、あるいは肉体に対して何をしようと、それが自分の方でも罪を犯さずには避けられないような場合を除いては、被害者に責任はない」。また次のようにも言う。「慎みは精神の徳であり、勇気を友として持っている。そして、この勇気によって、慎みは悪に同意するよりも、悪がどんな種類のものであれ、それに耐え忍ぼうと決意するのである。だが気品と慎みを持っている人でも、自分の肉体から起こってくることを自由に処理する力を持たず、ただ精神によって是認したり否認したりすることのみを自由に働かす力を持っているにすぎない[17]」。これらの言葉は、目的論における差異を乗り越えて、前々段の最後に引用したアリストテレス『ニコマコス倫理学』第一巻第一〇章の言葉と見事に符合してはいないだろうか。アリストテレス流に言えば卓越した、徳ある「精神の活動」、それをアウグスティヌス流に言えば、「自由意志」として現われる精神＝魂(animus)の選択行為となると言えば、テクストの曲解となるであろうか。アウグスティヌスは、『神の国』の末尾近く、『自由意志』の議論そのままに次のように述べている。「神は人間を正しい者、それゆえ善い意志を持つものとして造った。……それゆえ、意志の選択は、悪徳と罪に仕えない時に真に自由である」。「神は人間自身をも天使と同様、自由な選択を働かせる正しい被造物として造った[18]」。ここではアウグスティヌスは、〈能力としての自由〉論と〈状態としての自由〉論とを、文字どおり一体のものとして言明している。こう見てくると、「二つの愛が二つの国を造った。すなわち、神を軽蔑するに至る自己愛が地上の国を作り、他方、自分を軽蔑するに至る神への愛が天上の国を造った」という、『神の国』の中でも最も人口に膾炙した第一四巻最終章の言葉も[19]、その具体的意味についてはさまざまな解釈の余地はあるにせよ、少なくとも自由意志論の主題の一変奏であることが諒解されるであろう。

アウグスティヌスはヨーロッパ思想史上最高のレトリシャンであった。幾重にも重層的なその論理とあまりにも豊富なその表現力は、彼の思想を近代的な単一基準還元思考で一面的に要約しようとするわれわれの試みをしばしば打ち砕く。しかし、そうした表現上の多様性にもかかわらず、自由意志説におけるアウグスティヌスの問題構成そのものは明快である。それは一つには必然論批判であり、また一つには、反対の可能性を自覚しつつもなお、内なる理性の声に意志的に従う必要性の強調である。まさにアウグスティヌスこそ、善悪双方の極限までの両義的可能性を持つ人間にとって、自由はその人間性の条件であること、そして、その自由とは、本来的には、理性を前提した、最も本質的な事柄における魂の〈善への能力〉であること、この二つの重大な観念をヨーロッパ思想史——ただし第一義的には非政治の領域において——に与えた最重要人物であったとして誤りないであろう。その意味で、アウグスティヌスの位置は、政治の領域におけるアリストテレスに匹敵すると見るべきである。いや、ここまでは自明だとしても、さらに付け加えて、次節に述べるように、十六世紀以降、自由意志説は政治理論にも強い形成力を振るったことを考えれば、アウグスティヌスの重みは、たんに非政治の領域に止まるものではないと言うべきであろう。アウグスティヌスがヨーロッパ思想史に対してそのように最重要の地位を占めることができたのは、そのすべての議論の背後に、自足的な最高善は「魂の活動」としての幸福なりとするアリストテレスのとは同じではないにせよ、共通するところも多い、真の形相の永遠性を知解し、また、その知解に従って行為することを強調するプラトン的・キリスト教的な目的論の世界像と歴史意識が厳然と控えており、それを、以後のヨーロッパの思想世界が受け入れたからこそであったに違いない。『神の国』が、キリスト教の終末論的目的論に最も明晰な理論的表現を与えた書物であることに異論を唱える人はいないであろう。そして、アリストテレスとアウグスティヌスにおいて、〈選択行為〉論または〈善への能力としての自由〉論は、それぞれがそれぞれの目的論と不可分であったという事実は、ヨーロッパにおける「自由」の観念の思想史を辿ろうとする者すべてにとって、常に念頭に置くべき、限りなく重要な与件なのではないだろうか。なぜならば、この、選択意志重視論としての自由論と目的論との緊密な結合こそ、「自由」という言葉にほとんど絶対的な倫理的力《モラル・フォース》を賦与したものであり、そのことが、以下述べるように、近代に入りいかほど世俗化が進行したとしても、少なくとも十九世紀中葉に至るまでは、政治・非政治を通じてヨーロッパ思想史の最大の特質の一つとなったと見なければならないからである。

二　伝統とその変容

(i)　十七世紀――受容・そして変容の始まり

ここで本章の最初の問題提起に立ち戻れば、本章は、二つの問いを掲げて出発した。その一つは、ヨーロッパにおいて、政治・非政治を問わず、「自由」という言葉が持ち続けてきた倫理的な力の出自と理由を尋ねることであった。前節の叙述は、これに対する一つの回答の試みである。アウグスティヌスによって形成された自由意志説の、その後の歴史における思想形成力を考えれば、本章の次の課題は、それを跡付けることになければならないが、それに先立って、ここで、濃厚な政治的色彩のもとに古典ギリシア思想を継受しようとした、ルネサンス期における共和主義の自由の観念について一言触れておくべきであろう。十五世紀初頭のフィレンツェにおいてブルーニが、フィレンツェを新しきアテナイと見立てたことについてはすでに序章に述べたが、一世紀後、ブルーニの先駆的業績に敬意を表することからその『フィレンツェ史』の論述を始めたマキアヴェッリが、とくに『リヴィウス論』において、服従や謙遜を賞揚する教会の無気力を非難し、自由なローマ共和政の理想を高く掲げたことは周知のとおりである。彼の意味した自由は、もちろん偉大な国家の〈状態としての自由〉であり、まさしくキケロ以来の、政治的価値としての自由であったが、同時に、キリスト教的中世以来の用語法の無意識の反映であろうか、その自由な共和政の担い手たる市民にマキアヴェッリが求めたものは、共和政という〈善への能力〉すなわち「徳」であり、またそれへの気概であった。だからこそ彼は、彼にとってまさに人間の条件たる、その自由への能力と状態を破壊し、来世の幸福のために現世での忍従のみを教えるものとして、キリスト教を激しく論難しなければならなかった。マキアヴェッリが「自由の哲学者」と呼ばれることもある所以である。[20] このように、マキアヴェッリが自覚的に主張したのは、目的論としては明らかに非キリスト教的な、政治的自由であったが、少し立ち入って考えてみれば明らかなように、そこで求められている市民の「徳」は(君主のそれは言うに及ばず)、その自由意志に基礎付けられているものでなければならなかった。とすれば、ルネサンス－キケロ主義(とでも呼ぶべき思想現象)の理論の中には、プラトン－キケロ風国家論と、アリストテレスを取り入れたトマス主義の自由意志論とが融合していると見るべきであろう。その意味で、ルネサンスの先駆者とされ少なくとも一時は共和主義者であったペトラルカはもちろん、サルターティにせよブルーニにせよマキアヴェッリにせよ、明らかに中世思想史の子であった。[21] これに対して、自由意志論に最初に反旗を翻したのは、実はキリスト教思想史の内側にいたはずのルター『奴隷意志論』(1525)であった。だが、そのルターですら、それに先立つこと五年、プロテスタンティズムの独立宣言ともなった『キリスト者の自由』(1520)においては、自由意志論の言葉に訴えることを躊躇しなかった。そこでルターの主張する「自由」とは、一つには〈心の平安の状態〉としての自由であったが、いま一つには、意志的・内発的な、神と他者への「愛の奉仕」という〈善への能力〉としての自由であった。政治的なマキアヴェッリとは異なって、少なくともその動機においては非政治的であったが、ルターから見てカトリック教会と教皇は、人間にとって本質的なはずのこの自由の状態と能力の、許すべからざる破壊者に外ならなかった。『キリスト者の集まり』(1523)その他、ルターが最初期に構想した教会組織論が、共和主義的性格のものであったのも不思議ではない。ルターの理論的動揺の振幅は、時に見られるような、アウグスティヌス解釈も含めて自由意志論をカトリシズムに特有の教説と断じ、その歴史的作用力を過小評価しようとする解釈の不適切さを物語っている。(22)反対に、後に述べる社会契約説の理論や、さらにはカントの倫理学も含めて、自由人の属性たることを前提とする「自由」の観念のこの意志論的伝統には、その後の歴史の中でさまざまなヴァージョンがあり、この伝統は、多様化しながらも十九世紀中頃までのヨーロッパ思想史の主脈をなした、と見る方がより歴史に即した理解と考えるべきである。

さて、以上の叙述を背景に、同時に、本章の以下の行論の筋道を予め示すためにも、ここで、いったんは狭義の自由意志論の歴史の跡付けを中断し、あらためてこの伝統の基本的同一性と多様性を要約しておきたい。それは次のようになるであろう。まず、「自由」の観念の不変の核心は、必然性という抽象概念も含めて〈他者の意志または支配に隷属しない〉ことである。その具体的中味は二重である。すなわち、言うところの自由は状態か能力か。能力であるとして、その能力の主体は個人でも都市(国家)でもあり得るが、それぞれその行使の内容は何であり、それは正に評価されるのか負に評価されるのか。もちろん、その名に値する「自由」は常に正に評価されなければならない。そのためには、〈善への能力〉が正しく行使されなければならない。その際、何らかの目的論(とくにキリスト教)への引照は不可欠である。この条件を満たした時、「能力としての自由」の倫理的な重み《モラル・フォース》は最高度に達するであろう。逆にその行使が誤った方向を取るならば、それは「堕落」である。「自由」と同じく、「堕落」はヨーロッパの伝統的な歴史意識の核心をなす観念の一つであった。この事実を見落とすべきではない。次に、「自由」は状態であるとして、その言葉の適用対象は個人か国家か〈論議の焦点は多くの場合個人であろう〉。その状態は、個人の場合、その精神のありよう、すなわち心の平安か、あるいは外的安全か。個人の心の平安と言う場合、利己心や自らの肉の欲望に〈隷属していない〉状態も含まれなければならない。これらの具体的意味のどれかが時には単独で、時には組合わさって、しかもさまざまな濃淡をもって、〈他者の意志または支配に隷属しない〉という命題に具体性を与え、それぞれの思想家における自由の概念が構成される。その際、それぞれの言説の動機が政治的であるか非政治的であるかが、言うところの自由の内容を大きく左右するであろう。

ところで、本章のいま一つの問いは、こうした「自由」の観念の伝統は、現代において何らか変質してきてはいないだろうか、もしそうだとすれば、その変質はどのようなヴェクトルを持つのだろうか、というものであった。もちろん、この問いは、歴史の未来の方向性についての判断まで含意するだけに、第一の問いへの答えにも増して仮言的な答えしかあり得ない。だが、検証は後回しにして結論的に述べると、とくに現代における「自由」を考えるとき、誰の眼にも入る重要な一つの事実がある。それは、十九世紀までとは異なり、二十世紀とりわけその後半の自由論における優勢な動向――一般に「自由主義《リベラリズム》」と呼ばれるもの――は、いかなるものにせよ、およそ目的論なるものの拒絶をもって共通の前提または諒解事項としているという事実である。それはしばしば〈常に、ではないが〉、「自由」の二つの観念のうち、〈能力としての自由〉よりは〈状態としての自由〉、しかも、個人についてはその外的・内的二重の意味のうち、外的側面に力点が置かれるということであり、また、論議の中で〈善への能力〉が含意されるにしても、個々の善に関する具体的内容の是非判断については、多くの論者が、できるだけ中立を維持する姿勢を取るということでもある。二十世紀前半から中葉までの論議の性格は必ずしも一義的に明確ではなく、自由の状態概念に重きを置く穏和な社会主義や一部の自由主義も眼に入るが、同時に、この時代を覆った戦争が世界的に十九世紀末以来の帝国主義戦争であったという事実や、マルクス主義の優勢なども考えなければならない。とすれば、最初に引いたナチスの用語法も含めて、そこでの自由論も、本節後半に述べるように、十九世紀の時代精神の影を引きずって能力概念に多く傾斜していたと考えてよいであろう。その範例として、J＝P・サルトルの実存主義やH・アレントの「活動」概念を挙げてもよいであろう。

そうだとすれば、ヨーロッパ思想史における自由論の歴史上、最も重大な変化は二十世紀後半に訪れたと言うべきである。そこに第二次大戦と冷戦の歴史的経験を見るべきは当然であろう。もちろん、〈他者の意志または支配に隷属しない〉という「自由」の核心的観念は不変だとしても、それを構成する状態概念と能力概念それぞれ、および両者の相互関係には大きな変化があったのではないだろうか。とすると、この変化はいったい、何時、どのようにして始まり、どのように進行したのか。現在の状況への仮説的判断から、逆にこうした歴史的問題が浮かび上がってくる。もちろん、変化はまったく唐突のものではなかった。思想の世界で、唐突な変化はあるはずがない。実際、その伏線は遠く十八世紀の中頃から始まっていると見えるが、それについて具体的には第三節に譲り、その変化の意味を明らかにするためにも、以下本節では、初期近代以来十九世紀に至る「自由」の観念の歩みと伝統化を、少なくとも大筋だけでも辿っておきたい。そして、ここでも予め結論を述べれば、この過程の特質は、かつては相互に調和を保つべきものとされた、状態と能力という、自由の観念の二つの側面それぞれ独自の展開、両者の調和の喪失、または少なくとも弱体化であると思われる。だが、そこに進む前に、再び自由意志説に戻り、アウグスティヌス以降のその歩みを、代表的のものだけでも見ておかなければならない。

アウグスティヌスの自由意志説は、その死後百年、反逆の罪に問われて処刑された宰相ボエティウスの獄中記『哲学の慰め』の中にエコーする。そして、中世盛期以降は、トマスの巨大な神学体系、およびトマスを讃えるダンテ、さらにルネサンス期の人文主義者ロレンツォ・ヴァッラ、フィチーノ、そしてエラスムスから、すでに序章で見たデカルト、さらには挫折した共和主義詩人ミルトンの『失楽園』まで、思想史の中にほとんど切れ目なく姿を現す。ルターを嚆矢とする、キリスト教思想の内側からする反自由意志論は、第三章に見るカルヴァンの予定説において理論的頂点を迎えるが、プロテスタンティズム内部においてすら、ミルトンやロックにおいて明らかなように、そうした理論理性の強引な構築物がそのまま継承されることはなかった。まず、トマスに次の言葉がある。

すべての被造物の最終目的は神との似姿を達成することである。……それゆえに、何ものにせよ神の似姿を達成するための方途を奪われるとするならば、それは神の摂理と相容れないことになろう。ところで、意志的な行為者〔人間——筆者注〕が神の似姿を達成するのは自由に行為することにおいてである。なぜならば、神においては自由意志がある、とわれわれは論証したからである。それゆえ、摂理は意志から自由を奪うものではない。(23)

また、トマスの約半世紀後、ダンテ『神曲』煉獄編第一六歌に、ヴェルギリウスに導かれたダンテが、煉獄で苦しむトスカナ人マルコと遭遇し、世の「徳」の消失を嘆きながらその原因の説明をマルコに求めたのに対して、マルコが次のように答えている一節がある。

君ら生きている人々はなにかというとすぐ原因を天のせいにする、まるで天球が万事を必然性により動かしているかのような口吻だ。仮にそうだとすれば、君ら人間の中には自由意志は滅んだことになり、善行が至福を悪行が呵責を受けるのは正義にもとることとなる。天球は君らの行為に始動は与えるが、万事がそれで動くのではない。仮にそうだとしても善悪を知る光や自由意志が君らには与えられている。そしてこの意志は初期の戦いでは天球の影響を受けて苦闘するが、もし意志の力が十分に養成されているならば、すべてに克てるはずだ。君らは自発的に、より大きな力、より良き性質に自由に服することができる。その性質が君らの中にもう天球が左右できないような智力を創り出す(24)。

必然論を批判し〈善への能力〉としての自由意志を強調する、この二つの引用文における問題構成は、基本的にはアウグスティヌスと同じである。だが、トマスにおいては、神の似姿論と併せて人間の神への運動または本質的「傾き」(inclinatio)が強調されるところから、自由意志の発動による善なる行為へのオプティミズムが主調となるのに対して、ダンテにおいては、これ以外にも自由意志論への言及は多いにもかかわらず、そのオプティミズムへの懐疑の萌芽が見て取れる。この懐疑の影は、ルネサンス期に向かい、「人間の尊厳と悲惨」という形で次第に、同じアウグスティヌス的問題構成の中でも、人間行為の両義性の概念の部分の強調へと育っていくであろう。それらは、小編ではあるがヴァッラの「自由意志についての対話」や、フィチーノの書簡、あるいは人間の尊厳についてのピコの有名な「演説」などに窺うことができるが、この問題については第三章であらためて触れたい。だが、本章の文脈との関連で一点だけ強調しておけば、それらはいずれも、神の下での人間の生のあり方に関わる、第一義的に非政治的な問題領域での論議であった。ルネサンスの時代、こうした自由意志論を展開した最重要文献は、エラスムスのルター批判、『自由意志論』(1524)であろう。この小冊子でエラスムスは、いくつかの批判点を留保するものの、基本的にはアウグスティヌスに従ってその自由意志論を展開している。エラスムスは、「祈り」が自由意志の発露であることを前提しながら次のように述べる。

「使徒時代から今日までの間に、ただひとりマニとジョン・ウィクリフを除いて、「自由意志」の力を完全に取り去ったような人は、いまだだれもいない。……ウィクリフは、一切を純粋な必然性に還元している。彼は、いったいどこに、私たちの祈りや努力の余地を残しているのであろうか」。「〔神は〕彼ら〔人間――筆者注〕の意志に選択する能力を残しておられるのであって、神はこの能力を自由に《善悪》両方向へ動きうるものとして彼らに造りたもうたのである」。「たとえ意志決定の自由が罪によって傷を受けても、絶滅されてしまったのではない」。「神は何が善であり、何が悪であるかを示しておられる。またそれぞれに死と生命という相反する報いを提示して、人間に選択の自由を許しておられる。自らをあれこれへと向ける力を持っていない者に選べと言うことはまことに滑稽なことである」(25)。

同時代ヨーロッパ思想の磁場であったとも言うべきエラスムスは、また偉大なキリスト教的・非政治的自由意志説の論者であった。しかし、巨視的に思想史を見れば彼は、一世紀後のデカルト(あるいはここに、プロテスタント・ミルトンを加えるべきかもしれないが)に引き継がれる一連の後衛戦の先頭を戦ったと言うべきかもしれない。振り返ってみれば、キリスト教思想において神の観想が至上の位置を占めたのは言うまでもないとして、本質的に政治的なギリシア思想においてすら、プラトンとアリストテレスは、「真理」の観想に人間活動の最高の地位を割り当てていた。当然にそれは、教皇権・皇帝権論争という権力の頂点でのイデオロギー闘争に言葉を与えただけではなく、共同体論という、最も本質的な部分において政治思想にも深い影を落としてきた。ペトラルカや十五世紀フィレンツェの共和主義がカトリシズムと別世界の思想ではあり得なかったことは、序章以来述べてきたとおりである。しかし、初期近代以降、思想の世界におけるそうした非政治の優位性は次第に危ういものになり始める。デカルト、パスカル、ミルトン、ロックなどを最後に、神の観想の主題は思想史の正面舞台から退場し、以後、神秘思想家たち、または修道院の黙想の中に立て籠もることになるであろう。これに対して、第三章にも述べるように、十六世紀後半以降次第に、国家が社会におけるその倫理的地位を強化し、また時には国教制の下でそれを独占し、結果として思想世界でも政治が非政治を圧倒するという方向性が見えてくる。しかし、ここで重要なのは、それは自由意志論そのものの衰退を意味するものでは必ずしもなかったことである。なぜならば、通常は必ずしも十分には認識されていないが、十六世紀以降、自由意志論は、狭義の神学理論としてよりはむしろ、神学外への一般化または影響として大きな意味を持ち始めたと考えられるからである。すなわち、神学との直接的関わりを離れた非政治的な自由意志論は、まずモンテーニュの「友情論」の中に強力な代弁者を見出した。だが、それは次章であらためて検討することとして、ここでとくに見逃せないのは、狭義の政治思想史の領域でも、アリストテレス＝アウグスティヌス的な意志論的「自由」の観念が、広い意味で契約説と呼んでよい政治理論に対して積極的役割を果たし、それが、カトリックたるとプロテスタントたるとを問わずさまざまな政治的立場から援用されたことである。もちろんこの問題の十分な検討のためには、最終的にはトマスの政治理論の歴史的理解にまで遡らざるをえないであろう。だが、それは今後の課題とするとして、ここでは、十七世紀初頭におけるその例証として、〈最後の大スコラ哲学者〉、〈ヴィトリアの継承者〉スアレスの理論を取り上げてみよう。[26]

基本的にはトマスに従うスアレスは、その『諸法および立法者としての神について』(*De Legibus, ac Deo Legislatore*, 1612)の中で、[27]アリストテレスと同じほど頻繁にアウグスティヌスの『自由意志』や『神の国』を引きながら、自然法への服従は人の自由意志によるべきこと、そして、すべての統治において決定的な意味を持つのは、その統治に対する人々の、理性に従った自由な合意であることを論じている。スアレスによれば、(トマスの言うとおり)諸国民における法の多様性にもかかわらず、「善を為せ、悪を避けよ、正義は守らるべし」という自然法、すなわち神の意志によって立てられた永遠法が普遍的に存在し、それは人の良心を拘束する(Bk. II, Chap. III, VIII–IX)。人が道徳に関わる行為をなす際、その行為が善と呼ばれるためには、アリストテレスも言うように二つの条件を充足しなければならない。その一は、道徳性についての十分な知識であり、その二は、自由な熟慮に基づく遂行である(この二つは、アウグスティヌスにおいても行為の「正しさ」の要件であったことは前節にも見たとおりである)。スアレスは続ける。アリストテレスはさらに、第三の条件として、道徳的行為がその人の習慣となっていることを求めているが、それは必ずしも問題としなくてもよい。対して、第二の条件は重要である。すなわち、自然法への服従は、自由意志に基づくものでなければならない。「人間の行為は自然法と直接関わっている。あらゆる行為は、もしそれが完全に意志的で、従ってまた、少なくとも人世の四囲の状況との関わりで自由でない限り、人間的とは言えない」。「アウグスティヌスの数多くの言明から明らかなように、正義への愛からではなく処罰への恐怖からなされる行為は、善き行為ではあり得ない」。自由意志をもって行為するためには、その行為を要求するものの知識が必要であり、それに基づき、トマスもアリストテレスも言うように、正しい動機による熟慮の上の選択をすることが大切なのであるる(Bk. II, Chap. X. 引用は Eng. trans. vol. 2, p. 234)。スアレスは、アリストテレスとアウグスティヌスとの折衷を意図しているかにも見える。因みに、第三章にも述べるとおり、折衷主義は同時代の思想に共通の特徴でもあった。

だが、スアレスにおいて重要なことは、こうした自由意志説に立脚する神学＝道徳理論が、その政治理論と直結していることである。教会法と世俗法双方を視野に入れて「実定的人定法について」と題された同書第三巻で、スアレスは統治の成立根拠を次のように論じている。すなわち、人は本来自由であり、創造主の外には誰にも服従しないが、同時にまた人は社会的動物であって、世俗権力は人間性と完全に調和する。社会は家族から出発するが、家族はなお自足的たり得ず、ここに政治的共同体が成立することとなる。そして、トマスも言うように、完全な共同体すなわち国家には必ず公共善を司る世俗の統治者がいなければならない。

なぜならば、共同体の各成員はその個人的利益を求めるであろう。そして、しばしばそれは共通善と対立するであろう。他方、共通善のためにはさまざまな事柄が必要であるが、それらは共同体と同じようには個人の善とは関わらないし、時に関わるとしても、共通のものとしてではなく個人のものとして備えられることになる。それゆえに、完全な共同体においては、公的な職務として公共善に注意しそれに備える何らかの公的権力が必然的に存在するのである[28](Bk. III, Chap. I, vol. 2, p. 367)。

こうして、あらゆる政治的共同体には、死刑も含む裁判権・刑罰権をその本質的部分として持つ最高権力(imperium)＝統治権が存在しなければならない。だが、すべての人々は自由な存在として造られた以上、放っておいても統治権が自動的に成立してくることはあり得ない。したがって、統治権の根拠は人々の自由な合意になければならない。なぜなら、簒奪が不法であって統治権の根拠となりえないことは言うまでもないが、また、神がアダムという祖先に特別の摂理の贈物として統治権を与えたなどという啓示もないからである。家族と国家は同じでなく、家長の命令は法ではない。とすれば、一部の論者が主張するように、アダムの家長権を神から与えられた統治権とすることはできない。そもそも政治的支配権は、自然法という唯一の力によって、本質的には全人類の中に存する。だが、人類は、いかなる秩序もいかなる物的精神的統一も持たないたんなる群として止まる間は、未だ一つの統一された全体をなすとは言えず、したがってまた政治的団体とは言えない。そこには君主の必要もなく、政治的支配権は全人類の中に可能性として存在するに止まる。実際、全人類を統治した君主など歴史上存在しなかった。これに対して、特定の人々が、一つの政治的目的を達成するために仲間としての絆を負いかつ相互扶助をするという「特定の意志」、「共通の合意」を持ったとき、その時初めて、その人々は精神的に一体となり、「単一の神秘的な体」をなすことになる(Bk. III, Chap. II, vol. 2, p. 375)。こうして成立してくる政治共同体は、人々の生存のための必要を満たすものであると同時に、自由意志に基づく共同体として、倫理的性格をも備えるものである。だからこそ、事柄の性質からしてそこには統治権が成立しなければならない。統治権無き状態と有る状態とが両立することはない。統治権の下、一つの団体をなす人々は同じ法、何らかの共通の上位者へ服従するであろう。アウグスティヌスがその『神の国』で、『創世記』第四章と第一〇章に基づきカインとニムロデについて述べているように、歴史上人々は、そうした自ら設立したさまざまな共同体に別れて生きてきたのである。だが同時に、「これらの共同体は相互に助け合い、共通の正義と平和状態に留まるために……、あたかも共通の契約と合意に従うかのように、共通の法を遵守するのが人類にとって相応しい」のであって、その共通の法がすなわち「万民法」(jura gentium)である(Bk. III, Chap. II, vol. 2, p. 377)。万民法には、すべての国に共通な国内法と、国家間の法との二種類があるが、いずれにせよ、(後のホッブズの言うように)国家間の自然的関係が即戦争状態なのではない。

このように論じた後スアレスは、続く章で、確かにすべての統治権力は絶対的な意味での「善」であり、パウロも言うように神に発するものではあるが、しかし、それは神から直接的にではなく、神の意志を預かる者としてのその共同体の成員個々人の合意と意志を介して与えられるものであるという主張を、時にフッカーの国家主権論を想起させるかのようにいま一度確認している。その際、再び自然の理性の指示としての自然法と自由意志を正面に押し出して、次のように述べる。

> 人は、理性の行使を委ねられているという、まさにその事実によって自分自身と自分の能力、およびその能力を使用するための肉体とに対する権力を持ち、それゆえに自由であるが、……同様に人類の造る国家は、それぞれ独自の仕方で創出されたがゆえにそれ自身に対する権力と自治の能力を持ち、結果として、その成員に対する権力と独自の支配権を持つ。こうして、自然の創造主によって自由意志が各人に与えられているように……統治権もまた、創造主によって人類の共同体〔それぞれ〕に賦与されているのである(Bk. III, Chap. III, vol. 2, p. 380)。

スアレスはさらに、君主権力も含め、統治権に対する人々の合意は統治権の成立後も有効に働かなければならないと考え、それを、慣習法や、政体論や王位継承論にまで及ぼして詳細に論じている。もちろん法は人々の同意に基づくと同時に、客観的正義のものでなければならず、不正な法は法ではない（Bk. I Chap. IX）。国家は「神秘的な体」として、たんなる功利的・外的安全維持装置以上の倫理的性格を帯びるものである以上、そこまで議論が及ぶのは当然と言えよう。スアレスから見れば、教皇の地位もまた、共同体としての教会の同意に基づくものである。それらの議論をここで詳しく辿ることはできないが、要するにここで確認したいのは、スアレスにおいて政治理論としての契約説が、神学的な自由意志説の伝統と明示的に、しかも深く結びついていることである。もちろんトミスト・スアレスは、霊の次元における教皇の至上権は主張するが、同時に十七世紀の神学＝政治理論家として、右の引用が示すとおり、主権国家の存在は自明視している。国家の存在理由は人々の保存と幸福にある。だが、ここでスアレスが、人々は「個人として、自己の存在の保存と福利の防御を目指す傾向」（Bk. II. Chap. VIII, vol. 2, p. 219）に従って、国家なき状態――自然状態という言葉自体は使用されていないが――を去って統治の下に入る、と言うとき、その「自己保存」の概念自体は、すでにトマスがその『神学大全』第九〇問題第二項において、被造物としての人間の第一の自然法、すなわち善としたものであったことは見逃してはならない。理性と自由意志を賦与された存在として人間は、神から与えられたこの目的の実現に努めなければならないし、本来的にそうした傾向（inclinatio）を持つはずである。（事実上の）自然状態から政治社会への移行というスアレスの論理進行は、一方でこうしたトマスの議論を忠実になぞってはいるが、他方でそれは、時代の要請に従って、国家（国王）主権を正当化するための議論でもあった。実際、スアレスは国王意志の重要性を繰り返し強調している。この構成は、第三章第四節で見るフッカー『国王首長制教会国家の諸法について』第一巻第一〇章のそれと酷似している。ただし、フッカーにおけるほどにはペシミズムの調子は支配的ではない。

そして、こう考えるとき、カトリックとプロテスタントの差異を越えて、ロックもまた、半世紀以上も後に、実質的に同じ議論を繰り返していたことの意味が見えてくるのではないだろうか。因みに、後にベンサムがその『道徳および立法の諸原理序説』(1789)第一〇章第三節で、「自己保存」という言葉を不明確として退けたのは、一つには、そこに彼の批判する神学的概念の性格を見出したからであった。なお、ここで、ロックも含め、同時代の多くの政治論が取り上げた暴政に対する抵抗の問題についてのスアレスの議論について一言すれば、『諸法および立法者としての神について』におけるその議論は微妙であり、抵抗の是非は、すべての人はこの世の法に服従すべしというトレント公会議の宣言も含めて、事柄のさまざまな側面を慎重に判断した上で決定しなければならないとする(Bk. I, Chap. IX)。この主張の前提には、共同体は、同意によって統治権をいったん王に委譲した以上、それ以前に持っていた自由を失うという、ホッブズにも似た議論がある。スペイン王の恩顧によってコインブラ大学の神学教授の地位を与えられていたスアレスの立場の現われであろうか。抵抗の問題についてスアレスは、この作品の翌一六一三年に刊行された『カトリック的・使徒職的信仰の擁護』(*Defensio Fidei Cathoricae, et Apostolicae*)では、暴君殺害の是非について、教皇の判断の介入を是とするかに見える論議を展開しているが、その発言の文脈も含めて、ここで詳しく立ち入る余裕はない。

そこで、抵抗の問題は一応措くとしても、こうしたスアレスの議論を念頭に置きながら、ロック『統治論第二』(c. 1683)、とくにその自然状態論、および政治社会成立論を読み直せば、それらは、自由意志説の伝統の中で次のように明快な位置付けを与えることができる。もちろん、断っておかなければならないが、以下の読み直しは、両者の継承関係を主張するものではなく、一つの時代の中での両者の照応関係を示唆するにとどまる。

さて、よく知られているように、ロックは自然状態にある人間に自由を帰したが、彼においてその自由は本来、人々が個人として、また種として、この地上で神の意志に従って愛し合い、正当に個人に帰属するもの以外はすべてを共有として平和に暮らすという、その意味ではやはり神的な「善」に向かう状態であり、また能力であった。自然状態――人類を、神の直接的啓示を受けたか受けなかったに関わりなく、理性の秩序を内在させる種として見たとき与えられる言葉――において、人は神の似姿として、神から与えられた理性の秩序に従って生きる本来の能力を持っているはずである。したがって、社会成立以前と以後とを問わず、理性の規範＝自然法を侵犯する者は、たんなる必然に強制されてそうするのではなく、自由意志によってそうするのであり、そのことによって、もはや自由な人間ではないどころか、そもそも人間ですらあり得ず、一匹の野獣(「獅子や虎」第一一節)と見なされなければならない。ロックのこの主張は、たんなる思いつきのレトリックではなく、本章注(12)に引用したアウグスティヌスの言葉――人は理性をもつことによって動物にまさる――の遥かなるエコー、いや、そこまで遡らずとも、第三章第一節で見る、ルネサンス以来の「人間の尊厳」の主題のリフレインと見るべきであろう。実際、ロックは第一五節で、「人間の尊厳」という言葉を含むフッカーの『諸法』第一〇章第一節の文章を正確に引用している。だからこそ、自然法の侵犯に対しては、自然状態においてすら「処罰」が与えられるのであって、この処罰は、アウグスティヌス流には、神によって創造された善なる秩序の本来性すなわち正義の回復にほかならない。また、人々が、蓋然的にそうした野獣の存在し得る自然状態を去って社会状態に赴くのは、何よりもまず、神から与えられた「善」を、個人として、また種として協力して守るためである。しかし、(スアレスとは異なり、ロック自身は明言してはいないが)人類全体としてそうするのは不可能な以上、人々はそれぞれの社会に分かれて生活しなければならない。その際、特定の社会を成立させるものは、特定の人々の「自由な」合意以外にはない。だが、そこで言う「自由」の意味は、ホッブズ流に、たんにその行為に対する外的障害が存在しないということではない。また、「合意」の意味も、自然状態の悲惨から脱出するための、必然に迫られた行為というのではない。そうではなく、自由な合意という行為は、まさに、理性的被造物としての人間の、自由意志の一致に基づく、神に対する義務の、集団的なより善い履行に外ならない。

こうして、スアレスにおけると同様、個別の政治社会は、各々それ自身の道徳性を賦与される。だからこそロックは、特定の政治社会の外に止まることを同じく自由意志によって望む人間は、自然状態に止まり得ると宣言するのである。当然に、政治社会を成立させるために人々の間で交わされる合意は、とりわけ正当な所有権を確保するために向けられなければならない。それと言うのも、理性の指示によれば、正当な所有の安全なしには、個人の生存だけでなく、人々の愛の相互扶助も不可能だからである。時論としての『統治論』への政治的要請からか、ロックが、富裕者の大財産に対して妥協的発言をしているとしても、それは人々に、相互の愛の義務を免除するものではあり得ない。それぞれ執筆の政治的意図のゆえでもあろうが、ホッブズの主権論が、後に述べるとおりフッカーの国王権力論に近いのに対して、ロックの政治的共同体論は、それぞれの共同体が強い倫理的意義を担うという点で、フッカーのそれよりスアレスのそれに近いと見ることができる。社会の成立と同時に、公共善を確保すべき政治権力が成立するのも、またその権力は、その社会における最高の立法権、裁判権でなければならないのも、いずれも同じ理由からと考えてよい。だからこそフッカーとは異なりロックは、スアレス同様、簒奪＝征服権力を不当とするのであり、また、そのための特別の啓示もなく、合意に由来するとも言い難い家父長権力を統治権とすることに反対する。また、政治社会の成立後も、政府がその名に値する合意の実践に成功しているか否かが人々によって絶えず監視され、政府が人々の信頼に反した場合には、政府は解体し、自らを統治する権限は社会に戻ってくる、と主張する。これもまた、スアレスの場合と同様、ロックの契約説において社会が持っている倫理的な意義のコロラリーと考えるべきであろう。こうして、スアレスとロックは、相互に宗教的・政治的立場も発言の文脈もまったく異なるにもかかわらず、とくに〈理性の能力としての自由〉を重視することにおいて共通する。彼らはともに、長い間非政治の領域で論じ続けられてきた自由意志説の伝統を、それぞれの政治理論に矛盾なく適用することができた。神学的自由意志説の政治理論への拡大と見る所以である。ロックにおいてそれが可能であったのは、その反カルヴィニズム的キリスト教性のためだったのであろう。このように自由意志説の言葉を語るロックは、その限りでは〈最初の近代人〉であるよりは、むしろ〈最後の中世人〉、少なくとも〈最後のルネサンス人〉であったと言わなければならない。いずれにせよ、ここで確認できるのは、通常、近代政治理論の世界を切り拓いたと見なされている、いわゆる社会契約説のうち、一つの型は、むしろ中世以来の神学の枠組みを色濃く留めていたということである。

だが、一般に契約説政治理論における「自由」という言葉の使用に着目すると、こうした目的論的な〈善への能力としての自由〉論とは異なって、むしろ〈状態としての自由〉論に主導性を与える語法もまた、同時代にはすでに有力に存在していたことは明らかである。言うまでもなく、ホッブズおよびスピノザの場合である。周知のように、『リヴァイアサン』(1651)でホッブズの言う自然状態、すなわち人間の本来性の発現する状態は、神の似姿たる人間が集う理性的秩序の状態ではない。そこでは人間は、自己保存のために、ある程度は動物とも共有する予測・計算能力としての理性を行使するが、結果は、理性の計算とも状態としての自由ともおよそ相容れない、悲惨な戦争状態であった。すなわちホッブズの自然状態とは、〈状態としての自由〉と〈能力としての自由〉の衝突・対立する世界である。自由意志説の伝統から見れば、それは前提の重大な変更である。ホッブズは、自己保存の自然権の概念を、共通善の概念からも神学的根拠からも切断された、ひたすら事実としての人間の欲求と考えている。こうして、苛酷な必然に迫られた人間の理性は、自然状態の結果も計算に入れて、自然状態から脱出すべく、〈合意〉によって「主権」を成立させる。だが、この〈合意〉は、自由意志の発露たるロックにおけるそれとはおよそ性格を異にする。人々が平等に放棄した自然権を一手に集約した主権の絶対的保護の下、国民は一定度の〈状態としての自由〉を手に入れるであろうが、そこでは〈能力としての自由〉は本質的にはもはや主権にのみ留保され、国民のそれは、主権によって無害と許容される限りでのものにすぎない。言い換えれば、国家成立後、国家の成員個々人の〈能力としての自由〉は、主権の統制する事実上の平和という意味での、〈状態としての自由〉の従属変数の地位に置かれるであろう。目的論的な自由意志説の伝統の下では〈状態としての自由〉と〈能力としての自由〉とは本来調和的関係にあるはずであり、しかも、どちらかと言えば前者は後者の従属変数であったところからすれば、ここでもホッブズの主張は、両者の関係のまさに逆転と考えなければならない。もちろんホッブズは、思考の自由を事実上主権の及び得ないものと認定する。しかし、その意味は、第四章第二節(ⅰ)にも述べるとおり、〈能力としての自由〉を辛うじて個人の内面に保証するけれども、同時にそれを、政治の論理を貫徹するために非政治の世界に封じ込める、ということに外ならない。ホッブズの良心には口も筆もない。他方、『リヴァイアサン』第三部の長大なキリスト教救済論を無視しない限り(実際無視してはならないが)、また、政治社会の成立(存在)理由が「約束」という言葉で表現されている限り、ホッブズ政治理論の中に自由意志説の残像を認めないわけにはいかないであろう。しかし、それでも、自由な合意の要素は国家の出発点にのみ限局・極小化され、政治体系の中で目的論の影は希薄化している。だからこそ、ロックとは異なって征服権力も、それが実効的支配をなし得ている限りまったく合法的であるとされるのである。

関連して言えば、『神学・政治論』(1670)第一六章以下におけるスピノザの議論は、基本的にはホッブズに従いながら、ある点ではホッブズ以上にホッブズ的である。スピノザによれば、自然権とは、可能な限り、しかも他者を一切顧慮することなく、自己の状態の維持に固執しようとする欲望と力である。しかし、それでは各人相互の間には悲惨な戦争状態しかあり得ないから、より大きな悪を避けるため、人々はその自然権を放棄し、それを最高権力に委譲し、その命令に絶対服従するという契約を相互に結ぶ。こうして、社会が形成されるが、その際の動機が「自由意志」にあろうと「重罰への恐怖」にあろうと問題ではない。これは、設立による権力と征服によるそれとは正当性において何ら差異はない、とするホッブズの議論のスピノザ版であろう。各人の権利放棄はもっぱら自己利益のための必然的行為であり、その行為をするとき人は自由であるとは言われるが、その反対の選択肢は開かれていない。国家成立後、国民の私的権利は、最高権力の権威によってのみ擁護されるであろう。そこでの「自由」の意味は、権力の庇護の下、〈各人が平等に安全を享受する〉という、文字どおり〈状態としての自由〉であり、それ以上のものではない。人は反逆的でない限り、思考し、判断し、それを表現する自由は保有するが、何が反逆的かの認定権は、ホッブズの場合と同じく、国家の手に委ねられている。スピノザは、「国民権(jus civile privatum)を以て我々は自己を自己の状態に維持するために各人の有する自由とのみ解する。この自由は最高権力の諸法令によって決定され、また最高権力の権威によってのみ擁護される」と明言している(29)。自由意志説同様、ホッブズにおいて僅かに見られた共同体論の残像は、スピノザにおいては消失する。この国家では、人々の間に連帯性は求められておらず、国家に倫理的な意味での共同性はまったくない。人々は多数決に服従することによってのみ、相互に平和である。なおスピノザは、すべての人々が等しく権利放棄をして、「社会のみが万事に対する最高の自然権、……最高の統治権を保持」する社会の「権利関係」を、「民主制」としている。あるいはこの議論は、『臣民論』(*De Cive*)第七章におけるホッブズの言葉の借用と拡大なのかもしれない(30)。しかし、ホッブズの場合、それは主権の理論的意味の説明に止まっていて、政体論には発展しない(そもそもホッブズは政体論には無関心であった)のに対して、スピノザは、アリストテレス『政治学』第五巻におけるデモクラティア論を連想させるかのように、この体制にあっては不条理な支配が行われる可能性は比較的少ないであろうと論じ、悪しき指導者によって民主制から王制に変化していったイスラエルの歴史を批判している。スアレス‐ロック理論では、ホッブズとは異なった意味で、こうした政体それ自身の対比は意味をなさないであろう。

(ii)　十八世紀から十九世紀へ——主観性の勝利

以上のように、スアレス－ロック理論とホッブズ－スピノザ理論との間には、一方が神学に導かれた目的論的自由意志論の前提の下に、〈善への能力としての自由〉の観念を中軸に展開するのに対して、他方は国家権力によってのみ保証される国内の平和である、外的な〈状態としての自由〉を主導概念とする、という差異がある。この差異は、最終的には二つのグループそれぞれの神学的枠組みの差異〈またはその性格の濃淡〉に基づくものであろう。だが、神学の問題は問わず、政治思想史の視点からしても、この差異の持つ意味は決して小さくはないと思われる。というのも、形式的には同じく契約説の構造を取りながらも、実はこの差異の中に、その後の政治的自由論が、二つの異なった方向に展開していく萌芽が明らかに読み取れるからである。そこで、この点に留意しつつ眼を十八世紀に向ければ、当然、視野に入ってくるのはルソー『社会契約論』(1762)である。時論としてのその政治的コンテクストがどのようなものであったにせよ[31]、理論のレヴェルで見る限り、そこでルソーは、〈能力としての自由〉論と〈状態としての自由〉論とが相互に異なった、というよりは、すでに相反するヴェクトルを持ち始めていることを直観的に認識し、その認識の下に、両者を再び、しかも前者に力点を置きつつ結合しようとしている。その意図は、社会契約の意義についての次の高らかな宣言から明らかである。

「各構成員の身体と所有を、共同の力のすべてをあげて守り保護するような、結合の一形式を見出すこと。そして、それによって各人が、すべての人々と結びつきながら、しかも自分自身にしか服従せず、以前と同じように自由であること」。これこそ根本的な問題であり、社会契約がそれに解決を与える（第一編第六章）。

ルソーにとって、社会契約によって人が確保するとされる「自由」は、何よりもまず「市民（国民）としての自由」であり、「彼の持つものすべてについての所有権」の保証である（第一編第八章）。それはすなわち、歴史的社会の成立と発展によって人が一度は失った〈状態としての自由〉の回復である。およそ社会契約論者にとって、そもそも人が契約によって社会に入るのはよりよい生存のためであるが、ルソーもまた、社会における市民の安全を強調する。彼は、「公民における政治的自由とは、各人が自己の安全について持つ確信から生ずる精神の静穏である」とする、モンテスキュー『法の精神』（1748）第一一編第六章の有名な一節を知っていたに違いない。[32] ホッブズと同じくモンテスキューも、〈能力としての自由〉を〈状態としての自由〉に従属させることこそ、同時代政治理論の中心課題でなければならないことを認識していた。国家における自由とは、法律の許すすべてをなす権利である、とはあまりにも有名なその自由論である。ただし、おそらく心的傾向としては経験論者であったモンテスキューが、それを弁証する有効な理論装置はすでに社会契約説の中にはないと判断してそれを無視したのに対して、ルソーはそこに自己の理論の拠りどころを求めようとする。そして、ある意味ではかつてエラスムスが古典的なキリスト教的・非政治的な自由意志説の後衛戦を戦ったのと同じように、自由意志論としての社会契約説の最後衛戦を戦おうとする。すなわち、社会契約において、「各人がすべての人々と結びつきながら、しかも自分自身にしか服従せず、以前と同じように自由であること」とルソーが言うとき、その自由とは、「欲望に服従」して「奴隷たること」に甘んずるのではなく、自らの意志によって「自らに課した法に従うこと」、すなわち道徳的、内面的な〈善への能力としての自由〉である。そのような人々の結合体であればこそ、社会契約によって成立してくる団体は、市民に対して、モンテスキュー的な「政治的自由」を保証するだけではなく、同時にまた倫理的な、「一つの精神的で集合的な団体」、「共同の自我」でもあり得るのである。

ルソーは自らが道徳的であることを求めている。そして、道徳的であることとは、自由意志によって善を欲することであった。理想の共同体もまた、人々の同じ意志の上に築かれなければならなかった。ルソーは、ホッブズやモンテスキューに対する強い理論的関心にもかかわらず、自由意志説の伝統から離脱しようとしない。なぜ、ルソーはそうした道徳論に強く傾斜した契約論を戦わねばならなかったのだろうか。その理由はさまざまにあろうが、一つには、喪失した理想の祖国ジュネーヴに対する、彼の切実な望郷の想いのためだったのではないだろうか。[33] その想いは、ジュネーヴ人の、愛情の共同体――かつては幸福だった幼年時代、自らもそこに帰属した共同体――としての強い一体感の記憶として、『ダランベールへの手紙』(1758)の結びにいきいきと(またはレトリカルに)描写されている。同じ心的態度、同じ想いが、『社会契約論』にも現われているのではないだろうか。(ルソーはあからさまに社会契約論を適用した再組織化を求めているわけではないが)理想の故国ジュネーヴは、社会契約をその精神原理とすることによって、共同体を構成する市民個々人の道徳性、それが醸し出す公共精神、すなわち真の意味での〈能力としての自由〉と、また、互いに平等な者として一つに結合することによる市民の安全、すなわち〈状態としての自由〉とを、双方一挙に獲得するはずである。ルソーにおける「一般意志」とは、ディドロなど同じ言葉を使用した同時代の論者とは異なって、これらすべての条件が満たされたとき、その国家の意志に与えられる美しい名称に外ならない。それは、政治的自由と非政治的自由の見事な融合の夢である。

ルソーの中でこうした言葉が、たんなるレトリックではなく、彼の心の、少なくとも一部の真実であったことを疑う必要はないであろう。「一部の」という形容詞を付けた理由は、ルソーが、たとえば『新エロイーズ』(1761)に描いているクララン農園の共同体は、『ダランベールへの手紙』に描写されている民衆共同体とは異なって、ハッキリと自律した精神の貴族個々人の間に成立する〈友情の共同体〉と見られるからである。[34] だが、ここは『社会契約論』に眼を集中すれば、周知のようにルソーは、「一般意志」の高らかな宣言にもかかわらず、それが具体的にどのような形を取りうるのか、結局明確にすることはできなかった。行論の中で彼が真剣に、歴史的に、考察を重ねていけば行くほど、その困難の認識は強まっていった。それは第二編第六章以下テクストに明らかである。一般意志の現実化におけるルソーの困難は、一つには経験的なものであって、それは、社会をあげて堕落状態にあると認識される歴史の段階で、あえて自由な共和国の理想を掲げたマキアヴェッリのそれと共通である。

　だが、『社会契約論』におけるルソーには、それ以上に大きな理論上の困難があった。それは、自由意志説の伝統に従いながらも、国家を構成する行為の道徳性の現実的根拠を、それまで歴史的に存在してきたあらゆる実定的なキリスト教を排除して、成員個々人の「意志」という、ある意味では形式的原理に求めたところにある。カルヴィニズムを除き、カトリシズム、プロテスタンティズムを問わずただ何らかの実定的キリスト教の中においてのみ、自由意志説は共通善概念を育み、従ってまた有意な政治理論たり得たというのが、論理的にそうでなければならないか否かは別として、思想史の経験だったはずであるが、ルソーはそれを無視する。スアレスは、人々が仲間としての絆を互いに負い合うために一つに結合するとき、その人々は精神的に一体となり「単一の神秘的な共同体」をなすとした。そう言ったときスアレスは、神の下、その共同体がたんなる安全装置以上のものであることを示唆したかったのであろう。そこには、たとえ歴史的には過去のものとなりつつあったかもしれないにせよ、共同体について一つの具体的イメージがある。

　では、成員個々人の意志にのみ根拠を持つルソーの一般意志が、スアレスとは何か異なった、あるいはそれ以上に優れた、そして同時代の人々にとって受容可能な、具体的な共感の原理を表現し得ただろうか。疑問に思わざるをえない。あるいは、フランス啓蒙思想家の群の中にいる亡命者ルソーが、しかもジュネーヴ人に向かって、そうした共同性を提示するのはそもそも不可能だったと言うべきかもしれない。いや、あえて言うならば、自由意志説に従いながら、しかも実定的キリスト教との結びつきを欠いていたからこそ、ルソーは、能力としてであれ状態としてであれ、政治的であれ非政治的であれ、「自由」という言葉に要請されるすべてを満足する状態——ただし概念においてのみ実在しうる状態——を夢想できたのではないだろうか。確かに、社会契約の国家において人々の行為がただ「良心」に従ってのみなされるのであれば、一般意志は現実たり得るかもしれない。しかし、ルソーはそれが、彼が一方で夢見る〈愛情の共同体〉とは異なるものであることを直感していたに違いない。結局ルソーは、自己のなしたすべての言明の真実性の根拠を彼の「良心」の判断に求め、同時にその良心の普遍性を主張する外なかった。『社会契約論』最終章、「市民宗教論」結論部分のほとんど形式論理的な抽象性が、それを裏書きする。それは一見マキアヴェッリ風国家宗教論のようであるが、同時にホッブズ『リヴァイアサン』第三部の救済宗教論のようでもある。だが、マキアヴェッリの宗教論とホッブズのそれとの間には、本来何らの接点もない。国家と市民の政治的自由を熱烈に擁護するマキアヴェッリは、ホッブズが躍起になって読者を説得しようとした、個人の魂の救済という非政治的自由の問題にはまったく無関心だったであろう。そして、両者を結びつけるのが不可能なことはルソー自身知っていたであろう。だが、マキアヴェッリの議論にも、ホッブズの議論にも、決して具体的イメージに結晶しないルソーの議論には欠けている、それぞれの具体性があった。もちろん、ルソーの国家の一体性を、プラトンの『国家』の有機的一体性に擬することも不可能である。プラトンの理想国家において〈能力としての自由〉が許されるのは、ひとり叡智を備えた指導者(または指導者たち)だけであるのに対して、ルソーは市民のすべてがそうであることを望んでいる。

ルソーにおいて、自由意志説の伝統に従った〈善への能力としての自由〉の概念の客観性を担保するものが、実定的キリスト教から切断されて、個人の道徳性すなわち「良心」という一種形式的な概念に変化したことは、ルソーの影響力とも相まって、自由論のその後の歴史において計り知れない大きな意味を持つこととなった。それは、かつて十六世紀、神の観想が哲学・倫理・政治思想史の正面舞台から姿を消したのにも似て、実定的キリスト教の、思想史の主役の座からの退席であった。今後、ヨーロッパの思想史は、はてしなく主観性の勝利への道を歩んでいくことになるであろう。とりわけ、来るべきデモクラシーの世紀の理論家たちは、必ずやそれを前提に、人間行動の共同性を求めなければならないであろう。ルソー以降にその出発点となったのは、その後急速に世俗化を進行させたヨーロッパ思想史の成り行きからすればいささか逆説の感はあるが、しかしまた別の意味では当然のことながら、カントの倫理学におけるルソー、とくに『社会契約論』と『エミール』(1762)の受容であった。カントはその『人倫の形而上学の基礎付け』(1785)の第一章を、「この世界において……無限定に善いと見なされ得ると考えられるものは、全くただ善い意志のみである」(強調は邦訳原文)という一文で書き始める。[35] この書き出しは、紛う方なきアウグスティヌス以来の自由意志説の大原則である。だがその議論は、「汝の行為の格率が汝の意志によって、あたかも普遍的自然法則となるであろうように行為せよ」という、かの有名な「定言命題」へと発展する(第二章、六三頁)。すなわち、「理性的存在者は自分を常に、意志の自由によって可能である目的の国において立法する者と見なす」ことが求められる(同、八二頁)。その後カントは、ルソーより一歩進んで、たんに直観的にではなく、明確に「実践理性の神秘主義を防ぐ」という目的を掲げ、「神」についてしばしば語りながらも、その理論から実定的キリスト教を方法的に排除することに努力を集中する。[36] それに対応して、個人の人格はそれ自身自己目的となり、普遍性を目指すべしとする要請はあるものの、自ら立法者の地位に上る。カントの導きに従って、十九世紀は「近代的個人」発見の世紀となるであろう。

しかし、カント自身は慎重であった。彼は、倫理問題すなわち道徳的義務の問題における非政治的自由論を、そのまま政治的権利義務の問題と連結するのは非現実的であることをよく認識していた。周知のとおりカントは、『人倫の形而上学』(1797)では、一方では国家の説明として契約説の理論構成に従い、しかも、法論においても、法的義務は内面の道徳の自律によって支えられなければならないとしながら、他方で実定法への服従義務を、もっぱら行為の外的側面に関わるものとして、道徳とは相対的に別な次元に置いている。これは、ある意味ではホッブズと共通な、

〈能力としての自由〉の活動領域の、内面(非政治)の次元と外面(政治)のそれとへの切断である。イギリスでカントに最初に私淑したコウルリッジの個人雑誌 The Friend(1810)に主張された政治哲学も、カントよりさらに直接的に同じ手法を取った。自己目的としての「自由な主体」は、経験と慎慮の世界としての国家の構成原理とは別な次元に置かれた。普通選挙権の主張は拒絶され、かつての若き急進主義者コウルリッジは目的論的保守主義を選択する。そこでは、それ以後のすべての十九世紀政治理論と同じく、政治的義務の説明としては、社会契約説の言語は姿を消している[37]。

十九世紀は、脱キリスト教化した個人の〈能力としての自由〉に陶酔した世紀であった。これは周知の事実であり、縷々説明を必要としないであろう。その観念は、「天才」のみに許された能力としての自由な想像力を強調するロマン主義に始まり、なお目的論の性格を止めながら、ときには宗教性の代替としての美意識や進歩の観念と結びつき、また、ときには澎湃として起きてくるナショナリズムの時代精神、さらには今や世界の支配者となったヨーロッパの強烈な自信とも結びついて、一世を風靡する。その時代精神は、後に述べるように、ロマン主義研究に情熱を燃やしたアイザイア・バーリンの諸論著に、詳細に、また活き活きと語られている。もはや具体的目的はアウグスティヌスにおけるとは著しく変容してしまったものの、なお、「自由」の観念の中核は、高貴なことをなす〈善への能力〉であった。その限りでは十九世紀は、ヨーロッパ思想史上、自由という言葉の倫理的力《モラル・フォース》が最高潮に達した世紀であった。ロマン主義以降、天才的個人の〈能力としての自由〉を劇的に強調したのは『イタリア・ルネサンスの文化』におけるブルクハルトであり、『ツァラツストラはこう言った』におけるニーチェであった。「何からの自由だというのだろうか？　それがこのツァラツストラに何の意味があるだろう！　あなたの眼ははっきりとわたしに告げなければならない。何をめざしての自由であるかを！」とニーチェは語らせている[38]。だが、十九世紀においては、例外的、巨匠的な天才だけが〈能力としての自由〉を誇ったのではない。そこでは、国家もまた偉大な能力を誇示して世界支配に乗り出していった。しかし、その国家は、アメリカを除けば、もはやマキアヴェッリ的共和主義国家、すなわち、自ら武器を取って、参加と独立という内外の政治的自由を貫く市民の集団ではなかった。十九世紀の国家は、成功した知的・経済的支配階級が、まさにその〈能力〉によって、自治能力を欠く民衆を指導し、安全を管理し、世界を経営する装置としてイメージされた。カーライルの「英雄」によって指導される国家、多くの家父長国家論、有機体論に訴える保守主義思想などがその現れである。もちろん、大衆もまた、さまざまな運動や普通選挙権要求という形で自らの〈能力としての自由〉の実現を求めた。そこにはすでに、すべてを政治化していった二十世紀の姿が少しずつ現われ始めている。バーリンがそのいわゆる「積極的自由」論の例を、ルソーを別として、フィヒテ、ヘーゲルからより穏和なT・H・グリーンまで、ほとんど十九世紀から取ってきたのは偶然ではない。

だが、このように言うとき、B・コンスタンの有名な論文「古代的自由との比較における現代的自由について」(1819)を根拠に、そうした、「社会の権力〔への参与〕を自由と見なす」能力論中心の自由観が十九世紀の自由論のすべてであったのでも主流であったのでもない、という批判がなされるかもしれない。確かにコンスタンによれば、奴隷制を前提とした古代ギリシア・ローマの自由は共同的、集団的権力への参加の自由であり、それは、共和政の理念のため時に個人の独立を犠牲にすることもあった。その再現が、フランス革命以来の、自由を名とする圧制政治の悪夢である。これに対して、商業と文明の進歩した現代における自由は、他人を害しない限りでの法の下の個人の独立、各人の権利の平穏な享受でなければならない。ここでコンスタンの「現代的自由」、「個人の自由」の主張は、一見、〈能力としての〉古代的自由に対して、いわば個人の〈状態としての自由〉であり、非政治的な自由の主張であるかに見える。しかし、それを近代社会の政治原理とすべきだと主張したときコンスタンは、かつては内面に関わる問題として、主として非政治の側の資源であった個人の状態としての自由の概念から、当の内面性の要素を削ぎ落として、それを一つの立場からの政治の言葉として動員したのではないだろうか。とすれば、コンスタンのように個人の独立を主張するか、彼の批判するマブリのように一体としての社会の権力を強調するかの差異こそあれ、いずれも、外に現われる〈能力としての自由〉を重視することにおいては変りはないと見るべきであろう。世紀前半に成立した「リベラリズム」とは、政策論の次元とは別に、こうした〈近代的個人の政治〉を表現する言葉であったと思われる。

もちろん、本章のような小論では、そうした十九世紀の自由論のすべてを語ることはできないし、必要でもない。しかし、その中で、少なくともJ・S・ミルの『自由論』(1859)についてだけは一言述べておきたい。その理由は、一つには、この自由の世紀における自由論の伝統の存続と変容、また一つには、次第に声を大きくしていく政治的自由とそれに対する非政治的自由との緊張という、時代の精神状況を象徴する二つの問題が、そこに露わになっていると見られるからである。今や非政治的自由は、政治に封じ込められたとはいえ人間の精神活動として一定の領域を保証されていたホッブズやカントの時代とは異なり、その存在そのものの防衛戦を戦わざるをえなくなり始めている。

さて、この作品の中心的主張はよく知られているとおり、個性の発展の多様性こそ真の人間的価値であり、したがって、他者の同様の権利を侵害しない限り、あるいは「第一義的に他人に関係しない事柄においては個性が自己を主張することが望ましい」とするところにある。彼にとって、「さまざまな人間がさまざまな生き方を許され」、すべての人が「人間自身を及ぶ限り最善のものに近づける」よう努力することが理想であった。彼はそれを「自由の精神」、「進歩または改善の精神」とも呼ぶ。多くの研究者が認めるように、明らかにミルは、世俗化されたとは言え、一つの目的論を構想しようとしている。ミルの考えでは、人々が「人間の本性上可能な精神的、道徳的、美的成長をとげる」ためには、そうした自由の精神、自由への愛が社会にみなぎっていなければならない。また、「地の塩」として、その独創性と「より洗練された趣味と感覚」によって社会に範を示す少数の天才が、思う存分活動を許される寛容がなければならない。ところがミルの診断では、「現代における世論の方向には一つの特徴があって、それは、いかなるものにせよ個性の顕著な表示に対して世論を不寛容にするよう目論まれており」、「今やイギリスにおいてはエネルギーの捌け口はビジネス以外にはほとんどない」状態である。(39) トクヴィルとともにミルは、デモクラシーの進展につれて、没個性化と精神の凡庸化が不可避的に進行することを憂えている。彼は、世論の専制、多数の専制でもって個性と自由を圧迫する社会に対して、また、その世論に乗って「自由」に対して干渉してくる政府に対して、厳しく戦わなければならなかった。その戦いでミルが擁護しようとしている自由が、何ごとをもなし得る倫理的に中立な能力ではなく、まさにヨーロッパ思想史の伝統に忠実に、高貴な目標を実現する〈善への能力〉としてのそれであったことは疑いを入れない。そして、その能力の行使は、何よりもまず自発的なものでなければならなかった。もちろん、自覚的にも功利主義者たる彼は、この目的論をまったく非キリスト教的な意味に、だが同時に、おそらくは父ジェイムズ・ミルに反抗して、強く非政治的・内面的な意味に用いた。言うまでもなく彼の言う自由は、アウグスティヌス的な、神に対する人間の義務としての自由ではない。また、キケロ的な、あるいはマキアヴェッリ的な、すべてを共和政国家に捧げる自由でもない。ミルの自由とは、個人の人格の完成、すなわちすべての人間ひとりひとりが「精神的、道徳的、美的成長」をとげ、「高貴で美しい観想の対象」となるという、美意識を根拠とする究極の価値のための〈能力〉であり、またそれが実現した〈状態〉であった。(40) それは、社会的ではあるが、やはり非政治的理念である。ミルは十九世紀に典型的な方法で目的論の伝統を維持し、その自由の概念を理論化したと言うべきであろう。他方で彼は、政治の現実においては権力の集中や官僚制が必要であることをよく理解していた。だからこそ彼は、その自由の理念における非政治性を純粋に維持し、政治的自由がそれに従属することを求めたのでもあろう。だが、そう考えるとしても一つの疑問は残る。はたしてミルは、その多数専制に対する疑念と高貴な自由への情熱を共有した友人トクヴィルが、デモクラシー社会においては人々の自由への情熱は、平準化と平等を目指す政治へのそれの高まりに反比例して次第に衰弱していくのではないか、と診断したことについて本当に同意していたのであろうか。もしそうだとすれば、ミルの声高な個人の自由への呼び声、人間性の進歩への信仰表明は、歴史的展望への懐疑と一体であったと考えなければならなくなる。あるいはそれもまた、世俗化した十九世紀の真実であったのかもしれない。

三　世俗化の帰結

(i)　ヒューム政治理論の革命性

これまで、特殊にヨーロッパ思想史において「自由」という言葉の持ってきた倫理的な力《モラル・フォース》、その出自と理由、そして、近代におけるその伝統化と変容を尋ねてきた。もちろん現代においても、本章冒頭に見たハイエクに見られるように、〈他者の意志または支配に隷属しない〉というその基本的意味は生き続けていると考えなければならない。それにしても、世俗化に伴ってそれ以前とは位相を大きく異にしながらもなお伝統を色濃く留めていた十九世紀の自由論と、二つの大戦を経験した二十世紀後半、とくに一九六〇年代以降の自由論との間には、かなりの落差があるとの印象を禁じ得ない。とすれば、自由の観念の内部に何らかの変化が起きているのでなければならない。それは何なのか。これについてはすでに第二節のはじめに、一つの仮説を提示してみた。以下では、これまでと同じく数人の思想家に例を求めながら、変化の具体的内容を考察し、全体としての目的論の後退、〈能力としての自由〉の観念の中性化、そして、それに対する〈状態としての自由〉のそれの優位の進行という、第二節に掲げた仮説の検証としたい。さて、ここでも歴史を振り返ってみると、早くも十八世紀後半、来るべき十九世紀を支配することとなる世俗的・目的論的自由の概念の支配に対して批判の眼を向けた重要な思想家たちがいた。彼らの声は、〈能力としての自由〉の観念に陶酔した十九世紀においてはかき消されがちではあったが、一九六〇年代以降再評価され、現在に至っていると見てよいであろう。言うまでもなく、〈秩序ある自由〉を商業的文明社会のまさに〈政治的〉中心原理としたヒュームや、フランス革命に際して、そのヒュームの議論を華麗な美的伝統主義のレトリックで装ったバークの声である。両者の思想は、そのいずれもが、一面では前世紀の宗教争乱まで含めた歴史的経験の同時代への投影ではあるが、他面でそれが、トクヴィルのアメリカ・デモクラシー論の場合にも似て、二十世紀後半の思想家たちに重要な武器庫を用意したと考えてよい。とりわけ重要なのはヒュームである。ハイエクはヒュームを大いに尊敬していた。

　自由論におけるヒュームの最大の特徴は、「自由」を、すべての人間行為と同様、その社会性においてのみ問題とするところにある。それは彼の自由論に、〈能力としての自由〉を必ずしも軽視しないとしても、結果としては、〈状態としての自由〉が優先性を持つ構成を与えることとなった。確かにヒュームは、「思考する自由、および思考を表現する自由」、「思想と探求の自由」を熱烈に擁護する。[41] 彼は言う。「あらゆる自由な国家において、自由を確保し、公共善を考慮し、特定の人間の貪欲や野心を抑制し、処罰する形式や制度を最高の熱意を以て維持すべく……情熱を燃やしうることにも増して、人間性に名誉を帰すものはない」(上、二二〇頁——強調は原文)。しかし、この自由の中には、人間の内面性、とりわけ宗教性の表出の自由は無条件には含まれない。第四章第二節(iii)に見るように、社会・政治理論においてヒュームはあらゆる超越的な規範を有害無用として退けたが、自由論においてもそれは貫かれる。「能力としての自由」への彼の抑制的態度がまずここに現われている。「人々の現在の激情は、民事の自由(civil liberty)という口実で言い繕われてはいるものの、実は、宗教的狂信に刺激されたものである。宗教的狂信は、人間性が駆り立てられる最も盲目で、頑固で、御しがたい原動力である」という言葉は、ヒュームが同時代のキリスト教に対して抱いていた不信感をよく表している(上、一六九頁)。ヒュームは、「誤った宗教性」として、迷信の宗教と熱狂のそれとを挙げ、制度化した聖職者を持つ実定宗教を前者の例に、クエーカーその他セクト型の宗教を後者の例に引いているが、とりわけ前者およびその党派を「自由の敵」として厳しく非難する。(42) これに対してセクト型の宗教は、時間とともに比較的穏やかな理性的宗教に変化していくとして、必ずしも排撃しない。しかし、いずれにしてもヒュームから見れば、その美しさにも享受にも、ともにこの地上では何ら対応物のない超自然的な対象について幻想を抱き、歓喜したり恍惚となったりすることは、人間の自由の能力の行使としてはまったく無意味なものでしかない。彼が、およそ国家理論としての原始契約の概念を荒唐無稽として退けたのも、それが人間の歴史的経験によっては証明されない、と言うよりはそれとは明らかに矛盾する理論であり、したがってまた無意味な「原理の対立」を惹き起すものと判断したからに外ならない。ヒュームは、一般に「利益の対立」が調整可能な対立であるのに比較して「原理の対立」、とりわけ宗教におけるそれは遥かに調整困難であり、それゆえ社会の自由と安全に対して重大な危険を及ぼし得るものと見なした。

このようにヒュームは、宗教(すなわち内面性の表出)を口実とした〈能力としての自由〉の行使には強く批判的であったが、同時にまた、その行使が政治(すなわち外的行動)的なものであっても、それが秩序ある平和と安定という〈状態としての自由〉を阻害するものであるならば厳しく論難した。ヒュームはその最大の例をアテナイのデモクラシーに見る。すなわち、アテナイのデモクラシーは「デマゴーグ」の下、「それを拘束する制度や法があるにもかかわらず、常に勝手気ままと無秩序をきわめていた」。彼にとって「グラーフェ・パラノモーン」(違法提案に対する告発)の制度は、不条理以外の何ものでもない(上、一三六頁、三四頁)。ヒュームはまた、ルソーが礼賛する共和制ローマについても、「共和政時代のローマは世界に対していかに残酷な暴君であったことか」、「自由な統治は、普通、その自由に参与している人々にとっては最も幸福であるとしても、その属領にとっては最も破滅的、最も抑圧的である」、という冷たい判断を下している[43]（上、二一四頁、二一三頁）。明らかにヒュームは、人間には事情さえ許せば〈能力としての自由〉の無制約な行使に走る可能性があることを感じている。アテナイのデモクラシー、共和政ローマ、前世紀イングランドの宗教争乱、そして数多くの専制がそれを実証している。その再現は何としてでも防がなければならない。ヒュームにとって、「人々の安全こそ最高の法」でなければならなかった（上、一五五頁）。そのためにも人は正義を守らなければならない。では、正義の遵守義務の根拠は何か。それは安全という意味での「社会の利益」であり、それ以外の何ものでもない。すなわち、人が他人の財産に手出ししてはならないことを説明するために、相互の平和の維持という社会的効用以上の、何か得体の知れない超越的規範論を持ち出す必要はないし、またそうすべきでもない。さりとて、一部の原始契約論者の言うように、人々が相互に安全に暮らすためにはそれを保証してくれる絶対権力が必要なのでもない。そもそも絶対権力とは、自由を求める人間性を無視するものである。ヒュームは、「思考する自由、および思考を表現する自由」を熱烈に擁護する人である。だからこそ彼は、プラトンの『国家』もトマス・モアの『ユートピア』もいずれも夢想的として退け、ハリントンの『オセアナ』こそ、「これまで人々に提示された理想国家のモデルとして唯一価値あるもの」としながら、しかも、その『オセアナ』ですら、「自由に対する十分な保証、あるいは苦情への救済を備えていない」と批判する（上、一八八頁）。

ヒュームは決して必然論者ではない。彼が求めているのは、ただ、〈能力としての自由〉が〈状態としての自由〉を破壊しないことだけである。そのためには権威は不可欠である。彼は言う。「自由は政治社会の完成であると言うべきであるが、にもかかわらず、その政治社会の存続にとって権威は不可欠であると認めなければならない。そして、まさにその理由からして、しばしば戦われる自由と権威との間の争いにおいて、後者は優先権を主張できるであろう」[44]（下、一六三頁）。だが、自由で安全な社会は、上からの権威によってのみ維持されるのではない。人間性にとって望ましい秩序は、自由と権威とを兼ね備えた社会であればその社会それ自身の中で、人々の「会話」や「精神の交わり」や「雅量」、すなわち思想の豊かな表現と交換を通じて自ずと育って行くであろう。そこでは「相互の敬意と礼節」、「人間の心にとって自然な傲慢と不遜の抑制」が人々の心の中に植え付けられるであろう。礼儀作法(manners)や、さらには芸術が、〔同時代のフランスのように〕専制政治のもとで尊重されることもあるかもしれないが、多くの学問と同じく、それらも最初は自由な政治、すなわち共和制の下で自然に成長するものであることを忘れてはいけない。なぜならば、そこでのみ、学問や芸術にとって必須な秩序と安全が保たれるからである。「自由な国の利点について言えば、共和政には確かに野蛮な点はあるが……それは必然的に法を興す。法からは安全が、安全からは好奇心が、好奇心からは知識が生まれる」。したがって、〔デモクラシーにおける民衆と同じく〕権力を乱用しがちな宮廷勢力を抑えておくためにも自由の精神は高揚されねばならず、その目的のためには、学問や才能を自由の側に動員できる「出版の自由」が不可欠である。ただし、それが多くの解決不能なトラブルを生んでいることは認識しておかなければならない。こうヒュームは主張する。(45)

ヒュームは〈状態としての自由〉に優先性を与える。それは歴史的には確かに伝統的目的論の否定であり、まさに革命的理論構成ではあった。だが、それにもかかわらず〈能力としての自由〉の全称否定を意味せず、ただそれを世俗的な、また中庸のものに止めようとするものであった。ヒュームは、一方では、極端な自由への衝動が権威によって抑制されると同時に、他方では、自由の精神が、社会の中に自生的に成長してくる秩序感とマナーによって、穏やかに、しかし確実に成長することを望んでいる。それがヒュームにとっての近代社会であり、文明社会であった。自由と権力はその両輪であった。こうした自由観が、二十世紀の「自由主義者」ハイエクを魅了しても不思議ではない。なお、バークについて言えば、彼はその『フランス革命の省察』(1790)において、革命フランスと異なってイングランド人は「自らの自由を遺産として考える」のであって、それによって「われわれの自由は一種高貴な自由」となり、そこには「格調高い自由の精神」が支配していると言う。これに対してフランスでは、民衆の〈能力としての自由〉が、知識人たちによってあおり立てられて噴出、暴走し、名状しがたい混乱を招いている。バークのこうした議論が、基本的にはヒュームの自由論を受け継ぎながら、ヒュームのある意味では剝き出しの分析に、イギリスの国家体制を擁護する目的で、その歴史的伝統の美しさの装いを施したものであることは明らかであり、ここでの文脈ではあらためて論ずる必要はないであろう。[46]

(ii)　ロールズ『正義論』とノージック『アナーキー・国家・ユートピア』

さて、こうした前史を背景に、二十世紀後半の議論の例としてJ・ロールズ『正義論』(1971)、関連してR・ノージック『アナーキー・国家・ユートピア』(1974)、および、それらに先立ち、また論議の位相も異なるI・バーリンの自由論を、この小論のこれまでの叙述の文脈の中に置いて眺めてみたい。とくにバーリンについては、あまりにも有名となった「二つの自由概念」(1958)だけではなく、その他の作品も併せて考察したい。時間の順序としてはどちらかと言えば逆になるバーリンを最後にするのは、バーリンにおいては、ヒュームの伝統だけではなく、実はJ・S・ミルの伝統もなお――というよりは、むしろ主旋律として――力強く生きており、その意味で、そこには二十世紀後半における〈能力としての自由〉の観念と、〈状態としての自由〉のそれとの緊張関係が、最も象徴的に現れていると見られるからである。

まず『正義論』におけるロールズである。よく知られているようにロールズは、正義の原理として「平等な自由」を掲げる。[47] ロールズの議論は、基本的には目的論の拒絶を前提にした、自由という価値の分配論である。ロールズは正義の二原理として、第一に、すべての人は平等な基本的自由に対する平等な権利を持つこと、第二に、社会的・経済的不平等は、あらゆる人に有利なことが期待でき、かつその特権的地位がすべての人に開放されている限り正当であること、を挙げる。これは理論的に一般化された表現であるが、その具体的意味はとくに目新しいものではなく、社会の中には政治的自由、言論、集会の自由、良心と思想の自由、身体の自由、恣意的な逮捕や押収からの自由などが、平等に分配されていなければならないとするところにある。社会的、経済的不平等は、平等な自由の許す限り、限定的に正当化される。こうした主張のための前提としてロールズは、人間をその原初状態においては相互に無関心であり、相互の共感なき個別的存在と仮定する。また、原初状態においては人間は、社会の中での自分の位置や資質や将来の可能性などをまったく知らない、「無知のヴェイル」を掛けられているとする(一〇五頁)。これもまた、徹底的に原子化された個人から正義論を出発させるための論理操作であろう。ロールズは、自分はヒュームが前提したような「不偏な共感力のある観察者」を前提せず、むしろロック、ルソー、カントに見出される「周知の社会契約論を一般化し、抽象化の水準をより高次にする一つの正義概念を提示する」と約束する(九頁)。ここで一言付け加えれば、私は、ヒュームは別として、ロック、ルソー、カントについてのロールズの言及には賛成できない。ロックもルソーもカントも、ロールズの言うような意味で原子化された個人を理論の前提とはしていない。彼らは、もし自分がそうした議論をしたと聞かされたならば、おそらくは驚いて否定するであろう。目的論を放棄した人間論や哲学など、彼らの想像力の文字どおり外にあったはずである。(48)

いずれにせよ、ロールズは、そうした「無知のヴェイル」を掛けられながらしかも自分自身の利益の増進にのみ関心を持つ、「自由で合理的」な人間が複数存在する状態を社会の原初状態と考え、そこにおける「正義」とは何かを論じようとする。その際、経験的にはすべての人々が第一に求めているはずの「善」は、「正」に比較して第二次的重要性しか持たないと前提する。さもなければ、「善の諸要求の衝突」が神々の戦いとなることは不可避である、とロールズは信じているのであろう。あるいは分配論という問題設定のためかもしれないが、それにしても、少なくとも『正義論』におけるロールズは、〈能力としての自由〉が公共性の方向に発現することは、人間にとって本来あり得ないというペシミズムを前提しているように見える。もちろん、すでに見たように、この意味での自由への疑念・不信はヨーロッパの思想史とともに古いから、その限りでは驚くには当たらない。他方でロールズは、「原初状態」という理論の出発点を合理的に設定しさえすれば、人間が合理性の主体である限り、あたかもホッブズの場合のように、演繹的に、人が「哲学的内省」によって否応なく同意せざるをえない諸条項を示唆できると考えているかにも見える。とすれば、その限りでこれは、装いを変えた新自然法論のようでもあるが、従来のすべての自然法論と異なって、特定の「善」の観念に優先性を与えることを拒否し、個別の「善」への中立性を維持しようとする。ここに、アリストテレス以来の「善」性の概念は、善の基準の本質的個別性を理由として、「合理性」を意味するたんなる一般的記述概念の一つの地位に引き下げられる。それに応じて当然に、「強制力を持つ主権は、おそらく、常に必要とされよう」とされる(一八六頁)。この点では、ロールズは一見カントに従っているかのようである。だが、ロールズの目的は、カントとは正反対に、正義論から目的論を追放することにある。「目的論的な諸原理に基礎が置かれると、平等な市民権の自由が危険にさらされることとなる」とロールズは主張する(一六四頁)。

ロールズ理論の前提(と思われるもの)にこれ以上立ち入る必要はないであろう。端的に言って、いかにロールズが、実体的価値の衝突の問題を回避するために、人々が同意できるはずの正義の一般理論を緻密に構成しようとも、「私たちはそうした無知のヴェイルの背後にはいない」という、A・マッキンタイアが仮想の一市民に言わせている反論、あるいは、そもそも現代社会における人の第一義的関心が「正」よりは「善」にあることは、経験的に見て決定的ではないかと思われる[49]。そうは言っても、もちろん、これだけの叙述でロールズ理論の実践的有効性の有無に判決を下そうとするのではない。ただここで確認したいのは、ロールズが、ほとんどすべての欲望と価値が並列化された二十世紀後半における自由主義社会の状況を所与として、その条件の下に、「他者の恣意的支配に隷属しない」というヨーロッパにおける自由論の核心だけは死守しようとする態度と、その理論の方向性である。ロールズから見て、そのための唯一の選択肢は、あらゆる目的論を排除した理論構成をすることであった。彼の眼には、政治思想の中から伝統的目的論を徹底的に排除したヒュームですら、なお目的論に支配されていると見える。そして、このための方法が、〈能力としての自由〉の問題を最大限に論争のアリーナから排除し、代わって〈状態としての自由〉に自由概念の中でほとんど独占的地位を認め、またそれを推進することだったのではないだろうか。「平等な自由」という言葉、また「善」の概念の中性化がそれを物語っている。その意味ではロールズは、実は「功利主義的」として彼がしばしば批判するヒュームと同じ道の、その先を歩んでいると言うべきかもしれない。

だが、ここまで来れば、すなわち、もしもこうした自由の観念が、ひとりロールズに止まらず二十世紀後半の「リベラリズム」の共通諒解であって、ロールズはその一人の有力な代弁者であるにすぎないとするならば、彼において、「自由」という言葉の意味はもはや何らか変質してしまったと言わなければならないのではないだろうか。ロールズは、「自由」という言葉を構成してきた観念の集合の中で、少なくとも歴史的にはその本質的構成要素だったはずの〈善への能力〉の観念を事実上追放することによってのみ、他者の恣意的支配の拒絶という、自由の観念の核心は維持されると考えているようである。ここでは、人の自由の能力が何のために使われようと、状態としての平等な自由を阻害しない限り、政治理論はそれには無関心でなければならない。ヒュームには、たとえキリスト教的目的論は否定されるにせよ、洗練され、人々が相互に礼節を守り、学芸が繁栄する自由な文明社会という、目的の具体的イメージがある。ヒュームにおける〈能力としての自由〉の〈状態としての自由〉への従属は、後者への攪乱要因の抑制のためであり、その限りで目的に対する方法として位置づけられる。これに対して、確かにロールズも資本主義的経済システムや、多数決や、徴兵の良心的拒絶、デモクラシーなどを論じてはいるが、それらが西欧諸国の現状の追認と若干の矯正以上の何ものかを意味するのか否か、明らかではない。あるいは、彼もまた、『政治における合理主義』(1961)の

M・オークショットと同じように、政治社会とは、目的なき無限の航海を続ける船のようなものであると考えているのかもしれない。とすれば、航海の安全、すなわち沈まないことこそ至上命題である。だが、彼はまた、正義論の個人道徳に対する好影響をも論じている。しかし、その議論と、最初の原子論的自然状態説との関連は明らかではない。ロールズの議論は、帰するところ、自由主義社会を前提としながら、そこでの自由の観念を平等の観念によって限界付けようとするものであろう。これを、デモクラシー社会においては平等への情熱が自由へのそれを凌ぐであろう、とするトクヴィル『アメリカにおけるデモクラシー』第二巻第二部の予言の成就であると言えば、精緻な哲学的議論の不当な単純化になるであろうか。

こうしたロールズの議論に対して、逆に〈能力としての自由〉に主導性を持たせながら、しかも「平等な自由」という同じ目標に進もうと試みたのが、ノージック『アナーキー・国家・ユートピア』である。ただし、ロールズの主題が自由という価値の分配論であり、第一義的には社会理論であるのに対して、ノージックの主題は直接的に国家論である。その国家論で〈能力としての自由〉の観念に訴えるノージックの議論は、論理的に説得的であるか否かは別として、一見してロールズよりも、ヨーロッパ思想史の中の通常人の直観に訴えるものを持っているかに見える。すなわち、ノージックもまたロールズと同じく「自然状態」を仮定することから出発するが、その意味はロールズとは正反対である。彼は政治哲学の出発点として、「無政府状態で、人々が概ね諸々の道徳的制約を守り、行動すべき形で概して行動しているような状態を議論の中心に据える方が、もっと問題の核心に近づくことができるのではなかろうか」と言う。(50) ノージックが前提しようとするのは、ロックの言う自然状態、すなわち、本来は秩序を守り得る諸個人が、(ノージックの言葉を借りれば)より大きな安全を彼らに提供してくれる「保護協会」なしに散在している状況である(第二章)。もちろん、ロックとは異なってノージックは、その状態に神学的意味を与える意図はまったくない。

ノージックの論理進行は比較的単純で、この自然状態から、一定地域内で最も支配的な保護協会すなわち国家が生まれてくるとする。国家が成立してくる過程は、自由と安全を求める人間性に基づく、いわば諸保護協会の自然淘汰の過程であって、それを説明するためにロックの言うような特段の合意を持ち出す必要はない。国家成立に関するノージックのこの説明は、ノージック自身のロックへの訴えにもかかわらず、どこか、人間の集団化と行為規範の成立を自然な社会心理の過程と見るヒュームのそれと似ている。しかし、ノージックがここで意図しているのは、この説明がまた国家の本質を示すのであって、国家は決してそれ以上のものたろうとしてはならないという、いわゆる最小国家論である。すなわち、ノージックはロックに従いながら、ただし、ロックとは異なって、「最小国家」の規範理論を構築しようとしている。当然、ロック同様ノージックも、その国家における人々のモノに対する資格＝所有権の理由を説明しなければならない。それは、第一には〈またしてもロック風に〉、「保有物の原始取得」、すなわち最初の、ただし正当な占有行為、第二には、正当な方法による保有物の移転であるとされる。この、モノに対する権原論は、彼の自由論が、何よりもまず〈能力としての自由〉に優先権を置こうとしていることを示している。最小国家は、そのように行使される正当な権原の保護者として不可欠の装置である。しかも、同じ優先原理からであろうがノージックは、最小国家はまさにその機能によって、たんなる仲裁者以上の道徳的存在であると言う。「最小国家は我々を、侵すことのできない個人、他人が手段、道具、方便、資源、として一定のやり方で使うことのできないもの、として扱う。それは我々を、個人としての諸権利を持ち、このことから生じる尊厳を伴う人格として扱う」と、カントさながらノージックは『アナーキー・国家・ユートピア』の最後で厳かに宣言している(下、五四〇頁)。「リバタリアン」ノージックは、古典的な、ある意味ではJ・S・ミルにも似た個性の自由な発揮を人生の理想としている。それは、説明は必ずしも明快ではないが最終的には最小国家と等しいとされるユートピア、すなわち理想の小共同体を論じている次の一節に最もよく読み取ることができる。彼はそれを、いささか逆説的に「安定的世界」とする。

安定的世界……は、多様な卓越性と才能を持ち、お互いが他の者達と住むことから利益を受け、各々が他の者達の役に立ち喜びとなることで、他の者達を補完するような、多様な個人からなっているだろう。そして各人は、相対的に凡庸な一群の中で唯一輝く光りとなるよりも、自分と同等の多様な卓越性と才能を持つ綺羅星のような人々に囲まれている方がよい、と思う。すべての人が、お互いの個人性を賞賛し、自分では比較的開発されないままになっている側面と潜在能力が他の人々の中で全面的に開発されていることの恩恵に浴するのである（下、四九六―四九七頁）。

もちろんこれは、最善の「可能世界」のお話である。だが、別の箇所でも彼が、「自由社会では、人々の様々な才能はそれを持つ者だけではなく他の者達をも益するのである」としていることも考え併せて（下、三七七頁）、ここにノージックの自由論の核心または素朴な希求を読みとっても必ずしも誤りではないであろう。彼はまた、トクヴィルに従って、自由であることによってのみ人は自由人に相応しい徳と判断力と責任能力を持つ、と言う。だが、それにもかかわらずこの一節は、ノージックのユートピアにおける〈能力としての自由〉の優先性の論理が、結局はロールズの「平等な自由」論の軍門の前に降り、不発に終わったことを問わず語りにしてはいないだろうか。結局ノージックも、平等を求めて個別の善への中立性を宣言せざるを得ないのであって、だからこそ、それに対応してここでのユートピアの記述もまた抽象的・形式的なのではないだろうか。ここには、表面的には主張の類似したミルとは異なり、美しい人間性の観想という目的論への信仰表明はない。それにしても、そもそもそうした個性の発展としての自由をまさに不可能にするのが、不断に平準化と均質化に向かうデモクラシー社会のヴェクトルである、というトクヴィルの診断をノージックが知らなかったはずはない。ノージックは、現実のデモクラシー社会では個性の幅はますます限定されて行かざるをえないと知りつつこう言ったとすれば、彼は、ミルとは信仰を共有せずに、理想の現実化の見通しについてのアンビヴァレンスだけは共有したということになる。最小国家は、確かにその支配地域内では最強者であっても、クライアントへの保護や、彼ら相互の調整の外に出てはならないという言葉も、「平等な自由」の論理からの要請と見るべきであろう。

(iii)　バーリンの自由論――自由意志論・自然法への回帰?

最後に、アイザイア・バーリンの自由概念について検討したい。バーリンは、実存主義者を別とすれば、二十世紀後半において「自由を自らの中心的な関心事とする」最も著名な思想家の一人であった。[51] 彼は、一方では目的論の拒否という点で同時代のリベラルな思想家たちと共通の立場に立ちながら、他方で、非政治的価値に向かうものも含めて、ミルやその同時代思想家たちの〈能力としての自由〉に対する強い情熱を――もちろん異なる位相においてではあるが――最後まで保持した。その意味で彼は、漸くここまで辿ってきたヨーロッパにおける自由の観念の物語の差し当たりの結びに相応しいであろう。よく知られているように、バーリンは体系的な著作は何一つ残さなかった。彼の作品群の中心的な、そして最良の部分は、そのすべてが生気溢れる個々の思想家論である。だからこそ彼は、『回想』の表題として、自己を「思想史家」と規定されることに異議はなかったのであろう。それらの思想家論で彼は、リベラルで、非宗教的であると同時にシオニストでもあり、またロマン主義的でもある自らの立場を隠すことはなかった。にもかかわらず、通常バーリンの自由論は、それらは無視してもっぱら「二つの自由概念」(1958)における議論だけに引照されて論じられているため、そこにミスリーディングな解釈が成立する余地があるのではないだろうか。その点に留意しながらここでの解釈上の仮説を述べれば、第一に、そのいわゆる「消極的自由」は〈状態としての自由〉に、「積極的自由」は〈能力としての自由〉に、一見それぞれ対応するかに見えるが、実は両者とも〈能力としての自由〉のそれぞれ異なった表現なのであって、しかもそこには、カント主義者であると同時にシオニストでもある彼の経験と立場が色濃く映し出されていると見るべきではないか。第二に、通常バーリンの「価値多元主義」として言われるものは、彼にとって最も重要な〈能力としての自由〉の観念を、〈状態としての自由〉のそれと調和させるべく、彼が最終的に見出した、(彼自身の言葉を借りれば)「自然法という古来の概念への一種の回帰」の意志の表明に外ならないのではないか。(52) 以下この二つの仮説を具体的に検証したい。

まず第一の問題について。出発点はここでもやはり「二つの自由概念」である。さて、バーリン自身、「からの自由」と「への自由」と言い換えてもいるところから、「消極的自由」と「積極的自由」は、対立概念と一般に理解されているようである。しかし、当然のことながら、それぞれの前提となっている「自由」の観念においては両者は共通であり、それはいずれも「政治的自由」を意味するものであった。この点は(両者の理論的関係も含めて)、「二つの自由概念」における説明では必ずしも明快ではなかったが、実はバーリン自身がそのことを自覚していた節があり、そのためか、「二つの自由概念」の一〇年後彼は、このエッセイを含む『自由論』(*Four Essays on Liberty*, 1969)に付された書き下しの「序論」で、自分が論議しようとしたのは社会的・政治的自由の範囲の問題であった、といま一度宣言している。そして、「消極的自由」とは「どんな範囲にわたって私は主人であるか」、「積極的自由」とは「誰が主人であるか」の問題であると説明し直し、さらに「私が使用する意味での自由は、……可能な選択や活動に障害がないこと」であり、「どれぐらい多くのドアが開かれているか、どれぐらい広いか」であって、それは「行動の機会」を意味すると言い直している(六五頁、五八頁、六三頁)。この説明の限りでは「積極的自由」は「消極的自由」の論理的前提であるということになろう。彼はまた、最晩年の『回想』でも、そこで自分は「政治的自由について書いたのであって、自由一般について書いたのではない」と弁明している(二一五頁)。だが、バーリンのこうした言い換えは、自由の名による自由への侵害を非難するという、「二つの自由概念」の基本的戦略をより明瞭にするためではあるとしても、言い換えられて定式化されたことにより、自由論としてはかえって分り難くなっていることも否定し難い。

こうして、バーリンが「自由」と言うとき、その「自由」とは何よりもまず行動に関わるものであり、それ以上でも以下でもない。自由を「行動の機会」とするところに現われているように、自由を内面の状態とする用語法は、バーリンの何よりも排するところであった。「内なる砦」に立て籠もることによって外的桎梏を内面的に乗り越えた奴隷の感ずる精神の自由は(ここでおそらく、主権者の命令に反する真理を心の中で思うホッブズの臣民の自由も、と付け加えてもよいであろうが)、バーリンから見れば、「精神の退行」であって自由の名に値しない[53]。この点は、「自由の基本的な意味は、鎖からの、投獄からの、他人への従属からの自由であり、これ以外の意味は、この意味の拡張か、さもなければ比喩である」という「序論」の言葉からも明確である(八五頁)。「自由それ自体を価値ありと考えた人々は、他人に選択されるのではなく自ら選択する自由を、人間を人間たらしめる不可譲の要素であるとした」と彼は言う(九〇—九一頁)。〈他者の意志または支配に隷属しない〉「行動の機会」としての自由は、それ以上の説明を必要とせず、それ自身が自己目的であるというのがバーリンの考えであった。バーリンが求めているのは、自己決定の〈能力としての自由〉が不当な抑制を受けることなく発揮されることであり、またそれが可能な社会である。「積極的自由」も「消極的自由」もともに、この一つの基本的自由の要求の異なる表現形態なのであって、「序論」の次の言葉は、自由の二分論とまったく一貫している。

私が用いている意味での《積極的》自由と《消極的》自由との出発点は、論理的にはそれほど離れたところにはない……。「誰が主人であるか」と、「どんな範囲にわたって私は主人であるのか」という質問は、完全に分離することはできない。私は自分自ら決定したいのであり、たとえどんなに賢明で慈悲深いものであろうと、他人に指図されたくない。私の行為がかけがえのない価値を持つのは、それが自分自身の行為であって、人から押しつけられたものではないという事実にのみ基いている（六四―六五頁）。

もし、自由の価値を自由な選択の領域の価値と同一視することは、よき目的のためであるにせよそうでないにせよ、自己実現の教義に等しくなり、これは消極的自由よりも積極的自由により近いと主張するものがあっても、私はあまり反対しない（九四頁）。

このように、バーリンの自由論の最も奥には〈他者の干渉を排した行為の自己決定〉（彼自身の言葉を使えば「政治的自由」）という観念があることは間違いないが、もしそうだとすると、今度はそこに説明すべき二つの問題が待ち受けている。その一つは、バーリンのいう行動における自己決定能力としての自由は、倫理的にはまったく中立的な、何ごとをもなし得る能力なのか、あるいはそうではないのかという問題である。要するにこれは、これまで見てきたヨーロッパ自由意志論の古来の主題に外ならない。説明すべきことのいま一つは、そうした自由の主体、とりわけ「消極的自由」の主体は誰か、それは、「リベラル・バーリン」イメージから予想されるように、個人だけなのかという問題である。確かにバーリンは、「二つの自由概念」において「消極的自由」の重要性を縷々論ずるときには、もっぱら個人を念頭に置いているかのごとくである。しかし、すでに引用したところにも見られるとおり、自由の「主体」として「一個人あるいは個人の集団」と言っているように、集団と個人を併置している場合もある。それは何を意味するのであろうか。バーリンには、彼の議論に含まれているこうした問題の重層性を十分に腑分けしていないことが多く、それが解釈を紛糾させる理由でもあるが、まず第一の問題、すなわち人々の〈能力としての自由〉の発露としての行為の倫理的性格の問題を考えてみよう。

　この点に関してまず見逃せないのは、バーリンは他の作品では、いや「二つの自由概念」においてすら、「自由」と言う言葉を、たんに人間の政治的・社会的行動の記述のための中立的言語としてでは決してなく、ハッキリと規範論的な、または道徳論的な文脈で使用しているという事実である。実際、そうした意図がなければ、「消極的自由」、「積極的自由」双方それぞれの意義と濫用の可能性を強調する理由もなかったであろう。もちろんバーリンは、とくに後者の濫用の可能性を指摘するだけではなく、その歴史的現実性をも強調し、論難した。だが、それもまた、「自由」の倫理的意味を前提すればこそであった。同じ頃の論文に、「私の見るところ通常の思想と言語では、自由とは人間を人間以外の一切のものから区別する基本的な特徴である」、また「人間の栄光と尊厳は、選ぶのは人間であるという事実にある」という発言もある。この発言は、本章でたびたび見てきたルネサンス以来の「人間の尊厳」論の現代版であろう[54]。

　ところで、ここでいま一つ見逃せないのは、そのようにバーリンが「自由」の倫理性を主張するとき、彼は、その武器として自由意志論に訴えているという事実である。この点は、スターリンの死の直後、第二次世界大戦の記憶の未だ生々しい一九五三年に講演され、翌五四年に出版された論文「歴史の必然性」にすでに明瞭である。歴史における人間の「自由」と「責任」を問うたこの作品は、それに対するE・H・カーの批判とともに時のイギリス論壇を大いに賑わせたが、マルクス主義の衰退とともに、現在ではほとんど忘れ去られたかに見える。この作品においてバーリンは、何よりもまず、あらゆる歴史的決定論を、「個人の責任という概念を除去」し、そこから、歴史において「究極的に「責任」のあるのは個々人ではなく、〔個人を越えた何らかの〕大きな実在であるとする傾向」をもたらす、として非難する[55]。バーリンによれば、歴史過程における個々の人間の行為責任を否定または免除するのが決定論であるが、それには三つの源泉がある。第一にあらゆる目的論的なものの見方、第二に現象と（真の）実在を区別する考え方、第三に自然科学の影響である。バーリンはとりわけ目的論に対して厳しい。「プラトンからルクレティウスまで、……トマス・アクィナスからレーニンおよびフロイトまで、挙げられた鬨《とき》の声は本質的にはみな同じであった」と彼は言う（一三三頁）。だが、ここでもまたロールズに対してと同じく一言すれば、バーリンの、必ずしも不用意とは思われないこの一般化には承服し兼ねる。実際、彼が擁護する自由意志論は、歴史的には紛れもなく、彼の批判するキリスト教的目的論の所産であったことは、まさにこの小論で確認してきたところである。バーリンがキリスト教、とりわけカトリシズムに対して批判という以上に不快感を抱いているらしいことは、彼の多くの思想家論においてしばしば垣間見られることではあるが、エラスムスを「消極的自由」論者に数えているところも含めて、思想史家として彼が中世からルネサンス期までの思想にどれほど真剣に取り組んだか、疑問に思わざるをえない。それはともあれ、自由意志論を主張してバーリンは言う。

行動の自由が要求する状況は、……たとえいかに狭くとも、選択が完全には決定されていない何ほどかの領域が残されているような状況である。これこそ、この文脈における「できる」can と言うことの最小限の意味である。われわれはカントの「汝なすべきがゆえになしあとう」という命題を承認しなければならない。責任なく、独立なく、価値なく、功罪なければ、賞賛も非難も理由がなくなる。……自由意志〔強調は筆者〕を一つの真正な論争点と認め、解釈によってそれを消し去ろうとする最近のさまざまな努力に欺かれなかった人々の感情の方が、……厄介な問題を視界から一掃してしまう単純で強力な方法で身を固めた哲学者よりも健全である（二〇八―二〇九頁）。

自由な行為という概念、すなわち先行する諸事件によって、また人間なり事物なりの本性とか……によって全面的に決定されているのでない行為という観念に、何らかの意味を賦与するのでなければ、われわれがどのようにして、責任の帰せられる行為と、出来事の物理的・精神的……な因果連関における一部にすぎないものとを区別するにいたるかを理解することは困難である(二一八頁)。

ここでバーリンは、一見カント主義者としての顔を見せているようであるが、その言葉は、意図せずして、マニ教に向けられたアウグスティヌスの必然論批判を想起させるかのようでもある。第一節に見たように、アウグスティヌスもまた、もしも人間の行為がすべて必然性に支配されているのであれば、その行為に正や不正を帰しても無駄ではないかと論じた。しかし、もちろん非宗教的哲学者バーリンは、アウグスティヌスは拒否するであろう。では、彼はカントの目的論を共有して自由意志説を主張するのであろうか。それも否である。バーリンは、その自由意志説の根拠を実践理性の絶対的当為にではなく、右の第二の引用文が示唆するように、人々の常識または日常言語感覚に求めようとする。彼は人々の言語感覚に訴えながら、決定論を、とりわけ現代においては科学の客観性の概念を不当に拡大適用した非論理的、非経験的な虚偽として退けようとする。バーリンによれば、われわれが、たとえばクロムウェルに対する是認または否認を表明し、また、ヒトラーを悪人だとするとき、われわれは、彼らに対するたんなる好悪を表現しているのではなくて、「彼らが別のようにも行動できたはずだ、さらにはそうすべきであった」と判断しているのである(二四六頁)。そこには、彼らの行為はいずれもたんなる必然に迫られた行為ではなく、そこにさまざまな事情はあったにせよ、なおかつ彼らの自由な選択によってそう行為したのだ、だからこそ、その行為には責任が帰せられてしかるべきだ、という判断がある。われわれにそう判断させるのは、是認または否認に関する「われわれの日常の用語法に不可避的に反映されている区別」である(二四七頁)。歴史叙述もまたそれに関して例外ではあり得ない。「人間を、たんに諸事件の継起における因果的要素としてではなく、目的や動機を備えた存在として見ること」

を拒否せよという要求は、バーリンにとっては到底受け入れがたいものであった(二五一頁)。
だが、日常言語学派風とすら見えるバーリンのこうした自由意志論が、どれほど理論的強靭性を備えているものなのか(論敵カーもまた日常言語に訴えた)、また、なぜそれほどまでに彼は自由意志論に固執しなければならないのか、いや、そもそもここで言われている行為の責任とは一体誰に対する責任なのか、疑問は感じられるものの、いずれについてもバーリンの答えはない。にもかかわらず、彼が自己の自由論を、自由意志論の上に再構築したいと真剣に考えていたことだけは確かである。次の二つの文章はそれを裏書きするであろう。一つはJ・S・ミルに対する彼の最終的評価を語り、一つは、「序論」の結びの言葉として、自由意志論の再構築に対する彼自身の思いを述べている。しかし彼はその思いを実践することなく世を去った。

彼〔ミル――筆者注〕は自由意志の問題に苦しみました。時としてそれを解決したと思ったことはありましたが、他の誰よりもよき解答を彼が見出したとは言えません。人間を他の自然物と区別するのは理性的思考でも自然に対する支配でもなくて、選択し実験する自由である、と彼は信じておりました。彼の思想のうちで最も永続的な名誉を彼に授けているものは、まさにこの見方であります(56)。

私は、私の主張になお含まれているいくつかの困難や曖昧さは十分すぎるほど承知している。……私は、更に多くのことがなされねばならないことを十分に知っている。とりわけ自由意志の問題についてはそう言えよう。この問題の解決には、ある新しい一組の概念の道具が必要だと私は考えている。それは伝統的な用語との一種の断絶となろうが、私の知る限り、まだ誰も提示し得ないものである(57)。

次に、先に説明すべき第二の問題とした、自らの行動を自ら決定する自由の主体、とりわけ「消極的自由」のそれは誰かの問題である。これについては、すでに述べたように、バーリンは時として個人とその属する集団の双方を指示しているが、それはたんなるレトリックではなく、まさにそこにシオニストとしてのバーリンの実存が掛けられている言明なのではないかと思われるので、この点を明らかにしたい。ここで注目したいのは、「二つの自由概念」の中でもとくに位置づけの不明確な、第六節「地位の追求」である。慎重な言い回しにもかかわらず、そこで論じられているのは、このエッセイ全体の主人公である(と通常思われている)〈個人〉そのものではなく、明らかに民族、ネイションその他の集団であり、個人が視野に入るとしても、その属する集団との関係においてである。バーリンによれば、他者から無視されるなど「しかるべき承認」を得られない場合、われわれはそれを「自由の欠如」、たんなる権利の不平等ではなく、それ以上に不当な「人間としての品位の貶め」と感じる。それは、すべての個人も民族も、「一個の実在として」、「この世界で何ものかでありたい」という抑えがたい希求を持って生きているからである。この「地位と承認への欲求」は、消極・積極いずれの自由(liberty)とも必ずしも同一視できないし、その意味では「その目標に自由という名前を許さないでよい」、あるいは「自由の混合形態」と呼んでよいのかもしれない。いずれにせよ重要なのはその実質である。「それは人間にとって切に必要とされ、情熱的に闘い求められるものであり、自由(freedom)に似たものではあるが、それ自身自由(freedom)ではない。それがより密接に関わるのは、連帯、友愛、相互理解、対等の条件での結合の要求等であり、それらすべてが時に、誤解を招きがちであるが、社会的自由(freedom)という言葉で呼ばれるのである」。同じ節には、分析を拒絶するかのように、決然たる次の言葉もある。

人類の大多数は、間違いなく、ほとんど常に、この〔ミルの言うような〕目標を、それ以外の目的のために犠牲にする用意があった。その目的とは、安全、地位、繁栄、権力、徳、来世での報償であり、あるいはまた、正義、平等、友愛その他、最大限の個人的自由の達成とは全面的、部分的に両立し難い他の諸価値である。……自由(freedom)のために戦った人々は、共通して、自らまたは自らの代表によって統治される権利のために戦ったのだ。……革命を戦った人々は、しばしば、自由という言葉で、〔自分たちのセクトによる〕権力と権威の征服以外のことを意味しなかった。……これらの革命家たちは通常……彼らの理念の普遍性を主張することによって、自由の側または「真の」自由を代表すると唱える必要を感じていた。……彼らの主張は明晰であり、彼らの大義は正しい。しかし、彼らは人間の希求の多様性を許さない。(58)

バーリンはここで、一人の哲学者、思想史家としてと同時に、明らかに、彼の生きた歴史を背景に、民族としての自己統治の現実化を求める一人の民族主義者・シオニストとして発言していると見るべきであろう。この文章には、〈自由への要求〉という言葉と必ずしも同じではないにもかかわらずそうとしか表現されない感情、革命家たちの「自由」要求への共感と反感、〈能力としての自由〉の放恣を〈状態として〉のそれによって批判しようとする均衡感覚、いや、あえて言うならば、彼の中の一人の自己が掲げる理念に対してもう一人の自己が抱く懐疑、こうした矛盾した衝動がすべて綯い交ぜられていると見える。バーリンの文章の〈分析し難さ〉は、一部はこうした彼の論理の不透明のためかもしれない。しかし、これをシオニズムの態度表明として見る限り、論旨は明快である。実際、その点で彼の態度は常に明確であった。思想史家バーリンは、多くの、広い意味での、しかもしばしばユダヤ人の、革命的思想家に対する強い共感を至るところで示した。彼が情熱的に論じたのは、ドイツ・ロマン主義者たちを別とすれば、ゲルツェン、ヘス、ベリンスキー、バクーニン、ディズレーリ、マルクスなどであった。彼は、とりわけ一八一〇年代生まれの思想家たちに対して異常なほどの関心を示したが、それら思想家たちの情熱の対象は、多く民族問題、とりわけユダヤ人問題と関わっていた。さらに、時代は同じではないが、世俗的思想家マキアヴェッリ、ヴィーコ、国民主義的ヘルダーを加えれば、バーリンの関心が常に、ユダヤ人社会も含めて、それぞれが固有の価値を持つ政治的共同体における人間の実存に、またその共同体においてはじめて実現されるはずの人間の自由にあったことは疑えない。その時彼の念頭にあったのは、何よりもまず、個人についても共同体についても、倫理的に無規定では決してない、人間の尊厳の条件たる〈能力としての自由〉の観念であり、また、その抑圧に対する怒りの抗議への共感だったのではないだろうか。もちろん、もう一人のバーリンは、解放を求める共同体が、今度はその中にいる個人を抑圧する可能性は大いにあり得ることを、ミルとともに十分承知していた。右の引用の最後の文章がそれを物語っている。だからこそ彼は、個人の消極的自由について大いに語らなければならなかった。だが、その危険性にもかかわらず、個人、民族いずれにとっても〈能力としての自由〉が主導的観念の地位を失ってはならず、そして、〈状態としての自由〉はそれに対する従属変数でなければならなかった。バーリンには「平等」と題するエッセイもあるが、その論調は決して情熱的ではない。望ましい社会を考えるとき、平等は大切ではあるが、実はその際にも「平等以外の理想が際だって決定的な役割を果たしている」と彼は言い切っている(59)。

以上は、この項目の最初に掲げた二つの仮説のうち、第一のそれについての説明である。叙述が他の論点と不均衡に長くなってしまったが、それは、論議が自由意志論という本章の中心主題と直接に関わっているためである。それはともあれ、このように見てくると、バーリンのいわゆる、相対主義とは区別された「価値多元主義」とは、〈能力としての自由〉の観念を〈状態としての自由〉のそれと調和させるべく彼が到達した原理であり、それを彼は「自然法という古来の概念への一種の回帰」と呼んだのではないか、という第二の仮説も自ずから説明されるのではないだろうか。ところで、彼の自由観を価値多元主義に連結させているのは、そのヨーロッパ思想史観であったと思われるので、それについて述べなければならない。

バーリンは、その自由論や思想家論において一つの、ある意味ではきわめて単純化されたヨーロッパ思想史観を飽くことなく歌い続けた。それによれば、少なくとも十八世紀までのヨーロッパ思想史には、プラトンであれ、キリスト教であれ、啓蒙思想であれ、世界には、人間にとって何らかの手段によって認知可能な合理的秩序が存在する、という前提が変わることなく支配していた。そして、この前提と対応して、そこで構想されてきたユートピアはすべて、静的な、単一構造を持った、多様性を許容しない性質のものであった。それらはいずれも、何らかの方法によってかつて存在したはずの「完全性」と「統一性の回復」を目指すものであるが、そこには本質的な意味で人間の責任を問う思想は存在しなかった。バーリンは、もしヨーロッパ思想史の中で人間の義務と責任の観念を教えたものがあったとすれば、それはギリシア思想ではなくユダヤ教であったと考えていたようである。[60] バーリンから見れば、ヨーロッパ思想史の主流をなしてきたギリシア的・プラトン的モデルは、「どこかに完全な映像《ヴィジョン》がある」はずだという前提の下に、それについて無知に止まっている「人々を誤謬から、混乱から……解放することをまず始めるが、……ほとんど変わることなく、まさに同じ人々を奴隷化し、経験の全体を説明し得ないままに……ある種の専制支配に終わる」のが常であった。しかし(バーリンの言葉を続けると)、そもそもこうした「完全な社会という考えは基本的に〔認識上の〕誤りであり」、「全人類からなる一つの完全な社会という観念は、内部的に自己矛盾をおこすはずである」。この誤りは、人間の抱く諸価値の間には相互に絶対的に相容れない矛盾・対立があることを発見したマキアヴェッリやモンテスキューなどによって先駆的に、そして、本格的には十八世紀フランスに始まり、ヘルダーや、ドイツの――フランスの支配に対する深い怨恨に満ちたドイツの――ロマン主義者たちによって次々と明らかにされた。政治におけるフランス革命と並んで、思想におけるロマン主義革命は、ヨーロッパ人の思考に最も巨大で根本的な変革をもたらした。新しく発見された真実は、ヘーゲルが「善と善との間の」と呼んだ「融和し得ない諸価値の衝突」である。

　こうして、ロマン主義以降、「価値は〔客観的に在るものとして〕発見されるのではなく、創出されるものであり」、したがってまた、人間の精神的努力において最も高く評価さるべきものは、かつて客観的に実在すると誤って考えられてきた真理への献身ではなくて、動機における主観的誠実さと意志の一貫性であるとする考えが、正当にもヨーロッパを支配するようになった[61]。「統一的なヨーロッパ世界は……粉砕された。個人、集団、文化、国民、教会など個々の区別された実体、自他ともに識別できるそれ自身の「人格」を有したもののすべてが、今やそれぞれ独立の目標を追求する。かつては相互依存が大きな美徳とされたものが、今では、独立、自分自身の進路を自ら決定する能力が美徳となる」。もはや「知識は絶対的な目標ではなくなり」、「すべての目的は対等」となった。動機の善良さ、誠実さと確信の深ささえ信頼できるならば、いかなる信念も尊敬に値することとなった。古典主義的な均整は退けられる。「屋根裏の部屋で貧窮と苦痛と戦いながら不滅の作品を創造するというベートーヴェンの姿は、やがてナポレオンの姿に道を開いて行く。……ここから極端なナショナリズム、ファシズムまではほんの一歩である」。こうして、

極端、対立、戦争がそれ自体として賛美されるようになった。……英雄的な個人、自由な創造者が非政治的な芸術家のこととは考えられず、他人の意志を自分の不屈の意志に従わせていく政治指導者のこと、自我を張り通そうとする階級、人種、運動、民族のことと考えられるようになった。自分自身の自由とは一切の反対者を絶滅させることだと考えられるようになった。自由と権力は同一のもの、自由であるとは自分の邪魔になるものから自由になることとする観念は古来の思想であるが、ロマン主義者はそれに飛びつき、乱暴に誇張していった[62]。

では、結局バーリンは、天才の〈能力としての自由〉のいわば無秩序な展開を求めるものとして、ロマン主義を拒否するのであろうか。そうではない。彼は、積極的にロマン主義の成果に賛辞を贈ることを惜しまない。なぜならば、彼の見るところ、いかに逸脱はあったにせよ、「ロマン主義のヒューマニズム」にこそ、ヨーロッパを長らく支配し

た空虚な権威主義を破壊し、「価値を造るのは人間自身であるからには、人間は自らより高い何ものかの名において殺されてはならないこと」、「制度は人間によって人間のために作られたものであること」、また、何らかの想像上の客観的権威の名を借りて人間を貶めることはすべての罪の中で最悪の罪であること、これらを明らかにした不滅の功績が帰せらるべきだからである。人間における「価値の多元性を明らかにした」ことは「ロマン主義の偉大な達成」である、とバーリンは評価する。(63)

多くの価値があり、それらは両立不可能であるという考え方、多元性、無尽蔵さ、人間の与える答えと制度との不完全性といった観念の全体、芸術においてであれ、実生活においてであれ、完全で真なりと主張するどんな単一の解答も原理的に完全でも真でもあり得ないという考え方——こうしたことすべてを、われわれはロマン主義に負っている。(64)

これは、『ロマン主義講義』最終頁の言葉である。あるいはバーリンは、ドイツ・ロマン主義の中に〈歴史の狡智〉を読み取っていたのかもしれない。バーリンにとってロマン主義とはまず第一義的には、打破されて当然のヨーロッパの思想的伝統の破壊者であったが、同時にそれは、その論理の赴くところ、一方では到底許し難い政治的災禍、「激烈な逸脱現象」たるファシズムとホロコーストをもたらした。(65) しかし、他方でそれは破壊だけではなく、新しい秩序の可能性をも示唆した。同じ最終頁には、右の引用に続いて、「ロマン主義の結果は、こうして、自由主義、寛容、品位であり、生の不完全さの評価である」という言葉がある。だが、これはいかにも論理の飛躍ではないだろうか。ファシズムとホロコーストへの因果関係はあえて問わないとしても、ロマン主義的な「価値の多元性」、「諸価値の両立不可能性」の発見が(この命題もそのままでは歴史的に首肯し難いが)、そのまま「自由主義、寛容、品位」をもたらすとは単純には言えないであろう。そして、バーリンはそのことを知っている。実際、晩年に至るまで彼は、「人間の本質は自由である」とするロマン主義の世界とはすなわち、「意志が最高の地位を占める世界、絶対的価値が和解不能な対立関係の中で衝突する世界」であること、言い換えれば(能力としての)「自由とは崇高であるが、しかし危険な贈物でもあって」、まさに「両刃の武器である」ことを強調し続けた[66]。では、なぜそのロマン主義の思想的支配の中から「自由主義、寛容、品位」が結果したと言えるのか。一九六五年の論文に次の一節がある。重要な発言と思われるので、若干長くなるが引用する。

ロマン主義の解体的な影響力は、一九世紀の自由な芸術家の混沌たる反乱という相対的には無害な形態においても、全体主義という邪悪で破壊的な形態においても、少なくとも西ヨーロッパにおいてはすでに消耗し尽したかに見える。安定と理性に寄与する力が再び自己主張し始めている。しかし、何ごとも完全には出発点に戻らない。人類の進歩は循環的ではなく、むしろ苦痛に満ちた螺旋であるかのようである。そして、諸国民も経験から学ぶ。最近のホロコーストから何が生まれただろうか。生まれたのは、人間が人間である限りはいわば本質的と言うべき一定の普遍的諸価値があるという、西欧における新しい認識に接近したかに見える何ものかである。炎症状態でのロマン主義――ファシズム、ナチス、そしてコミュニズム――は、その理論よりもむしろ支持者の行動によってある種の諸価値を踏みにじり、ヨーロッパに深い衝撃をもたらした。だがそれらの価値は、野蛮にも捨てられたまさにその時、その活力を立証し、戦いで手足を失った兵士のように帰還して、ヨーロッパの良心に疼きを与えた。

これらの価値とは何であろうか。……全体主義のもたらした巨大で広範な恐怖の衝撃という事実から明らかなのは、人類の大多数、とくに西ヨーロッパ人の大多数が生きる基準にしている、一連の価値尺度がまさに実在しているということである。その価値尺度とは、人々が自らを意識するとき、人間の不可欠の本性をなす価値と考えるものの中でも重要な部分なのである。

この人間の本性とは何か。……われわれが人間の本性と考えるものの中に深く入り込んでいる一定の道徳的な属性がある。〔われわれは人生の目的や生き方において自分とはかなり異なった人でも通常は仲間の人類と認めるが〕、自分の小指の痛みを和らげるために世界を破壊してもよいと思う人、あるいは、無実の者を処刑したり友人を裏切ったり子供を拷問することはいっこうに悪くない、と思う人々とは議論できないと考える。それは、それに恐怖を感ずるからではなく、彼らは何らかの意味で非人間的だと考えるからである。……われわれは、根本的な道徳的、政治的決断を下す場合、法律的な立法の場合とは異なって、われわれが訴えかけている法律と原則が、ともかくも記録に残っている歴史の全期間にわたって多数の人々に認められてきたという事実を頼りにする。そして、それらは廃棄不可能と考える。いかなる法廷、いかなる権力も公認の手続きによって人に偽証を許したり、自由に拷問を許したり、慰みに人を殺すのを許したりはできないことをわれわれは知っている。われわれは、これら普遍的な原理ないし規則が廃止されたり変更されたりするのを想像できない。言い換えれば、それを、われわれやわれわれの祖先が自由に選択したものとは扱わず、むしろ人間であること、他人とともに一つの共通の世界で生きること、他人を人間と認め、また他人から人間と認められることのいわば前提条件と見るのである。……

これは、自然法という古来の概念への一種の回帰である。しかし、われわれのある者にとっては、経験論的な衣裳をまとっての回帰であり、もはや必ずしも神学的ないし形而上学的な基礎に基づくものではない(67)。

彼はさらに言葉を続けて、「多様性はわれわれの基本的な統一を破壊しない」、「最近のヨーロッパの逸脱現象が終わった後に、回復の兆候が現われているようである」とし、ヒューマニズムの「威信の回復」は、「本物の進歩、われわれわれが一つの共通の道徳的世界に生きていることの承認に基づいた国際秩序に向かっての真の進歩であると思われる。我々の希望はこのことの上に立たねばならない」という強い言葉でこのエッセイを結んでいる。バーリンが、常に主張し続けてきた〈能力としての自由〉の発展と、時代の不可避の要請としての〈状態としての自由〉との緊張の解決をここに見出したであろうことは想像に難くない。

だが、この自然法回帰論は、ロマン主義の中から新しい秩序が生まれてきたという、歴史的因果関係の説明として十分な説得力があるだろうか。それは、結局この新秩序もまた偶然の所産であり、再び歴史の狡智と言うほかないとする議論への対抗力があるだろうか。またそれは、少なくともルネサンス以前のヨーロッパ思想に対する彼の全般的批判と両立する言明と言えるだろうか。さらに、「経験論的な衣裳をまとっての回帰」という限定が付されているとは言え、このように主張する以上、やはりバーリンは、その新自然法論を発展させる義務があったのではないだろうか。あるいは、それもまた彼は〈日常言語〉の一語で解決しようとするのであろうか。結局、自由意志論の場合と同じく、彼はこの点についてもその後思考を進めることは必ずしもなく、むしろ、彼の愛するロマン主義とロマン主義者に対する深い共感を表明し続けるに止まった。思想史家バーリンが最も深い愛情をもって描き出したのは、自由とは自己目的であり、自由な人間とは自己表現、自己発展を欲する人間であると言うアレクサンドル・ゲルツェンであり、また、知的に誠実で、道徳的感受性豊かで、しかも真の意味でユダヤ人の民族的一体性を知っていたとされるモーゼス・ヘスであった[68]。そのような思想史家バーリンと、新自然法論者バーリンとはどのような関係に立つのか、さらには、彼がそこで見せている非政治主義や現状維持の懐疑主義と政治的自由論との関係など、いずれも必ずしも明確ではないが、それらに立ち入って論ずることはできない。ここはただ、バーリンにおける〈能力としての自由〉の観念の優位性が確認されれば十分である。バーリンの自由とは、同じく「他人の恣意からの独立」を言うにしても、ハイエクのそれなどとはまったく異質のものであった。そのいずれがヨーロッパにおける「自由」という言葉の倫理的力《モラル・フォース》の正統な継承者であったのか（または破壊者であったのか）、疑問は最後まで解けない。言うまでもなく、ここで見てきた二十世紀後半における問題状況の背後には、二度の大戦とその後の冷戦があった。〈状態としての自由〉論の優位の背後には、シオニスト・バーリンの抵抗にもかかわらず、ヨーロッパにおける〈神々の戦い〉の歴史的体験が透けて見える。しかし、今やそれらも歴史的時代となったかに見える。では、すべての欲求が「自由」の言葉で語られる現代にあっては、そもそも「自由」という言葉の伝統的な意味はもはやまったく解体し、何か別なものに変質しつつあるのか、そうではないのか、この設問に答えるためには、また別の論考が必要であろう。

第二章　ヨーロッパ政治思想史における「非政治的なもの」

一　仮説の提示――政治と非政治の緊張・その持続性

最初に、研究史における、とくに本章の位置について述べておきたい。すでに序章で見たように、かつて、わが国でのヨーロッパ政治思想史研究、とりわけ近代のそれにおいては、十六、七世紀以降の思想の連続的な継承・発展が自明とされる一方、近代と前近代の非連続を強調するのが支配的動向であった。対して、言説研究の深化した今日のヨーロッパにおける研究では、古典ギリシアと共和政ローマの時代以来、二千年以上にわたるヨーロッパ政治思想史の言語の強い歴史的持続性（安定性と言ってもよい）の認識がむしろ共通の前提となっていると言ってよい。たとえば、S・ウォーリンは「切れ目なく続く政治思想の伝統」における「比較的に安定した語彙および範疇」を指摘し、またJ・ダンは「西欧政治理論史の歴史的発展は相対的に連続的かつ自覚的であった」と述べている[1]。実際、今や世界中至るところ、原理のレヴェルで政治を語られる際の語彙となっている自由、平等、正義、権威、所有、公共善（公共の福祉）、デモクラシーなど、いずれもギリシアまたはローマ起源のものである。権利のように中世以来、国家《ステイト》のように初期近代のもの、自由主義、社会主義、共産主義、全体主義などのように十九世紀または二十世紀のものもあるが、その数は決して多くない。ところで、ヨーロッパ政治思想史におけるそうした語彙の持続性について重要なのは、この持続性は、たんに使用される言葉に止まらない、それらの言葉の実質的な意味における持続性をも伴っていることである。たとえば、M・フィンリーが、アテナイ・デモクラシーについてのその記念碑的講義で示したように、デモクラシーという言葉の意味は、少なくともヨーロッパにおいては、奴隷制の有無も含め、あらゆる人間的・歴史的状況の差異にもかかわらず、それが最初に使われた古典ギリシア世界における意味——すなわち、多数者民衆による政治支配——と完全に異なったものでは今なおあり得ない。(2) とするならば、ヨーロッパ政治思想史においては、語彙の持続性に見合って、それらの語彙によって語られる問題のある種の持続性もまた存在すると認めなければならないであろう。だからこそ、（あえて逆説的な言い方をすれば）アテナイのデモクラティアから二千年経った現代においてもなお、相変わらず政治的平等が論議されているのであり、また、その議論に当たって、決してペダンティズムとしてではなく、まさに実質的意義を持ったものとして、しばしばアリストテレスの言葉が引かれるのである。

もちろん、研究の今日の水準においては、この持続の事実とその意味についてはあまりにも実体化しないよう、注意深くなければならないことが自覚化されている。「政治思想史でわれわれの学ぶ政治理論が、すべて同じ普遍的な問題に答えているというわけではない。……ホッブズの「国家」は、ギリシアの政治理念たるポリスに関するプラトンの問いに対する、ホッブズの答えなのではない。……だが、その問いと答えのあるものは、われわれにとってなお生きている。なぜなら、それらは、何らか変化した形でわれわれの思考の中に入ってきているからである」という言葉は、新しい思想史叙述を目指す最近の研究者におけるその自覚を物語る一つの例である。(3) 序章に例示したとおり、かつてヨーロッパでは第二次大戦中から戦後にかけての一時期、E・バーカーやL・ストラウスに代表されるように、政治思想史とは、政治に関わる、時代を超越した、人類の実体的な普遍的哲学的理念の発展史であるとする観念が支配し、それが政治思想史叙述のパラダイムを形成していた。しかし、戦争の終結、全体主義体制の崩壊、そして何よりも、それらに伴った、世界全体におけるヨーロッパの中心性の喪失、マルクス主義の後退などの変化が明らかになったとき、このパラダイムもまた動揺し始める。それは一九六〇年代末のことであり、七〇年以降、政治思想史方法論論争の嵐が二〇年間にわたってとくにアングロ・アメリカの学界を吹き荒れる。だが、スキナーの最初の僚友ダンの先の言葉が示唆するように、この論争も今や沈静化し、政治思想史研究は、アメリカ共和主義政治思想のルーツとされるいわゆる政治的人文主義(civic humanism)という新たな財産目録を加えて、古典ギリシアに始まるヨーロッパ政治思想の伝統の新たな確認の時代に入ったかに見える。しかし、それはかつてのような素朴な連続史観の再生を意味しなかった。明らかに、方法論論争は、政治思想史における持続と変化に対する感覚の覚醒を促した。思想家たちの発言の動機と文脈を重視する数多くの個別研究の促進はその成果である。他方で、新しい研究動向は、通史の可能性に対して研究者たちを極度に慎重にさせ、代わって、個別研究の緻密さを確保しつつ数世紀あるいはそれ以上の時をカバーするために、多くの筆者が一部分ずつを分担する共同執筆が試みられるようになった。(4)だが、それは、通史の形式は取っていても本質的には大項目事典と言うべきものであり、細密な叙述という点でその意義は大きいにしても、歴史研究に対して読者の求めるいま一つの本質的要求たる、一貫した通時的解釈をそこに求めることはできない。実際、もしも「語彙と範疇」の持続性をヨーロッパ政治思想史の相対的特質と考えるならば、その意味を考えるためにも、いかに困難であろうとも、通時的解釈は不可欠の要請である。

さて、この要請に対する具体的回答は、(再び丸山に倣って言えば)当然「プルーラルに」あり得るであろうし、また、そうでなければならない。その一つが、重要な個々の言葉について、各時代における意味を確定し、その連続と非連続を追求する、いわば言葉の歴史であった。その一定の成果は、ドイツにおけるW・コゼレックやM・リーデルらによる「概念史」、アングロ・アメリカ世界におけるJ・G・A・ポウコックを中心とする共和主義思想史研究に、それぞれ示されている。「自由」という言葉をめぐる前章の議論もまた、それらとは独立な、だが、観念の歴史として基本的発想においては共通な、ささやかな試みであった。これに対して、同じ通時的叙述の要請に、別な方向からいま一つの明快で優れた回答を与えたものとして、スキナーらの問題提起に十年も先だって著わされた、ウォーリン『西欧政治思想史』(1960)(原題名 *Politics and Vision*)がある。ここでウォーリンは、政治思想を、何が「政治的なもの」であるかについての哲学的問い、あるいは理論的に「政治的なものを確定するプロセス」、すなわち「公共の事柄の処理」に関わる理論としていわば仮説的に特定し、その上で、自然科学の対象と類比された「政治的自然」を、「政治的空間」と「政治的時間」という一貫した視点から捉えようとする。そして、歴史の中でとりわけ「公共の事象」についての思考が革新された時代を選択的に取り上げて、それぞれの思想家の個性を横糸に、「政治的語彙の比較的な安定性」を縦糸に、通時的叙述に挑戦する。その際、歴史上の思想家たちが「共通の言語を引き続いて使用した……という事実」、および、多くの時代を通じて「共通の問題関心が常に存在してきた」という事実を重視する。だが、その上でなお、政治哲学を「永遠の相の下」に見ることは拒否し、すべての政治哲学者が自己の生きる時代に固有の問題に取り組んできたことを強調することで、ストラウス流政治哲学史から自らを隔離する。(5)

本章の問題設定は、ある意味ではウォーリンのそれと類似している。すなわち、最初に述べたとおり、ヨーロッパ政治思想史においては、基本的語彙の持続性と対応して、重要な諸争点もまた、分析のための問題構成において妥当な抽象のレヴェルを設定しさえすれば、時代とともに形を変えつつもなお持続してきたと考えてよいと前提する。実際、かつてヨーロッパの研究者たちが、ヨーロッパ政治思想史の主題を人類永遠の課題と考えることができたのも、これらの問題の持続性あればこそであったに違いない。多くの通史が気付いてきたように、その典型的な例は、政治権力に対する人々の服従義務の問題、あるいは権力と自由の問題である。だが、序章三一頁でも一言触れたところであるが、歴史的に見ればこの問題設定自体が、〈政治〉という人間活動を、本質的に、自由人相互の水平的交渉の行為と見る一つの文化的伝統に固有の問題設定であり、スキナーの言葉を再び借りれば、ヨーロッパという「歴史や社会構造の偶然的産物」であったと見るべきである。

ところでウォーリンは、この二つの事柄、すなわち、持続性と永遠性または普遍性との概念的混同を断ち切るために、あえて「政治的なもの」という、いわば抽象のレヴェルにおいて一段高い操作的概念を導入し、それを通史的物語構成の主たる枠組みとした。本章も（もちろんウォーリンの壮大な試みに比すべくもないが）、同様の手続きによって、ヨーロッパ政治思想史の物語において、これまで一般に見過ごされてきたがやはり論ずるに値するのではないかと思われる一つの持続的な主題――〈政治と非政治の緊張関係〉という主題――を仮説的に提起し、併せて若干のその検証を試みるものである。この主題は、本書の全章にわたるものではあるが、ただしここでは、その仮説によるヨーロッパ政治思想史物語の全体的再構成までには到底至らず、とくに象徴的な若干の問題に即して、この仮説の、仮説としての有効性を確認する作業に止まらざるを得ない。

本題に入る。〈政治〉〈非政治〉という言葉を用いてヨーロッパ政治思想史の一つの物語を示唆しようとするとき、その二つの言葉で何を示すべきか。しかし、ここで〈政治〉〈非政治〉それぞれの概念を定義することは必ずしも有意ではなく、むしろ直接に仮説を提示すべきであろう。なぜならば、〈政治〉にせよ〈非政治〉にせよ、それらの言葉の中には、相互に関係はあるがしかしレヴェルの異なったいくつかの意味が含まれるはずであり、その中で特定のものに定義としての特権的地位を予め与えると、それらの意味の間の必要な相互変換を妨げることになりかねず、それは、数学ならばいざ知らず、事実の多様性を重んずべき歴史叙述としては自殺行為に等しい、と考えられるからである。

さて、わが国でも現実政治の諸問題をめぐって、人々の中での公共観念の喪失や、政治的アクターたちの近視眼的利益追求の過剰などが批判され、それに対して、政治における「政治的なものの復権」、あるいは「公共的言説空間」の必要が論じられることがある。しかし、それらの意味は必ずしも一様ではなく、時にはきわめて素朴な意味での保守的な〈公徳心〉の要請であったり、時には急進的な参加デモクラシーの強調であったりする。ところで、この「公共」という言葉自体がヨーロッパ共和主義の伝統の中から掘り出された、いわばヨーロッパ産のものであることは問わないとしても、日本でそうした主張がなされる時、そこに、よってもって政治を批判し、牽制し、時にはそれと強烈に対立する〈非政治〉の観念が一般的に存在するとは思われない。日本で「政治的なもの」の強調がなされる場合、その〈政治〉の対立概念は、あるいは〈非政治〉かもしれないが、その実質は〈私〉であって、それは、政治に対抗したりそれを相対化したりする規範概念ではなく、むしろ、政治という公共性が欠如している状態、たとえば「自己利益追求」といったその影の部分として、いわばネガティヴな意味を与えられているのではないだろうか。確かに、かつて『学問のすすめ』や『文明論之概略』で福沢諭吉は、学問の政治からの自立を強調した。だが、それは、「政治主義批判」[6]、または〈非政治〉主義であると言うよりはむしろ、〈非政府〉主義宣言とでも言うべきものと思われる。だが、日本においてはそれすらも、その後の歴史において「伝統化」されることはなかった。

しかし、ヨーロッパの政治思想史においてはそうではなかった。かりに〈私〉という言葉を使うにしても、それは〈公〉の影ではなかったし、また現在でもそうではないのではないか。ヨーロッパでは、そうした、政治の影の部分または負の価値としてではなく、まさに正面からの、正の価値として、非政治の自己主張があるのではないか。これがここでの仮説の出発点である。では〈政治〉とは何を表す言葉かと言えば、その原型はアリストテレスに求めたい。すなわち、第一章冒頭に示したように、それは、まず大前提として、対等者、それも奴隷ではない、つまり自由人たる対等者の相互支配による、彼らの間での秩序形成活動を示す言葉である。言い換えれば、家族のように、非対等者間の関係は、本来、政治の領域には入ってこない。対して、相互に対等者たる自由人たちは、政治という言葉の示す関係性においては、〈私〉性を乗り越えた、より広い〈公共〉性を形成する。先に引いたウォーリンの「政治的なもの」も、こうした人々の公共的活動に着目した概念であろう。この公共性は、通常は法という形で、そして、最終的には権力によって担保された、何らかの意味での境界(boundary)によって限局されたものである。境界を形成するものは、個人のレヴェルでは、かつては身分または財産(property)、現在では出生またはその擬制であり、国家のそれでは、さまざまな歴史的偶然から設定された領土または国境であろう。パスカルの『パンセ』断章二九三は、その本質を剔執して鮮やかである。

なぜ私を殺すのだ。……何だって。君は川の向こう側の住人ではないか。友よ、もし君がこちら側に住んでいたとしたら、僕は人殺しになるだろうし、君をこんなふうに殺すのは正しくないだろう。だが、君は、向こう側に住んでいる以上、僕は勇士であり、これが正義なのだ。(7)

もちろん、国家においては、広い意味での血縁関係の他に、言語も boundary の一つである。国家以外については、個人の帰属する組織が境界となろう。したがって、これに対抗する人間関係の価値として〈非政治〉を考えるとすれば、ここでもやはり前提として、相互に対等な自由人の関係または活動に着目しなければならない。非対等者を含む関係は、いわば〈外政治的〉とでも言うべき関係であって、そうした世界の価値原理は、政治と同じレヴェルでの、それに対する対抗原理とはなり難いであろう。さて、この意味での〈非政治〉の原理は、一方〈私〉的関係のそれではあるとしても、同時にその〈私〉は、政治の設定する境界を越え得る、あるいは否定し得るものである。そうした観念の現われが、一つは私有財産の否定――ただし、政治的性格濃厚なそのプラトン版とは異なった、より一般的否定――であり、また一つは血縁や地縁に意義を認めないコスモポリタニズムである。また、その〈私〉が他者との交わりを持つ時、そこに作られる共同関係は、必ずしも法や権力によって担保されるものではなく、行為者の自由意志その他、それ自身の共同性の根拠を持つはずである。では、そうした非政治的価値を現す言葉として「自由」という言葉があるのだろうか。一面ではそう言えるとしても、全面的にそうであるとは必ずしも言い切れない。自由という言葉がヨーロッパ政治思想史の最大のキー・ワードであることは間違いないが、すでに前章で詳しく論じたように、だからこそこの言葉には、政治・非政治二つの価値の緊張関係が複雑に入り組んでいると考えるべきである。

そこで、あらためてここでの仮説を言い直せば、まず、事柄は規範的な価値論の問題である。またそれは、ヨーロッパという一つの持続的文化において、その時々の政治の主体の如何に関わりなく、政治の観念がいかに位置づけられてきたかという問題である。すなわち、すぐ後に述べるように、とくにキリスト教成立以後のヨーロッパ政治思想史における持続的な主題の一つとして、政治思想においてすら、非政治的なものの価値が強いプレゼンスを主張してきたということが言えるのではないか。そして、そのような非政治の自己主張によって、一面では、さもなければ価値を一元的に支配したかもしれない政治が相対化され、またそのことによって、政治そのものについて、それが何であり何でないかという、その輪郭または限界がより明瞭に意識されてきたのではないか(もちろん、これは、逆に政治との対比における非政治についても言えるであろう)。また、こうした政治と非政治との間の緊張には一つの特徴があって、その特徴とは、その緊張がどのような形を取るにせよ、しばしば、そのいずれかが——実際は、主として権力を手段に持つ〈政治〉の側であるが——自己を絶対化して価値の全領域を奪おうとし、これに対して他方が相手の越権を咎める、というところにあったのではないか。もちろん、だからと言ってヨーロッパにおいて、政治と非政治とは常に敵対関係にあったのではない。両者の間には、相互の無関心からくる平和状態も、妥協も、さらには相互的影響すらあったが、それも含めて、多くの思想家たちの課題は、政治と非政治との関係の問題の処理に向けられてきたのではないか。こうした政治の中の非政治のプレゼンス、あるいはその逆、そして両者の緊張は、最も古くは(または萌芽的には)ギリシア時代の、観想的生活と活動的生活との対立の中に認めることができるが、とりわけ、キリスト教成立以後、時には教会と国家、時には自由と権威、時には個人と国家(または社会)、といったさまざまな二項対立の中に、いや実は、たとえば教会それ自身の内部での組織論と非組織論的な愛の原理というように、そこで対立する各項それぞれ自体の中にすら、姿を現してきたのではないか。しかも、そこで主張された非政治的価値論は、たんに脱政治と個人主義を意味するのではなく、それ自身、人間の共同性の理念を内包していたのではないか。差し当り以上が、ここでの仮説である。以下、すでによく知られている「キリスト教的愛」の原理と併せて、「友情」の観念の歴史を取り上げるのは、この理由からである。従来、政治思想史の対象とする思想は、政治を、圧倒的に国家またはそれに相当する組織または権力の側から見るものであり、そこで個人が論じられるとしても、それらとの関連においてであった。もちろん、それにはそれなりの必然性があったことは否定できない。これに対して、ここで〈政治〉対〈非政治〉という視点を設定するのは、政治を、個人 ── ただし、これまで近代政治理論がしばしば仮構してきたようなたんなる原子的個人ではなくて、本来、相互の連帯性を前提する存在としての個人 ── の側から眺める思想にも照明を与えようと試みるためである。

最後に、この仮説が適用されると考えられる時代の範囲として、右に「萌芽的にはギリシア時代、とりわけキリスト教成立以降」とした理由について一言述べておきたい。なぜ、そうした政治と非政治の緊張の歴史は、萌芽的にはギリシアに発し、キリスト教以後ハッキリ顕在化したと考えるべきなのか。これは、言うなればヨーロッパ政治思想史におけるヘレニズムとヘブライズムの伝統の問題という、より大きな問題の一環である。まずヘレニズムについて言えば、歴史に知られている限りでのキリスト教の思想が、そのユダヤ起源にもかかわらず、全体としてヘレニズム、とくにプラトンの強い影響なしにはあり得なかったという周知の事実は措くとしても、政治思想について、少なくともホッブズの激しいアリストテレス批判がなされるまで、ヨーロッパにおける政治思想の基本的語彙はアリストテレスまたはキケロによって与えられたものであった。この、政治思想におけるヘレニズム、とりわけ共和主義的国家共同体論の伝統は、ホッブズのアリストテレス批判にもかかわらず、ハリントンとロックの口を借りながら、それを越えて生き続ける。ポウコックが明らかにしたとおり、それなしにアメリカの共和主義(republicanism)はあり得なかったし、そのことは、とくにデモクラシーの思想史を考える上で重要であろう(もちろん、ここは共和主義それ自身の問題、あるいは、最近見られるポウコック批判などについて立ち入る場所ではない）。ところで、今問題としている政治と非政治との関係について、ポリスに根を持つヘレニズム世界の思想は、政治中心主義という点ではヘブライ思想とは基本的に異ならなかったと言ってよいが、しかし、そうした基本的共通性にもかかわらず、実はかなり独自の様相を示しており、それ自体として精密な観察を要請する。具体的にはそれはまず、プラトンがその『国家』第六巻第一〇章その他で、哲学者の人生のあり方として一見非政治主義とも見える宣言をしておきながら、いずれの箇所においても直ちにそれを撤回していることによく現われている。同じ構造の発問と答えはアリストテレスにも見られる。そして、後に述べるように、この点および「友情」論において、とくにアリストテレス以後のヘレニズムの思想は、それ自身として一つの非政治主義の伝統を残すこととなった。「萌芽的」というのはこうした意味である。

これに対して、政治と非政治の関係について、ヘブライ思想の伝統の中では、キリスト教成立以前と以後とでは、原理におけるほとんど決定的な断絶があったと見なければならない。キリスト教成立以前のヘブライ世界では、政治と非政治との対立はそもそも存在しなかった、というよりは、旧約時代の指導者のあり方に見られるように、宗教と政治が文字通り一体であったユダヤの歴史は、政治と区別された非政治の世界を知らなかった。これに対して、アウグスティヌスは、この世においては巡礼者たるべきキリスト教徒が政治を絶対化することを厳しく戒めた。もちろん、制度としてのキリスト教つまり教会は、ごく初期から、ギリシア以来の「民会」(ecclesia)を自称として採用したように、それ自身公的団体たることを求め、政治化する方向性を強く持っており、それは、その後のヨーロッパ政治思想史にも一定の影響をもたらすことになった。歴代教皇の行動の政治性は言うに及ばず、中世政治思想の最重要ジャンルたる「君主の鑑」の伝統の中では、しばしばイスラエルの諸王が言及されていた。だが、この伝統の中でとくに見過ごせないのは、カトリック教会よりもむしろ十七世紀の国教制イングランドである。すでに十六世紀末から、たとえば、国教会体制の理論家リチャード・フッカーは、国教制のモデルとしてしばしばイスラエル国家を持ち出していたが、十七世紀の宗教争乱時代、カルヴァンの強い影響の下に、政治と宗教の一体化した体制を求める多くのピューリタンたちが、イスラエル国家の中に自分たちの拠り所を求めようとした。そして、それに関する限り、ピューリタンの批判者ホッブズもまた同様であった。ホッブズはアリストテレスを批判しながら、それまでのヨーロッパ政治思想史ではなかったほどに激烈な、論理的に最も突き詰めた形での、国家による宗教支配を主張したが、その時彼はヘブライ国家にその歴史的正当化を求めた。前期ステュアート朝の絶対王政を擁護しようとしたロバート・フィルマーが、人祖アダムの家父長としての権力に絶対王権の基礎を求めたことは、よく知られた政治思想史の一コマである[8]。しかし、(フィルマーはさて措き)そのホッブズですら、キリスト教信仰の本質を、純粋に心の問題として、非政治の領域に聖別せざるを得なかった。ホッブズはその理由を、「わが王国はこの世のものに非ず」というキリストの彼岸主義に求めた。ホッブズがその主権論とキリスト教との調和の論証に腐心せざるを得なかったという事実自体、原理問題において、規範的価値の源泉としての政治が、同じく規範的価値の源泉としての非政治との緊張関係に置かれていた何よりの証拠であろう(しかし、ホッブズはパウロ以来の「キリスト教的愛」には決して言及しなかった)。キリスト教が最初からどれほどヘレニズム化されていたとしても、具体的に言えば、初代教父とアウグスティヌスに対するプラトンの影響がどれほどに強いものであったとしても、明らかに、この緊張は、原始キリスト教時代以来、ヨーロッパ政治思想の一つの持続的な課題であり続けた。

キリスト教と政治との緊張の問題が政治思想史の直接の主題である時代が何時終りを告げたのか、必ずしも定かではない。しかし、現代に眼を向ければ、ヘレニズムとキリスト教それぞれの要素の綯い交ざった政治と非政治の緊張の伝統は、ヨーロッパ社会が以前よりもはるかに世俗化され、もはやキリスト教社会とは呼べなくなった今もなお、とりわけ個人の諸権利の問題として、形を変えながら生き続けているとは言えないだろうか。いや、それに止まらず一般的にも、先に挙げた、現代政治原理の基本的語彙である自由、平等、正義、人格、権利、所有、公共善、といった言葉の一つ一つに、その緊張が刻み込まれているのではないだろうか。ここで「ギリシア・ローマの伝統対キリスト教の緊張」とせず、「政治対非政治の緊張」という、より一般化した表現を用いたのは、そうした、古代ギリシアから現代世界までを視野に入れた政治思想史の通時的ドラマを考えてみたいからである。しかし、近年、政治の優位と非政治の弱体化が進行して、この緊張関係は弱まりつつあるかに見えなくもない。第一章に見た「自由」の問題と同じく、ヨーロッパ政治思想は深いところで変質しつつあるのかもしれない。だが、それは本章の最後に考察するとして、以下、この仮説が成立し得る根拠と考えられる具体的例証を示していきたい。

二　キリスト教の本質的非政治性

キリスト教が、その核心において、この世を蔑み、彼岸における救済を人間の第一の関心事とするという意味で、非政治的宗教であることは、福音書やパウロの書簡を俟《ま》つまでもなく、あらためて言うまでもないが、この問題を、広くヨーロッパ政治思想史の一つの主題として、「政治対非政治」という形で理論的に考えることを示唆しているのはマックス・ウェーバーである。しかし、今日の時点では、ウェーバーの議論には、その過度の一般化を修正すべき所も、逆に、彼が言及しなかった点を補う必要もあると思われる。その点も視野に入れながら、まずはウェーバーの議論を手掛かりに考察してみよう。

ウェーバーは、その『宗教社会学』の中の「中間考察――宗教的現世拒否の段階と方向の理論」と呼ばれる有名な章で次のような議論を提示している。すなわち、普遍的な救済宗教において、「救済の理念が合理的に把握されればされるほど」、また、それが「心情の倫理にまで「純化」されてくればくるほど」、「その倫理的要求はすべて普遍主義的な友愛の方向」を取る。この普遍主義的な友愛は、「社会団体の垣根すべてを乗り越える友愛であり、しばしば自分が属している信仰団体の垣根を乗り越えるほどの友愛である」。そして、「この宗教的友愛が一貫してつらぬかれればつらぬかれるほど、それは、現世の諸秩序、諸価値とますます激しくぶつかり合う。しかも、現世の諸秩序と現世の諸価値が、それ自身の「固有法則性」に従って自らを純化していけばいくほど、この軋轢を和らげるのはそれだけ余計に難しくなっていくのが普通である」[9]。ここで「固有法則性」という言葉は、〈ある事柄それ自身に内在している本来の論理または要求〉という意味に理解しておきたい。ウェーバーが「現世の諸秩序と諸価値」と呼んでいるものは、政治、経済、審美性、性愛、それに知性(学問)である。ウェーバーによれば、これら人間精神の活動の諸領域にはそれぞれの「固有法則性」があり、それぞれの活動に従事する人間に対してそれぞれの領域に相応しい一貫した行動を要求するが、それらはいずれも、普遍的救済宗教の「固有法則性」、つまり救済宗教の論理またはそれが要求する行動とは絶対的に衝突する関係にある。こうしたウェーバーの議論のうち、ここで重要なのは、もちろん、それらの諸価値と政治、とくにその典型としての国家との関係である。ウェーバーに従えば、国家の「固有法則性」、つまり国家に内在する本来の論理または要求は、「強制手段のむきだしの威力」を背景として、究極的には「死を誓った共同体」たろうとするところにある。すなわち、国家が、強制力を背景として市民に要求するところは、最終的にはその国家のための死まで求め、その死を神聖化する無条件的忠誠であり、それと、「無差別の善と友愛とを伴う神秘な救拯《きゅうじょう》追求の、極端な反政治主義」とはおよそ相容れない[10]。ウェーバーは普遍的救済宗教という形で一般化してはいるが、この議論が、何よりもまずパウロの書簡に述べられている、あのキリスト教的愛(agape, caritas)の普遍主義を念頭に置いていることは明らかであろう。実際、同じ箇所でウェーバー自身、caritas という言葉を用いている。

ここでウェーバーは、「政治」に対して「反政治主義」という強い言葉を使っているが、それは本章で言う〈非政治〉、少なくともその一部分であると考えても、その意味を捻じ曲げることにはならないであろう。ところで、彼の言う救済宗教の「反政治性」をキリスト教に適用してみた場合、「普遍的な友愛」の「反政治性」には少なくとも三つの内容が混在していると思われる。すなわち、一つには、わが王国はこの世のものに非ずという彼岸主義、いま一つには、ひとりユダヤ民族だけではなく、すべての人に悔い改めを呼びかけるその普遍主義(すなわち、boundaryの拒絶)およびその普遍主義と一体の個人主義、さらにまた一つには、結果責任を求める政治に対して、心の貧しさを求める心情倫理、この三つである。だが、その限りでは、ウェーバーの指摘は必ずしも新しいものではない。というのも、この議論は、ヨーロッパ政治思想史におけるキリスト教と政治との関係の、ある面における歴史的常識を述べたにすぎないとも言えるからである。実際、ウェーバーがそう指摘する以前、ヨーロッパ、とくに近代ヨーロッパの政治思想の多くが、キリスト教におけるこうした意味での非政治性を、あるいはマキアヴェッリのようにもっぱら「政治」の立場から、愛国的市民を生まないとして非難したり、あるいはヒュームのように、あからさまに非難しないまでもそれが政治の世界に侵入することを極力排除したりしている、という事実がある。また、アウグスティヌスやトマスのような神学者たちは、キリスト教と政治それぞれにそれぞれの位置を与えることによって、両者の固有法則性を調和させようと心を砕いてきた。その際、問題は、たんに教会と国家という外的な関係のものに止まらず、キリスト教思想そのものの内部での問題でもあった。自然と恩寵、正統神学対神秘主義といった対立は、神学問題であると同時に倫理問題でもあり、政治対非政治の問題でもあった。このように、ウェーバーの指摘はそのこと自体としては別に新しくはないが、しかし、彼の鋭さは、問題を大胆に一般化し、政治と宗教それぞれの固有法則性の作り出す矛盾にはおよそ調和的解決はなく、ただ妥協あるのみ、と端的に言い切ったところにある。

ウェーバーのこうした議論を思想史に適用した時、その切れ味が最もよく発揮される実例は、一つには、第一章にも見たルソー『社会契約論』第八章における「国家宗教論」の抽象性＝具体性の欠如の説明としてでもあろうが、しかし、何と言っても、ホッブズ『リヴァイアサン』第三部第四二章における、宗教問題のあの鋭角的な議論についてであろう。ホッブズはそこで、教派のいかんを問わずそれまでのキリスト教の歴史において、キリストに従う最も崇高な行為とされてきた〈殉教〉の意義を、殉教者の中に一次的なそれと二次的なそれとを区別するという形で相対化する。そうしておいて彼は、殉教の義務を一次的なそれ、つまり、キリストとその生前に言葉を交わし、かつその死と復活を目の当たりにした直接の弟子に限定し、それ以外の、つまり彼の言う二次的殉教者は、一次的殉教者のなした証言への殉教者であって、彼らには殉教の義務はなかったと言い切る。これは、あれほどに崇高とされたほとんどの殉教者たちの死は犬死であり、しかも驚くべきことに、あのパウロですら、キリストに会ったことがなかった以上殉教の義務はなかった、と言うにも等しい言明である。ホッブズは、キリストの死後遥かに時間が経って一次的殉教者はもはや絶対にあり得ない今や、キリスト教信者国民にとって救済の条件はたった一つ、イエスはキリスト（すなわち救い主）であるという最も単純な信仰を心の内に持つことであり、したがって、いかなる場合にも外的な行為においては、たとえ、自分の良心の命令と明白に矛盾する命令を主権者が下した場合にもなお、その主権者の命令と国法に服従しなければならないと主張した。明らかにホッブズの困難は、政治と宗教という二つの矛盾した固有法則性の要請のそれぞれを真正面から受け止め、その解決を一つの命題に表現しようとしたところにあった。もちろん、彼の与えた解決法は、両者の妥協ではおよそなくて、紛れもなく宗教に対して政治の固有法則性を貫徹させたものであった。それを誤解の余地なく表現する必要が、彼にこうした強引な論理運びを必要とさせたと見なければならないであろう。ホッブズは、内乱ではなく平和を愛し、国を愛し、しかもキリスト教を信ずるイングランドの生身の同国人に向かって、相互に平和に暮らすためにはどうすればよいかについて、具体的な行動の指針を与えようとした。彼は、その目的でルターの救済論を大いに利用した。なお、ホッブズ以外にも、政治思想史に表現された〈非政治的なもの〉のうち、キリスト教倫理と直接関わるものは、当然のことであるがとりわけ十七世紀までは数多い。その中でも、ロック『寛容書簡』(1690)、ピエール・ベイル『「強いて入らしめよ」というイエス・キリストの言葉に関する哲学的註解』(1686–87)の寛容論は、それぞれの主張の文脈と、したがってまた寛容の質や範囲が異なるとしても、いずれも非政治の側よりする政治の自己限定の要求として重要である。しかし、〈キリスト教と政治〉が本章での主題の全部ではないので、これらについては言及するに止めたい。

これに対して、ウェーバーの議論について、修正すべき点として一つ強調しておかなければならないことがある。それは、こうした政治と非政治との緊張は、確かにウェーバーの言うように、その究極の論理においては対立し、実際、両者の緊張度はしばしば非常に高まったけれども、だからと言って、ウェーバーが一般化したほど常にそうであったわけではない、という点である。「コリント人への第一の手紙」第一三章であの有名な愛の讃歌を歌ったパウロは、「ローマ人への手紙」第一二章では、一方では確かにウェーバーの言うように、そうした愛によって連帯した人々は時にこの世に鋭く対立する必要もあると主張したが、他方で、続く第一三章では、これもまたあまりにも有名な言葉で、政治的権威への服従を説いている。パウロは言う。

すべての人は上に立つ権威に従うべきである。なぜなら、神によらない権威はなく、おおよそ存在している権威は、すべて神によってたてられたものだからである。したがって、権威に逆らう者は、神の定めにそむく者である。

ここでは、政治的服従と非政治的服従とは、対立の関係としてではなく、むしろ、同一次元の、連続したものと把えられている。実際、原始キリスト教の集団は、権力に従順な集団であった。この状況は、ルター派において再現するであろう。同じように、アウグスティヌスは神と隣人への愛を主張し、しかも、この愛はわれわれがこの世の生命を軽んずる時最大となる、として彼岸主義を表明しながら、他方で、同じその愛を、国家とその縮小または部分としての家族の支配原理にすべきことを説いている。アウグスティヌスは、「人間の家は国の端緒ないしは部分でなければならない」とし、「家の平和、つまり家族の中で支配する者と服従する者との秩序ある和合」を言いながら、同時に「信仰によって生きていて、まだ天上の国からは遠く離れている寄留者である正しい者たちの家においては、支配する者でさえその支配すると思われる者たちに仕える」とする。[11] ここでは、水平的な対等者の関係としてのヘレニズム世界の〈政治〉の原理が、キリスト教的〈非政治〉のそれと見事な調和の関係を保っている。アウグスティヌスがそのように言うことができたのは、彼においては、人はポリス的動物であるというアリストテレスの原理が生きており、しかも、それと、神の創造した世界の中での、神の似姿としての人間存在という、いずれも目的論的前提が、相互に矛盾なく併存していたからであろう。アウグスティヌスは、キリスト者の相互関係を、当事者の社会的地位に関わりなく、自由な市民相互のそれに等しいものとしたパウロとペテロの言葉を踏まえている。偉大なアウグスティヌスは、ポリスの論理とキリスト教のそれとの間を自由に行き来することができた。そして、このように見てくると、ウェーバーが救済宗教の固有法則性と政治・国家のそれとは妥協不可能なまでに厳しい対立関係にあると論じた時、実は彼は、特殊にヨーロッパ近代世界の事態を過度に一般化しすぎたのではないか、という疑問が湧いて来ざるをえない。というのも、先ほど引用した、「現世の諸価値がそれ自身の固有法則性に従って自らを純化していけばいくほど云々」という言葉は、彼が、基本的に諸価値のアナーキーを前提にしているように思われ、そして、そうした諸価値のアナーキーは、まさにヨーロッパ近代のものと考えなければならないからである。その意味では、ウェーバーの議論は適用対象を慎重に限定する必要があるであろう。

だが、ウェーバーの議論において最も問題なのは、彼が、「普遍宗教の現世拒否」として、先に引用したように、「その倫理的要求はすべて普遍主義的な友愛の方向」を指し、その友愛は「社会団体の垣根すべてを乗り越える」ばかりか、「しばしば自分が属している信仰団体の垣根をも乗り越える」(強調は筆者)ほどである、としている点に現われているのではないだろうか。ここでは、「普遍主義的友愛」が、きわめて個人主義的なものと理解され、それ自身として、具体的な人間連帯の原理を内包するものとしては必ずしも考えられていないかのようである。実際、彼は、そうした意味では「宗教的友愛」を論じていない。

さて、すでに一言触れたところであるが、キリスト教においては、その成立の時から、「愛」(agape)が人間連帯の最重要原理とされていた。このことは、あまりにもよく知られた事実であり、「コリント人への第一の手紙」第一三章を再び持ち出す必要もないであろう。そして、パウロ以来、この「愛」の本質がいかなるものであるかについて、キリスト教神学の中では文字通り不断の論議がなされてきたし、現在でもなされている。しかし、原始キリスト教を歴史的に見れば、「愛」とは何よりもまず、出身地域や、とくに階層において、必ずしも同質ではない信徒集団の中での結合の原理であり、そのようなものとして現実的・社会的な意味を持っていた。それは、ローマの異教徒の眼には、キリスト教徒たちは異様にも互いに知り合いになる以前から愛し合っていると映ったという、よく知られたエピソードにも窺うことができる。もちろん、パウロ自身は、それが望ましい理念ではあっても必ずしも現実ではないことを十分に認識していた。彼は、同じ「コリント人への第一の手紙」第六章で、信徒間に諍いがあり、その解決が、同じキリストの信徒をローマの裁判所に訴えるという方法に求められていることを叱責している。では、パウロにおいてはagapeという言葉で表現されている、この「愛」の原理の特質は何だったのであろうか。

パウロはagapeを、神の人間に対する関係、および人間相互のあるべき関係を表現するために用い、人間の神に対する関係を表現するときには用いなかったとされるが、その意味は何だったのか。さらに、時代を下って、アウグスティヌスがagapeをラテン語のcaritasに置き換えたとき、彼はそれとプラトンのeros概念との結合を試みたとされるが、果たしてそのとおりであるのか。[12]これらは、神学問題である以前に歴史問題でなければならないが、いずれにせよ、それらの問題を歴史的に論ずることなど、この小論のよくなし得るところでは到底ない。それでも、神学論争に関わることなくその特質のいくつかを挙げることは許されよう。すなわち、第一にそれは、「キリストにあって一つのからだであり、また各自は互いに肢体である」(「ローマ人への手紙」一二・五)かのように、人々が「兄弟の愛をもって互いにいつくしみ、進んで互いに尊敬し合う」(同一〇)ことを求める、いわば一体性の原理である。信徒たちは「からだの中に分裂がなく」(「コリント人への第一の手紙」一二・二四—二五)、調和があるように行動しなければならない。ここで、信徒団体の連帯と一体性が、兄弟関係という血縁性と、自己分裂なき人格という二つの観念に類比されているところは、後に述べるアリストテレス、いやプラトン以来の伝統の影を思わせるが、同時に、それがその伝統と切れてもいることは、この「愛」の原理が、異なる出自を持つ人々の、精神における、すなわち非血縁的、非地縁的でもあり得る結合の原理であることに明らかである。第二に、「愛」はまた、当然のことながら国家とは異次元の、純粋に非政治的な原理であり、そのことにおいて、第四節以下に述べる「友情」の原理との親近性を示唆する。だが、ローマ社会における「友情」が、本来、貴族仲間の私的な結合原理であるのに対して、「愛」は、異質な人々を一つの教会(ecclesia)に結合する公的な原理である。第三に、それは、信徒団体の中で信徒たちが、身分においては様々でありながら、相互に、自由人として対等の立場に立つことを求める原理である。パウロとペテロが、キリスト信者をすべて自由人になぞらえていることについては、すでに前章第一節(ⅰ)で見たとおりである。パウロ以後にも、「信仰によって生きている……者たちの家においては、支配する者でさえその支配すると思われる者たちに仕える」という、前掲一三九頁に引用したアウグスティヌスの言葉は、「愛」の原理の不変の水平性を雄弁に物語っている。

このように、「キリスト教的愛」の原理は、それ自身の中に非政治的な、一貫した連帯の原理を含むものであったが、なお、初期キリスト教においては、文字通り政治とは交わらない原理であった。だが、教会が巨大な政治的現実と化したその後の思想史の中でのその作用は、そこに止まらず、より積極的に政治に内在し、また現実の政治を批判するための原理として働くこともあったことは重要である。十三世紀初頭、自発的かつ絶対的無所有によって「キリスト教的愛」の実践を目指したアッシジのフランチェスコとその「小さな兄弟団」が、その最初の理念と、急速な教団の拡大による組織化の進展、教皇庁政治への対応の必要との狭間に苦しみ、結局、フランチェスコは、その少数の同志とともに実質的に教団から離脱してその生涯を終えた、という事実はその象徴的事例である。あるいはこれは、ウェーバーが言うのとは別な意味で、キリスト教と政治との緊張関係の例と言ってよいかもしれない。これほど劇的ではなく、また若干異なった意味においてではあるが、やはり同じことは、『イミタチオ・クリスティ』(c. 1441)で、一方「あなたの死後、誰があなたを憶えるであろう？　誰があなたのために祈るであろう？」とされ(第一三章、三九節)、人間の本質的孤独が強調されながら、他方で「愛からなされる業」として公共への奉仕が説かれているところにも見ることができる(第一五章、五節)。明らかにこれは、トマス以来の公共善概念のリフレインであろう。また、『イミタチオ』の一世紀後、エラスムスがその『痴愚神礼賛』で、学者、修道士、司祭から司教、果ては教皇に至るまで、その「堕落」をいささかの仮借もなしに厳しく糾弾できたのは、彼らすべてが、キリストの唯一の掟である「愛の掟」に違反し続けているからに外ならなかった。一面では、冷徹なリアリズムから時にマキアヴェッリを連想させることもあるその『キリスト者君主教育論』においても、君主に求められる最終的資質は、たとえ政体として君主政を取ろうとも、政治が本来自由人の相互支配であることを前提にした上での、被支配者臣民への「愛」であった。ここでは、「愛」の原理が政治にまで浸透しようとしている。『キリスト者の自由』におけるルターの、「愛」による隣人への自由な奉仕と政治権力への自発的服従の主張も、同じ意味を持つ言葉であった。おそらく、人間論における決定的対立にもかかわらず、その点に関する限りルターはエラスムスと一致したことであろう。そして、こうした

「愛」の原理の、政治に対する批判原理としての内在化の方向性は、後に述べる、十八世紀末以降における友情概念とのその結合の伏線をなすものと考えてよいであろう。とするならば、ウェーバーは、キリスト教における「普遍主義的友愛」の一つの側面だけを強調しすぎたのではないだろうか。なお付言すれば、ここでは、歴史上あまりにも有名な、中世の教皇権力対世俗権力のイデオロギー抗争は視野の外に置いたが、それは、この問題がすでに政治権力と化した教皇と世俗の君主の間の、両者それぞれ相異なる境界〈boundary〉概念をめぐる、まさに〈政治的〉抗争だったと考えられるためである。

三　ヘレニズムにおける〈政治〉の相対化の論理とその伝統
――観想的生活論――

続いて同じ問題のギリシア起源について触れたい。だが、政治と非政治との緊張という観点から眺めた時、キリスト教の場合、問題の輪郭は比較的明確であるのに対して、非政治的なもののギリシア起源として、具体的にどこに、何を求めるのか、いや、そもそもそうした問題が成立するのか等々、問題は出発点からして必ずしも自明ではない。したがって、以下の議論も、キリスト教の場合と較べて遥かに仮説性が大きいことは認めなければならない。

さて、〈非政治的なもの〉の特質の一つとして、規範的価値の普遍主義を挙げるとすると、直ちに眼に入ってくるのは自然法の問題である。明らかに、この「自然法」というきわめて古くからある言葉は、これと対照的に新しい「全体主義」といった二十世紀産の言葉同様、政治と非政治の緊張なしにはあり得なかったきわめてヨーロッパ的な言葉である。しかし、だからといって、自然法論の起源を、時に言われるようにソフォクレスの悲劇の中のアンティゴネーの言葉に求めるべきではないであろう。その理由は、ギリシア世界における法は、法として一般化されている場合でも、おそらくはプラトンを除けば〈祖法〉という意味が支配的だったと考えてよいからである。アンティゴネーの言葉の背後には血縁社会の規範が控えている。もちろん、共和政ローマの末期に書かれたキケロの『義務について』まで下れば、自然法は当然のことのように口にされるが、(13)ギリシア世界で、キリスト教的中世以後に言われる意味での自然法的思考が成立していたとは考え難い。

これに対して、ギリシア世界における政治と非政治の緊張として重要だと思われるのは、前述の、プラトン『国家』第六巻、それに第九巻末尾の議論もさりながら、やはりアリストテレス『政治学』第七巻第二章と第三章で述べられている、観想的生活と実践的生活の対立と、そこから発する問題であろう。ギリシア人の世界像の中に、ある意味で近代的な個人像を読み込む危険は意識した上であえて図式化すれば、この問題には二つの部分がある。その一つは、観想者の精神の(少なくとも相対的な)、政治からの独立の問題であり、いま一つは、そうした観想者たちの間に成立する連帯の原理の問題である。以下、本節では第一の問題を検討し、第二の問題は節をあらためて考察したい。

アリストテレスは、次のような問題を立てている。すなわち、最善の国制とは、人が最も善く行為でき、それゆえに最も幸福に生きられる国制であるということについては人々は一致しているが、しかし、そこで何が徳と最も結びついた生活か、という点については意見の違いがある。ある人々は、他の市民と一緒になってポリスの活動に従事することが望ましいと言うし、他の人々は、政治的結合からは一切離れて、その意味ではまるで外国人のように暮らすことが善いと言う。つまり、世に人々が価値ありとして追求している生活には、性質の少なからず異なった二つのものがあって、それは、実践的生活すなわち政治中心の生活と、あらゆる外的な事柄から離れた観想的生活すなわち哲学者の生活である。ではそのどちらが、人間が目標とすべき「幸福」に相応しいのか。これに対してアリストテレスは答えて言う。実はどちらもある点では正しく、ある点では正しくない。幸福とは良く行為することだとすべきならば、行為的すなわち実践的生活の方が最善であるかのようだが、よく考えてみれば、行為的生活即他者との直接的共同行動とする必要はない。それ自身を自己目的とする思索も、結局その大目的は善き行為にある以上、行為的なのだ。また、他の国から離れた位置を占め、まったく孤立しているかに見えるポリスにおいても、その内部にはさまざまな部分の活動があり、しかもそれらの活動は、一見外的なものには見えるけれども、つきつめて考えてみれば、思考によって全体を統括している棟梁から発するものと言うこともできる。実際、そう考えなければ、自らの内的生活だけしか持たない神はどこか誤った存在だということになってしまうではないか。こうしたアリストテレスの議論にはどこか捕らえどころがない感もあるが、要するに彼は、この二つが乖離する可能性を認めながら、彼のいつもの仕方で、二者択一的答えを拒否し、読者に、二つの相反し得る要請に対する均衡感覚を求めているものと理解したい。もちろんここで彼は、前章にも述べたように、市民個人の生活が私利に向かいがちな現実をも視野に入れている。彼が『ニコマコス倫理学』第一〇巻第七章で展開している観想的生活優位論も、この懐の深さを考慮して解釈しなければならないであろう。そして、こうしたことを言った時、ポリスの生活の重要性を説きながら、しかも、いついかなる場合にもイデアの観想を人間にとっての至上の当為とした、師プラトンの教えがあったのであろう。実際アリストテレス自身、倫理学者、政治学者であると同時に形而上学者、自然学者、そして美学者でもあった。

このように、すでにギリシア世界において、観想的生活対実践的(活動的)生活という形で、キリスト教時代とは違った意味での政治と非政治との対立の(少なくとも)萌芽があり、それはキケロにおいても引き継がれていると見られるが、重要なのは、この二つの生活の価値関係では、ストアという前史を経て、キリスト教時代になると、神の観想の問題と結びついて、非政治的な観想の圧倒的優位が長い間にわたって支配したことである。アウグスティヌスにとっても、トマスにとっても、神とその永遠の真理の観想こそ人間の最大の義務であった(もちろん、トマスや後のエラスムスは、とくに統治者に対しては両者の均衡を求めることも忘れなかった）。これに対して、ルネサンスの時代、フィレンツェの共和主義的ないわゆる政治的人文主義（civic humanism）に始まり、その後マキアヴェッリやベイコンが、キリスト教と結びついた観想的生活優位論に対して政治的活動つまり活動的生活の理念をもう一度高揚する。しかし、ルネサンス期以後著しいのは、この二つが、かつての古典古代のような調和を失い、次第に相対立する関係に置かれることとなったことである。両者の緊張が一人の政治家＝思想家の中で厳しく葛藤した典型的な例は、言うまでもなくトマス・モアの殉教であるが、それ以外にも、自らの死をもって緊張からの脱出としたモアとは異なって、文字通りその緊張を生き抜いたモンテーニュがある。最終的にはキリストの愛の掟と祈りとにすべてを賭けたエラスムスもまた、その例外ではなかった。エラスムスについては第三章第三節（iii）で、モンテーニュについては、第四章第二節（i）の他、本章次節であらためて取り上げたい。ここでいささか先回りをすれば、そうした時代を経た後、十七世紀の宗教思想家パスカルの次の言葉は、この両者を、相互補完ではなく対立の相の下に見た言葉として印象的ではないだろうか。『パンセ』断章三三一を引用する。

　プラトンやアリストテレスといえば、学者らしい長い服を着た人しか想像しない。しかし、実際は彼らは普通の人間だったのであって、ほかの人たちと同様に、友人達と談笑していたのだ。彼らが『法律』や『政治学』の著作に興じていた時、彼らはそれを遊び半分にしたのだ。それは彼らの生活のうちでも最も哲学者らしくない、最も真剣でない部分であった。最も哲学者らしい部分は、単純に静かに生きることであった。彼らが政治について書いたのは、いわば精神病院の規則を作るためであった。

こう言うパスカルは、共和政ローマの公共精神の再現を夢見るフィレンツェ人文主義者たちの求めた市民の公共的徳性(civic virtue)どころか、およそ人間世界における正義とか自然法とかについて強く懐疑的であった。だからこそ、彼にとっては神を思うことがすべてであったのであろう。パスカルとマキアヴェッリとの間には共有すべき何ものもない。その後の時代、観想的生活対活動的生活の緊張は、たとえば、ルソーの『エミール』と『社会契約論』という、一人の思想家の手になる、しかし、きわめて対照的な作品構成の中にも現れてきたりするが、ルソーについても本章で後に論ずることとしたい。ロマン的天才の世紀としての十九世紀については、「能力としての自由」論との関わりで、前章第二節(ii)で論じた。なお、関連してエマソンについては次節(iv)に触れる。

世俗化がもはや決定的となった二十世紀のヨーロッパに目を移せば、同じ問題の主たる位相は、両者が相対立する構図はそのままに、しかし、ある意味では再びアリストテレスの時代に戻って、おそらく単独者としての思想家対政治または国家という形を取ったのではないかと思われる。とくに文学者や哲学者におけるその趣旨の発言は数多いが、ここでは『過去と未来の間』(1968)におけるハンナ・アーレントを例証にしたい。アーレントは、ギリシア以来のヨーロッパに連綿として続く、政治に対する認識者の独立の知的伝統を強調して言う。「哲学の真理は単独者としての人に関わるものである以上、本性上非政治的である」。そのような意味での政治と非政治の緊張はまさに西洋文明の特質である。「友と敵、勝利と敗北を平等な眼で眺めることのでき……いかなる犠牲を払おうとも知的誠実を失うまいとする……類いまれな情熱」はホメロス以来の「西洋文明以外では知られていない」ものである。もちろん、アーレントはこのように言う一方で、対等者である人々と交わり、共同行動をする政治の領域の意義を十分に認めるのだが、にもかかわらず西洋世界では「政治の領域全体はその偉大さにもかかわらず制限されていて、人間および世界の存在全体を包括するものではない」と主張する。(14) 歴史叙述の命題として見た場合、アーレントのこの主張が個々の思想家に即してどのように裏付けられるのか、あるいは、彼女自身の作品の中でも、『人間の条件』における「活動」としての政治の意義の昂揚とどういう関係にあるのか、論議の余地はあるであろう。それはさて措き、彼女がこの言葉を記したのは一九六七年であったが、この、認識者の精神的独立の問題については、実は十九世紀初頭のロマン主義者以来の長い論争の歴史があり、とりわけ二十世紀の三〇年代には、知識人と政治の関係の問題として繰り返し論じられたところであった。そして、その論争の中から、スペイン内乱に象徴されるように、知識人として政治参加を試みた多くの文学者たちが、まさに政治の「固有法則性」の前に多くの挫折を経験させられ、保守的共同体論に続々と回帰していったのが、いわゆる「赤い三〇年代」であった。その動きの構図は、フランス革命をめぐる十九世紀初頭の各国ロマン主義者たちの共通の軌跡と基本的には変わらない。

では、もしそうだとするならば、観想的生活対活動的生活の緊張、または観想者の精神の独立の主張は、長い歴史の果てに、政治の前での前者の敗北と脱落に落ち着いたというだけのお話なのだろうか。あるいはそうかもしれない。すでにウェーバーは、そうした「知的誠実」なるものは、救済宗教の立場からすれば、自分自身の究極の前提に対して答えられない、無意味なものと見えると指摘している。そこで言う「救済宗教の立場」がウェーバー自身のそれだったのか否か、明らかではないが、何らか目的論を前提しない観想的生活論の、理論的基礎の薄弱さを指摘する鋭い言葉ではあろう。だが、実は、政治との関連で見た観想的生活論の問題にはもう一つの、より重要な部分がある。それが、本節冒頭に予告した第二の問題——観想者の間に成立する連帯の問題——である。すなわち、観想的生活と活動的生活との長い対立の歴史の中で、観想的生活論は、アーレントがいささか単純化し過ぎて強調したように、たんに哲学者個人の存在意義を主張しただけではなく、それ自身の立場から、一つの、しかし〈非政治的〉な人間の連帯をも主張してきたのではないだろうか。この事情は、あの「キリスト教的愛」agapeが、それ自身非政治的、個人主義的でありながら、しかも非政治的な人間の連帯を構想することができたのと、ある点では似通っている。すなわち、観想的生活の主張は、一面では、agapeとは異なって、真理を知ることを誇る精神の貴族主義であって、強い個人主義と精神の自律志向に支配されているが、他面では、agapeの共同体と同じく、同質の者を求めてそれ自身の共同体構想を持つことがあった。そうした、言うなれば精神の貴族主義の非政治的ユートピアを示すキー・ワードは〈友情〉(philia, amicitia, amitié, friendship など)であろう。そこで、以下あらためてこの言葉の用語例を、歴史の中に若干拾いながら考えてみることにする。

四　非政治的人間の連帯 ―― 友情論の歴史的展開

(i)　胚種としてのアリストテレス『ニコマコス倫理学』

友情論の思想史は、主題そのものの普遍性こそ一般に認められてはいるものの、ヨーロッパ思想史全体の中では体系的な研究が最も遅れている分野であろう。明らかにその出発点と考えるべきアリストテレスは、その『ニコマコス倫理学』全一〇巻のうち第八巻および第九巻をもっぱら友情(philia)の分析と叙述に当てており、実際 philia は、彼においては人間のすべての相互関係性を表現する最終的な概念として重大な位置を与えられていると思われるにもかかわらず、比較的最近に至るまで、一般に研究者はそれに対して、彼の体系の中のたかだかエピソード的な役割しか与えてこなかった。そうした相対的無視は、アリストテレス研究者の中からすでに指摘されているところであるし(15)、実際、アリストテレス倫理学および政治学に関する任意の概説書を繙けば明らかである。その理由はおそらく、研究者の関心が、倫理学については個人の幸福論や徳論に集中する一方、人間の関係性の問題については『政治学』がもっぱら引照され、しかも『政治学』における友情の扱いはきわめて簡単であって十分な展開に欠ける、という事情によるのであろう。しかし、アリストテレスだけではなく、それ以後の友情論の豊かな展開まで視野に入れてみると、友情論の思想史が未成熟であるのには、より一般的な背景または理由があるのではないだろうか。具体的にはそれは、一つには、政治学、倫理学、文学それぞれの分野で研究者たちがしばしばほとんど無意識に抱いている対象領域についての固定観念であり、そのために友情論は、これらの分野それぞれの辺境に押しやられてきたかに見える。

この事情は、たとえば、この問題を開拓しようと意気込む最近の一研究書(論文集)にも明らかに影を落としている。それによれば、友情論の思想史は、アリストテレス以後、キケロ、モンテーニュと辿られる――より多くのことが書き込まれる必要はあるにせよ、この枠組み自体は従来から認められてきたものである――が、近代に入ってその軌跡は突然見失われてしまうとされる。察するにそう見る理由は、近代政治思想の主流とされる自由主義は、諸個人の価値意識の基本的な共約不可能性(incommensurability)を大前提とするのだから、友情論はそこでは本質的な重要性を持たなかったというところにあるのであろう。だが、いったんは姿を消した友情論は、十九世紀後半以降、エマソン、ニーチェ、ブーバー、デリダなどにおいて再び登場する、とこの研究書は言う。おそらくこうした構成は、その野心的な標題が示唆するように[16]、今やコミュニタリアニズムの政治・道徳理論が、友情論に真剣に眼を向け始めていることの一つの現われなのかもしれない(すでに一九八四年、M・サンデルは、歴史意識としてはきわめてナイーヴな友情論の復権を試みているという事実もある)。それにしても、十九世紀以後に関する対象のこの選択は著しくランダムと言わざるを得ないし、何よりも、後に述べるとおり、近代に入って友情論がほとんど姿を消したという事実はなかった。実際、マキアヴェッリ、デカルト、ホッブズ、ルソーその他、近代の大思想家はおしなべて友情には無関心であるとし、とくにカントはそれに対してしばしば「文字通りの反感」を抱いていたというのは、明らかに基礎的な資料の見落としであり、事実に反する[17]。前章注(48)にも触れた、アリストテレスは行為の選択に意味をまったく認めなかったという、わが国にも名の知られた別の研究者の驚くべき発言も含め、これら研究者たちの視野については少なからず疑問があるが、それはさて措き、研究史における友情論の未成熟または困難の理由は、いま一つには、より本質的に問題の性質そのものの然らしめるところでもあることは認めなければならないであろう。そもそもアリストテレス以前と以後とでは用法が必ずしも同じではないとされる philia という言葉を、アリストテレスに限っても、近代英語の friendship とそのまま対応させることは不可能、とされる純粋に翻訳上の問題から始まり（それをさらに日本語の「友情」に置き換える問題はここでは措くとしても）、J・デリダが「友よ、友は一人もいない」という、（アリストテレスを借りたとされる）モンテーニュの言葉の逆説性を手掛かりに展開しようとした、友は「第二の自己」とするアリストテレス以来の命題の含意、そこで前提される「自己」の存在論的規定に至るまで、要するに問題の輪郭を明晰に分節化することの難しさは、思想史上の他の問題の比ではない。(18) それは、少なくとも近代人にとって、「自己」または「友情」とは、何よりもまず主観的な心理問題であって、多くの人の同意を得られる形での客観化を容易に許さないためなのであろう。

さて、本章は、友情論に関わって論じられてきた哲学的諸問題、あるいは、たとえばマッキンタイアに典型的に見られるような、その伝統の現代的意義などについての論争に加わることを意図するものではない。(19) ここで試みられるのは、本章の主題である、非政治的な人間の連帯の理念としての、友情論の歴史的跡付けである。ここでもやはり、出発点はアリストテレスである。もちろん、ソクラテス、あるいはソクラテスの口を借りた、『リュシス』や『饗宴』におけるプラトンにとっても、友情は重大な主題であったが、やはり、組織的論述として他に類を見ないという点で、アリストテレスに出発点を求めるべきであろう。ところで、アリストテレスはその『ニコマコス倫理学』と『政治学』、とくに前者の中で友情（philia —— 時に〈愛〉または〈友愛〉とも訳される）について仔細に論じているが、その扱い方は両者で必ずしも同じではない。『政治学』におけるその言葉の意味は非常に広く、それは、一つには夫婦、親子、家族、ポリス等あらゆる人間の共同体（koinonia）を共同体として維持させている、最も広い意味での連帯感または信頼感を指している。それなしにはおよそ一切の共同体が存在し得ない、いわば人間交際の可能性の心理的な前提と言ってもよいであろう。したがって、たとえば売買当事者の間にも、また奴隷と主人の間にすらも、彼らが何らかの共同関係を維持している限り philia は存在するとされる。(20) しかし、『政治学』における分析はそうした一般論以上のものでは必ずしもない。ただし、同種の用語法は『ニコマコス倫理学』にもあって、その第八巻第四章では、相互に効用が期待されている限り、「国と国との友愛《フィリア》」もあり得ると語られている。だが、個人間の友情の心理と倫理をそれとして深く分析しているのは何と言っても同書の第八巻と第九巻であり、ここでもそれらを中心に見て行きたい。

『ニコマコス倫理学』第八巻におけるアリストテレスの議論は、「われわれの生活に philia ほど欠くべからざるものはない。何びとも、実際、たとえ他のあらゆる善きものを所有する人であっても、親愛な人々（philoi）なくしては生きることを選ばないであろう」という言葉で始まる（1155a）（因みに、この言葉は、その後キケロにおいてほとんどそのままエコーする）。友情とは「国内を結ぶ紐帯の役割を果たすもの」であり、それゆえに立法者たちが正義よりも尊ぶもの、「和合（homonoia）」と似たものである。その本質は「交互的な愛情」であり、「相互応酬的な好意」である（第一章、第二章）。こうした説明は、この限りでは『政治学』におけるそれと基本的には異なるものではないが、『ニコマコス倫理学』の友情論はそこから更に具体的に発展して行く。すなわち、アリストテレスによれば、そうした交互的な好意の動機は人となり（ethos）により、また人々の相互関係により同じではない。そこに着目して彼は、有名な友情の三分類論を展開する。すなわち、効用に基づく友情、快楽ゆえの友情、そして、優れた卓越性において類似した人々の間における友情である。このうち第三のものはまた、究極の友情、真の友情、第一義的友情なども言い換えられる。効用と快楽の友情が、それぞれ程度は異にするにせよ、ともに相手からの反対給付を期待し、またその期待可能性がある限りでのいわば条件付き友情であって、必ずしも厳密に相手の人となりを選ばず、したがってまた条件の変化によって容易に消滅するのに対して、真の、究極の友情は、はるかに堅固な、安定した、持続する友情である(第三章、第四章)。アリストテレスによれば、この「第一義的な、優れた意味における友情は、善き人々の、善き人々たる限りにおいてのそれであり、それ以外の友情は類似的になぞらえた意味での友情にすぎない」。すなわち、「お互いの人間自身のゆえに友であり得るのは、明らかに善き人々にのみ限られる」(1157a)。また、そうした堅固な友情は築くのに時間を必要とするものであるからには、それが存在し得るのは、ただ親しい人の間においてのみであり、しかも、その人々にあってすら、「愛をもって愛に報いるということは「選択」の存在を予想する」ものである以上、また、同時に多くの人々が善き人であるということも容易にはあり得ない」以上、「多くの人々に対して、究極的な意味での愛に即して友たることは不可能である」。そして、そのような究極の友情においてのみ人は、本当の意味で、「友を愛することによって彼ら自身にとっての善を愛している」のであって、そうした状態が相互的に「均等」に成立しているときにはじめて、真の友情が存在すると言えるのである(第五章 1157b, 1158a)。これらの言葉は、一見客観的な分類論の形式を取っているにもかかわらず、アリストテレスの主たる関心が、もっぱらこの真の意味での友情であることを示唆している。

ところで、こうした「真の」、「第一義的友情」の稀少性というアリストテレスの発言は、彼の友情論におけるそれ以外の発言と必ずしも整合的とは思われない点があり、両者の関連をどう理解するか、読者にかなりの困惑を与えずにはいない。というのは、「国と国との」という言葉は措くとしても、一方で、最初に触れた『政治学』を中心とする用語法、あるいは、『ニコマコス倫理学』における、広く国民の間に見られる友情を「ポリス的友情(politike philia)」とする表現(1167b)、さらには、快楽や効用を求めての友情といった用語法は、すでに見たように、むしろ人間交際という普遍的現象の一般的説明原理としての用語法であるかに見えるからである。しかもアリストテレスは、前段で引用した言葉に従えば、限定的にしか存在しないはずの「真の友情」についてすら、それこそが真の共同体の基礎であるという意味において、それは正義が見出されるべきすべての共同体に存在するものであり、したがってまた、それら諸共同体を包括する国家において、それが逸脱形態に陥っていない限りは事実として存在すると言う（第九章、第一〇章）。友情は、人間として見られた場合の奴隷と主人の間においても存在するという発言も、一般的説明原理としてのものである。思うに、研究者たちが、アリストテレスの友情論を、しばしば政治論の付属的一部分として理解してきたのは、こうした発言のためであろう。だが、他方でアリストテレスは、同国民間あるいは同じ船の船員の間など、一般的な共同性において成立する友情と、限定的な対象との友情または愛、すなわち「血族的な友情および親友仲間のそれ」とは「切り離して考える」べきではないかとして（1161b）、第九巻では、あらためて、とくに限定された「善き人々」の間に成立する友情を論じている。アリストテレスにおける「友情」という言葉のこうした二重の用語法は、『政治学』の国制論において politeia という言葉が、国制一般を指す言葉として用いられながら同時に、「多数者が共通な利益を目指して行う政治」という、王制や貴族制と同じく「正しい国制」の一形態を指す言葉としても用いられている二重性とどこか相通ずるものがある（1279a）。そこには、森羅万象すべてについて執拗に分類を追求しながら、しかも（あるいは、それゆえに）分類によっては分節化しきれない残余の現実が常にあることを強く意識している、アリストテレスの鋭い言語感覚が現われていると見るべきであろう。だが、ここでとくに検討しなければならないのはそのことよりはむしろ、「第一義的友情」の稀少性についての発言それ自体である。というのも、結論的に述べれば、まさにこの限定された「善き人々」――ここで血族と非血族の友人との区別は必ずしも明瞭ではないが――との間に成立する友情論こそ、その後の友情論思想史に継受され、非政治的人間の連帯の理論として、二十世紀に至るまでその大枠を決定するほどの決定的な役割を果たすことになると考えられるからである。

問題は、その稀少な真の友情はいったいどこに存在するのか、である。ところで、この問題についてもアリストテレスの発言は、相互に調和的理解が必ずしも容易ではない二重性を示している。すなわち、まず第一に、右の「血族的な友情」という言葉が示すように、真の友情は本来、親密に血の繋がった者の間に存在するという言い方がある。アリストテレスは、「血族的な愛」は、「すべて親子的なそれ」に由来すると言う。「親は子を自分の一部として可愛がるのであるし、子はまた、自分はそこから出た或るものであるという意味において親を愛する」。それは、「自分から生まれたものはいわば自分から離れ出て独立に存在する「第二の自己」にほかならない」からである(1161b)。「第二の自己」という言葉は、その後の友情論思想史の中で最大のキー・ワードになる運命にあるが、ここでの用語法から確認されるのは、アリストテレスにおいてこの言葉は、何よりもまず、血縁性の別な表現であるということであろう。しかし、アリストテレスの議論は精妙である。彼は、この議論から、血縁に基づく「兄弟の愛」と、必ずしもそうではないはずの「親友仲間の愛」には「同じ特性が見出される」、として両者の類似性を強調し、そこに夫婦愛をも含めようとする(第八巻第一二章)。夫婦は子を通して間接的または類比的に血縁関係のイメージを喚起するであろうが、言うまでもなく夫婦は血縁関係ではない(アテナイで近親婚がどこまで認められていたかという問題をここで考慮する必要はないであろう)。いずれにせよ、アリストテレスは、こうした類比論を駆使しながら、血縁関係とは本来別個であるはずの、精神的な意味での親友との友情論に進んで行く。その展開は第九巻の主として後半部分に見られる。ストア派とキケロ以降、後世の友情論に対する影響は、主としてこの部分を源泉とすると思われる。二千年近くも後の十六世紀末、モンテーニュがラ・ボエシとの友情を説明するに当たって、「兄弟という名は美しく愛に満ちた名である。さればこそ、彼と私も、この名によって契りを結んだ」と述べたのも、まさにこの類比論のそのままの踏襲であろう(21)。

そこで、第九巻第四章以降に展開される、「真の友情」論をあらためて見てみよう。すでに述べたように、アリストテレスによれば、友とは、母親がその子に対するように、諸々の善を相手方のために願いかつ行う人、その人と共に時を過ごす人、あるいは相手方と意図を同じくする人であるが、結局そうした善は、善き人が自分自身に対して望む善と同じである。すなわち善き人は自分にとって善きことを願い、「自分の生と保全を願う」。また、「自己と一緒に時を過ごすことを願う」(1166a)。ここで注目したいのは、アリストテレスがこうした主張をする際の人間論的前提である。すなわち、アリストテレスのこの議論は、プラトンにも似て、一人の人間の中には二人またはそれ以上の人格が存在するという認識、および、善き人の魂においてはそれらの間に内部分裂(stasis)がないはずであるという認識、この二つの前提の上に成り立っている(1166a)。同時にアリストテレスは、人間諸個人の本質的他者性という、近代人にとっては自明の前提とは反対に、本来の姿における諸個人の同質性を前提にしているのであろう。彼の形相論や選択意志重視論からすればそう見る方が自然である。[22]そこから、善き人とは反対に、悪しき人はもう一人の自己を回避するとし、そのような人は「愛さるべき何ものをも有しないがゆえに、自分自身に何ら愛すべきものを感じない。かような人々は、したがってまた、自己と悦楽を共にし苦悩を共にすることもない」、という表現も出てくる(1166b)。したがって、アリストテレスがそのような(善き)「友は第二の自己」というとき、その意味は、善き人はその善き友をさながら自己の内なる善き人間を見るが如くに見る、という意味であろう(1166a)。ここでは、議論の力点は明らかに「善き人」に移行している。だが、そうだとすれば、このように明らかに徳論の文脈で語られる「第二の自己」論は、前段で確認した、親子という自然的血縁関係に基づく「第二の自己」論とは必ずしも対応しない、と言わなければならない。しかし、アリストテレス自身はそれに拘泥する様子はなく、善き人とは徳において最も優れた真の自己を愛する人であるという言明の詳細な説明に向かう(第八章)。だが、「第二の自己」(alter ego)論の迷路にこれ以上深入りするのはここでの意図ではない。ここではただ、「真の友情」は、相互に「善き人」の間においてのみ成立するという点だけを確認しておきたい。

さて、この点を受けて、とくにその後の友情論思想史の展開にとって重要と思われるのが、「幸福な人は友を必要とするか否か」(第九章)、「われわれはできるだけ多くの友人を作るべきか」(第一〇章―第一二章)という、第九巻最後の四章の問題提起とその答えである。まず善き人にとっての友人の必要性について、アリストテレスは、それに対して否定的な俗説があるがそれは快楽と効用の友情の場合のことなのであって、本質的には「人間はポリス的・社会的なもの(politikon)であり、生を他と共にすることを本性としている」と明快に答える(1169b)。すなわち、「幸福とは或る活動」であり、しかも「孤独」に「自分だけで間断なく活動することは容易ではない」以上、人は他者におけるそうした活動を喜びをもって眺めるであろう。善き人の善き活動を眺めるのは、あたかも「善きそして自分自身の行為」(強調は邦訳原文)を眺めるに等しく、だからこそ、「至福の人といえども当然そうした友を必要とする」(1170a)。言い換えれば、(徳において卓越した)人にとって、自己が存在することは善であり快であると同時に、その友にとってもそうであり、したがって、「人は幸福であるためには、善き友たる人々を必要とする」のである(1170b)。では次に、人はそうした友人を数多く持つべきか。これに対してアリストテレスは、「無友でもなく、過度に多友でもないのがよい」と答える。とくに「卓越性(強調は邦訳原文)に基づく友人の場合」、そのような友人と生を共にすることは、もしもその数が多いのであれば、それは「自己を多数の人々の間に分割すること」に等しく、そのようなことは「不可能である」。したがって、過度の友情とも言うべき恋愛と同じように、「緊密な友情は少数者を相手とするほかはない」し、実際的にも、親しい「愛に結ばれた多人数の友なるものは存在しないのであって、詩に歌われている愛の如きも、必ず二人の間のものである」(第一〇章 1171a)。しかも、こうした(真の)友人というものは、順境においてよりは逆境においてこそ必要なものである。それは、「苦しんでいる人々は、友が悩みを共にしてくれることによって苦悩の軽減を覚えるのだからである」(この言葉もキケロにおいてエコーする)。それもまた、「友情とは自他の共同」ということの一つの本質的な意味であろう。そして、そうした逆境における友たり得るのは女性や子供ではなく、ただ徳において優れた男性のみであるとされる(第一一章、第一二章)。

このように、『ニコマコス倫理学』におけるアリストテレスの友情論は、その普遍性の議論から出発しながら、最終的には卓越性をすでに達成した少数者、いやただ二人の男性の精神的紐帯の強調で結ばれる。あるいは、ここには、彼以前からのギリシアにおける、英雄の結合原理と言われている友情論が、彼の求める、理論の一般性という統制原理の殻を突き破って姿を見せているのかもしれない。いずれにせよアリストテレスの友情論においては、政治的性格と非政治的なそれとが、対立の可能性を孕みながらもなお共存していたと見るべきであろう。

(ii)　キケロおよびそれ以降

ここでアリストテレスを離れ、その後の友情論の思想史に眼を向ければ、いかなる理由によるものかにせよ、「友情」という言葉は、この最後の意味において多く用いられるようになった。それが、貴族的精神の持ち主の連帯感の表現としての〈友情〉の観念である。こうした意味での友情は、ギリシアのポリス文明が次第に崩壊し、価値観の私中心化(privatization)が進行するヘレニズムの時代、エピクロスなどによって主張され始めたとされるが、ここでは、確実な文献によってそれが認められるものとして、通常なされているように、キケロに触れなければならない。キケロの友情論もまた、アリストテレスと同様、国家論と深い関係を持ってはいるが、同時に、両者の間には決定的とも思われる差異がある。すなわち、前項に見たとおりアリストテレスにおいては、友情論と国家論が、行論の出発点においては連続的に考えられながらもその終結においては乖離の方向性が見られた。これに対して、キケロにおいて人間の関係性が主たる論議の対象となっているのは、彼が殺害される前年(紀元前四四年)、息子マルクスに宛てて書かれた『義務について』であるが、そこでキケロは、国家の最終的基礎として、「血の繫がり」、「共通の墓地」など血縁性を強調する一方、友情(amicitia)を、アリストテレスと同じく国家の基礎としながらもなお、血縁性とは別の人間結合原理としている。(23) それは、キケロの友情論に、より明確に非政治的性格を与えるであろう。この対立構造は、同年に執筆された『友情について』においてより鋭角的に表現され、ストア的徳を達成した男性間における個人的精神の連帯こそ、人間における最終的かつ唯一の信頼すべき関係性であるとされる。先立つ時代の大政治家ラエリウスの口を借りながらキケロは、友情を、ローマ貴族社会における人間行動にとって最も基礎的な血縁関係とは異次元の、それと対立しさえする、いわばストア的賢人の精神的な連帯として描いて次のように述べる。

同国人が外国人より、親族が無縁の者よりも好ましいのは、近い者には自然に友情が生まれるからだ。しかし、そんな友情は強固さが不十分である。親族関係から好意を取り去ってもよいが、友情からは取り去れない、つまり、好意を取り去れば友情というものは消えるが、親族関係は残る、という意味で、友情は親族関係に勝るからである。更に、友情の力がいかに大きいかは次のことから最もよく理解される。即ち、人間界には自然に形成される結びつきが無数にあるが、友情の結びつきは極めて狭いところに収斂し帰着するので、友愛の情は必ず二人または数人の間でしか結ばれない、ということである(24)(『友情について』一九―二〇節)。

ここでキケロは、明らかに社会制度的人間関係と、心の、内面的な人間関係とを区別している。すなわち、かつてのアリストテレスとは異なって、キケロは友情と血縁関係との類比は拒絶する。友情という実質は失われても制度的な関係は、血縁に基づくゆえにいわば外皮のように残るであろう。これに対して友情は、心の関係としてだけ存在しているのだから、心が失われれば消滅せざるをえない。それだけに、友情は人間の関係としてより純粋であり、より高貴なものだ、と彼は言いたいのであろう。もちろん政治家キケロは、人間は孤独には耐えない存在であることをよく知っている。それだけに友情は一層重要である。ここはアリストテレスにエコーするかのように、彼は言う。

まるで自分に語るように、安んじて全てを語りうる人を持つことほど嬉しいことがあろうか。自分と同じだけそれを喜んでくれる人がいないのなら、繁栄の中にあったとて、どうして大きな喜びがあろうか。まことに、逆境を自分以上に重く身に引き受けてくれる人がなければ、それを耐えるのも難しい（同、二二節）。

では友情の本質とは何であろうか。それは、功利の相互交換でも、また、何等かの快楽を求めようとするものでもない。ここでもキケロは、その言葉までも完全にアリストテレスに従っている。すなわち、その名に値する友情とは、「第二の自己」のように相手をそのあるがままに受け入れることであり、利益考量よりも、ただ「愛する気持ちを込めて心を振り向けることにより、友情は生まれる」のである（同、八〇節、二七節）。そのような友情が成立し得るのは、すでに相手に何ものをも期待する必要のない、徳において完成の域に達した人間の間においてのみである。だからこそ、最初の引用に言われているように、友情は二人またはごく少数者の間でしか期待できない。次の言葉がある。これもまた、アリストテレスの「善き人の友情」論の変奏であろう。

大抵の人は、恥知らずにも、とは言わぬまでも理不尽にも、自分ではなれないような友人を欲しがり、こちらからは与えないものを友人から期待する。まず自分が善い人間になって、それから自分に似た人を求めるのが順当なのに。そのような人たちの場合なら、これまでずっと論じてきた不動で安定した友情が確立できるのだ。そして、その時には、好意で結びつけられた人たちは、まず、それ以外の人たちが囚われている欲望に打ち勝って、次に、公平と正義を喜びとするであろう(同、八二節)。

よく知られているように、貴族層の出身ではなかったキケロの生涯は、観想的生活というにはほど遠く、まさに政争の中の活動的生活であった。そして、政治的節操が時に批判されることもあるにせよ、その大義は自由と共和政の擁護であった。しかし、明らかに死を意識した『老年について』と同じく、『友情について』が書かれたのは、キケロの作品の中でその後の政治思想史に最大の影響を与えた『義務について』と同年、政治的失意にあった最晩年のことである。この『義務について』の中でもキケロは、一方では政治に積極的に参加し、国家に尽くすことこそ精神の最高の偉大さであるとして活動的生活を勧めながら、他方では、自分はストアの立場に立つと宣言し、人は「怒り」を拒絶し、心を「平静にして、どのような精神の惑乱からも自由であるべき」ことを説いている(第一巻八九節、一〇二節)。キケロにとって、愛知、勇気、節制、正義こそ達成されるべき目標であった。友情とは、理想的にはそのような徳を実現した者の間においてのみ可能なものであろう。ここで、こうしたキケロの友情論を、(キケロより若干時代を下るけれども)同じく非政治的な人間連帯の理念たる「キリスト教的愛」の原理と対照させてみるならば、その特質はより明らかである。すなわち、そこで「愛」とは、身分においては奴隷であっても精神においては自由人たろうとする、キリスト教徒の間の連帯の原理であった。一世紀末の教父の一人、ローマのクレメンスが信徒たちに与えた次の言葉は印象的である。クレメンスは、パウロと同じく、教団の内部に不和の現実があることを厳しく認識している。その上でクレメンスは、キケロの友情論のように貴族という等質者の間に成立する同志的連帯を求めるのではなく、反対に、さまざまな意味での各人の異質性を前提に、それを乗り越える連帯を呼び掛けている。

私たちの体全体が、イエス・キリストの中で維持されるようにしよう。そして各々は、各自に任ぜられた恵みの地位通りに、その隣人に従うことにしよう。強者は弱者を配慮し、弱者は強者を敬うように。富者は貧者を援助し、貧者は神に対し、彼の乏しきを満たしてくれる者をお与え下さったことに感謝を捧げるように。[25]

もしもギリシア思想史の中で「友情は死と隣り合っていた」とするならば[26]、死の非日常性に、友情の非政治性の一つの根拠があったと考えてよいのかもしれない（だが、そうだとすると、友情をより日常的な行動原理として理解しようとしたアリストテレスの議論はむしろ例外だったと考えなければならない）が、「キリスト教的愛」もまた、まさに死と隣り合わせの思想だったのであろう。それにしても、信徒の間の連帯の原理であると同時に普遍主義に向かって開かれてもいた「愛」に対して、同じく非政治的動機に発しながら、貴族的精神の連帯の原理であった「友情」の閉鎖性は明らかである。にもかかわらず、「愛」の原理と同じく、この、世俗的＝非政治的友情論の伝統もまた、その後の思想史において力強く生き残るであろう。

キケロ以降ローマ期の友情論としては、「心の平静について」を含む『道徳論集』および『道徳書簡』に展開されているセネカの議論、それにプルタルコスの『モラリア』、そのうちでもとくに「多くの友を持つことについて」、「兄弟愛について」、「いかに敵から利益を得るか」などを取り上げるのが常識的であろう。[27] しかし、ここは古典古代の友情論思想史そのものを包括的に跡付けるのが目的ではないので、ここでの物語に必要な一点にだけ言及するに止めたい。それはすなわち、この両者の友情論にあっては、政治との厳しい緊張関係の意識は必ずしも見られないという点である。これらの作品は、一世紀後半と二世紀初めのおよそ半世紀を隔たってはいるものの、キケロの場合にも似て、いずれもセネカとプルタルコスの晩年に書かれた。とりわけセネカの場合、友情論は、策謀に明け暮れたその政治的生涯の終焉を自覚した隠棲の中で、かつての弟子たる皇帝ネロに疎まれ、今後の生よりもむしろ間近い死を意識しながら書かれた文章の中の一要素という性格が強い。そして、二人はいずれも友情を、キケロに従って、賢人の間に結ばれる穏やかな、かつ親密な心の交流とするものの、論議の主要な目的は、友情によって得られる自己の心の平静であり、その意味においては個人主義的であった。当然、「第二の自己」という表現は見当らない。先に述べたように、キケロにおいて友情は、政治との原理的緊張関係において見られていたのに対し、セネカにとって友情は、むしろ、政治生活の残余とも言うべきものであった。次の言葉はそれを裏書きするであろう。

国が危急存亡のときに賢者には自己の真価を発揮する機会があるが、……しかし国務に当たることがたまたま容易でなくなるときに立ち至るならば、その際に行うべきことは、今までよりも多くの時間を余暇と学問のために求めることであろう。……われわれがまず第一に吟味すべきは自分自身であり、次は今から始めようとする仕事であり、またその次は、仕事の相手とか仕事の仲間ということになろう。(28)

セネカほどの重要な政治主体ではなかったにせよ、プルタルコスにあっても「真実の友情」は賞揚されてはいるが、それは政治との関係においてよりはむしろ、醜悪さ、敵愾心、嫉妬など、彼に特徴的な暗い人間論の一環として、それに耐えるための解毒剤としての地位を与えられているかに見える。したがって、表面的なアリストテレス友情論への追従とは裏腹に、当然のことながら、「確たる信頼に足る友人とは、希有であり見出し難いものである」という悲観的判断で結ばれることとなる。(29) 優れた友人との間においてのみ成立するという、こうした古典的友情の観念は、アウグスティヌスが、その『告白』(c. 400)で、改宗以前の体験として、タガステの町での学問の交わりの中で得た優れた友の死を悼む記述(第四巻第六章)、また、改宗の頃、彼にカッシキアクムの山荘を提供した友人とその仲間についての記述(第八巻第六章、第九巻第三章)などの中に鮮やかに再現しているが、『神の国』における のとは異なり、そこには未だ政治との緊張の意識は見られない。

(iii)　モンテーニュ友情論のパラダイム性

思想家たちの友情への言及は、おそらく中世を通じて切れ目なく跡付けることができるであろう。ルネサンス期に入っても、ペトラルカ、マネッティ、フィチーノの中に、それぞれ友情の困難、貴重さ、自由意志的基礎などを語る言葉を見出すことができる。だが、友情論の思想史の中で最も重要な文献として次に語られるべきは、やはり時代を下ってモンテーニュ『随想録』(1580)であろう。モンテーニュの思想は、たんに友情論に止まらず、政治と非政治の緊張という本章全体の主題との関連でも重要と思われるので、ここではそれも視野に入れながら考えてみたい。一五七〇年、「宮廷の屈従と公職の重荷に倦んだ」未だ三十七歳のボルドーの有力な法服貴族ミシェル・ドゥ・モンテーニュは、昇進の希望の破れも手伝って、平和と閑暇のうちに学問に没頭すべく、高等法院参事の職を売却してモンテーニュの館に隠棲、やがて『随想録』の執筆に取りかかる。その最初の出版は一五八〇年、次いで八二年、八八年と版を改めながら彼は改稿を続けた。しかし、モンテーニュの場合、結局そうした観想の生活は、純粋にそれとして続けられることはなかった。彼は、一方では『随想録』の推敲に努めながら、他方では、宗教改革をめぐる激烈な権力闘争のさなか、国王アンリ三世、他方ではプロテスタントたるナヴァールのアンリ(後のアンリ四世)双方に信頼され、対立する両者の和解のために工作し続けただけでなく、また、ボルドー市長に選ばれた時には、プロテスタントの武力攻撃に備えて軍事指導も遂行した。病気治療を名としたそのイタリア旅行にも、何らかの政治的使命があったと推定されているし、実際、カトリック・リーグによってバスティーユに投獄されたこともあった。最終的に国王の座に上ったアンリ四世は、モンテーニュの死の二年前、一五九二年に再び宮廷出仕を促したが、モンテーニュは健康を理由に辞退したとされる。このように、モンテーニュにおいては、その観想的生活は、活動的な政治生活と同時進行したところに特徴があり、両者の緊張は文字通り現在進行形として現われている。『随想録』には、慎重な留保付きながら、国家理性の必要に迫られた場合には、君主は自らの言葉を裏切ってもよいという、マキアヴェッリの格率——後にリプシウスも留保条件付きで承認し、デカルトは否定したもの——を承認する言葉も述べられている。その言明と彼の〈懐疑主義的保守主義〉とは裏腹の関係にあるのであろう。[30] それにしても、観想の思想家モンテーニュにとって政治とは何だったのであろうか。政治と観想的生活はいかなる接点を持ち、いかなる緊張関係にあったのだろうか。おそらく、友情論もまた、そうした問題の一角として理解すべきであろう。

モンテーニュをめぐるあまりにも複雑な政治状況、その中で精神の独立を維持すべく、多面体という言葉も及ばぬほどに世界のあらゆる問題を論じた『随想録』の思想を全面的に読解することなど、この小論においては到底及ぶべくもないが、行論に必要な限り、一点だけ予め結論的に述べるならば、モンテーニュの世界認識と課題の意識は、厳しい状況の中でいかに生きるべきかに焦点が絞られているという意味で、十六世紀という一つの時代の出発点に立っていたエラスムスと多くの点で共通であったように思われる。両者に差異ありとすれば、それは、一つには、彼らを隔てる七十年の間にヨーロッパが体験した宗教争乱の激化に伴うペシミズムの昂進であり、いま一つには、神学者エラスムスが、その人間考察においても不断に神と神への祈りを思考の中心に据えていたのに対して、道徳哲学(philosophia moralis)者モンテーニュにおいては、人間論自体が行論の全体を支配することである。[31] そこで、まずはモンテーニュの時代認識を問わなければならない。それは宗教改革とりわけカルヴィニズムの反乱がもたらしたと彼が見る、深刻な共同体解体の意識をもって特徴付けられる。

おそらく、われわれはまだ最後の時期に来ているのではない。国家の存続は、われわれの理解を超えるものであるらしい。プラトンの言うように、国は強力なものであり、崩壊し難いものである。国は、しばしば、内部の致命的な病気、不正な法の害悪、圧政、統治者たちの放埒と無知、民衆の放縦と反乱などにもかかわらず、存続する。……われわれの国家は病にかかっている。それにしても、もっとひどい病にかかりながら、死なずに済んだ国家もあった。……占星家たちは、例のごとく、近く大きな変動があることをわれわれに予告しているが、彼らの予言は現前のことであり、明白であるから、何もそのために、天にまでお伺いに行く必要はない。……天の星そのものが、われわれに、「お前たちは通常の限界以上に十分生きながらえた」と宣告しているように思われる。……われわれを脅かす最も近い不幸は、〔われわれの社会という〕堅固な集団全体内部の変化ではなくて、集団の究極的解体、分裂である。[32]

普通の平穏な時代には、人々は穏やかで普通の害悪に対して心の備えをする。しかし、われわれが三十年このかた置かれているような混乱の中では、すべてのフランス人は、個人としても集団としても、一時間ごとに、自分の運命の全面的な転覆に際会しているように感じる。それだけに、自分の心に、もっと強い逞しい備えをしておくことが必要である。……私の好奇心は、われわれの諸制度の死、その様子、その徴候という驚くべき光景を自分の目で見るのができることに、いささか満足している。私は、自分ではこの死を遅らせることができないので、こうしてその死に居合わせ、それから学ぶべく運命付けられたことを嬉しく思う。[33]

これは、思想史上稀に見ると言ってよいほどの、凄まじい崩壊感覚の叙述ではないだろうか。モンテーニュは、共同体としてのフランスの死に立ち会っている。しかし、フランスの共同体は死に瀕していても、その上に立っているはずの国家は、病の中をなお生き続けている。そこにあるのは瀕死の状態の望みなき持続である。モンテーニュには拒否されそうな、いささか極端な連想かもしれないが、この叙述は、「黙示録」の言葉を借りた、アウグスティヌスの「第二の死」の描写（『神の国』第一三巻第二章）を思い出させはしないだろうか。そこでアウグスティヌスは、神に遺棄された魂の、生きているのでもなく、死んでいるのでもなく、ただ終わりなく死につつある状態の、想像を絶する悲惨を述べている。だが、モンテーニュは、何時果てるともしれない混乱の中、おそらく彼自身の自己諒解としては神から与えられた自らの義務として、政治の主体としての任務を彼なりに忠実に遂行し、また、家族を大切にし、明るく、社交的に生きることも忘れてはいない。しかし、現実の政治的・宗教的状況は、スタロバンスキーならずとも容易に見抜けるように、モンテーニュの内面に「観想的生活」への強烈なドライヴを与えた(34)。しかし、その観想的生活の目的は、第一義的には神や超越的真理ではない。モンテーニュの目指すのは、混沌を極める時代、その世界認識において何ものにも欺かれないことであり、あらゆる熱狂から離れ、すべてを、いわばイデオロギーと演技の仮面を剝いで、そのありのままの姿において批判的に見据えることである。この点においてモンテーニュは、まさにエラスムスの後継者である。だが、二人の目的は必ずしも同じではない。モンテーニュにおいてそれは、激しい争乱の中にも心を乱されずに平静に生きること、自分の運命だけが特別なのではないと知ること、また、何時訪れるかもしれない不慮の死の恐怖を克服することを学ぶためである。何ものにも欺かれないためには、（きわめて論理的な結論として）人は世界のすべての事柄を知らなければならないであろう。人間観察の他、旅と読書による精神の厳しい自己訓練は不可欠である。モンテーニュはそのためにあらゆる努力を惜しまない。結果としてそれは彼に、歴史上稀有の、精神の自律と独立を可能にすることとなった。しかし、それにもかかわらず（というよりは、それゆえに）モンテーニュ自身は、「自然の足跡を探し求める」そうした徹底的な知の探求によっても、最終的には、人間には自己の分際以上のことを知ることは不可能であることを知っている。『随想録』全巻は次の言葉で結ばれる。

自分の存在を、そのあるべき姿において享受するのは、絶対的な、いわば神的な完全性である。われわれは、われわれ自身の属性の使い方を弁えないために、他のそれを求める。われわれは、われわれ自身の内的性質を知らないために、われわれの外へ出ようとする。竹馬に乗るのは結構なことだ。だが、竹馬の上でも、やはりわれわれの脚で歩かなければならない。世界で最も高い玉座に上っても、われわれはやはり自分の尻でしか座れない。最も美しい生活は、私の考えでは、平凡な、人間らしい、秩序ある、しかし奇蹟もなく異常なこともない、模範に適った生活である。(35)

こうして、モンテーニュにおいて、自律的観想者の非政治主義は一つの頂点を見出す。モンテーニュをもって、前節に見た、知識人の独立の歴史における最大の巨人とすることに異論のある人はいないであろう。この非政治主義は、非政治主義政治家モンテーニュにおける政治態度としての〈懐疑主義的保守主義〉を形成することにもなる。これについては第四章第二節(i)に改めて述べるが、ここでは一箇所だけ引用しておきたい。

どんな顔を見せようとも、私は革新が嫌いである。それには理由がある。というのも、私はこれまでに、その破滅的な結果をいくつも見てきたからである。何年も前からわれわれに迫っている革新は、この破滅に責任があるのだが、確かにこう言って良さそうである。いわく、この革新は図らずもすべての破壊を生み出した。この革新は、その後それとは関係なしに、いやそれに逆らって増長している害悪と破壊に対しても、責任がある。(36)

彼は「革新」の衣裳を纏った権力衝動、手前勝手に判定者の権威を僭称する「革新」の傲慢を許すことができない。

では、彼の懐疑主義的保守主義の根拠は何か。それは、パスカルと同じように、あらゆる正義の基準の認識不可能ということなのであろうか。だが、もしそうだとすれば、彼の生涯の全情熱を賭けた知への格闘には何の意味があるだろうか。結論的に述べれば、モンテーニュは、自らのリアリズム志向のもたらすあらゆる懐疑的結論にもかかわらず、いわば、この世界における形相の純粋実現状態への夢を決して放棄することのない、その意味でも、エラスムスの衣鉢を継ぐと言うべき、古典的な人文主義者であり続けた[37]。モンテーニュにおける人間の形相の概念は、最も一般的には、しばしば引かれる第一巻第三一章「食人種について」その他に見られるように、多く「自然」という言葉で表象されているが、そのいずれもが非政治的なものであった。さて、ここで本項の主題に戻れば、その友情論もまた、この意味での、形相の純粋実現状態の表現と考えてよいであろう。

『随想録』全三巻一〇七章の中で、第三巻第一二章「レイモン・スボンの弁護」とともに最も有名な、第一巻第二八章「友情について」において、夭折した年長の友人ラ・ボエシを追想しながら、モンテーニュは、彼との友情を絶対的と言ってよいほどに理想化して次のように言う。その言葉は、アリストテレス-キケロ以来の貴族的友情論のリフレインであると同時に、世界の現実に対するモンテーニュの認識と態度の最も凝縮された表明でもある。

われわれはこの友情を、神の許し給う限り、二人の間で完全無欠なものとして育んだ。確かに、これほどの友情は書物の中には読まれないし、われわれの時代の間では、その習わしの跡さえも見られない。このような友情を築き挙げるには、多くの幸運が働かなければならないから、運命が三世紀に一度でもそれに到達すれば、それだけですでにたいしたことである(上、一六〇頁)。

アリストテレスは、すぐれた立法者たちは正義よりも友情にいっそう多く意を用いたと言う。交際の完成の極みは〔真の〕友情である。なぜなら、一般に、快楽や利得や公私の必要によって作り出され育まれた交際は、友情の中に、友情以外の原因や目的を交えているから、それだけ美しさや高貴さが、したがってまた友情が少ない。古代人の言う四種の交際、すなわち自然的な交際、社会的交際、もてなしの交際、性による交際は、どの一つも、否、すべてを一緒にしても、友情には達しない。……子供から父へ向けられるのはむしろ尊敬である。友情は相互の交渉によって育まれるが、こうした相互の交渉は、親子の間では、あまりにかけ離れているために、行われ得ない。……兄弟という名は美しく愛に満ちた名である。さればこそ、ラ・ボエシと私も、この名によって契りを結んだ。けれども、財産の共有、その分配、また、一方が富めば他方が貧しくなるというようなことが、この〔通常の〕兄弟的な結合を驚くばかり弱くし、それを弛める。……さらに、あの完全な真の友情を生み出す共感と相互関係は、どうして兄弟の間に見出されよう？　父と子はまったく相反する気質を持つことがある。兄弟も同様である。「それは私の子である。それは私の親である。けれども、それは残忍な人間、邪悪な人間、もしくは愚かな人間である」。さらに、これは法律や自然的な紐帯がわれわれに命じる親密さであるだけに、それだけわれわれの選択や自由意志が少なくなる。われわれの自由意志が生み出すもののうち、恋愛と友情くらいそれに相応しいものはない。と言っても、それは、私がその面において望ましいすべてのものを経験しなかったという意味ではない。私の父は、この世で最も善い父であり、老齢に達するまで最も寛大であったし、兄弟の間の和合にかけても、私の家は、親子代々、有名な模範的家系であった（上、一六〇―一六一頁）。

われわれが通常、友人とか友情とか呼んでいるものは、何かの機会または便宜によって結ばれた交わりであり親しみであって、われわれの魂は、その力を借りて互いに支えあっているにすぎない。〔だが〕私の言う友情においては、魂は互いに結合し、渾然と一つに溶け合っているので、互いの魂を結びつけた縫い目も消えて、見分けられないほどである。……〔グラックス処刑の後、共謀の容疑で友人ブロシウスを尋問した執政官たちは、ブロシウスがグラックスと同じ意志を持っていたと聞かされて激怒したが――筆者注〕彼の返答を反抗的として非難する人たちは、友情の秘密を十分に理解していない。……彼らは市民であるより以上に友であった。互いに完全に委ね切っていたから、彼らは、祖国の友であり敵であるより以上に、野心と政争の友である以上に、互いの友であった。……世間一般の友情をこれと同列に置かないでもらいたい。私だって世間一般の友情を人並みに知っているし、その中の最も完全なものを知っている。けれども、この両方の尺度を混同してもらいたくない。それはあなたを欺くことになる(上、一六四―一六六頁)。

二人の男性の精神的結合としての友情を歌い上げたこれら三つの文章は、通常彼の友情論の源泉と見られている、ラ・ボエシの遺稿『自発的隷属または反一人論』のたんなるリフレインではない。これらは、それをはるかに越えて、モンテーニュ自身の友情論の三つの特質をそれぞれ集中的に表現して印象的である。

まず第一に、ここでモンテーニュは、人間社会をその究極の単位である個人にまで分解して見せることによって、友情の関係を、他の人間関係と異なる次元の関係として析出している。彼は、その実現は歴史的に文字通り稀有のことではあるが、しかし、彼とラ・ボエシとの間では確かに実在したものと考える。ここから、この「真の」友情の関係は、相互関係における人間の形相の純粋実現状態として、モンテーニュにとってほとんどユートピアにも近い位置を占めていると見てよいであろう。そう見る理由は、スタロバンスキーが言うように、ラ・ボエシが、友情をもって「自由な社会の明確なモデルを提示」した、という単純なものではない[38]。より本質的な理由は、モンテーニュはラ・ボエシをそれほどに讃え、かつモンテーニュ自身、彼との真の心の一体化を現実に経験したと熱烈に語るにもかかわらず、暴君とその取り巻きを激烈に批判したラ・ボエシのこの遺稿を、「友情について」の章の末尾近く、彼にとっては最良の作品ではなかったとして、どちらかと言えば低く評価しようとしている事実にある。それは、二人の魂の一体化がやはり夢見られた願望であって、必ずしも現実のものではあり得なかった事実を物語っている。しかし、その現実を越えてなお、ユートピアの実在性を信ずることにおいて、モンテーニュは遅れてきた初期人文主義の子であった。右の引用から窺われるモンテーニュ友情論の第二の特質は、ここでは友情の卓越性の最大の理由が、一世紀前のフィチーノと同じく、何よりもまず、それが自由意志に発するものとして語られていることである[39]。明らかにモンテーニュは自由意志論の伝統の継承者であった。この、友情論と自由意志論の結合は、その後、近代を通して長く維持され、その本質的部分を形成することとなる。他方でモンテーニュは、現実政治の中での自らの役割を、まさにその地位と運命に神が命じる義務として自発的かつ忠実に、しかしその心においては受動的に遂行するであろう。この義務感は、モンテーニュの政治における非政治主義と懐疑主義的保守主義との結びつきを説明する。そして、ここからその友情論の第三の特質が明らかとなる。それはすなわち、とくに最後の引用が雄弁に物語るように、モンテーニュにおいては、人間行為が道徳性を持つための最高条件たる自由意志に発する友情の要請が、心理的には、受動的な義務としての政治のそれよりも上位に置かれていることである。この言葉は、後に見るとおり、およそ四世紀半の時を経た二十世紀半ば、友人を裏切るか国家を裏切るかの選択に迫られた時には国家を裏切るべきであるとする、E・M・フォースターの言葉にエコーするであろう。こう見てくると、まさにモンテーニュの友情論において（その観想的生活論とも併せて）、ヨーロッパ思想史における政治と非政治の緊張関係に、一つのパラダイム的なあり方が示されたと言えるのではないだろうか。だが、おそらくはフォースターとは異なり、モンテーニュにおいて政治と非政治は、そのいずれもが最終的には神から人間に与えられた活動であるという意味において、相対立する関係に置かれながらもなお、相互に相手を否定し切ることは不可能であった[40]。

なお、後期ルネサンス期におけるモンテーニュ以外の友情論としては、他に、序章にも触れたデカルトの書簡や、モンテーニュを強く意識していたフランシス・ベイコンの『随想集』の中の「友情について」の章が眼に入る。しかし、ベイコンの場合、「真の友人を持たないことは、それこそ悲惨な孤独である」、「心を開くには、真の友人のほかに、どんな処方もない」、「友情がなくなれば舞台を去ってもよい」といった言葉にもかかわらず、友情は、自己の知性、感情に対する「効果」や、また、「好機における援助と関与」など、その「効用」ゆえに貴重とされている。[41] そこには友情の確認と遂行を通して行為の道徳性を志向するという、モンテーニュ的な動機付けは見当たらないし、また、それを梃子とする独自の共同体論への方向性もまったく認められない。政治的演技と政策を主題とする『随想集』の中の友情論は、政治に対する緊張の契機に発するよりもむしろ、その政治生活の中での孤独感を癒し、それをより充実させるための、その意味では政治に従属する一補完要素としての性格が濃厚と見える。ラ・ブリュイエール『カラクテール』、ラ・ロシュフコー『箴言』など、フランス・モラリストにおける友情論については、ここではその存在に言及するに止めたい。

(iv)　十八世紀以降の友情論

モンテーニュをパラダイムと見て、十八世紀以降の貴族主義的・非政治的ユートピアとしての友情論の例を拾ってみると、重要なのは、ルソーの書簡体小説『新エロイーズ』(1761)、関連して『エミール』(1762)、およびカント『人倫の形而上学』(1797)であろう。まず『新エロイーズ』について言えば、そこに描かれているクラランの農園の人々は、それぞれ自分の情念と戦いながらそれを克服して、良心と徳の境地に達しようと努めている。因みに、彼らは皆、農園の労働者――ルソーの言葉で言えば「召使い」――ではなく、管理者たちであり、だからこそ、徳の完成のために努力する高貴な時間、すなわち閑暇を持っている。使用人たちは、使用人として主人たちに忠誠を尽くすのであって、それ以上の役割は決して果たさない。そして、作品の中でそう前提するルソーは、アリストテレスを一歩も出ていない。クララン農園の人々を相互に結びつけているものは愛と表現されているが、彼らが互いに「友」と呼んでいるように、その愛の性質は透明な友情に外ならない。もちろん、「友情」という言葉もしばしば使われている。彼らは明らかに「幸福な少数者」(スタンダール)である。(42) しかし(あるいは、それゆえに)、彼らの連帯は、『社会契約論』に描かれているような政治社会に発展する方向性はまったく持っていない。作者ルソーが、この作品の中では国家についてまったく語っていないのは、偶然ではないであろう。彼らの共同体は拡大された家族ではあるが、同時にそれは、ストア的賢者、少なくともそれを目指した人々の共同体であり、そのようなものとして自己完結的または閉鎖的共同体にとどまるのである。

ルソーにおける非政治主義の要素は、『エミール』の中にも、しかし、異なった意味において見ることができる。ルソー自身であることを示唆しながら、しかし決して自らを明かさない教師「私」によって、本来あるべき人間性を保護されて育てられ、成年に達したエミールは、身体壮健、活発、豊かな感性と理性の持ち主となった。彼は品行正しく、趣味も良く、美しいものを好み、人間愛にあふれ、情念の支配から免れ、友情の掟に従い、世論の掟に捕らえられず、知恵を好み、人を喜ばせる才能をも併せ持っている。(43) 彼は旅をさせられることによって広い世界も知っている。社会契約の理論も、人間にとっての国家の重要性も十分教えられている。エミールは、愛しいソフィーと結婚して子供も儲ける。しかし(ここでも再び、それゆえに、と言うべきかもしれないが)、結局彼は、いかなる政治社会とも関係を持つことなく、都会を離れ、田園で妻と静かに暮らさなければならない。それは、そもそも「私」が彼に、「一緒に暮らしている人々に対して親切にすること」は望んでも、特定の国家に縛られることを望まないからである。「自由はどんな統治形態のうちにもない。それは自由な人間の心の中にある。自由な人間はいたるところで自由を持っている」という言葉が示すように、能力、状態二つの自由の内面的意味をエミールはよく心得ている。結局彼は、「少数の人々だけが見習うことのできる範例を示すのに相応しい人」として育てられたのであった。(44)ソフィーがいるにもかかわらず、エミールは孤独の人である。彼は『新エロイーズ』にあるような、友情によって結ばれた、拡大家族としての徳の共同体すら作らない。だからこそルソーは、続く未完の作品『エミールとソフィー』では、ソフィーに夫を裏切らせ、彼女までも失ったエミールを放浪の旅に出すことができたのであろう。もちろん、こうした、いわばストア的・貴族的な――ただし、『エミール』においてはより個人主義的な――精神の完成を求めるのはルソーの中の一つの部分である。他方で彼の中には、非政治的ということでは同じでも、しかし、より民衆的で素朴な共同体を求める側面もあった。それは、たとえば、ジュネーヴにおける劇場建設に反対するための、『ダランベールへの手紙』に最もよく現れている。この作品でルソーは、彼の幼時体験と望郷願望とを組み合わせて、ジュネーヴを一つの民衆共同体として描こうとしている。

こう見てくると、通常彼の政治論の中心作品と考えられている『社会契約論』は、このストア的賢者の共同体と民衆的共同体という、異質な二つの共同体への夢を、一つの都市国家論に組み上げようとした、ルソーの空しい努力の所産であり、それゆえにまた、理論的一貫性という点では、最初から失敗を約束された作品ではなかったかと考えられるのではないだろうか。(45)すなわち、社会契約による国家の本質は一般意志にあるが、この高貴な理念を完全な形で――実際、ルソーにとって不完全な一般意志などありえない――担い得るのは、個人的欲望は考えず、ただ共同体の利益のみを考える人々でなければならないが、そうした徳ある人々は、友情は必要としても国家は必要としない少数者でしかないはずである。『エミール』や『新エロイーズ』がそのことを物語っている。他方で排他的な地域共同体としての民衆的国家は、その都市のすべての家族の家長の共同体でなければならないが、彼ら一般人(peuple)には、そうした意味での徳は期待できない。だが、ここはルソー解釈論を全面的に展開する場ではない。ここでの議論の目的は、非政治的、貴族的ユートピア論の伝統は十八世紀においてなお健在であったことを指摘することだけにある。しかし、あえて言うならば、もはやルソーにおいては、政治と非政治とは、互いに相交わることのない二つの世界に分極化し始めた、と見ることもできるであろう。

次に、カントについて一言すれば、『人倫の形而上学』(1797)の第二部「徳論の形而上学・第一篇　倫理学原論」の結びの部分で彼は、人間相互の倫理的義務の完成態として、通常の、感性的な友情とは区別された道徳的友情を論じている。カントによれば、道徳的友情とは「二つの人格が相互に等しい愛と尊敬によって一つに結びつくこと」であり、また、「二個の人格が自分たちの秘かな判断や感情を相互に打ち明け合う……という形での両者の全き信頼である」。「この結びつきは純粋に道徳的なものでなければならない」。「友情の内に宿る愛は、激情ではありえず」、そこで求められる情念の抑制は「教養のない人々の間では」不可能である。個人にとって友情は「自分の道徳的完成」である。もちろんそれは、すべての行為の道徳性の基礎たる自由意志に基づくものでなければならない。こうした議論が、キケロ的、モンテーニュ的友情論の継承であることに疑問の余地はないであろう。だが、ここで重要なのは、カントは、一面ではこの友情論の閉鎖性の問題に気付いていたのではないかと思われることである。というのも、彼は友情を論じた後に続けて「社交の徳」を論じ、自己完成は孤立であってはならず、その自己の生活圏はまた、同じように「世界公民的心情の持ち主」であるすべての人々に向かって開かれていなければならないと言って、友情論のコスモポリタニズムへの発展を志向しているからである[46]。カントにおいては、こうしたいわばコスモポリタニズムの方向への修正を受けた貴族的友情論と、『永遠の平和のために』に示されているような、すべての人が自由で平等な立場から唯一の共同立法に服従するという契約説的な国家論、さらには、その発展としての世界公民法の理念とが、不可分の関係にあると考えるべきであろう。ルソーと異なり、カントには情緒的民衆共同体論の要請はまったくなかった。原理問題におけるカントは、倫理と政治の問題に関して一つの一貫した非政治的精神で対応した、その意味でもモンテーニュの後継者であったとは言えないだろうか。だが、そのカントにおいて、実定法への人の服従義務が、国家権力の専管領域として厳格に聖別されていたこともまた事実であり、その限りで、カントにおいてもまた、政治と非政治は相互に交わらない二つの世界となり始めていると見ることができる。

同じ十八世紀、イギリスに眼を移せば、一七七〇年、歴史上、政党の最初の定義として名高いバークの、「政党とは、その連帯した努力により彼ら全員の間で一致したある特定の原理に基づき、国民的利益の促進のために結集した一団の人間である」という一文の数頁後に、彼が属していた、何時に変わらず野党たるロッキンガム・ホイッグのメンバーの心構えを語った次の言葉がある。バークは言う。「私的生活において望ましい情念を国の運営と奉仕に役立てること。紳士であることを忘れぬ程度において愛国者たること。友情を培いつつ敵意を身に引き受けること(47)」。これは、ベイコン的な政治的友情論であるよりはむしろ、キケロ『義務について』における貴族的同志の結合論の遥かなエコーであろう。ここでは友情は、非政治的結合原理でありながら、同時に政治の一活性化要素である。

だが、十八世紀イギリスにおける友情論としてより注目すべきは、バーク『フランス革命の省察』(1790)への反論として出版された多くの文書のうち、共和主義的性格の濃いメアリー・ウルストンクラフトの代表作『女性の権利の擁護』(1792)であろう。通常、女性思想史の最大の古典とされているこの作品は、実は、これまではまったく男性原理であった友情論、すなわち、二人の人間の全人格的相互信頼としての友情の観念を、その家庭・社会理論の中心に据えようとする大胆な試みであった。ウルストンクラフトにとっては、対等な人格としての一組の男女が、相互の義務を果しつつ営む貞潔な家庭こそ、人間社会におけるすべての徳の源泉であった。不幸な運命に翻弄され、自らは経験することなくその生を閉じなければならなかったけれども、彼女は、異性愛としての夫婦愛が、時間とともに、一個独立の二人の人間の友情の関係に成長して行くことこそ、結婚生活の理想であると主張する。そして、この考えを推し進めて、子供の教育にあたっても、他者への尊敬たる友情を涵養することを最重要視すべきであると主張する。

いくつかの文章を引用しよう。

自らの肉体を強め精神を鍛える女性は、家族の経営やさまざまな徳の実践によって、夫の惨めな依存者ではなく、友人となるであろう。……社会の最も神聖な絆は、友情である。「真実の愛は稀である。真実の友情はさらに稀である」とは、ある諷刺家の見事な言葉である。……結婚の安全、つまりは恋愛の熱病を鎮めることを許す健康な温度を退屈に思う人物は、盲目の憧れや愛撫の感覚的感情を、友情の穏やかな優しさや、尊敬への確信でもって置き換えるに足る知性を持たぬ人物である。

若者が初めてある人に強い友情を感じて、その友情の対象となった人を神のように崇めたとしても、この誤った熱狂的な愛情から、何か害悪が生まれ得るだろうか。おそらく、若い心を感動させるためには、徳はまずは人間の姿を取って登場することが必要なのであろう。……現に見てきた兄弟を愛さない人が、どうして神を愛することができようか。

自分の親や兄弟姉妹を先ず愛さなかった人物が、また、初めて一緒に遊んだ家畜を愛さなかった人物が、深い人類愛を抱くことはほとんどない、と私は信ずる。幼い頃に共感を感じることが、道徳的な気質を形成するのである。……最も優しい友情は幼い頃に形成される。……あるいは、友情を受容すべく鍛えられた心は、つまらぬ欲望の満足よりも高貴な喜びを求めるようになるものである。(48)

これらの文章から読みとれるのは、まず、ウルストンクラフトにおいて「友情」は、一方、伝統的な友情論に従って、高貴な精神の相互交渉であるとされながらも、他方、そうした精神の主体として女性をも想定していることである。もちろん、「私は、女性の世界よりも男性の世界に多くの友情が見出され得るはずだということ、そして、女性よりも男性の方が高度の正義感を持っていることを認める」という言葉が示すように、ウルストンクラフトは、現実においては友情が男性原理であることは十分知っている。にもかかわらず、現実の女性ではないとしても、抑圧から解放され、理性の能力を回復した女性は間違いなく友情の主体たり得る、というのが彼女の信念であった。彼女は、国家を個人の家庭の延長になぞらえる。友情豊かな家庭に育てられた子供は、必ずや公共心豊かな「自由な市民」に成長するであろう[49]。人間平等の原則に則って組織された、優れた公教育は、それをさらに完成するはずである。そこで育てられた若者は、(右の最後の引用が示唆するように)最終的にはすべての人間的義務を誠実に履行する、優れた人類愛の主体となるであろう。『女性の権利の擁護』というその題名にもかかわらず、「義務を果さない者は権利を喪失する」という言葉に象徴されるように、この作品は、人間の人間に対する、そして最終的には人間の神に対する、義務論の主題で一貫している。こうしたウルストンクラフトの主張は、明らかに、彼女が最も尊敬したユニテリアンの牧師リチャード・プライスの影響によるものであろう。プライスは「ある特定の共同体の成員であるよりはより世界市民たること」こそ、「すべての人類を愛する義務を教え、……普遍的慈愛(benevolence)を奨める」キリストの教えであり、それこそが真の祖国愛であるとした[50]。それは、政治の否定という意味における非政治主義の主張である。プライスとカントとの距離はそう遠くない。イギリスの国家体制を擁護すべく、バークが『フランス革命の省察』で非難しなければならなかったのは、まさにこのコスモポリタニズムであった。

こうして、ウルストンクラフトの友情論は、その女性への開放に加えて、普遍主義的非政治原理としての友情を一貫した社会理論の基礎に置こうと試みていることにおいて、また、言うなれば、貴族性の払拭を通して友情概念の〈民主化〉を志向していることにおいて、友情論の歴史において一つの新しい頁を開いたと言っても過言ではないであろう。それはまた、キリスト教的愛の原理との結合において、十九世紀以降の友情論の一つの方向性を予示するものであった。マッキンタイアも示唆するように、民主化の時代、友情がキリスト教の愛の原理に接近するのは必然であった。[51]それが可能であったのは、そのいずれもが、対等者間の関係を想定するものであったためであろう。すでに初期近代以降、caritasが、その各国語訳としての「愛」という言葉に取って代わられていたことが、この方向性をより容易にしたのであろう。現実の貴族政の衰退と相呼応するかのように、「愛」の概念と「友情」の概念の境界は次第に希薄化していく。その意味でウルストンクラフトは、時代への鋭い直観を備えていたと言うべきであろう。彼女において、友情論と結合した愛の原理は、女性の人間性を抑圧する、男性および身分の専制という、〈政治〉に対する批判の原理でもあった。

十九世紀に眼を移せば、愛と友情に関する論議の状況は、ここで一挙に複雑化する。まず、かつてはウルストンクラフトと比較的近いサークルにいたコウルリッジに、「愛」と「友情」を社会原理化しようとする努力が認められる。一八〇七、八年頃のコウルリッジの『雑記帳』(*Notebooks*)には「愛」に関する記述が多い。そこでコウルリッジは、「愛へと予め調律された心情の法則」を言い、また、「愛について——その力に義務と宗教を〔加えよ〕」と言う。彼は、「愛すなわち結婚における交流の卓越」を強調し、またそれを、私淑するカントに従った道徳的義務の観念によって、ただし、カントとは異なり、愛の感覚性はそのまま含んだままに、人間の連帯の原理へと昇華させようとする。かつての「民主主義者」、「共和主義者」コウルリッジにおいては、愛が友情の上位に置かれることとなった。彼は言う。

他者の幸福を自分自身のと等しく増進すべく欲し、努めることは友情である。そのいずれかが犠牲にならなければならない時に、自らのではなくて他者のそれを採るのは友情の高みである。これを行い、このすべてに加うるに、与えることによって自分のすべての幸福を受け取ることは愛である。そして、相互の愛こそ最善の象徴であり、天国を予め味わうことである[52]。

しかし、一方この頃のコウルリッジは、その公的な政治的意見表明においては、すでにバーク流の国民国家論を受け入れており、そこではあからさまに、プライス流「コスモポリタニズム」を「偽りの哲学」、「誤った宗教」と論難していた[53]。公的に発表された彼の政治理論は、その後も国民国家論の線から離れることなく、そこにハリントン的な共和主義と均衡論が加わるという複雑な性格のものとなっていく。そして、そこではあまりにも強い政治の言語が支配したためか、非政治的な愛の社会理論は、部分的には一八一〇年の『シェイクスピア講義』(第八講)に組み込まれたものの、政治理論としてはバーク風国家共同体論に従属することとなり、その意味では、結局、『雑記帳』の世界を出ることはなかった。コウルリッジは、彼に先立つルソー、後のJ・S・ミルにも似て、(ウェーバー風に言えば)あまりにも「固有法則性」の異なる複数の要請を自己の理論の中に取り込もうとした思想家であり、その意味においては、紛れもなく近代における天才的思想家の一人であった。その多くが公刊されなかった彼の思想を経時的に再構成することは、思想史研究にとって依然課題として残されている。他方でヘーゲルは、こうしたコウルリッジの空しい努力を嘲笑するかのように(もちろん、同時代人であっても両者に相互の交渉はなかったであろう。コウルリッジの側ではヘーゲルを読んでいたものの、その態度はほとんど拒絶に近い)、『法の哲学』の中で、「愛」をエロスと結びついたものと断定し、それを家庭原理として国家論から追放した。ヘーゲルにとって、「愛」や「友情」は、厳格たるべき国家論の論理からは抹殺すべき感傷に過ぎなかったのであろう。それはまた、すべてを政治化する二十世紀への予言でもあった。

これらに対して、十九世紀には、高貴な心情を持った二つの魂の親密な融合といった古典的な友情論も、たとえばエマソンの「友情論」(1841)などにはなお、少なくとも理論としては健在であった。エマソンにとっても友情とは、モンテーニュと同じく「二つの魂の絶対的合一」であり、それは、優れた精神の持ち主たる人間の間で、ただ「一対一」でのみ成立可能なものであった。しかし、ラ・ボエシとの心の交流を現実的経験として記憶するモンテーニュとは異なって、エマソンにとってそのような友情の客体――エマソン自身を主体と前提するとして――は、きわめて現実性に乏しいものであった。「私どもが要求する交友の仕方が高ければ高いほど、生身の者がそうした交わりを結ぶことはもとより容易ではない。私どもは地上を一人で歩くものである」と彼は言う。とすれば、「友情は一方的に、反対側にしかるべき対応者がなくとも強烈に抱くことができる」というのは、きわめて論理的なその帰結である。しかし、この言葉は、いったんは唱えた友情論の自己否定に等しい。これこそ、本節初めに引用した「友よ、友は一人もいない」の逆説の現実化である。エマソンの論理の中で、友情の主体または客体たり得る者が仮にも存在するとすれば、それはコウルリッジ的＝シェリー的天才であろう。[54] このロマン的天才は、「自らの中に全体がある」ことを知ると同時に「人間の絶対的孤立」を知る、「英雄」である。[54] エマソンは、この、自己の中に神を宿す天才がまた、政治をも指導し、現実の腐敗から国家を救わなければならないとする。「現在の国家はどれも腐敗している。……支配に対する諷刺のうち、「政治」という語に伝えられる辛辣な非難に匹敵できる諷刺はあるだろうか？　この語はすでに幾時代にわたって「ずるさ」を意味し、国家はからくりの一種であることを示唆してきた」という言葉は、エマソンの反政治主義を象徴的に物語っている。彼は、「代理権に取って代わる主権、すなわち賢人の出現」を希望し、「国家は賢人を教育するために存在し、賢人の出現と同時に、国家は消滅する」と言う。その「彼(賢人)は個人として交わる友人を持たない」[55]。こうして、エマソンの友情論は、形式上の一致にもかかわらず、その実質においては、ウルストンクラフトまでも含めた友情論の伝統に反し、いかなる意味でも人間行動の共同性への水路を持たない。政治は、政治を否定する孤独な天才の手に委ねられる。

エマソン（あるいはニーチェ）の議論は、近代の進行が伝統的友情論をますます困難にしつつあったことを象徴している。しかし、政治との関連における友情論から眺めた十九世紀の状況は、それだけではなく、かなり多面的である。十九世紀は天才の世紀であったと同時に、民衆化された非政治的な連帯感の表現としての〈愛〉、または〈友情〉を説く作品の世紀でもあった。それは、すでにコウルリッジにおいても垣間見られたところではあったが、その他にも、たとえば、サン・シモンの遺書『新キリスト教』（1825）に述べられている、彼が待ち望む産業社会のエトスとしての「愛」の主張に見られるし、ウィリアム・モリスが『ユートピア便り』（1890）で、そのユートピアの社会原理を最終的に、人々の間の〈友情〉と表現したところにも見ることができる。また、エマソンの友情論の三〇年後には、ホイットマンが、『民主主義の展望』（1871）の中で、南北戦争で分裂したアメリカの新しい国民的アイデンティティの表象を「デモクラシー」という言葉の中に求めようとしたが、彼がその言葉によって表そうとしたのは、「外面的選挙権」であるよりは、むしろ、個性の尊重、徳、礼節（manners）、人類愛等、決して貴族的ではないが、しかし、明らかに非政治的な連帯性であった。

ここでモリスについて若干筆を加えれば、その夢の中に現れる、同じロンドンにある（らしい）二十一世紀のユートピアでは、人々は自然の情念に従って暮らしながら、相互に平和であり、友情に満ちている。そこにはもはや十九世紀の醜い工場どころか、およそ産業社会の搾取と貧困はなく、人々はすべて仲間関係（fellowship）にあり、相互に平等である。それだけではなく、モリスは、トクヴィルやJ・S・ミルが問題とした多数専制の問題をも視野に入れて、次のように言う。いわく、ユートピアでは「この上なく横暴で理不尽なものともなり得る世論の掟さえ一切ない」。そうした社会は一見デモクラシーによく似ているが、だからと言って「多数専制」から人々が傷を受けることもない。そして、その状態は他国にも広がっているので、ユートピアに政府がなくなっているのと同じく、「諸国が互いに敵対し合うあの国際組織なるものが、社会における人と人との不平等と共にすっかり消滅してしまった」[56]。もちろん、モリスが最後の頁で述べているように、それは、「友情が支配にとって代わったときの話」である。モリスの描くユートピアの最大の特徴は、もちろん、キケロ的貴族性ではなくて、その民衆性と世俗性にあるが、他方その社会で人々の生活を楽しく、また意義あらしめているのは、よく知られているように、すべての人々が享受する美的生活であった。たんなる労働でもたんなるオルギアでもなく、外ならぬ芸術生活の中に生きるモリスのユートピアには、その多数専制批判論も含めてある種の精神的貴族性の原理と目的論が支配している。社会主義者モリスにおいてそれは、民衆的芸術という具体性を取っている。こうして、モリスは、歴史が記録しない民衆、歴史が忘却した民衆、すなわち多くの無名職人が作り上げたゴシック芸術を熱烈に讃美する。そして、病んだ心から芸術を認めることができずにただ空虚な「文明の進歩」を欲する者を批判して、ミル『自伝』第五章の言葉を思わせるかのように、「われわれが、それほどまでに待ち望んだことが達成されたその時、われわれは何をするのか」と問いかける。(57) モリスのユートピアの中に描かれているこうした原理は、明らかに政治との鋭い対抗関係に置かれていると見なければならない。

最後に、二十世紀の友情論を眺めると、ここで目に付くのは、怒濤のように押し寄せる政治化と民主化の大波に対する芸術家の抵抗としての、かつての貴族的友情論への訴えである。たとえば、第一次世界大戦の最中に書かれたトマス・マン『非政治的人間の考察』(1918)の中の次のような文章が眼に入る。

ここに一つの「あらゆる精神的人間の連帯」がある。……それは、存在形式の同質性に――普通一般の存在形式よりも高次で、繊細で、苦悩に耐えうる能力をもっているばかりか、すすんで苦悩を求めさえし、安楽な生活とは無縁な存在形式という同質性に基づく連帯である。それは、いわば精神の貴族としての友愛であり、苦悩を共にする者としての兄弟愛である。ここにこそ、精神のあらゆる寛容と良心性との、……要するに、精神のもつ

あらゆる礼節の源泉がある。(58)

古典的な精神の貴族主義を掲げるマンのこうした友情論は、彼の反デモクラシー論と、またそれゆえに、反政治主義と結び付いている。マンにとっては、まさに「デモクラシーとは政治の支配を意味する」ものであった。(59) それはまたマンのフランス嫌いとも結び付いているが、そのフランスでは、詩人アベル・ボナールが、『友情論』(1929)の中で、モンテーニュの伝統に従った友情論を述べている。ボナールによれば、友情とは、政治的ではない、真の意味での平等な人間の連帯であるが、それを持つことができるのは、完成を求める、自由で自立した少数者の精神だけである。友情の本質は完全な平等であるが、しかしそれは「平等主義をふりまわすあのお祭り騒ぎ」とは異なる。この友情の最高の形態は一対一であるが、しかし、そうでなければならない必要はない。そして、そうした友情が可能な真の自由な精神の持ち主は、「民衆の底辺にも見出される」(60)。こうした議論は、マンと較べてみてデモクラシーに対する態度において微妙な差異を感じさせずにはおかない。また彼は、「ローマ」と題したエッセイを「お前の全生命を、お前自身で満たすことのないよう気をつけよ。全世界の人々に、空いている時間を提供せよ、それは最も甘味な時間となろう」と論じて結んでいて、そこにはなにがしかのコスモポリタニズムへの方向性を感じさせるものすらあるが、これは明らかにマンにはあり得ない、十九世紀以来の、友情概念の民主化の方向性の上にある言葉であろう。しかし現実の彼は、第二次大戦中のヴィシー政権閣僚として、戦後に死刑宣告も含む厳しい指弾を受け、スペインへ亡命しなければならなかった。

次にイギリスに眼を移せば、E・M・フォースター『民主主義に万歳二唱』の中の「私の信条」(1938)に次の言葉がある。

個人的人間関係は今日では軽蔑されている。……そんなものは捨ててしまえ、それよりも何か政治的な運動とか主義に身を捧げろとせっつかれる。私は、この主義というのが嫌いで、国家を裏切るか友を裏切るかと迫られた時には、国家を裏切る勇気をもちたいと思う。(61)

これは、友情論そのものの展開ではないが、いわばそれを前提した上での、非政治主義とまではいかないにせよ、やはり政治に対するある種の態度保留の議論であると見るべきであろう。マンとは、もちろん気質の差異もあろうが、時代の差異は明らかである。フォースターにとって、デモクラシーはもはや所与である。しかし、それ以上に、その目前には許し難いナチズムがある。そして、「残念ながら、この地上ではたしかに力が究極の現実である」ことを彼は認めないわけにはいかない。この状況の中で彼は、多様性を許し、批判を許すデモクラシーを受け入れ、それに対して心からの万歳を唱えるのだが、ただしそれは二唱だけである。それは、政治がすべてであってはならないからであり、彼が「感受性が豊かな人びと、勇気のある人びとを基盤とする貴族制度」の価値を信ずるからである。また、「そのメンバーなら、あらゆる国民の、あらゆる階級に存在するし、また時代も問わず、出会えばかならず暗黙のうちに理解しあえる」と信ずるからでもある。これはどこか、ボナールの言葉に近い感情も、また、先にも述べたヨーロッパ知識人の独立と連帯の気概をも感じさせる。「国家を裏切る勇気をもちたいと思う」(I hope I would have the guts to betray my country)という言葉からは、一種のためらいも感じられなくもないが、それにもかかわらず彼がそう言えるのは、「私の立法者はエラスムスとモンテーニュである」と信じているからであった。(62)この偉大な二人の非政治主義の伝統が、二十世紀の民主主義の中にも現実感をもって受け継がれていたという事実もまた、ヨーロッパ政治思想史における主題の強固な持続の一つの例証とするに足りるであろう。

さて、ここまで、非政治的人間の連帯の理論として、友情論に多くの筆を割いてきた。これまでの論述から確認できることは、十九世紀初頭以来、古典的な友情概念は明らかに変質してきたことである。かつて、キケロ以後モンテーニュに至るまで、貴族的友情論者の多くは、多かれ少なかれ現実政治のアクターであった。友情に象徴される政治と非政治の緊張は、個々の政治家＝思想家それぞれの内面における現実の生の緊張であった。その状況は、バーク、あるいは遅くともディズレーリをもって終わりを告げる。十九世紀初頭のロマン主義者以降、政治思想家たちは、少数の例外を除き、多くの場合、本質的には一般市民の教育者であり、現実政治に対する強い意味でのアクターではない。ルソーに始まる政治と非政治の相互疎隔は ―― いや友情概念の民主化、キリスト教的「愛」の観念との境界の曖昧化すらも ―― このことと無関係ではないであろう。他方で、それにもかかわらず古典的友情の観念は、二十世紀の思想家たちをも鼓舞してきた。二十世紀前半におけるその伝統の復権は、明らかに、普通選挙制によるデモクラシーの制度的完成および十九世紀以来のナショナリズムに象徴される、政治化の時代に対する知識人の拒絶または適応努力の現れであったと見なければならない。これらの事実は、本章の最初に述べたように、政治をもって対等者の相互関係とするヨーロッパ文化の伝統において、時々の政治権力の担い手のいかんにかかわらず、政治を相対化する論理が変わらず働き続けてきたことを物語るものであろう。

それにしても、ごく最近に到るまで、たんに友情の問題だけでなく、一般に非政治的な観念と政治との関わり合い、あるいはその政治的意味の問題は、政治思想史の視野の外に置かれてきた。しかし、本節冒頭に見たように、とりわけアメリカにおいて、その状況は変わりつつあるかにも見える。そして、アーレントなどの影響もあろうが、しかし、より本質的には、デモクラシーの実行可能性(feasibility)、いや、そもそもアメリカ社会の、一つの社会としての存立可能性への強い不安感から、本節冒頭に触れたように、サンデルのようないわゆる「コミュニタリアン」が、正義の問題以前の、人間の社会的連帯の問題を、友情や愛といった言葉で語り始めているかに見える[63]。しかし、サンデルについて言えば、彼の言うfriendshipは、（彼がそれを自覚しているか否か定かではないが）ここで見てきたような、ハッキリした歴史的系譜と輪郭とを持った友情論とは異なり、むしろ単純に、自己（self）に物理的に近い小共同体の連帯、その中での自己の再発見であって、その意味では、バークが『フランス革命の省察』で述べているような「社会の中で自分が属している小さな一劃に愛着をもつこと、その小さな一隊を愛すること」と変わらないかに見える。しかし、そこから、バーク自身も少なくとも言葉の上では希望したように、あるいは、フォースターやボナールに表明されているように、「祖国愛からひいては人類愛へと進む長い連鎖」への歩み[64]、すなわちコスモポリタニズムへの歩みが踏み出されるのかどうか、いやそもそもそう希望されているのか、定かではない。そして、もしそうではないとするならば、サンデルの言う〈友情〉は、むしろ単純にイデオロギー的な保守主義の宣言にすぎず、言葉は同じ友情ではあっても、ここで見てきたような、政治との緊張をはらんだ対抗原理であるよりは、むしろその補完原理か、たかだか非政治原理の衰弱形態にすぎないということにはならないであろうか。

あるいは、十九世紀末に生きたモリスは、制度的に完成したデモクラシー社会を現実には見てはいなかったからこそ、あのように言うことができたのであって、デモクラシー社会とは、ひとたびそれが制度上完成した時には、価値の多様性の掛け声にもかかわらず、実は非政治原理の介入を許さない、厳しい価値一元論の社会である、ということなのかもしれない。それこそ、早くも一八四〇年、アメリカのデモクラシーを観察してトクヴィルが恐れたことであった。とすれば、フォースターの留保もまた、非現実的な態度であり、結局は知識人の政治への敗北劇の一コマに過ぎなかった、ということにもなるであろう。しかし、公的原理としての非政治が衰弱し、微弱となった社会とは、かつての〈前〉キリスト教的ギリシア社会と似ていなくもないとしても、やはり、ヨーロッパにとってはある意味では新しい社会なのではないだろうか。これまで、ヨーロッパにおいても他の何処においても国家は、その境界（boundary）性、すなわち地縁、血縁、言語、さらには権力の獲得とそれへの服従などを通して、それなりの連帯の原理と事実とを提供してきた。それはなお継続し、おそらくは強化されるであろう。これに対抗して、ヨーロッパ（および、ヨーロッパの政治言語の支配する現代世界）は、ここで見てきたのと同じ延長線上にある、またはそれとは異なった、何らかの非政治的な人間連帯の原理を語り得るであろうか。だが、この問いに答えようとすることは、自ずから本章の課題の外に出ることになる。

第三章　十六世紀政治思想における世界認識

――昂進するペシミズム――

一　問題の提起――なぜ十六世紀か

かつて十六世紀とは、十五世紀以来のルネサンスと続く宗教改革によって、文字通り、聖と俗における中世神学と共同体至上主義からの人間性解放の時代、個人主義的・近代的人間とその作り出す主権国家の誕生を告げる華々しい時代、として描かれるのが常であった。ルネサンスとは、異教的な、神を恐れぬ強い現世的人間の自己主張であり、宗教改革とは、スコラ神学から解放された新鮮な宗教意識であった。振り返って考えてみれば、十九世紀末以来支配的だったこの図式は、ヤーコプ・ブルクハルトのイタリア・ルネサンス論を下敷きとし、それを宗教改革と連結させてヨーロッパ近代思想史全体の枠組みにまで一般化した、いわば、ブルクハルト版ルネサンス論の強烈な共鳴現象であった。この共鳴現象がとりわけ強かったのは、この時代、A・サイモンズ、W・ヴィンデルバント、W・ディルタイ(異論もあり得ることを承知の上で付け加えれば、W・ペイター、E・トレルチ)など、それぞれにルネサンス思想を描いた論者の名前からも明らかなように、イギリスとドイツであった。いずれも、プロテスタント国教制の強い伝統をもつ十九世紀の強国である。もちろん、死後一世紀以上を経て今なお偉大な歴史家であり続けるブルクハルト自身は、『イタリア・ルネサンスの文化』の中で、その光だけでなく影をも叙述することを忘れなかった。その第六章は、一方ではルネサンス文化の世俗性という基本的主張は維持しつつも、他方では、いかに奔放不羈なルネサンス人であっても、人生の危機、とくに死に面しては、キリスト教的中世人の素顔を現したことを鮮やかに描写している。

しかし、十九世紀末から二十世紀初頭の、圧倒的な、言うなればブルクハルト俗流化現象の中では、彼のそうした慎重さは無視された。

ところで、こうした十六世紀観をほとんどそのまま自明のものとして受容したのが、第二次大戦前から戦後にかけての日本におけるヨーロッパ研究であった。『イタリア・ルネサンスの文化』の最初の邦訳は昭和六年のことであった。日本ではそれは、ディルタイ流の人類精神の成長史という観念でもって増幅され、日本も含めて世界的な規模で近代を見るための最も一般的な枠組みとして広く受け入れられた、と言っても過言ではない。この現象は、丸山真男のヨーロッパ近代思想史観との関連ですでに序章にも触れたが、ヘーゲル、とくにその『歴史哲学』に見られる近代観の受容とパラレルの現象でもあった。ヘーゲルはこの講義の中で、ルネサンスの芸術と学問、プロテスタンティズムにおける宗教上の主観性の原理の成立、そして世俗的近代国家の建設、この三つを一括して、とりわけゲルマン世界において「長い嵐の後に漸く再び麗らかな日の来ることを告げる曙光」、「一段と尊い人間性に向かっての、一歩進んだ、一歩具体的な精神の飛躍」、「自由の精神の旗」など、最大級の賛辞で歌い上げた(1)。それは、彼のフリードリヒ大王賛美に端的に見られるように、きわめて特殊十九世紀プロイセン的状況の下での特殊な歴史解釈であった。にもかかわらず、日本でそれが近代一般の説明として大きな説得力を持ったのは、ヘーゲルに近いマルクス主義歴史観の支配と無縁ではなかったであろうし、さらにその奥には、〈強い〉、または〈合理主義的〉ヨーロッパ近代に対する思い入れがあったためであろう。だが、あまりにもしばしば見過ごされていることであるが、ヨーロッパ二千数百年、とりわけキリスト教成立以降の思想史においては、世俗化の決定的となった十八世紀中葉における進歩史観の成立するまで、一般的に歴史意識としては、神の手で本来善なるものとして創造された世界における悪の恒存状態か、またはそれ以上に、その世界が時間とともに人間の手によって堕落させられていくという下降認識が、論者による濃淡の差異こそあれ、支配的であった。この下降認識は、プラトンの『国家』、ストアの循環史観、また、歴史世界においては世の終わりに到るまで「神の国」と「地の国」の戦いは続くであろうとするアウグスティヌスの歴史観、いずれにおいても前提されていたと見なければならない。アウグスティヌスにとっては、何よりもこの下降傾向に対する戦いこそ、人間の課題でなければならなかった。十六世紀の歴史意識もこの枠の外のものではあり得なかった。

これに対して近代の日本においては、十九世紀ヨーロッパの進歩思想を学ぶことから始めた福沢諭吉以来最近に至るまで、人間とは本質的に進歩する存在なりと考え、その現実化をヨーロッパ近代に見るのが、「洋学者」の一般的信条であった。J・ホイジンガの適切な揶揄を借りれば、著しく一般化され、それを信ずる人のほとんど「生活の信条」と化した、まさに「何から何まで積極的で、そして、ハ長調」ルネサンス論の支配的地位は、とくにわが国において不動であった。二十世紀の早い時期からあったK・ブールダッハやホイジンガらのブルクハルト批判は、一九六〇年代に到るまではほとんど知られなかった。宗教改革＝主観主義原理成立論について言えば、J・W・アレンは、すでに一九二八年、研究史上今も古典たる地位を失っていない『十六世紀の政治思想』(*A History of Political Thought in the Sixteenth Century*)の冒頭で、「プロテスタンティズムとは、本質的に個人の自由の主張だったとされている。……だが、十六世紀にいったい誰がそうした要求、そうした主張をしたのか」、「もしも、プロテスタンティズムの本質とは、宗教に関して自らの方法で自らの結論に到達し、しかもそれを妨げられることなく表明する個人の自由の主張であるとするならば、十六世紀に誰がプロテスタントだったか」と厳しく問いを発しているが、わが国で、その問いに正面から答えようとした政治思想史研究者はいなかった。また、一九四三年、E・M・ティリヤードは、名著『エリザベス朝の世界像』の中で、時代意識の代弁者として、シェイクスピアとともに随所にリチャード・フッカーを引用しながら、同時代において、中世以来の「存在の鎖」の観念が、巨大な社会的変化にもかかわらずなお強固に支配していたことを明らかにした。それに対してC・ヒルが、その事実の解釈については若干の留保付きながらもなお賛辞を惜しまなかったのは、一九八三年のことである。しかし、わが国では、そうした幅の広く息も長い論議は見られず、ティリヤードはシェイクスピア研究との関連で英文学の、ヒルは十七世紀イギリス革命研究との関連で歴史学の、そして、付け加えて言えば、ロッテルダムのエラスムスとモンテーニュはフランス文学の、それぞれ専門分野の財産目録として登録されたままであったかに見える。政治思想史の教科書では、フッカーはその名前すら言及されないのが常である。なお、本章はフッカーについての叙述をもって結ばれるであろう。(2)

しかし、二十世紀後半、ヨーロッパにおける研究の状況は大幅に変化し、複雑化した。もちろん、その中には、E・ガレンのように、中世とルネサンスの断絶を強調するブルクハルトの伝統に比較的に忠実な立場もある。また、最近四〇年の政治思想史研究においてしばしば強調されてきた、いわゆる「政治的人文主義」(civic humanism)の概念も、十五世紀初頭フィレンツェにおける政治思想の「転換」を、近代のそれへの序曲として劇的に強調する限り、ブルクハルト版ルネサンス論補遺としての役割を持ち続けている。だが、他方で、中世とりわけ十三世紀以来の思想史の連続性あるいは錯雑性に関心を向けてきた多くの研究がある。本章もまた、基本的にはこの流れの中にある。そこには、P・バークも指摘しているように、研究者たちにおける「近代概念の変化」も働いているであろう。従来、ルネサンス思想の出発点であり、来るべき近代を先取りした時代精神とされた、〈人文主義〉という言葉そのものを例に取れば、P・O・クリステラーは、この言葉の出発点である humanitas という語は、アリストテレスの受容開始とともにすでに十三世紀から頻繁に用いられていたこと、また、studia humanitatis の専門家としての humanista という言葉も十五世紀からあり、後者すなわち humanista とは、jurista, legista, などと並列的に用いられた、「古典文学の教授」という、いわば一つの職業、またはその職業が得意とした学問分野(文法、レトリック、歴史学、詩学、道徳哲学)を表す言葉であったこと、などを繰り返し強調している。確かに、そこから発して、それらの学問とその基礎となったラテン語、ギリシア語原典を重視し、また、何よりも、演繹的論理によって議論を進行させるスコラ哲学に対して、レトリックと歴史に訴え、あるいは書簡の形式を駆使することによって、人々の心に直接的に訴えかけようとする方法的立場を、一般的にstudia humanitatisと呼ぶ言い方が早くから存在したとしても、さりとて、それをもってヘーゲル流近代精神の実体的根拠だとは、今日では誰も主張しないであろう(3)。

同様のことは、かつて近代的人間像誕生の合い言葉としてもてはやされたピコの、いわゆる「人間の尊厳についての演説」(一四八六年)についても認めることができる。「人間の尊厳と優越」という言葉自体は「演説」の中の言葉ではなく、それに三〇年以上も先立つマネッティの作品の表題であること、また、「演説」の題目は死後の公刊に際してピコの甥がつけたものであることなどは知られているが、ここでもクリステラーが、ピコにおいて「人間の優越が実現されるのは、彼(人間)に与えられた道徳的および知的な生の最高形式を選択するときにのみである」、という慎重な留保を付していることに注目したい。これは、すでにマネッティ自身、人間の不都合はその自然によってではなく罪の汚れによって引き起こされたものである、と表明しているところからも当然であろう。ピコの主張は、「自分自身を変容する本性」、「われわれのカメレオン」というその言葉が示すように、神の似姿として本来善なるものとして作られた被造物でありながら、まさにそのことによって善悪双方向への両義的可能性を持つという、アウグスティヌス、いやプラトン以来の人間論、それと不可分の関係にある自由意志説の伝統の外に出るものでは決してなかった。それは、マネッティ、ピコの年長の友人フィチーノら、フィレンツェ・プラトニストに共通な人間論であった。もちろん、神性・獣性双方向への両義的可能性のうち、いずれに人間の現実が傾斜しがちかという判断においてフィチーノとピコには差違があり、前者は後者に比してよりペシミスティックであるかに見えるにしても、ここでそれは問題ではない。実際、親友トマス・モアとともにピコを深く尊敬していたエラスムスは、ピコの「演説」の十数年後、その『エンキリディオン』の中で、ピコを彷彿させるかのように「人間の尊厳はいかに偉大であるか」という言葉を発しているが、同時にエラスムスにおいてその言葉は、単なる現状判断以上の、強い人間論的な意味で、人間の堕落の認識と不可分であった。エラスムスにおいて、こうした一見逆接的な二つの論理がどのような関係にあるのかという問題は、本章の主題の一つとしてあらためて論じなければならないが、さしあたりここでは、そのエラスムスは、戦闘的な現世拒否の思想たる『イミタチオ・クリスティ』以来の、「近代的敬虔」(devotio moderna)の流れの中の一人であったという事実だけを指摘しておきたい。「人間の尊厳」とは、キリスト教の外側にいたマキアヴェッリやグィッチャルディーニなどとは無縁な言葉であり、エラスムス——世界像の理論的一貫性よりは人間の〈生き方〉のそれを問うたエラスムス——の言葉を借りて言えば、まさに「キリストの哲学」(philosophia Christi)の言葉であった。その後、同じ言葉はフッカーに、また、第一章に見たとおり、フッカーを借りる形でロックにも繰り返されることとなる。なお、もはや宗教的文脈からは切り離されてはいるが、野獣性との対比における人間の「尊厳」という語法は、遥か後、J・S・ミルの『功利主義論』(1861)にまでエコーするであろう(4)。

さて、本章は、十六世紀政治思想についての一つのスケッチである。その論述を始めるに先立って、この時期の思想全般について、第二章と同じく研究史の回顧を試みたのは、それが、以下の叙述の主題と方法に深く関わるからである。「近代」という言葉の意味を真剣に考えようとするとき、十六世紀を避けて通ることはできない。確かに、とりわけ最近の四半世紀、十六世紀から十八世紀末までを「初期近代」として十九世紀以降と区別するという常識が研究者の間に成立しつつあるかに見えるが、実は、先のP・バークの言葉にもかかわらず、その初期近代として何を中心的指標と考えるかについて、必ずしも共通の理解があるわけではない。また、そうした語法によって初期近代と中世との連続・非連続がとくに明らかになったというわけでもない。ヨーロッパにおいても日本においても、個々の思想家の内面や発言の文脈にまで立ち入った研究の精緻化が進みながら、それが、本来はその蓄積によってもたらされるべき近代概念の変化の方向へと必ずしも発展せず、結果としてミクロの叙述とマクロのそれとの間に一種の非対応現象が生じている、と言ってもよい。とすれば、できる限り新しいミクロの研究成果を視野に入れながら、十六世紀政治思想史を通観する何らかの鳥瞰図を描いてみる必要があるのではないだろうか。

こうした課題を持ちながら、以下では、まず前半で、一五二〇年以前の、とりわけ宗教改革を帰結した思想世界のアンビヴァレントな一般的状況についての仮説を提示し、それを、いくつかのすでによく知られているテクスト、とくに時代の精神の象徴と見るべき、エラスムスの作品に即して検証する。次いで後半では、宗教改革の進行に伴って、とりわけカルヴィニズム権力の成立以降、ペシミズムの色を濃くしていった世紀末近くの状況について、これもユストゥス・リプシウス、リチャード・フッカーという二人の具体例に即して検討する。ここでは、いわゆる人文主義も、最終的には宗教改革を帰結したキリスト教思想史の一側面をなすものとして、視野に入れて行きたい。また、この作業に当たっては、〈政治思想〉の意味を、権力ゲームとしての政治の理念またはイデオロギー＝政治理論という、通常前提されている狭い範囲に限らずに(それを除外する政治思想史はあり得ないのは言うまでもない)、より広く、イデオロギーの背後にある思想家たちの世界理解、人間理解にまで遡り、そこに見られる共通の特徴と、その経時的変化を考察してみたい。この時代、思想家たちの世界および人間理解は、当然のこととして、キリスト教を中心軸として展開する。この世紀に顕著な、セネカを中心とするストア派の受容の問題も、次第に強くなる国家理性論も、いや新しいプラトン受容も、いずれもそれと無縁ではあり得ない。ただし、それは、思想家たちが、その政治理論においても、プロテスタンティズムとカトリシズムという宗教的対立軸に従って対立していたことを意味しない。状況は遥かに複雑である。

だが、それにしても、政治思想史研究でありながら、なぜ、キリスト教思想を中心とする思想状況とその変化をとりわけ重視するのか。また、なぜ、畢竟個人的な問題である思想家たちの世界理解を問うのか。政治思想史における十六世紀の最大の問題は、成立しつつある世俗的な主権国家、とりわけ宗教的裁可を脱した国王権力の正当性の弁証であり、宗教からの〈政治の独立〉だったのではないのか。政治思想史研究は、この時期の思想家たちが提供した政治権力の正統性のイデオロギーの発展に眼を集中すればよいし、またそうすべきではないか。こう主張することにおいては、マイネッケ『近代における国家理性の理念』(1924)以来の近代権力国家論形成史を辿ろうとする論者も、ホッブズに始まるとされる社会契約説を近代の政治思想の主脈と考える論者も、また、J・G・A・ポウコック以来論じられてきた共和主義理念成立史こそ近代政治思想史の最大の主題と考える論者も、さらには、現代まで続く領域支配国家(state)観念の成立をもって政治思想における近代=現代の始まりと考えるQ・スキナーも、皆一致するであろう[5]。とするならば、確立した政治理論史の諸権威が等しく認める事柄にあえて楯突く必要などどこにあるのか。その根拠は何か。

もちろん、十六世紀が近代主権国家の成立期であったのは事実だから、主権論も含めて権力の理論に研究者の関心が集中するのは当然である。この世紀の政治思想は、カトリックとプロテスタントという宗教的対立の枠を乗り越えて、相互に入り乱れて展開した。たとえば、リプシウスは、信仰の立場としてはカトリックからルター派、カルヴァン派、そして、再びカトリックへの復帰という人生を送ったが、彼の政治理論は、大筋としてはそうしたいわば宗教的変節とは無関係に展開された。また、すでに第一章で見たように、(十七世紀まで視野に入れて)社会契約説と呼んでよい議論を展開した思想家たちのうちにも、その人間論的根拠や理論操作に着目すれば、スアレス-ロック型とホッブズ-スピノザ型とが識別でき、また、フッカーのようなその中間型もあった。だが、理論のレヴェルではそのように類型化できる彼ら一人ひとりの宗教的立場は、その政治的立場と同じく、それぞれまったく別であった。しかし、だからといってその事実は、政治思想史研究が、政治権力または政治的行為の〈正当化〉の理論に視野を限定することを正当化するとは言えない。なぜならば(そもそも〈政治の独立〉という分析概念の枠組みそのものが、宗教と政治の分離の原則を所与としている現代を過去に投影した歴史の後読みではないのか、という疑問は措くとしても)、こうした政治理論史または理念史は、権力の正当化の議論に注目するあまりか、同時代の政治思想として本来視野に入れるべきものを、無視または排除してきたからである。すなわち、世紀初めのエラスムスも含めてマキアヴェッリの時代から世紀末のリプシウス、さらには次の世紀にかけてのベイコン、ホッブズ、ハリントンに到るまで連綿と論じられてきた政治思想の一つの、そして最も重要な分野に、中世以来の「君主の鑑」の伝統に立脚した統治の技術論がある。従来の政治思想史は、その存在と意義にはほとんど注目してこなかった。理念発展史中心の政治思想史が、マキアヴェッリの位置づけに苦労してきたこと、また、通常、エラスムスはおろかリプシウスもベイコンも無視してきたことは、任意の通史を手に取ってみれば明らかである。マキアヴェッリに、近代の共和主義またはいわゆる「政治的人文主義」理念成立史における名誉ある地位を割り当てたポウコックも、この点では例外ではない。

ここで、とくに宗教の問題と関わって、同時代における政治理論家たちの世界理解を、より歴史に即して理解する作業が必要であるとするのは、この統治の技術論を正当な歴史的位置に復権させるためでもある。と言うのは、そこには、十六世紀から十七世紀末頃までの彼らの政治的・社会的地位と役割、そして、そこから帰結する彼らの思想の特質の問題が深く関わっているからである。この時代、思想家たちに求められたのは、彼らが仕える世俗権力の正当化の理論であるとともに、いや、時にはそれ以上に、新しい世俗支配者に必要な統治の〈技術論〉であった。自明なことであるが、いつの時代、いかなる政治体制の下でも、支配する権力の究極のあり場所は、支配される者の心の中にある。とすれば、統治の技術の核心は、被治者、および潜在的、顕在的敵対者に対する心理的操縦、すなわち人の心への働きかけになければならない。政策論の意義もまた、結局はそこに帰結する。マキアヴェッリの『君主論』も含めて、この時代の政治思想の最も重要なジャンルが依然として「君主の鑑」、すなわち君主教育論であったことは偶然ではない。十六世紀から十七世紀にかけて多用されることとなる法律論の形式を取った政治論は、ボダンに見られるように、この「君主の鑑」の伝統の中から、あるいはそれに対抗して、成立してきたと見なければならない。そして、この時代、「君主の鑑」の重要主題は、君主の宗教性や道徳性の強調という伝統的なそれと併せて、〈人心をいかに効果的に把握するか〉にあった。それは、右に列挙した思想家たちの作品の内容が十分に語ってくれる。そのほとんどが人文主義者であった思想家たちは、一方で主君のパトロネージを確保する必要、いや、時には主君との関係上、自らの地位や、時には生命そのものすら維持する必要と、他方で人間として自己の守るべき価値との、厳しい狭間で作業をするほかなかった。彼らは、何としても人間をよりよく知る必要、言い換えれば、より説得力のある世界理解を持つ必要があった。また、それを、自己に割り当てられた仕方で表現しなければならなかった。

具体的には、人文主義者は、教師であると同時に、時に権力者のラテン語秘書、文書起草者であり、時に歴史編纂官であった。ブルーニもマキアヴェッリも、権力に仕えながら同時に歴史叙述を生涯の仕事とした。それは、思想家の社会的存在形態と役割としては、十八世紀後半、とくにロマン主義以降現在までの、本質的には一般市民の教師となったそれとは甚だしく異なった状況であった。端的に言って、後者の場合、一人の思想家の存在理由ないし彼または彼女に対する評価基準は、人間理解の深さや視野の広さもさりながら、必然的であるか否かは別として、究極的にはその理論の一貫性に求められるのが常である。しかし、十六世紀においてそれは、そうした〈近代的〉単一基準ではなかった。十七世紀中葉にもなってホッブズが、自らの立場を、一貫して「私人」と規定しなければならなかったのは、無意味な発言だったとは思われない。(6) また、リプシウスがその『政治学六巻』(1589)を、人文主義者の著作のコンヴェンションに従ってほとんど全巻引用で構成し、しかも、君主における宗教的敬虔を強調しているにもかかわらず、その引用はすべてギリシア・ローマの古典から取り、新旧約両聖書からの引用は一貫して回避しているのも、この時代の政治思想の特徴的在りようの一例であろう。そこには、抽象化された理論のレヴェルでは通常隠されている、思想家の個人としての実存と、権力の従属的アクターとして期待されている役割との軋みが図らずも露出している。ここでモアの殉教を引き合いに出す必要もないであろう。十六世紀政治思想史を理解するに当たって、それぞれの思想のイデオロギー性の背後に潜む、思想家たちの世界理解から出発しなければならないのは、この緊張の中にこそ、同時代の思想の特質が最もよく示されていると考えられるからである。その展開軸となったのは、間違いなくキリスト教の問題であった。思想家たちが個人としてキリスト教と関わらなければならなかっただけではなく、すべての統治技術論も、何らかの意味で、キリスト教との関わりを回避するわけにはいかなかった。この時代、エラスムスも、トマス・モアも、キリスト教にあからさまに敵対的だったマキアヴェッリも、さらにはホッブズもロックも、各人各様にではあるが、人間は政治的存在であると同時に宗教的存在であることを自明の前提としていた。その宗教の領域で、カトリシズムとプロテスタンティズムという、ヨーロッパ思想史上未曾有の、修復不能の分裂が生じた。それは、思想家たちに対して新しい世界理解と態度決定を強要する。思想家たちが、世俗の領域主権とどのように関わるかという問題も、まさにその一つであった。ここには、個々の論題の差違や、時には政治的、宗教的立場の差違すら越えて、中心問題および社会的地位の共通性を通して思想家たちが共有した、一つの思想世界を読み取ることができる。本章の目的は、その特質の記述にある(7)。

序論の最後に、十六世紀政治思想における〈政治の独立〉という論議に対するいま一つの疑問点を指摘しておきたい。問題は、この言葉が、カトリック教会からの国王権力の独立という意味だけに用いられるに止まらず、より一般的に同時代政治思想の特質とされることである。だが、一般化された用語法は、オランダ、北欧諸国も含めて、この時代以降ヨーロッパの多くの国におけるプロテスタント国教制の圧倒的な支配という、それこそ〈初期近代〉における政治の最大の特徴を曖昧化する。確かに、いたるところで教皇権力は衰退し、世俗権力が隆盛した。しかし、それは、カトリックであれプロテスタントであれ、世俗的権力と宗教の相互独立はまったく意味しなかった。とすれば、仮にも十六世紀における〈政治の独立〉を言うならば、むしろ、それは〈政治による宗教の支配〉である、と注を付すべきであろう。それは、一見逆説的ながら、文字通りのハイ・ポリティックスの領域を除けば、人々の宗教心に依存せずして政治的支配はあり得なかったことを意味する。だからこそ、例外なしに事実上それぞれ国教であった初期プロテスタンティズムは、現存の政治的権威をそのまま認めるという代価を払って個々人の内面の宗教的純粋さの世界に立て籠もるか〈ルター主義〉、または、仮借ない権威主義体制を自ら構築するか〈カルヴィニズム＝ピューリタニズム〉、いずれかであった。もちろん国教を制度的に確立し、その上で、状況が許せば穏やかな包容政策を取ることもありえた〈エリザベス朝イングランド〉。しかし、いずれにせよ重要なのは、この事実を反映して十六世紀の、とりわけプロテスタンティズムの国家論は、カトリック支配のフランスでボダンが主張したような、人間生活の非宗教的側面で主権性を要求するだけではなく、ますます広範に、その国家に属するすべての人間の生活と精神を全面的に把握する、あえて言うなれば、〈包括国家論〉的な理論に傾いていったことである。先に触れたように、プロテスタンティズムにおける〈個人主義〉に疑問を呈したアレンは、十六世紀の政治思想の最大の問題は秩序の確保と維持の問題であり、そこで権力による忠誠要求の根拠は自然法または聖書の権威であらざるをえなかったと指摘している。正当な指摘と言うべきである。(8) その中でも、政治的支配において聖書の権威が最も直接的に援用されたのは、カルヴィニズムの長老支配体制であった。必然的にそこでは、政治＝宗教権力は人々の生活の奥深くまで統制することとなった。もしも中世カトリック教会の支配を権威主義と呼ぶとすれば、別種ではあっても、これもまた、間違いなく権威主義的支配と呼ばなければばならない。ホッブズは、事実上の思想統制を含めて社会を全面的に統制する権力を主権に留保する必要を力説したが、国教制プロテスタンティズムの信仰という前提を抜きにしては、徹底して政治権力主導型の彼の政治・宗教理論を適切に理解できるとは思われない。(9) 度々述べてきたように、ここでは、「信仰の自由」は、個人の内面の領域に封じ込められる。エラスムス以来の寛容論は、圧倒的に少数派であった。その後、漸く十七世紀末以降ともなれば、宗教的結社の役割の限定性とパラレルに、国家のそれの限定性を主張するラディカルなロックもあり、こうした包括国家論はいったんは歴史の後景に退くかに見えるが、ルソーやバークやヘーゲルなどを見れば明らかなように、フランス革命とともに再び現われて、十九世紀プロテスタント国家におけるナショナリズムの言語を供給することになる。バークは、その『フランス革命の省察』において、歴史的追憶とともにイギリス国教会体制を美化し、コウルリッジは、それに共和主義的要素を付加した。しかし、それらの検討は別な論述に譲らなければならない(10)。

二　一五二〇年頃までの思想状況（その一）
――仮説の提示・「形相」と「質料」の乖離――

G・R・エルトンは、その『宗教改革の時代（一五一七―一五五九）』(1963)末尾に、「人はやはり十六世紀の特徴として、伝統的な社会、伝統的な確信の壊れたのがこの時代だということを認めなければならない」と述べている(11)。日本においても、佐々木毅や塚田富治の業績に同じ判断は前提されている。この前提に同意した上で、本節で分析が試みられるのは、とくに一五二〇年頃までの、思想家たちにおける、混乱と崩壊の時代感覚の具体的表象である。ここでは、たとえばエラスムスやモアが口を極めて批判しているような教会と聖職者の無知、形式主義、好色、権力欲、金銭的強欲、好戦的傾向、さらには宮廷での奢侈や陰謀の横行、民衆の搾取、囲い込み、過酷な刑罰などといった堕落の〈事実〉と、それについての思想家たちの抱く危機の〈意識〉とを明確に区別し、考察の対象を後者に特定したい。そして、それを象徴する言葉として、最近の多くの研究者とともに、「堕落」、「腐敗」、またはそれに類する言葉と、思想家たちのアノミックな心象風景に注目したい。もちろん、腐敗した現代、徳も名誉心も失った現代という表現は十六世紀に新しいものではない。そうした言葉は、すでに十四世紀初頭、ダンテ『神曲』の全編に満ちあふれているし、続く時代、ダンテほどには政治的ではなかったペトラルカにも見られる。ペトラルカは、「こんなにおびただしい現代世界の諸悪、こんなに多くの破廉恥……この醜悪な現代」と言い、「現代の悲惨はすでに絶望的」と言う。そして、「美徳と名誉とをもって死んでいったあの古代人」に対して、「現代人の方は、歓楽や偽りの喜びに浮かれ、漁色や安逸のうちに惰弱となり、酒に溺れて懶惰となり、生きているように見えはしても、その実、なお呼吸してはいるとは言えすでに腐乱せる恐ろしい屍にほかならない」と論難する(12)。

十五世紀末から十六世紀初頭ともなれば、この種の表現は、フィチーノ、エラスムス、モア、ルター、マキアヴェッリなどに見られるとおり、宗教、政治いずれにおいてもごく普通の現実描写であった。「最も犯罪的な時代、想像しうるかぎりの最も不幸な、最も堕落した時代」とは、一五二〇年代におけるエラスムスの同時代診断である。学問態度としての studia humanitatis に共鳴し、共和主義の精神によって国王権力を理論的に補強し、教会を批判して宗教改革を準備・推進し、また時にはそれに反対したこの時代の思想家たちに共通しているのは、人間の堕落という強烈な感覚であった。この感覚は、思想家たちを強制して、人間の現実のよりリアリスティックな認識に赴かせるとともに、あるべき人間性のいま一度の確認を促す。studia humanitatis の隆盛の重要な契機に、ビザンティンからのギリシア人学者がもたらした古典の学識という事実が指摘されているが、そうだとしても、そこには、その受け入れを必要とした精神の状況が先だって存在したのでなければならない。同じことは、依然として旺盛なプラトンとアリストテレスへの関心と同時に、広くこの時期に見られたセネカやキケロ等、ストア哲学――ここではキケロもストアの一人に数えたい――への強い共感、受容についても言えるであろう。セネカにせよキケロにせよ、その思想の底には、人間社会の秩序の基礎はいかに脆いものか、という深刻な意識が流れている。セネカが、支配者における怒りの危険、寛大な統治の必要を説くだけではなく、さらに友情の大切さを語るのも、あるいは、キケロが国家への奉仕の必要を強調するのも、そのためである。とりわけセネカには、個々人の意志によって自発的に維持されない限り社会はいかに容易に崩壊することか、という観念が強い。乱世の実感の共有が、思想家たちにこうしたストアを必要とさせたのであろう。プルタルコスの『モラリア』が、世紀の進行とともに次第に多くの読者を獲得していったのにも、同じ事情は働いていると見るべきであろう[13]。

それにしても、なぜことさらに「堕落」が意識されたのか。その理由は、社会における利己的行為と僭主的統治者の横行、教会の腐敗と分裂、政治的・商業的資本主義化の進行など、最も一般化して言えば、教会と国家、いや、政治、経済、社会の全面に渉って、現実があまりにも急激に変化して思想家たちを圧倒したためではないか。あるいは、誰もが、それまでの理論では説明できない新しい事実に対応し切れず、理論家として、現実を指導すべき言葉を持つことができなくなってしまったためではないか。言い換えれば、思想家たちは、キリスト教的、アリストテレス的諸徳という理念が人々の精神に対する統制力を失ってしまったという現実認識を持っているが、同時に、それらの理念自身は、それとしてなお彼らの意識を支配している、という状態ではないか。とりわけイタリアの混乱からヨーロッパ全体に波及する、止めどもない政治権力の世界の構造変化と、商業化・世俗化のもたらす新しい現実を整序すべき新しい言葉は未だ生まれていなかった。この変化に宗教改革が追討ちをかける。それらの現実に思想家たちが追いつくためには、十八世紀中葉まで、なお二世紀という時間が必要であった。「堕落」認識は、その間における両者の落差の感覚の表象だったと考えるべきではないだろうか。「堕落」は、プラトン以来、思想家たちにとって最も馴染みの深い、現実認識の言葉であった。そして、この意識を背景に、思想家たちの間に一つの特徴的な理論態度が支配するようになる。実はすでに中世以来あった〈折衷主義〉(eclecticism)がそれである。折衷主義とは、一つには、プラトンにおける「イデア」、アリストテレスにおける「幸福」、アウグスティヌスにおける「自由意志、恩寵」、トマスにおける「自然」、近代ではカントにおける「実践理性、判断力」、ヘーゲルにおける「世界精神」などのように、それぞれの思想家において、世界を記述し、理論全体の重みを担う主導概念の欠如であり、いま一つには、文字通り手持ちのさまざまな理論からの、さまざまな要素の取捨選択である。〈折衷主義〉はとくにピコについて与えられる形容であるが、彼は本来キリスト教に余すところなく体現されているはずの「秘密の哲学の隠れている意味を引き出すために」、キリスト教以外にも、ユダヤ教、古典古代から果てはゾロアスター教、マホメットまで、十三世紀以来豊かとなった既知のあらゆる知的資源の在庫を駆使することをためらわなかった。同じ態度は、一世紀後、ボダンの宗教論に再現するであろう[14]。

振り返ってみれば、十四世紀以来カトリック教会の正統理論だったトマスの政治・社会理論は、アリストテレスに依拠しながら、静態的な社会の階層構造を前提に、それを個に対する全体の優位、および共通善として合理化する理論であった。それは中世における「自然」の一つの意味、すなわち「産出された自然」(natura naturata)の理論である。だがそれは、ノミナリズムの側からの批判は別としても、最初から一つの矛盾を内在させていた。と言うのは、そもそもそれは、十三世紀という、ローマ崩壊以後のヨーロッパにおける最初の社会的流動化と都市化、(アルマンの言葉を借りれば)「世俗化」の時代において[15]、ある意味でその現象の合理的説明のために構築されたにもかかわらず、その理論そのものは社会静学的であって、社会の流動的要素を取り入れる構造にはなっていなかったからである。その意味では、完成度の高いあらゆる理論の常として、そこには最初から「ミネルヴァの梟」的な性格があった。だが、他方でそれは、すでに序章で見たとおり、いま一つの「自然」概念、すなわち「産出する自然」(natura naturans)概念によって、キリスト教社会以外にも合理的社会が存在しうる可能性、言うなれば、自然の領域における人間理性の自律性を許容する理論でもあった。ここに、古典古代の政治制度の正当性がそれ自身として認知されることとなった。だからこそ、トマスにおける「自然」は、一方で現状承認の論拠であると同時に、他方では現状批判の論拠でもあり得た。実際、「活動的生」(vita activa)を掲げたいわゆる「政治的人文主義」も、(直接的論証は不可能だとしても)少なくとも消極的に、教会の正統理論たるトマスの自然概念のこうした包容性を前提せずしてはあり得なかったと考えるべきであろう。しかし、今や状況はさらに流動化し、静学的なその理論では説明も、したがってまた制御もできない事実はあまりにも多い。フィチーノも、ピコも、エラスムスも、形式論理主義化したスコラ学とは区別されたトマスの偉大さに対しては依然尊敬を払ってはいるものの、だからといってその理論に説得力を期待することはもはや不可能であった。とすれば、彼らは手持ちのあらゆる在庫目録を借りるほかなかったのであろう。クリステラーが、この時期にキケロが「多数の人文主義的論考の特色ともなった折衷主義的思考の範例としても認められるにいたった」と述べているように、折衷主義は、ピコ以外にも同時代の思想家たちが自覚的に採用した思想の方法であった。(16) なお、トマスの作用力はその後も大きく、十六世紀のヴィトリア、十七世紀のスアレス等いわゆるスペイン学派のトミズムは別としても、たとえば、人間の自律的能力としての「自然」概念を駆使して歴史的形成物たるイングランド国教会を弁証するフッカーの試みが十六世紀末になって現れる。いや、第一章で述べたように、十七世紀に入っても、ロックの『自然法論』は、少なくとも形式的にはトマスのそれを踏襲している。それも一つの折衷と見ることができる。ロックはさて措き、フッカーの理論もまた典型的に折衷主義的発想であった。もちろん、それらすべてにおいて、思想家たちは無差別に折衷したのではなく、より親近性を、またはより多くの説得力を感じた理論に選択的に接近したに違いない。宗教問題が関心の中心にあり、しかも、堕落の意識の赴くところ、個別の問題に止まらず、既存の宗教的、政治的体制そのものの合理性が疑われ始めつつある十六世紀初頭、人間における善・悪双方の二元的可能性を強調するプラトン、そしてアウグスティヌスが次第に大きな関心の的となっていったのは、当然の成り行きであった。

だが、一五二〇年以前の、とりわけ宗教改革を帰結した思想現象の特徴を「堕落」の意識、および理論における折衷主義として捉えるとしても、一歩踏み込んで考えれば、それだけでは状況の歴史的説明としては不十分である。なぜならば、〈進歩〉にせよ〈堕落〉にせよ、いずれも目的論の世界に属する言葉であって、その具体的意味は、それぞれの目的論の内容次第で可変的だからである。目的論を離れて、または、それを括弧に入れたままで〈進歩〉を論ずるのは、二十世紀後半の特殊状況であろう。少なくとも十九世紀までのヨーロッパではそうではなかった。もちろん、時代とともに目的論の中身は変化した。そこで、上に述べてきた仮説を、同時代までの目的論の言葉との関連でより具体的に述べなければならない。ここで注目したいのは、「堕落」と同じように、この時代、というよりは遥か以前の時代から、ヨーロッパで人々が世界を記述し表現してきた言葉の特徴である。思想家であろうとなかろうと、人が社会や人間について語ろうとすれば、必ず、手持ちの言葉で語らざるをえないのは、人間における最も単純な事実である。では、その特徴は何であったかと言えば、それは、〈形相・質料二元論〉として最も適切に特徴付けることができるのではないだろうか。もちろん、「形相」も「質料」も、それぞれ古代以来の認識論の、すなわち哲学のテクニカル・タームである。そして、この時代、それこそ哲学的議論の中は別として、これらの言葉自体が、政治・宗教思想も含めて一般的に、世界を記述するための言葉として使われているわけでは必ずしもない(17)。にもかかわらずここで、同時代思想家たちにおける世界表象の特質を示す言葉としてこの二つを使うのは、彼らの政治的・宗教的思考の枠組みの特徴を説明するための分析概念として、それが適切と判断するためである。この点は、誤解を避けるためとくに強調しておきたい。確かに、およそ歴史叙述において設定される分析概念は、総体としての現実からある部分を切り取って叙述するためのものではあるが、同時にそれは、そこで分析される具体的な対象が自ずから要請するものでなければならないであろう。

さて、人々は、(たとえその言葉自体は用いないにせよ)形相と質料の二元論の枠組みで世界を認識しており、しかも、両者の関係をアリストテレス風に考えている。すなわち、同時代の人々にとって、世界は可能態(dynamis)としての形相(eidos)と、それを現実態(energeia)とする質料(hyle)とから成っている。あるいは、世界をそのような形で記述するのが当然と彼らは考える、と言い換えてもよい。ところで、アリストテレス『形而上学』は、形相と質料の説明として、しばしば、前者(形相)は家を建てる際に建築主の頭の中にある構想または使用目的であり、後者

(質料)は、それを現実の形にするための材料である、と説明している。現実にある世界はすべてこの両者の合成として観念される。この説明からすると、形相も質料も、いずれも世界を理論的に説明するための概念であるから、具体的な現実において、どの形相とどの質料が結合するかは論理的には自由なはずであろうが、しかし、アリストテレス以来、決してそうとは考えられてこなかった。つまり、ある形相は、それ自身としては可能態としてのみ存在しているのであって、その形相を現実態にまでもたらすには、それを実現するものとして質料が必要であるが、具体的な個物においては、両者の結びつきは偶然的ではなく、相互に、本来的に親近性がなければならなかった。その意味では、家の建築の場合の、建築主の構想や使用目的と建築材料という比喩は(hyleとは本来、木woodである)、本質を衝いていると言うべきであろう。そして、本来言葉として存在する被造物の諸形相は、とりわけトマス以来、一つの合理的階層秩序――「存在の鎖」――を形成するものとして理解されている。

では、この思考枠組みを、社会という構築物に適用するとどうなるであろうか。明らかなことは、可能態である人間の形相を現実態とするための質料が、たとえば鳥や獣の形をしているなどあり得ぬことである。それが「人間の尊厳」の最も具体的な意味であろう。同様に、王の形相を現実態とするための質料が、(プラトンとエラスムスの表現を借りれば)自己の卑しい欲望に振り回された、精神的に奴隷状態にある人間ということもあり得ないはずである。これこそまさに、アリストテレス以来、「僭主」と厳格に区別された「王」の観念が存在した理由であった[18]。そして、形相・質料合成論は、キリストの受肉論を通して、キリスト教世界の中にしっかりと根を下ろした思考方法となっていた。不可視の実在は可視の姿を取ってのみ人間に対して現れるというアウグスティヌス以来の世界理解は、遥か後の時代、十九世紀ロマン主義者たちにもエコーすることとなるであろう。ところが、この時代、思想家たちの目に映った人間の現実は、神は世界を善なるものとして創造したにもかかわらず、それぞれの形相と結び付くべき質料がその本来の姿にはない、ということだったのではないだろうか。王も貴族も有徳な統治者ではなく、神学者に真の信仰の知識はなく、聖職者たちはキリスト教の本質たる〈愛〉を伝えず、哲学者は無意味な概念の遊技にふけっている。すべてにおいて、それぞれの形相に対応して質料たるべきものが、その形相を担うべきものとは懸け隔たっている。エラスムスのようにキリスト教の本来のあり方という視点から見た場合にせよ、マキアヴェッリのように共和政ローマの自由という視点から見た場合にせよ、思想家たちが堕落を口にする時には、形相と質料のこうした乖離の意識が強烈に支配していたのではないだろうか。要するに、この時代の人々の頭の中の論理の組立として、神によって創造されたこの世界が、形相と質料の合成として存在しているからには、形相の現実態はどこかに実在しなければならないが、現実判断としては、人々はそれに対して限りなくペシミスティックにならざるを得なかったのではないだろうか。

この、形相と質料の非対応の現実意識は、最終的には世界理解の言葉としての形相・質料合成論そのものの破壊にまで進むことになるであろう。後に述べるように、その萌芽はすでにエラスムスに認められる。そうした論理展開は、あたかも、トマスによる人間の「自然」の許容が、キリスト教社会も含む全宇宙的階層構造の合理化というトマス自身の意図を越えて、現代の研究者にはいわば〈無〉キリスト教社会理論とすら見える、いわゆる「政治的人文主義」を許容していった展開とどこか似ている。だが、さしあたりここでは、形相と質料の非対応の意識に注目し続けなければならない。次に述べるトマス・モアの『ユートピア』(1516)におけるユートピア島は、まさに形相の純粋に実現している国であるが、それは、イングランドの現実からは遥かな距離にある。ただし、「どこにもない」というその語義とは裏腹に、確かに実在する国として記述されており、『ユートピア』の物語は、そこからの帰還者ヒュトロダエウスの語る物語として設定されている。帰還者の物語という設定は、たんなる虚構に見せかけの現実感を与えるための技法ではなく、まさにユートピアは実在でなければならないとの要請からくるものと考えたい。同じことは、遥かに下ってスウィフトの『ガリヴァー旅行記』(1726)についても言えるであろう。言い換えると、モアは、またモアだけではなく一般にこの時期の思想家たちは、在るはずの形相と、実際に経験する質料との間のいかんともし難い非対応の前にたじろがざるをえない。そこで彼らは、一方では、形相と質料が在るべき対応関係にある〈はず〉の現実、言うなれば〈形相の純粋実現状態〉を構想することで現実を批判し、また自らの精神のバランスも取ろうとする。ただし、そこで構想される形相の純粋実現状態の具体的イメージはさまざまで、それ自身しばしば折衷主義的であり、そこに彼らの置かれた政治的地位が顔を出す。他方で、思想家たちは、彼らに要請されている役割からしても、たんに夢見る人であることは許されず、それとは正反対の、リアリスティックな現実分析にも進まざるをえない。この二重性、そして、その現実的帰結としての、一人の思想家における両極分解的人間論の併存こそ、作品『ユートピア』の特徴であり、またたんにこの作品に止まらず、時代の精神一般の特徴であった。こうした二重性は、〈近代〉の思想家には必ずしも見られないものである。さて、本章の叙述は、漸く具体的な作品の分析の段階に到達したようである。だが、その前に、ここで、思想家たちにおける〈理念と現実の矛盾の意識〉という、通常ならば用いられるはずの表現を回避した理由を確認しておきたい。すなわち、それは、たんにヘーゲル風の言葉遣いを避けるという以上に、同時代の人々は、在るべき質料を伴った形相は世界のどこかに実在するはずだという信念の下に生きていた、という事実をより的確に表現するためである。「理念」という言葉は、その経験的実在の観念と必然的には結びつかない。

三　一五二〇年頃までの思想状況（その二）
——仮説の検証——

（ⅰ）作為による自然の実現——モア『ユートピア』、ラブレー「テレームの僧院」

若き英君ヘンリー八世の教育論たるべく意図して書かれたモアの『ユートピア』では、明らかに、神を信じ、公共の福祉を大切にする、つまりキリスト教的意味においても、ローマ以来の res publica の意味においても、どちらから見ても、人間の形相に相応しい質料が現実の姿を取っている。ユートピア島の人々は、知的で信仰心にあふれ、正しい自己愛を知り、生活は完全に平等で、平和である。社会には正義があまねく行き渡り、そして、何よりも人間にとって最も避けるべき高慢(superbia)が抑制されている。しかも、この理想的人間と社会は、単なる空想ではなくて、この世界の中に実在しているのであって、現にヒュトロダエウスはそこから帰ってきて、その体験談をしている。しかし、その叙述の中でも、作者モアはそのペシミズムを隠そうとはしない。それは、ユートピア島の特徴のそれぞれの記述ごとに、それとはあまりにもかけ離れたキリスト教社会の現実が対比させられている、というだけではない。さまざまな意味で人間の〈自然〉を実現している——トマス風の言い方をすれば、神に向かう人間の自然の傾き(inclinatio)が余すところなく現実化している——ユートピア島であるが、ユートピア島がそのようにあり得ているのは、J・H・ヘクスターなど研究者たちが見抜いているように、実は、その自然を実現するために最も巧妙に仕組まれた人為的組織・制度が完備しているためである。[19] ユートピア島は、平等に向けてのすべて巧みな組織化と制度化によって、私有財産だけでなく、一般に人間を堕落へと誘う欲望が制御されている、あえて言うならば、人間が消毒され尽くした社会であり、徹底的な管理社会である。人々は彼らを堕落させる欲望を知らないのではないが、それを軽蔑する習性を身につけている。この議論は、倫理的卓越性は人間にとって本性的なものではなく、習慣づけに基づいてのみ生ずるという、アリストテレス『ニコマコス倫理学』第二巻第一章(1103a)を想起させる。そうした習性が支配しているため、ユートピア島では、政治的支配者が僭主化することも、聖職者が権力者化することも、兵士が盗賊化することも、人々が富や名誉やその他偽りの快楽(トマスの言葉で言えば、見せかけの善)の追求に陥ることもない。その結果、この島は元来自然条件としては恵まれない、どちらかと言えば不毛の地であったにもかかわらず、「これより幸福な社会はどこにもない」、「res publica という名を正当に用いることのできる唯一のものと思える社会」とされる。[20] 物理的にも精神的にも、自然の克服によって自然が実現するということであろうか。

このユートピアは、しばしばプラトンの国家がモデルだと言われるけれども、しかし、プラトンの国家とは異なり、そこに厳しい教育が行われている様子はない。人々は皆自然に振る舞っていて平和であるとされているところからすれば、もはやその必要すらないのであろう。国家建設の基礎は、一応、この島の平定者(victor)たるユートプスに帰されているが、彼がすべてをしたのではないとも述べられ、実際ユートプスの仕事振りなどほとんど描かれていない。形相と質料をマッチさせるために人々を操作している主体の姿は見えない。理論モデルという点では、これはプラトン、アリストテレス、キケロ、トマスそれぞれの理論と、さらに修道院モデルを加えた、これも一種の折衷主義であろう。実際、同じ「自然」という言葉が用いられながら、それは、トマスにおける「自然」のように全理論の重みを担う言葉ではない。同じ言葉は使われているとは言え、その背後には主体不明の作為が控えている。とすれば、ユートピア島の状態をそもそも「自然」と言うことができるのか否か、疑わしい。「産出された自然」の特質はその多様性になければならないが、ユートピア島の状態は、そう見るにはあまりにも画一的である。このように、作品『ユートピア』の中には、もしもこういう言葉を使うことが許されるとすれば、いわば〈形相の純粋実現状態〉への信念〈またはオプティミズム〉と、逆にその信念を裏切る絶望感から発する作者モアにおける〈統治の技術〉への強い関心、さらには、これほどの完全管理社会においてすら、例外とは言え、犯罪者の発生が一定程度予想されているところに垣間見えるペシミズムとが併存している。この作品が、次に述べるラブレーの『パンタグリュエル物語』ほどではないにせよ、かなりの戯作的要素を含んだ上での君主教育論だということを差し引いて考えてみても、作品の統一性よりもむしろ統制原理の希薄さの印象は拭えない(21)。

時代は下るが、『パンタグリュエル物語　第一之書　ガルガンチュワ物語』(1534)にある「テレームの僧院」の話は、『ユートピア』ほど緻密な論理展開はないが、それとほとんどパラレルの構造と見てよいと思われるので、ここでそれに言及したい。この男女修道院の描写は、少なくとも表面的には、モアのそれとは正反対に、徹底的に非政治的な、一切の操作の存在しない、まさに純粋のユートピアである。しかし、それがそうあり得ているのは、そもそもこの僧院自体、プラトンの哲人王をモデルに教育された、優れた巨人領主ガルガンチュワ――ただし、彼はフランス王などとは比較にならない小領主である――の配慮によって、一修道僧の功績に対する褒賞として与えられたものであり、それは、世にある、堕落と無知の巣窟以外の何物でもないすべての修道院とは、およそ正反対の性質を持つよう構成されているからである。たとえば、そこに修道僧として入ることを許される者たちは、事前に選別された、姿も心も才能もすべて優れた男女だけである。だからこそ、そこでは「欲するところを行え」が支配原理たりうるのであり(22)、自由意志に基づくメンバーの行動の内発性が、おのずと良き秩序を可能にしている。そこでは、時計は、あらゆる強制の根拠となるものとして廃止されている。男女修道士は、したければ蓄財も、還俗も、結婚もしてよい。外の世界と修道院を仕切る外壁は存在しない。住まいは壮麗で、衣服も贅を尽くしている。彼らはすべて学問があり、互いの間にあるのは友情だけであり、一切の対立は存在しない。そうした生活を支えるのは、よく訓練された使用人たちである。こうして見ると、「テレームの僧院」もまた、『ユートピア』と同じく、背後に見え隠れしている〈作為〉が人間の〈自然〉の実現を可能にするという構図であることは明らかであろう。ただし、その〈自然〉の内容は、謹厳なモアの考えるそれとは著しく異なった、より民衆的オルギアの夢に近い。この「僧院」は、モアの物語の中のユートピア島のように、実在はしても世界の遥か彼方にあるのではなくて、まさに現実のフランスの、ロアール川沿いの地に設定されている。それは、一つにはその後に展開する、ガルガンチュワの息子パンタグリュエルの冒険旅行というプロットと無関係ではないかも知れないが、同時に、この場所設定は、むしろその虚構性を実感させるであろう。そこに、一五二〇年代よりも一段と厳しさを増した状況に対する、作者ラブレーのペシミズムを読みとることはできないだろうか。エラスムスに倣ってラブレーは、堕落した教会、改革主義、双方に対する厳しい態度の持ち主であった(23)。

モアに戻れば、作品『ユートピア』の中には、論じられる具体的問題こそ個々別々であれ、この時期の思想家たちに共通の思考の型が典型的に見られるように思われる。以上述べてきたことを踏まえてそれを一般化すれば、次のようになるであろう。まず第一に、形相の純粋実現状態は必ずや実在する。第二に、質料として形相の担い手たるべき人間の現在の在りようは、その要請からは絶望的にかけ隔たって堕落している。第三に、この隔絶状態を回復するのには、有り得べからざるほどの距離を〈旅〉しなければならない。ただし、ここで〈旅〉は距離の象徴であって、必ずしも物理的に旅である必要はない。回心という心の旅もあり得るであろう。第四に、形相の純粋実現状態の実在という論理的要請からして、この〈旅〉もまた、原理的には不可能であってはならない。ただし、その困難の大きさは、〈旅〉を事実上不可能とするほどである。旅の困難の意識は、十六世紀の進行とともにますます増大して行くであろう。第五に、もしもその〈旅〉の可能性が現実性でなければならないとするならば、キリスト教の原罪説にとって、その遺伝性の論理は少なくとも緩和されるであろう。これは、アウグスティヌス以来の、世界に悪をもたらしたのは人間の堕落なのであって神は世界を本来善なるものとして創造した、という信念の一つの帰結である。ただ、堕落した人間の現実においては、ほとんど実現不可能な条件をクリアーして初めて、ペシミズムがオプティミズムに転回する可能性の展望が開かれるのである。以下、これらを同時代の他の、同じく代表的諸作品についても検証してみたい。

(ii)〈旅〉の困難――ルター『キリスト者の自由』、マキアヴェッリ『リヴィウス論』

ヒュトロダエウスが現実の帰還者とされているように、『ユートピア』においては、困難ながら〈旅〉の可能性は大前提であった。しかし、ルター『キリスト者の自由』(1520)を取り上げてみると、主題の性質は両者まったく異なるものの、その困難の意識がより増大しつつある感を禁じ得ない。ここで強い印象を与えるのは、この短いテクストの前半部分と後半部分の非対照である。前半で強調されるのは、「神の戒めすなわち律法と、約束すなわち呼びかけ」という聖書二分論、そして、「戒めはいかにも指令するが、助力しない。何をなすべきであるかを教えるが、実行する力を与えない」という議論である[24]。テクストを素直に読めば、これは、理性に対するルターのペシミズムを端的に語る言葉である。ここでアウグスティヌス隠修修道会司祭ルターは、人間は自由意志と理性を持つだけでなく、自由意志の指示に従ってその理性を行動に表現できるはずだという、アウグスティヌス以来のもう一つの伝統的信念に対する深い懐疑を表明している。神の規範は、トマスが、あるいは同時代には、ルターに反対してエラスムスが想定するように、人間がまずはその理性を使って認識できるもの、その意味で人間理性に内在するものではなくて、外在的に、上から、超越的指示としてのみ人間に与えられるとされる。だからこそ、恩寵としての「ただ信仰のみ」(sola fide)が救済を可能とするのである。五年後のエラスムスとの論争に際しての『奴隷意志論』における発言ではあるが、人は神の意志の奴隷であるだけではなく、自分自身の情念の奴隷でもあるというのは、その回心以前からルターが経験的に発見していた人間の現実の姿だったのであろう。

これに対して、『キリスト者の自由』の後半では、ルターは一転して、キリスト教的愛に生きるキリスト者は、最も自発的な愛と喜びの行為として、他者への奉仕に生きると言う。そして、マタイ伝第一七章にある、ペトロに対するキリストの教え(貢納金を納める義務)の例を引きながら、そうした愛の奉仕の行為として、政治的権威への自由な服従を説いてテクストを結んでいる。ここに描かれているのは、まさに、キリスト教が指示する、形相としての人間の純粋実現状態であろう。少なくともここではルターはエラスムスと一致するに違いない。だが、こうした『キリスト者の自由』のテクストの前半部分から後半部分への転回を可能にする論理は、少なくともテクスト自体の中からは見えてこない。三年後の『この世の権威について』においては、この世の権威は、人間の邪悪さによる必然として忍従しなければならないものとされるから、あえて記時錯誤《アナクロニズム》の危険を冒して両者を重ねて読めば、そこに、忍従すべき罪の罰に対して自発的に服従する時苦しみは喜びに転化するという、一種宗教心理学的転回を認めることができるのかもしれない。だが、もしそうだとすると今度は、前半のペシミズムはレトリックとして以外説明がつかなくなりかねない。しかし、ルターは、少なくともその意識においては、説得の技術としてのレトリックには否定的だったはずである。キリスト者は救いのためには行為を必要としない、だからこそ、より自由な愛の奉仕に身を委ねることができるというルターの説明は、論理がすでにペシミズムからオプティミズムに転回した後の、事後的説明であろう。情念の奴隷でしかない人間が、どうして他者への愛の奉仕に向かうことができるのか。ここには、形相の純粋実現態は実在するはずだという大前提と、経験的人間像との乖離の意識がモアの場合よりも一層強く現れているとは言えないだろうか。おそらくルターにおいては、「ただ信仰のみ」という言葉に従って生きることが、現実の「質料」が在るべき「質料」に転化するために求められている、想像を絶する距離の――しかし、恩寵によって確かに可能なはずの――〈旅〉としての意味を担うものだったのであろう。プロテスタンティズムなどという勢力はいまだ存在せず、そもそもルター自身の身柄の安全すら、皇帝や教皇の織りなす国際的力関係によってのみ辛うじて保たれていた時にそう主張することは、文字通り命がけの〈旅〉であったにちがいない。〈sola fide〉とは新しい言葉であった。そして、それを生きることは、強い意志を持ったルターには可能だったのであろう。しかし、そのルターにおいても、それは、世界理解の一貫性を担保する言葉ではなおあり得ず、世俗の領域の理解は、あるいは伝統の指示するままに、あるいは現実の論理の要求するままに、推移するほかなかった。そこに、ルターにおける折衷主義の現れを見ることもできる。後に述べるように、「予定」の教義と、権力による操作可能性の大きい「神の意志」とを理論的武器に、厳しい権力闘争を通して新しい組織を確立していったカルヴィニズムとは対照的に、ルター派教会が、領主権力の補完物としてのみ中・北欧に展開することができたのは、たんなる政治的偶然だけではなかったであろう。

主題としては、ルターとはおよそ異なってまさに政治問題ではあるが、議論としてパラレルの構造を、マキアヴェッリ『リヴィウス論』に認めることができる。よく知られているように、『君主論』は、共和制フィレンツェの崩壊に伴って失職した外交官マキアヴェッリが、支配者として復権したメディチ家による再雇用を当て込んで書いた、いわば高級官僚の再就職論文である。したがって、そこには統治の技術以外に論ずべき主題は入り込む必要はなく、その意味で構成上の一貫性は保たれている。これに対して、執筆時期について論争はあるものの、そうした実際上の必要とは一応離れて書かれた『リヴィウス論』においてマキアヴェッリは、一方『君主論』以来の政治技術論を維持しながら、同時にそこに自らの政治的な夢を込めたため、テクストは遥かに複雑な性格を持つこととなった(25)。そこでは、古代ローマはいかにして自由な国家でありえたか、いかにして大国に発展したか、いかにして共和国の自由は失われるのかといった話題が語られているが、それらはすべて、後に彼が『フィレンツェ史』で活写する、フィレンツェの歴史的宿痾たる「腐敗」の問題と重ね合わされている。『リヴィウス論』でマキアヴェッリが夢見ているのが、統治の形態には関わらず国の独立と偉大であるのか、それとも共和国のみが可能とする自由そのものであるのか、また、その自由とは何を意味するのか、論議の余地はあるが、ここではそれは問題でない。ここで問題とするのは、腐敗した、あるいは、そもそも始めから自由の何たるかを知らない市民を、自由な共和国の担い手に仕立てるためには、何時いかなる場合でも超人的に卓越した君主個人の力量、すなわち「ヴィルトゥ」(virtù)に頼る以外はない、とする主張をマキアヴェッリが繰り返していることである。ヌマ、ソロン、リュクルゴス、モーゼ等、歴史的過去の時代におけるその実在、「立法者」とは「ゼウスの子」なりというプラトン以来の伝統的言葉で表現されるその優れた資質、宗教や法を駆使した巧みなその民衆統治方法、時勢の変化に対するその速やかな対応など、『リヴィウス論』の叙述は、全編これ君主の「ヴィルトゥ」賛美の主題とその変奏であると言っても過言ではない。ただ立法者の「ヴィルトゥ」のみが、国家をその本来の姿で維持し、革新していくことを可能とするであろう。

しかし、マキアヴェッリにとって困難は実はその先にある。統治者の〈形相の純粋実現〉としての名君＝立法者、および彼らに率いられた自由な市民——彼らもまた、市民としての〈形相の純粋実現〉でなければならない——の形成する共和国は、古代には確かに実在したとしても、現在の、度し難い腐敗からそこに辿り着くための〈旅〉はいかにして可能であろうか。この現実問題に向き合うとき、そのユートピアの実在が歴史の過去に設定されているだけに、マキアヴェッリはほとんど絶望的とならざるをえず、したがって結論も強引たらざるをえない。すなわち、民衆が健全でありさえすれば何が起きても心配する必要はないが、しかし、彼らがいったん腐敗したときには強い権力を持った英明な君主にすべてを託すほかはない。〈旅〉の可能性は一に掛かって君主の「ヴィルトゥ」にある。だが、仮にそうだとしても、腐敗の甚だしい国家について、かつてそういった事実があったか。僭主ではない、国家公共の福祉のみを考慮する、しかも偉大な「ヴィルトゥ」を備えた無私の統治者など、現代においてあり得るのか。仮にあるとしても、短い人の命をもってしては、名君が二代継続するといった希有の幸運でもない限り、長期にわたるその維持も再生産もおぼつかないであろう。そして、歴史における多くの事実が教えるように、彼が死ねば、すべては以前の無政府状態に戻ってしまうであろう。マキアヴェッリは、人間性は歴史を通して不変である故にその研究は有用である、とのその言葉にもかかわらず、過去の栄光を訪ねての時間の〈旅〉は、〈追憶〉でしかありえないことをよく知っていた。実際、人間事象は予測困難であって、「フォルトゥナ」はいつ介入してくるか分からないとするならば、歴史の研究は、将来に向かって開かれた行為では必ずしもありえないであろう。とすれば、万物すべては流転するというストア的諦念で納得するほかないのではないか。こうして、『リヴィウス論』の「ヴィルトゥ」変奏曲は、しばしば短調に転調しながら、最後は時代に即応し得た「偉大な人物」(Maximus)ファビウスの功績の叙述という長調で強引に結ばれる。

(iii)　エラスムス——その多面性

これまで述べてきたのは、一五二〇年頃までの思想世界の風景である。少なくとも宗教改革の始まる以前には、こうした〈形相の純粋実現状態〉への信念と、現実的・経験的世界認識とは、明らかに矛盾が意識されながらも一人の思想家の中になお併存することができたのであろう。そして、この時期に、こうした相反する思考のヴェクトルを、最も多くの主題について、最も巧みに、自覚的に駆使できたのはエラスムスであった。その意味で、エラスムスこそ時代の精神のキー・パースンと考えてよいであろう。エラスムスは、『エンキリディオン』(1503)や『痴愚神礼賛』(1511)では、一方、形相の純粋実現状態として、キリストと人々に対する愛に生きる人間の本来的可能性を描く。他方、とくに後者では、そうした人間の形相の観念を武器に、ルソーを予測させるほどの鋭い歴史・文明批判を展開し、経験的事実としての人間を、エゴイズムと虚栄の塊として描く。同じように、『キリスト者君主教育論』(1516)では、政治の世界を、一方では、君主政であってもその精神においては共和政的な、自由人の自由人支配、公共の福祉の目指される世界として描きながら、同時に、被支配者を統治するために〈政策〉と〈演技〉という、二つの技術の駆使される世界としても描く。それどころか、時にエラスムスは、たんに政治の世界だけではなく、より広くこの世そのもの、人間世界そのものを、醜悪なリアリティを覆い隠す演技の世界として読者に示す(『痴愚神礼賛』)。こうした二重性はもうほとんどシェイクスピアの世界である。だが、同時にそれは、彼もその一員たる「近代的敬虔」(devotio moderna)の厳しい「現世の蔑視」と矛盾しないし、異教徒に「自然の理性」を承認することとも矛盾しない。他方でそこには、激烈な文明批判とは裏腹に、懐疑主義的保守主義への方向も垣間見える。その延長線上にはモンテーニュがいる。エラスムスはその強烈な影響力で、宗教改革をめぐる時代の思想対立のまさに磁場であった。しかし、ここで覗き見ることができるのは、エラスムスの世界のごく一部でしかない。聖書研究、教父研究、三千通を越える書簡も含めてエラスムスの残した作品は膨大な量に上る。エラスムスの最終的自己確認は、「愛の掟」に従って生きるべき人間の形相の純粋再現を夢見て、ギリシア語新約聖書の原典回復に取り組む聖書学者たるところにあった。政治においても彼は、非政治主義に基づく寛容と非戦論の主張を生涯貫いた。だが、人間としてのエラスムスは、パトロネージを求めて、あれこれの君侯に取り入ろうとする一人文主義者でもあった。以下、上記三作品に即してその多面性を検討してみたい。

(イ)　『エンキリディオン』(*Enchiridion militis Christiani*)

『エンキリディオン』(キリストの兵士必携(短剣))(1503)は、エラスムスが、カール五世、ヘンリー八世、レオ一〇世、フランソア一世等、文字通りその時代における権力世界の頂点に関わり始める以前の作品であるだけに、エラスムスにとってあるべきキリスト教的個人と社会のいわば形相が、最も純粋な形で述べられていると思われる。そこで彼が主張するのは、すでに触れた、『イミタチオ・クリスティ』以来の「近代的敬虔」のエラスムス版とも言うべきもので、その意図は、キリスト教的生活の実践のための精神訓練の指針を与えるところにあった。ただし、『イミタチオ』が修道者を対象とするのに対して、『エンキリディオン』の宛名人は世俗の宮廷人である。その主題は、ウェーバー風に言えば、いかにして世俗において禁欲の生活を送るかという問題であった。

ここでエラスムスが強調するのは、神との合一といった神秘体験でも、ドグマについてのスコラ的に緻密な知識や議論でも、さらには教会に頻繁に足を運ぶとか蠟燭を立てるとかいった形式的信仰でもなくて、真の内的信仰生活を送ることである。ここにはすでに、後の『対話集』(1519–1526)にまで及ぶ、エラスムスの生涯にわたる関心が、キリスト教の〈理論〉にではなく、むしろ、単純なキリスト教的愛を〈生きること〉にあったことが明示されている。後の『新約聖書への序文』(1516)に現れる「キリストの哲学」とはその意味であった。そのためには「この、眼に見える世界の舞台すべてにおいて」(一〇五頁)、人は、何よりもまず自分自身を知らなければならない(四三頁)。そして、人間には「外的には肉が、内的には霊がある」(三六頁、一〇五頁)ことを認識しなければならない。人間には癒しがたい悪と堕落への傾向がある。それは、今の時代にはことさら甚だしい。だから、好色、貪欲、名誉心、傲慢、怒り、復讐欲を厳重に警戒しなければならない(一六九頁以下)。人生とは警戒することなりと見付けなければならない(八頁)。人は、「自己自身に対して戦い、悪徳と激烈に戦闘しなければならない」(三一頁)。情念に支配されるとき、プラトンも言うように、国家と同じく人の心の中は内乱状態となる。そこでは、本来支配すべき王たる理性が失われている(三七頁)。ここにはエラスムスにおけるストア的側面も現われている。しかし、だからといって人は絶望してはならない。人間には度し難い獣性があるが、罪はいかに醜くとも、その魂においては人間は神の似姿として、自由意志において神の性質に与るものであり、「天使の仲間」(一五二頁)である。それどころか「天使の性質をも越えて神と一つになる」

（三六頁）ことすらできる存在である。ここでエラスムスは、尊敬するピコに倣って「人間の尊厳は何と偉大であるか」と言う（一五二頁）。人間には、異教徒ですら持っている自然的理性がある（九一頁）。また、誤った自己愛ではなく、正しい自己愛が求められ、しかもそれが可能である（一二七頁、一三六頁）。だから、精神を不断に訓練し、努力を重ねて、忍耐、穏和、善意、信頼、節度等、徳の実践を積まなければならない。キリストの兵士は、プラトンの洞窟の比喩に描かれている大衆から自分を引き離さなければならない（一〇九頁）。そして、キリストを信頼し、パウロを信頼し（一七九頁）、聖書によってキリスト教的な愛の実践に赴かなければならない。そのためには絶えず祈らなければならない。「祈り」こそ、キリストの兵士の携行すべき武器である。また、重い責務を担う公人は、公共の福祉だけを考え、正義を欲しなければならない。「権威」や「支配」はキリストの言葉ではないことを知らなければならない（一三四頁―一三五頁）。しかし、片時もこの世のはかなさを忘れてはならない（一四一頁、一五五頁、一六九頁）。人は神の前ではただ一人立たねばならないことを忘れてはいけない。エラスムスは、このように語り、これらすべてについて、プラトン、オリゲネス、アウグスティヌス、そして、とりわけパウロに耳を傾けるべきことを説く。

（ロ）『痴愚神礼賛』（*Moriae encomium*）

『痴愚神礼賛』が、一五一一年の初版以来これまで何十ヵ国語で何百版を重ねた、ヨーロッパ、いや世界思想史における最大のロング・セラーの一つであることは疑いない。現に、一九五〇年から一九六二年までの僅か一三年間に一六ヵ国語で五二の再版または翻訳がなされたと推定されている。[27] とすれば、国を超え時代を超えて人がそこに感ずる魅力は何であろうか。読者の一人としてこの問いを抱えながら、同時に、その内容はすでに周知であることも考えて、ここでは、最も印象深いいくつかの点についてだけ述べるに止めたい。

さて、『エンキリディオン』は、エラスムスの終生変わらない基本的立場が比較的素直に現れている作品であるのに対して、『痴愚神礼賛』の構造は、モアとの再会を果たした折りに二週間という短期間で書き上げられたとされるにもかかわらず、遥かに複雑である。もちろん最終的にはここでもエラスムスは、人間の本来の形相が実現する信念を表明はしているが、それは最終的には、しかも、パウロが総督フェストから指摘されたように（使徒行伝二六・二四）、世人から見れば「狂気」として描かれるのであって、その結末の提示に到る途次では、人間の現実の醜悪さが徹底的に抉り出され、しかも、それに対するエラスムスの態度が重層的に示唆される。すなわち、前半部分では、「痴愚の女神」モリアのいたずらによって愚かにされてしまった人間のありようや、自己犠牲、友情、学識など、最も高貴とされてきた価値の虚偽性が滑稽な口振りで暴露される。次いで後半部分、とくに四七章以下では、文法学者、詩人、雄弁家など人文主義者、次いで法律家、哲学者、神学者、修道士から、王侯貴族、司教、果ては教皇（明らかにエラスムスの嫌悪するユリウス二世）に到るまでの腐敗堕落ぶりが辛辣に、口を極めて非難される。その過程でモリアの態度が、初めの、軽快滑稽な揶揄と諷刺から、厳しい攻撃的批判に変化する構成上の不自然は、しばしば指摘されるとおりである。

だが、この作品で印象的なのは、『ユートピア』におけるヒュトロダエウスの帰還の〈旅〉と同じく、一見本筋とは無関係のようではあるが、そこで「モリア」の果たしている理論的役割である。一つの仮説的解釈ではあるが、エラスムス自身が意図したか否かに関わりなく、ここでモリアは、たんに話を面白おかしくする、あるいは、批判の鋭さ、苦々しさを偽装するためにだけ登場させられているのではないのではないか。エラスムスは、モリアを登場させることによって、人間と社会の現状への批判は、それぞれの形相に対してあるべき質料の逸脱、堕落、腐敗として記述されなければならないという伝統的な約束から解放され、記述のための大きな自由度を獲得したのではないか。というのも、人間はモリアの助けなしには不幸になるほかない存在である。とすれば、「すべて必然的に痴愚女神の支配下にある」（六三章）人間の愚かな現実は、〈逸脱〉では決してなく、むしろ、そのまま人間の〈本性〉として記述されるはずだからである。実際、エラスムスは念入りにも、人間をそうあらしめているのは独りモリアだけでなく、実はユピテル大神そのものであると言う。というのも、ユピテルは人間に、理性と情念を一対二四の割合で与え、しかも理性を「頭の狭苦しい片隅に押し込んで」、肉体の大部分は情念が支配するように作ってしまったからである(一六章)。この配役は、驚くべき大胆緻密な計算であり、「自然」の〈作為〉性を隠すために人間を操作する主体が姿を見せない、親友モアの『ユートピア』とはまったく対照的である。とするならば、形相・質料合成論破壊の第一歩が、逆説的にも、キリスト教的人間の形相の観念をその究極の信念とするエラスムスによって踏み出された、と言わなければならない。半世紀後、カルヴァンは、その予定説によって、形相秩序論の最終的破壊に乗り出すであろう。

もちろんそれは、著者エラスムスが、人間性論のドグマとして性悪説に最後まで固執したということではまったくない。キリスト教思想家においてそれはあり得ない。その点で、これも一見逆説的ではあるが、エラスムスはマキアヴェッリと共通である。マキアヴェッリの人間論は、通常性悪説として説明されていて、実際そう読みたい誘惑に駆られるが、悲観的なのはその人間論ではなくて現実判断であり、人間論としては性善説と綯い交ぜになっていたと考えなければならない。さもなければ、『リヴィウス論』は書かれなかったはずである。マキアヴェッリはさて措き、エラスムスはとある書簡の中で、この作品における「私の目的は他の作品のそれと正確に同じです。……私は、『エンキリディオン』のと同じ考えをジョークの形で示しただけなのです。私は、非難ではなく助言することを、害ではなく善を与えることを、人々の利益を損なうのではなくそのために働くことを、望んだのです」と述べている[28]。確かにエラスムスの意図は、この書簡の言うとおりであろう。すぐ後に述べるように、実際エラスムスは、彼自身のユートピア論を決して放棄しなかった。しかし、ここでは、それと同時に、この作品におけるレトリックに込められた現実判断に注目したい。また、この作品は『エンキリディオン』や『キリスト者君主教育論』などとは異なって、特定の現実的要請とは最も遠い時点で、ある意味ではモアとの〈遊び〉の中で、つまり、比較的に自由な執筆動機の下で書かれたことにも注目したい。すると、『痴愚神礼賛』のとくに前半部分におけるペシミスティックな人間描写は、その論理のヴェクトルの赴くところに従って、エラスムスに対して、自ずと一つの議論の方向性を開いたのではないかということが、このテクストのもう一つの特徴として浮かび上がってくる。その方向性とは、およそ人間の行動全体を、虚栄や名誉欲や虚偽に発する醜悪なリアリティを隠す〈演技〉とする視点である。もちろんそうした視点自体は、同時代の政治の世界では自明のものだったであろう。それはマキアヴェッリを通してわれわれにも馴染み深いし、グイッチャルディーニの箴言集『リコルディ』からも知られる。ただ、その認識から、『痴愚神礼賛』の中でエラスムスが引き出す結論は、マキアヴェッリのようなその政治的利用ではなくて、反対に、非政治的な、端的に〈懐疑主義的保守主義〉の態度である。二九章に次のようなモリアの台詞がある。引用は、渡辺一夫の名訳(岩波文庫)をそのまま借用したい(29)。

役者が舞台へ出てきて、その役を演じています時に、誰かが役者が被っていた仮面をむしり取って、その素顔をお客さんたちに見せようとしますよ。こんなことをする男は、お芝居全体を滅茶苦茶にすることにはならないでしょうか?　また、こういう乱暴者は、劇場から追い出されるのが当然ではありますまいか?　……幻想が破り去られてしまうと、お芝居全体がひっくり返されます。色々な扮装や化粧は、正に、我々の目を眩ましていたものだったからです。……あらゆる場合が、要するに仮装だけなのでして、人生というお芝居も、これと違った演じられ方はいたしませんよ。……場違いな真実を言うことが、この上もない馬鹿げたことであると同じように、場合を弁えずに賢人振りを発揮することは、へまもへまも大へまです。あるがままの物事と何とかうまく折れ合ってゆけず、慣習に従わず、……お芝居がお芝居であってはいけないというようなことを言う人間は、することなすことがとんちんかんになりますね。皆さん方は一介の人間なのですから、ほんとうの分別〔prudentia――筆者注〕というものを出して、一般の人間たち以上のことは知ろうとはなさらずに、……多勢の人々と一緒になって、楽しく騙されていらっしゃいな。

これはかなり直接的言明であるが、これほどではないにしても、時に指摘されるように、エラスムスの中にはしばしば保守的で、強い現状維持志向が見られることは間違いない。しかし、『痴愚神礼賛』の中ではこの議論はこれ以上発展させられることはない。これに対して、エラスムスがこの作品で、モリアを駆使して展開するもう一つの議論に、懐疑主義的保守主義とはおよそ正反対のヴェクトルを持った、厳しい歴史批判、文明批判、さらにはある種のプリミティヴィズムの主張がある。そこに、人間の形相についてのエラスムスの観念が姿を現している。ここでは「自然」という言葉が直接に使われ、学問(scientia)は人間を不幸にする反自然とされる。ただし、同じ文章からは、新天文学反対、階層秩序維持という、保守的な声も聞こえてくることにも留意しなければならない。エラスムスにおいては、聖書研究についてのあくなき革新の意志と、それ以外の諸制度に対する保守的態度とが、矛盾することなく併存している。この態度は、『方法叙説』におけるデカルトの、認識論についての非妥協的革新の意志と、既存の法や倫理を受け入れる、いわゆる「暫定倫理」との併存と、ある種の共通性を思わせる。ルターの運動に対するエラスムスの敵意も、ある程度はこの態度の然らしめるところであったと考えてよいであろう。

黄金時代の素朴な人々は、何の学芸も身につけていませんでした。ただ、自然の本能だけに導かれていたのです。当時は、あらゆる人々にとって言語は同一であり、言葉は、要するにお互いに分かり合うことだけに役立っていればよかったのですから、何で文典など必要でしたろうか？　……訴訟などいうものは全くなかったのですから、修辞学などあっても、何の役にたちましょう？　悪い習俗も発生していませんでしたから、法律学なども何の役に立ったでしょうか?　……昔の人間は、きわめて信仰心が深かったのですから、自然の神秘に対して、不敬な好奇心を寄せたり、天体や、その運行や、その影響を測定したり……などとはいたしませんでした。……一介の人間の身分以上のことを更に知ろうとするのは、罪になると信じていたのです。……ところが、黄金時代のこの純潔さが減少するにつれて、……悪霊たちが、学芸というものを創造してしまったのです(三二章)。

あらゆる動物のうちで、一番好ましい生活をしているのは、教育などを一番授けられて居ず、自然だけに教え導かれているようなものだとはお思いになりませんか?　……自然の営みは、技芸〔ars――筆者注〕のために歪められたものにはるかに優っています!　……人間というものは、生物の中で一番悲惨だが、その理由は、どの動物もその本性の分限内で生活することを承諾しているのに、人間だけが、その分限を越えようと努力しているから(です)(三四章)。

こうしてエラスムスは、現代においても最も幸福なのはscientiaから一番遠い愚者であって、学者とは「自らの極度の賢さのために、自然の意見からまったく遠ざかってしまった」存在であると言う(三五章)。これはエラスムスの自己パロディ化とも読めるが、そこまで含めてエラスムスの議論の特徴は、その論理の鋭さであり、モリアの自由な口を借りることによって、現状批判が、同時に鋭い歴史批判となっていることである。それは、ホイジンガならずとも、後のルソーの『学問芸術論』を連想させずにはいない[30]。エラスムスの学問批判の寓意は、その全称否定ではなくて、真の学問の復権であったことも、ルソーの場合と似ていよう。それはともあれ、懐疑主義的保守主義と歴史批判という、モリアに託して語られた二つの相反する論理のヴェクトルが一体どこで、どう一致するのか。いや、文明批判の中にも現状維持の方向性がしたたかに見えるとすれば、そもそもここには相反する二つのヴェクトルなど存在しないのではないか。先に引用したエラスムスの書簡の言葉がすべてであって、それ以上のところは、すべて言葉の遊びだったのではないか。論理のレヴェルでは決定的なことは何も言えないが、確かなのは、エラスムスはそうした複雑な論理を矛盾の意識なく、しかも自覚的に駆使することができたということである。複雑な論理を統一するものは、来るべき裁きにおいて、よってもってすべての人が独りの人間として試される、「愛の掟」、「信仰と愛の義務」(五四章)への服従という最も単純な規範の強調であり、〈祈り〉に象徴される彼岸主義、非政治主義の信念であったと考えたい。それを、モアの『ユートピア』におけるような統制原理の欠如、〈折衷主義〉と呼ぶのは適当ではないであろう。エラスムスがその生涯を通して自ら求め、また人にも求めたのは、すでに『エンキリディオン』について見たように、対象としての世界像の合理的な一貫性では必ずしもなくて、むしろ、キリストに従った〈生き方〉におけるそれであった。『痴愚神礼賛』は、その終わり近く、十字架上のキリストが、痴愚=真理への無知のゆえに冒した仇敵の罪に対して父なる神の許しを願い、また『詩編』のダヴィデが「我が若き時の罪と我が無知とを忘れ給え」と歌っているところを引用し(六五章)、「この世から彼岸の世に移りつつ完成する痴愚狂気」の礼賛をもって結ばれている(六七章)。自由意志論の主題による鮮やかな終曲と言うべきであろう。「愛の掟」に従った祈りの共同体こそ、エラスムスのユートピアであった。

(ハ)　『キリスト者君主教育論』(*Institutio principis christiani*)

『キリスト者君主教育論』(1516)は、エラスムス畢生の大事業『新約聖書』校訂版の出版とほとんど踵を接して、「名誉顧問官」の称号と年金を約束してくれたブルゴーニュ公カール(後の皇帝カール五世)に捧げられるという形で、エラスムスの忠実な支持者たるバーゼルのフローベン書店より出版された。これもまた、『痴愚神礼賛』や、(ここでは取り上げられないが)『対話集』などとは異なった意味で複雑な性格のテクストである。ただ、結論から言えば、卑屈になることなしにカール支持を表明し(実際エラスムスは、その後も引き続きカールの支持者であった)、しかも、政治論として当然のことながら、彼岸主義は括弧に入れたままで、また、その愛国心と、非政治的な人文主義者としての自己の信念は維持しつつ、統治技術論の要請に応答するというのがこの文書の課題であり、そのためか、『エンキリディオン』や『痴愚神礼賛』と比較して、議論がやや折衷的である印象は免れない。結局カールから実質的な答えを得られなかったエラスムスは、翌年同じこの作品を、一〇〇ポンドほどの年金と住居の支給、さらに、空席となったラテン語秘書官の地位も当て込んで、イングランドのヘンリー八世に送ったがそれにも成功しなかったとされる。しかし、そうした不本意な結果にもかかわらず、政治の中で政治を論じながら、なお非政治主義を貫こうとするエラスムスの政治論は、マキアヴェッリやリプシウスの政治主義とは異なる独自の世界を展開することになった。

このテクストの特徴は、まず、(宛名人がカールである以上は当然でもあろうが)エラスムスが、イタリアで流行している有力者中心の共和制ローマ礼賛には与せず、君主政の前提は維持しながら、しかも、アリストテレスの政治論とパウロ的キリスト教の立場とを自由論によって折衷して、何とか一つの織物に織り上げようとしている姿勢の中によく現れている。おそらくは選挙王政をイメージしたのであろうが、エラスムスによれば、君主とは、本来「公共の福祉」に対する理解や能力によって選ばれるべきものであって、家系とは無関係であるべきにもかかわらず、現在、事実上世襲となっている。しかも、君主の場合、人間の一般的な堕落しやすさからだけでなく、多くの追従者に取り囲まれているので、「快楽と贅沢、尊大と傲慢、貪欲と短気、専制」などの危険にとくに陥りやすい。したがって、それを前提に、王に、僭主に堕落しないための精神教育をしなければならない。これが出発点である。いささかも卑屈さのない、堂々たる人文主義者の問題設定である(31)。では、君主はいかに教育されるべきか。早くもここに、アリストテレスの影は現れる。それは、真の君主と僭主の区別や、王位を本来は選挙によるべきものとしているところなどに見られるが、何よりも、君主の政治であってもそれは、実は自由人による自由人の支配であるという、繰り返される言明の中に最も明らかである(二八六頁、二九五頁、三〇一―三〇五頁、三一七頁)。「アリストテレスが正しくも言っているように、抜きん出てはいるものの、王といえども同じ人間として人間を治めているのであり、自由人として自由人を治めている」のである(二九五頁)。したがって、同じ自由人の中で、ある特定の個人が王たりうるとすれば、それは、その人物が他に優れて徳を備えているからでなければならない、とエラスムスは主張する(二八七頁、二九九頁)。この議論は、「純然たる王政を望ましい」と思わせるほどに「あらゆる徳を完璧に備えた」君主など、現実にはいないのだから、むしろ「王政に貴族政と民主政とを加味し、王政を薄めた」方が、「普通の人物」の間では望ましいという、混合政体論へと展開して行く(二九九―三〇〇頁)。モアの『ユートピア』が、イングランドの政治と距離を置くためにも架空の国の物語とされているのと対照的に、この『キリスト者君主教育論』でエラスムスは、まさにカールの下に統治されている祖国ネーデルランド市民の幸福という現実問題と取り組んでいる、とするケンブリッジ版テクスト(1997)編集者の指摘もあるが、アリストテレスへの訴えも含めて、実際これはカールの統治を念頭に置いた現実的発言であろう。しかし、そこから政体論それ自身が深められて行くことはない。

政体論の代わりに、続いてエラスムスが追求するのは、このアリストテレス主義を、自由論を媒介として「キリストの哲学」と結合することである。まず、エラスムスは、「支配」(dominium)、「命令権」(imperium)、「王位」、「権威」、「権力」などはすべて異教徒の言葉であるということに注意を促す。そして、キリスト教徒にとっては、「統治」とは「奉仕」と「善き行い」と「愛し守る」ことだと言い換える(三〇一頁)。これと近い言葉は、前出一三九頁に示したようにアウグスティヌス『神の国』第一九巻第一四章にもあるが、エラスムスがそれを意識していたかどうかは分からない。エラスムスは言う。「君主という称号を喜ぶことは非キリスト教的である」(三〇二頁)。「本来すべての人間は自由であるように作られており、奴隷制は反自然である。……キリスト者でありながら、同胞たるキリスト者の上に主人たろうとするのは、いかに非キリスト教的なことか。……キリストはすべての人をあらゆる隷属から解放した。……皆同じキリストの血によって贖われ、同じ自由へと解放されたのだ」(三〇三頁)。こうしたパウロ流の議論からエラスムスが引き出そうとする実際上の結論は、自由な臣下の自由な判断としての、同意による支配である。実質的にこれは、前世紀、フォーテスキューが、『イングランド法の礼賛』(c.1465)において、イングランドの統治の特徴として主張している、いわゆる「王的な支配」に対する「政治的支配」と似通った主張であり、そこに愛国者エラスムスの政治的意図も読みとることができよう。しかし、フォーテスキューとの違いは、フォーテスキューが君主権力に対する事実上の政治的な制約を指摘しているのに対して、非政治的政治思想家エラスムスは、それを君主の形相に仕立て上げようとしているという点であろう。この違いは、一見目立たない一節ではあるが、エラスムスが君主と臣民の関係を、〈友情〉のそれで説明しようとするところに端的に現れている(三〇七頁)。それがたんなるレトリックではないことは、同じ趣旨の発言が、ほとんど同時期に書かれてユトレヒト司教フィリップに捧げられた、『平和神の訴え』の中にもあることからも知られる。そこでエラスムスは、『痴愚神礼賛』でしたのと同じように、「平和神」の声を借りながら、内部分裂と抗争とに明け暮れている教会の現実を厳しく批判し、キリストとその弟子たちとの関係を相互的愛のそれと表現している(32)。

以上は『キリスト者君主教育論』の第一章である。第一章は長大で、それだけで全体の半分を占める。そして、第二章以下では、この形相が実現されるための君主の行動の格率が述べられている。それらは「阿諛への警戒」、「平和の維持」、「課税と徴収」、「金銭的気前良さ」、「法の制定と改正」、「高官たちの責務」、「盟約の締結」、「婚姻と政略」、「平時の務め」、「戦争の開始」の各章である。ここでも、もちろん、公共の福祉こそ統治の大目的であり、すべてを平等に愛し、すべてに平等に仕えること(三四八頁、三六五頁)、また、奢侈を避け(三四七頁)、王の出費は最小限に抑え、贅沢は避け、不必要な課税や法の改廃は避けなければならないこと、さらには、平和の尊重などの理念が語られる。実際エラスムスは終生の平和論者であり、正戦は、理論上はともかく、事実上あり得ずと考え(三七〇頁、三七四頁)、国の拡大政策には反対であった(三二九頁、三六六頁)。だが、第二章以下で語られるのはそれだけではない。そもそも『痴愚神礼賛』でそのリアリズムを遺憾なく発揮した著者が、そうした理想の宣言だけで終わるはずはない。第一章の最後に、君主たるものは自由で、自発的な国民を統治しなければならないとする発言があるが(三一七頁)、この発言は、エラスムスが、いかにして人々の自発的服従を獲得するか、そのためにも、いわば真に高潔な人格の統治だけでなく、支配の心理学に基づいた演技と操縦もまた必要だ、ということを明確に認識していたことを示している。君主は外国と、それも遠隔の国と婚姻関係を結ぶべきではないという主張もその一環であろう(三三一頁)。政治が結果責任の領域に属する行為であることは、マキアヴェッリと同じく、エラスムスにとっても自明であった。

エラスムスは、こうした任務を果たすべき君主にとってとりわけ重要なことは、ある意味では個人にとってと同じく、人間とその行動原理を知ることだと言う。ここでエラスムスは、統治の技術論に踏み込むこととなる。では、人間を知るために君主は何をなすべきか。まず、君主は、常に疑うことができなければならない。しかも、そのことを、つまり、自分は何者にも欺かれないことを、臣下に知らしめなければならない(三五二頁)。それなしには、取り巻きの阿諛の罠から逃れることはできない。甚だしい阿諛は、見せしめとしてすべての面前で処罰すべきだし、時に死刑を科すことも恐れてはならない(三一九頁)。エラスムスは、一般的には死刑はあらゆる手だてを講じた後の最終手段であり、乱用してはならないとしているから(三四五頁)、これはマキアヴェッリにも勝って、阿諛を避けるべしとエラスムスが強く考えていたことを示す発言と見なければならない。「阿諛」は、「怒り」、「慈悲」(clementia, mercy)と並んで、セネカに傾倒する同時代の人文主義的君主教育論に共通の主題であった。また、アリストテレスも言うように、君主は憎悪されることと軽蔑されることを最も避け、その反対物、すなわち好意と尊敬を獲得するようにしなければならない(三三二頁)。どうしても憎しみを買わざるを得ない政策は臣下に委ね、自分は好まれる政策だけをするようにすべきである(三三四頁)。これらは、時にマキアヴェッリを連想させるものがある。その多くは世紀末のリプシウスにも再現するであろう。エラスムスはまた傭兵にも反対であった。

だが、同じ支配の心理学を追求しながら、少なくとも『君主論』のマキアヴェッリとエラスムスが決定的に対立する点がある。それは、〈恐怖〉を支配の原理とするか否かについてである。もちろん、法の遵守や強制に当たっては、臣下の精神の状態に応じて、時には名誉と恥辱、利得と損失、時には捕縛と打擲というように臨機応変でなければならない(三四四―三四五頁)。だが、マキアヴェッリと異なってエラスムスは、最終的には恐怖は支配の有効な手段たり得ないと主張する。「いかなる恐怖も、慣れてしまえば、恐ろしさは薄れる。民を極刑に慣れさせることほど、実効の上がらない刑罰もない」(三四九頁)とエラスムスは言う。あるいは、ここでもエラスムスは、権力のエコノミーという議論の形を借りながら、カールに、祖国オランダに対する寛大な統治を求めていたのかも知れない。エラスムスは、恐怖を与えるよりも、教化や報奨によって統治する方が有効であると論ずる。この点でのエラスムスとマキアヴェッリとの対立は、一つには、君主は国の偉大を目指すべきか、それとも現状維持による平和を第一とすべきか、の考えの違いに帰するであろう。それは、それぞれの権力ゲームの中で二人が置かれた状況の差違によるのでもあろうが、同時に、思想の差違であることもまた疑えない。二人のうち、いずれがより広い視野を持っていたか、一概には言えないであろう。エラスムスにとっては、何よりもまず治める国を愛することが君主の形相であった(三二九頁)。そして、同じことは治められる民衆の形相でもなければならなかった(三四四頁)。しかし、リアリスト・エラスムスの眼には、これらの形相に見合う質料の実在性は危ういものに映ったに違いない。リアリストとして彼は、戦争は時に不可避だが、それでも、それがもたらす利益よりも国の荒廃その他の損失の方が多いと判断するゆえに、事実上正戦論を拒否する。また、恐怖の支配よりも、統治の公平による国民の精神的安定の方が有効だと判断する。これも、安定のために有効な統治を考えたためであろう。だが、結局、こうしたエラスムスの統治技術論を支えていたのは、世襲君主政は決して自明ではないし、そもそも君主政は自明ではないとする、政治の中に居ながら彼が常に維持していた、それに対するある種の距離感または相対化の態度だったのではないだろうか。「ローマやアテナイの民主政のように、君主を持たない大国もあった。しかし、君主の方は国なしにはあり得ない。実際、君主が国に包含されるのであって、その逆ではない」(三五三頁)という発言もある。それは、フォーテスキューが、トマスの言葉として述べている「国王が王国のために与えられるのであって、王国が国王のために与えられるのではない」と共通の主張であるが、エラスムスの場合、これも、政治との距離感が可能にしたレトリックと読みたい(33)。

四　宗教戦争——ペシミズムの支配

(i)　状況の変化——カルヴァンとそれ以後

ヨーロッパの思想世界の風景は、ほぼ一五二〇年、すなわち、ルターの宗教改革が明確な政治的事実となった年を境として、急速に変化する。宗教的対立は教皇も含めて王たちの政治的対立と連動する。相互の寛容と平和、問題の非政治化を願って調停の努力を続けたエラスムスは、ルターとの対立を鮮明にしてカトリックに止まりながらもなお双方の陣営から敵視され、モアの処刑を悲しみつつ、翌三六年に世を去った。そのエラスムスは、『キリスト者君主教育論』において、君主の領域主権をほとんど自明のものと前提しながら、教皇の至上権についてはまったく言及せずに済ますことができた。しかし、三〇年代スペインのドミニコ会神学者ヴィトリアは、近代社会契約説を予測させるかのように、すべての人間およびその自然的共同体の自己防衛の自然権を主張しつつ、同時に、しかし慎重に、霊の問題における教皇の至上性を再び主張しなければならなかった[34]。そして、四〇年代以降のジュネーヴにおける戦闘的カルヴィニズム宗教政治権力の成立、そこから、いわば世界革命を目指してヨーロッパ全体に発信される理論は、状況を一層複雑化する。それは、時間とともに、人々にいや増すペシミスティックな時代感覚を与えたことであろう。時代はまさに宗教戦争に突入しようとしていた。

この時代意識を痛切に感じさせるのはラブレーの変化である。一時は、偉大なガルガンチュワ王の仁慈によって与えられたものとして「テレームの僧院」の夢物語を書くことができた同じラブレーは、二〇年近く後の『パンタグリュエル物語　第四之書』(1552)では、遥かに暗い時代認識を語らなければならなかった。そこでラブレーは、美と調和をもたらすフィジス(自然)の神の敵対者としてアンティフィジーの神を描き、そのアンティフィジーの生み出した怪物の一つに「ジュネーヴのペテン師で悪魔付きのカルヴァンども」と、異例なことにカルヴァンの実名を挙げて罵倒している。もちろん、堕落した教会や法王を批判することも忘れていない。そして、パンタグリュエル一行が航海中に立ち寄った島(ファルーシュ島――渡邊訳では「獰猛島」とある)の争いの物語に託して、新旧両勢力の和解は当面まず不可能、という悲観的判断を下している。思想家たちの世界理解にペシミズムの色がますます濃くなるにつれ、形相の純粋実現の夢に託されたオプティミズムは次第に後退し、二〇年代以前には、一人の思想家の中に、軋みながらも並存していた相反する二つのヴェクトルが、それぞれ別の歩みを始める。その際、現実には言葉として存在する以外ありえない古来の形相のイメージは、当然のことながら変わりようがなく、時間とともに分析が深まっていくのは、新しい経験的世界認識の方である。紛争の普遍化という背景の下で、〈形相の純粋実現状態〉の夢は、モンテーニュの友情論に垣間見えはするものの、少なくともいったんは思想史の表舞台からは消えて行かねばならない。

十六世紀後半のこのペシミズムの支配を、キリスト教思想の中で最も象徴的に表現しているのは、『キリスト教綱要』(*Institutio religionis christianae*)最終版(1559)に表明されたカルヴァンその人の二重予定説である。ルターにおいては、それ自身恩寵とされるにせよ、なお信仰(fide)を持つことが救いにとっての要件であった。自由意志の行使能力は否定されたけれども、個人にとってなすべきことは残されていた。それを手掛かりに、ルターは、彼なりにキリスト教的な人間の形相の純粋実現を考えることができた。二重予定説は、そうした僅かに残された人間の能動性をも拒絶する。

われわれは皆、罪によって損なわれているのであるから、神に憎まれないでいることはできないし、それも、暴君的な苛酷さによってでなく、最も公正な正義の理由によってそうなのである。……すべてのものが腐った塊から取られたとすれば、断罪のもとに投げ出されたとしても、奇異とすることはない。したがって、神の永遠の裁きによって、彼らが死に定められたとしても、神を不正として訴えてはならない。彼らは、自分自身の性質によって、この死へと連れて行かれることを、欲すると欲せぬとにかかわらず、感じ取るのである(第三編第二三章三節)。

予定の下に彼ら〔人間〕が忍ばねばならない滅びも、同じく確かである。しかも、彼らの破滅は神の予定にかかっているが、その原因と材料とは、彼ら自身の内に見出される。すなわち、最初の人間が堕落したのは、主なる神がそのようになることをよしと判断し給うたからである。しかし、なぜそのように判断し給うたかは、われわれには隠されている。……人間が倒れるのは、神の摂理の定めによってであるが、しかも彼自身の罪悪によって人間は倒れるのである。……破滅は神の予定であるとしても、その破滅の原因と材料とは人間自身の内にあるのだ(同八節)。

ここに見られるカルヴァンの言葉は、二重予定説の論理の貫徹という点では多少の破綻すら感じさせるが、人間に対するペシミズムの深さを思わせるには十分である。とくに後半の引用の、人間の破滅は神の予定だがその原因と材料は人間の内にあるという一節は、明らかにカルヴァンが、一方で形相・質料合成論の論理に従いながら、他方でその実質を、世界の本来的善性という伝統的観念からまさに逆転させ、徹底的に破壊しようとしていると読める。『キリスト教綱要』の終わり近く、カルヴァンが、どれほどの暴君であっても、それは、主によってその民の不義を罰するために立てられたものであり、人々はそれに服従する以外にはありえない、としたのも当然である。〈形相の純粋実現状態〉などという、ある意味で純真な夢は、徹底した合理主義者カルヴァンには無縁であった。それどころか、今や、善なるものとして作られた世界の本質たる形相という概念そのものが、カルヴァンの無比の論理的追求力、したがってまた強力なレトリックによって、死を宣告されたと言うべきであろう。ここでは、アリストテレスは遥か遠い昔の妄想でしかない。カルヴァンはまた言う。

神の意志こそは一切の存在の原因であり、また、当然そうでなければならない。……もし、神の意志に原因があるとすれば、それに何かが先立ち、その先立つものによってそれがいわば拘束されることにならざるを得ず、そういうことは想像することすら許されない。なぜなら、義の最高規範は神の意志であるため、神が意志し給うたことはことごとく、彼が意志し給うたということそのことによって、義とされなければならないからである。……もしも、それ以上に立ち入って、なぜ神はそのように意志し給うのか、とあなたが問い続けるならば、それは神の意志より大いなるもの、神の意志より崇高なものを問うことであって、そのようなものは決して見出されない。……われわれは、御自身に対して法であり給う神を、法なしの神と想像することはできない。……神の意志は、たんにあらゆる悪徳から純潔であるのみでなく、完全の最高の規範であり、実に、一切の法の法であるからである[35]（同二節）。

こうした議論には、観想の対象としての世界の合理性の観念など、入る余地はまったくない。なぜなら、これは、神＝絶対的主権者の命令意志をもって法とする、まさに究極の、法の主意説だからである。そして、カルヴァン以降、相互の影響関係の実証は不可能ではあるとしても、第二章にも述べたように、多かれ少なかれ主意説的な法理論は、ボダン『国家論』(1576)、(十七世紀に入って)トミストたるスアレス『法および立法者としての神について』(1612)、そして、ロック『自然法論』(c. 1660–1664)という、理論的にも政治的にもそれぞれ異なった多くの論考の共有するところとなった。一つの時代精神と言うべきであろう。ボダンは、慎重な留保つきながら、最終的には明らかに王の意志をもってすべての実定法の根拠とし、スアレスとロックは、自然法を定義して神の意志の命令とした。後に述べるように、十七世紀の理論家たちに先立ってフッカーは一五九三年、自然法を神の実定法としている。この方向の最先端にホッブズ『リヴァイアサン』(1651)が加わるのは当然である。そのいずれもが、第一節末で引いたアレンの言葉通り、混乱の中からいかにして秩序を回復するか、という課題の意識において共通であった。

こうして、ジュネーヴにおけるカルヴィニズムの長老制支配には、ペシミスティックな人間像を前提に、徹底した手段的・技術的合理性の論理が貫徹することとなる。その政治体制は、〈宗教的統一に基づく政治的統一〉として、市民の私生活までも徹底的に組織化しようとする。ジュネーヴの厳しい政治状況の下、ここにプロテスタンティズムは、信仰の内面化というメダルの裏面として、それ自身の権威主義政治体系を持つこととなった。エラスムスの、カステリヨンの、そしてボダンの寛容論は無用であった。カルヴァンの死後、ベザのジュネーヴで、統治の技術論者リプシウスの書物が三版を重ねたのには、それなりの理由があったと言わなければならない。リプシウスの統治論は、確かに「君主の鑑」の一つではあるが、マキアヴェッリ的な〈立法者〉君主を想定しない、むしろ、組織論的色彩が強いものであり、また同時に、ある種のポリティーク性（宗教的中立性）の扮装にもかかわらず、実は、たんに狭い意味での政治の領域に止まらず、宗教をも支配する、〈包括国家論〉的色彩をも色濃く帯びている。

以下本節では、次にリプシウスの政治論を概観し、続いて、ベイコン、ホッブズ、ハリントン等の犇めく十七世紀への展望の意味も含めて、フッカーに若干詳しく言及したい。もちろん、十六世紀後半の政治思想はそこに尽きるものではない。とりわけ、多くの政治思想史叙述に取り上げられているボダンの主権論や、カルヴィニズム思想圏の抵抗権理論がある。そのうち、ボダンの理論は、法制定権者としての君主の絶対性を主張するけれども、同時に、宗教を政治の支配の外に置き、また君主には神の似姿の体現者として最高度のモラルの遵守を求めるという意味において、明らかに「君主の鑑」の伝統の中にあり、カルヴィニズム権力の存在という状況の厳しさを差し引けば、エラスムスの『キリスト者君主教育論』と共通するところも多い。しかし、世界理解として見れば、それもまた折衷主義的なものであった。カルヴィニズム抵抗権論については、多く古い身分制の政治言語で語られていること以外、ここではとくに言うべきことはない。本章の主題との関わりでは、それよりもむしろ、モンテーニュの〈懐疑主義的保守主義〉と、その前提となる彼の、凄まじい崩壊感覚を示す時代認識が重要であるが、これについてはすでに第二章第四節（iii）で述べた。十六世紀とは異なり、十七世紀においては再び、形相と対応すべき真の res publica すなわち commonwealth とは何かが論じられるであろう。しかし、そこには暗い十六世紀の経験が踏まえられていると見なければならない。フッカーをもって本章の終わりとするのはその意味においてである。

(ii) リプシウス『政治学六巻』

リプシウスについては、わが国でもすでにいくつかの優れた研究があるので、ここでは、『政治学六巻』(*Politicorum sive civilis dootrinae libri sex*, 1589)について、その世界理解を中心に、重要と思われる点を述べるだけにしたい[36]。君主は、いかにすればその支配する国の統一を維持できるか、という主題の下に書かれたこの書物は、同時代において多くの版を重ね、政治権力者たちの教科書として大きな影響力を持ったと言われる。リプシウスの宗教的立場は、最初はフェリペ二世の歴史編纂官、ついでグランヴェラ枢機卿の秘書としてカトリックから出発し、境遇の変化とともにイェーナではルター派に二年間、ついでレイデンではカルヴァン派に一三年間(『政治学六巻』はレイデン時代の作品)、晩年は郷里ルーヴァンでカトリックに復帰して生涯を終えた。彼自身の信仰はともあれ、世の有為転変に心を動かされず、最終的には運命に従順に従うことで精神の平静を保とうとするストア的な心情と、後の時代の軍事理論のモデルたり得るほどの、戦略と戦術双方を含む政治の技術への関心とは、必然的に結び付くか否かは別として、相互に親和性があったのであろう。リプシウスは君主たちにも、手段を尽くした後は最終的には運命を受け入れよと説く。

『政治学六巻』はある意味で特異なテクストである。特異さの一つは、博引旁証という言葉も追いつかないほどに、ほぼ全編が引用によって構成されていて、後半になって若干の変化はあるものの、いわゆる地の文は、ほとんどそれらの引用をつなぎ合わせるためにだけ存在しているという事実である。もっとも、程度や引用の仕方の差異こそあれ、類似の手法はエラスムスの『痴愚神礼賛』や、その他の作者にも見られるから、それが職業としての人文主義の実態なのであろう。エラスムスとの違いは、リプシウスの場合、宗教紛争との関わりを慎重に避けるためか、引用されるのはすべてギリシア・ローマの古典であり、聖書からの引用はまったくないことである。特異さのその二は、議論の進行とともにカメレオン的に変わって行く、そのスタンスの変化である。佐々木毅も塚田富治もそこに着目して、リプシウスの「政治的思慮」を分析の中心に置いている。以下のところでは、その点も考慮しながら、そのカメレオン性について具体的に述べてみたい。結論を先に言えば、一見、形相秩序論から出発しながらそれを裏切る人間性への深い不信感、同じく一見、伝統的な君主教育論の形式を取りながら、マキアヴェッリのように君主の偉大に期待する「立法者論」へは展開しないで、むしろ君主を含む組織論へと向かう政治認識、そこに示されている秩序の相対性の感覚、さらには、無常感とセットになった、理論における折衷主義などがその特徴であり、そこに、カルヴァン以降の政治思想家における世界理解が典型的に示されているのではないかと見られることが、ここでリプシウスを取り上げる理由である。

『政治学六巻』は、一見エラスムスの『君主教育論』を思わせるような、君主の条件としてのキリスト教倫理の強調に始まる。いわく、この世の生活に必要なものは、まずは徳(virtue)である。徳は敬虔と誠実より成る。敬虔はさらに信仰(神への正しい知覚)と正しい礼拝より成る(１・２)。その意味は、敬虔すなわち信仰には、内面と外面の二つの要素があり、後者もまた無視してはならないということである。リプシウスによれば、人は自分がその中で育てられ、自分が愛している宗教を大切にしなければならない。その宗教に、神から直接に来たのではない外面的事物が付着していても、それが特別に敬虔に反するものでない限り、従うべきである(２・３)。ここにすでに、宗教問題においても、ポリティーク風に秩序を重視する視点がハッキリ出ている。なお、同じ時期のフッカーに、宗教の中に見られる、神から直接来たものではない歴史的付加物も、多くは人間「理性」の産物であり、尊重さるべきだという議論があるが、結論は同じであっても、リプシウスにはそうした神学的な理性の自律の主張はない。リプシウスは、人間における正しく完全な理性の「残映、一瞬の輝き」として「良心」を言うに止まる[37](１・５)。ある意味で正直な、しかし微妙な言明と言うべきであろう。

ところで、リプシウスによれば、この世の生活、とくに政治において必要なのは、徳すなわち敬虔と誠実だけではない。良心に従い、名を空しく追い求めず、心の平和を保つことは望ましいが、それらは固有の意味で政治には属さない。君主には、それらの他にもう一つ、思慮(prudence)が必要である。では思慮とは何か。それは、具体的状況の中で、公私において何を欲し、何を拒否すべきかについての理解力と分別である。君主たるものは、僭主と王の違いを自覚しなければならない。すべからく思慮を働かせ、慣習と法に従い、民の幸福を計らなければならない。民の自由、防衛、保護を目的にしなければならない。有徳という評判を持つ時、君主自身も安全である。正義と慈悲は安定をもたらす(2・6以下)。マキアヴェッリ的な不正義はコストがかかることを知らなければならない。また、君主は、中庸を尊重し、学問の進歩を図らなければならない(2・13—16)。こうした一見エラスムス風の議論においてリプシウスは、アリストテレスとキケロ以来の伝統に従って、政治的効用と正義・徳とが矛盾するものではなく、むしろ相互に等価な、相互補完的な関係にあると前提する。

だが、『政治学六巻』は、顧問官と大臣の重要性とその条件を論ずる第三巻、宗教のコントロールを論ずる第四巻から、次第にそのカメレオン性を発揮して変色し始める。顧問官は、経験と財産のある老人で、しかも評判の良い人物が望ましく、外国人と若者はいけない。鈍すぎても切れすぎてもいけない。顧問官以下の廷臣は、宮廷生活の現実に心惑わされることなく、敬虔、率直、恒心、節度を守り、なお秘守ができなければならない。頑迷固陋、内部不和、感情とくに怒りに支配されやすい人物、私利私欲の人物は避けなければならない(3・6まで)。こうした議論からも、この書物が、君主の行動の格率を主題とするにもかかわらず、実はもはや名君教育論ではなく、より広範な政治組織論となっていることが窺われる。

リプシウスの君主が何よりも心すべきは、国の統一と維持である。そのために、君主の思慮が発揮さるべきはとりわけ宗教の問題についてである。政治と宗教は不可分であり、宗教的統一が政治的安定の第一条件である。一国一宗教という、この主張あればこそ、『政治学六巻』はジュネーヴで受け入れられたのであろう。とすると問題は直ちに、宗教的反乱をどう扱うかであるが、リプシウスは、これについては私的なそれと公的なそれが区別されなければならないとする。私的なそれに対しては、穏やかに対処すべきである。いかなる王といえども、舌は統治できても心はできないことを心得なければならない（4・3）。これは、心の中での思考は自由だがその信念の表明においては人は主権者に従わなければならない、という『リヴァイアサン』第三七章におけるホッブズと、根底において共通な発言である。[38] しかし、公的なそれは、容赦なく弾圧すべきである。慈悲はまったく不要である。「燃やせ、挽け、ばらせ」という有名な一節はここに出てくる。ただし、それは、それ以上騒動が拡大する恐れのない場合であって、危険が大きすぎる場合は、時を見なければならない（4・2）。秩序問題に対処するとき、君主に必要なのは、民衆の性質を知ることである。およそ民衆というものは不安定で、情念の虜で、理性はなく、嫉妬と疑い深く、信じやすく、噂好きで言葉が抑制できず、秘密を守れず、荒々しい人間を好む等々を、君主は知っていなければならない（4・5）。だが、君主はそうした民衆の性格を知り抜いた上で、優しく、鷹揚に、娯楽を許し、彼らの心からの服従を確保しなければならない。それが、君主に求められる徳性である（4・8）。しかし、その間にも、権威を維持することは片時も忘れてはいけない。そのためには、時宜を得て、間歇的に厳格さを示し、振る舞いにも気を配り、顧問官を使いながらも最終的には自分が権力の主体であることを印象づけなければならない（4・9）。現代のように人々の習俗が腐敗している時代、最終的に人間の行動を抑制するものは、〈恥〉ではなくて〈恐怖〉であることを君主は知らなければならない。リプシウスはこの点ではマキアヴェッリ派である。君主を密かに狙う陰謀を防ぐためには、スパイによる探索を行い、発見者には直ちに褒美を与え、また、陰謀が立証されたならば厳罰に処さなければならない。ただし、宗教反乱の場合と同じく、処罰によって危険が更に増大しないという条件においてである。とくに、陰謀の中心が有力者の場合は、時に知らない振りをするのも一策である。その場合、何はともあれ、君主は自分の身の安全を考えなければならない。だが、陰謀が反乱になったならば、残酷に処罰し鎮圧せよ。しかし、抗しきれなくなったとき、最後は運命に身を委ねて自らの首を剣に差し出すべきである(4・10)。こうした言葉は、別に君主の美学などではなく、それ以上の混乱を国に及ぼさないためのものであろう。これに類似した、民衆の心理的操縦をテーマとする議論は、続くベイコンにも見られるが、ベイコンと異なるのは、特定の国家を前提とした政策論に踏み込まないことである。

もちろん、君主にとって、何と言っても肝要なのはそうした事態を招かないことである。そのためには君主は、国を破滅させる自らの悪徳を避けるよう努めなければならない。民の憎悪は最も危険である。憎悪が生まれるのは、民の側で、君主に対して、残忍、貪欲、苛酷の印象を持つ時である。公平な賦課、公正な支出によって、それは回避しなければならない。また、セネカも言うとおり、自らの「怒り」はとくに危険であることを知らねばならない。他方で、民の中に、過度の富、建築物、宴会、衣服など、たとえ違法でなくても国の安全に累を及ぼしかねないような悪しき風俗が生じないよう、監察官(censor)を置いて取り締まるべきである。これは急務である(4・11)。監察官の提案は、タキトゥスの引用からも明らかなように、ローマ史からの着想であろう。これは、リプシウスが、同時代の社会はそれ自身では習俗を維持できないほどに堕落しており、しかも、それに対して独り君主だけでは対応できない、と判断していたことを窺わせる。『政治学六巻』がたんなる君主教育論ではなくて、組織論でもあると判断するいま一つの所以である。また、権威を失わせるもう一つのものは、軽蔑である。君主は軽蔑されることを絶対避けなければならない(4・13)。国を維持するためには、極端にわたらない限り、時に欺瞞行為も許されるべきである(4・14)。

こうした議論の後、リプシウスは最後の二巻で対外戦争、内乱の処理について論じている。とくに内乱については、まずは国内の党派の発生を阻止してその芽を未然に防がなければならない。不幸にして内乱が発生した時には、反逆者の抱いている恐怖心を最大限に利用し、反乱が大きくなったら力で応酬すべきだが、反逆者に悔悟のための道を絶えず開けておくことを忘れてはならない。そして、首謀者のみを処分し、大衆は罰してはならない（6・4）。『政治学六巻』の最後の三章は、軍事理論として十九世紀まで読まれ続けたと言う。

以上『政治学六巻』を通じて気付くことは、リプシウスが君主に求めるものは何よりも政治的安定の実現と確保であるが、しかし、その政治的安定はいずれにせよ相対的なものでしかない、という判断が大前提とされていることである。リプシウスの君主は、マキアヴェッリのそれと比較して、倫理的にも権力的にもずっと小さな存在であり、いかなる意味でも〈立法者〉ではないし、その国家は、いかなる意味でもユートピアではない。君主が伝統的な徳目を体現し、時の勢いに目配りした政策と演技をするのは、もっぱら人の心を支配する権力のエコノミーのためである。それ以上でも以下でもない。〈形相の純粋実現態〉などおよそ考えられない。当然、そこには、マキアヴェッリが真剣に取り組んだ自由論の影も形もない。もう一つ気付くことは、リプシウスの目指す政治的合目的性、あるいは〈政治の独立性〉は、その国家の宗教的中立性や、社会の自律性への不干渉をまったく意味しないことである。確かに彼は、君主といえども人の心は支配できないと言う。しかし、すでに見たとおり、大原則は一国家一宗教である。寛容は話題にすらならない。しかも、そこには民衆の間から選ばれる習俗の監視者たる監察官があって、人々の日常生活を監視している。これもまた組織論的発想の一つであろう。監察官の主張は、後の時代、ジュネーヴと関わりの深かったルソーを思い出させる議論であり、また、密告体制を持っていたジュネーヴ・カルヴィニズムとの親近性は否定しがたい。ルソーは、『ダランベールへの手紙』の中で、さすがに密告は否定しながら、しかし共和制ローマに事寄せて、市民の相互監視はよき習俗の維持に役立つと言う。ルソーはさて措き、これらのことは、リプシウスの国家論が、宗教を中心に国民の生活全体を網の目に捉える、やはり一つの包括国家論であったことを示している。ここからは、『リヴァイアサン』におけるホッブズとの距離はそう遠くない。だが、ホッブズは、主権による国民の政治教育は主張したが、監察は主張しなかった。

(iii)　フッカー『国王首長制教会国家の諸法について』

全八巻、ハーヴァード版『全集』(1977–1981)で本文一二九〇頁に及ぶリチャード・フッカー(一六〇〇年没)の大著『国王首長制教会国家の諸法について』(*Of the Laws of Ecclesiastical Polity*, Preface — Bk. IV, 1593; Bk. V, 1597; Bk. VI & VIII, 1648; Bk. VII, 1661)(以下『諸法』と略記)は、その理論的分析を試みるにせよ、思想史的位置づけを試みるにせよ、研究者にとって扱いの最も難しい対象の一つである。「賢慮の人フッカー」(judicious Hooker)という、一六二六年以来あったと言われ、ロックもそれを借用した有名な賛辞とともに、イギリスにおいてそれは長い間、イングランド国教会体制の正統理論であった。とくに十九世紀、それは、急進主義と保守的政治態度との融合を試みたコウルリッジに理論の枠組みを与え、また、ジョン・キーブルらのオクスフォード運動を鼓舞した。そして、二十世紀に入り、政治思想史研究の進展とともに、中世トミズム政治思想の近代への偉大な伝達者として再評価されるようになる。しかし、他方でその非体系性と現実重視の姿勢から、「著しく、かつ典型的にイギリス的」として、イギリス思想史に閉じ込められることにもなった。本章の冒頭で触れたように、ティリヤードが、十六世紀における「存在の鎖」観念の代表者の一人にフッカーを挙げているのも、他ならぬ「エリザベス朝の世界像」としてであった。

一九七〇年代初頭にスキナーが、コンヴェンショナルな政治思想史研究の非歴史性、神話性の痛烈な破壊的批判に乗り出したとき、真っ先に彼は、ヨーロッパ政治思想一般に対するフッカーの「貢献」の概念を批判の槍玉に挙げた。それもまた、フッカーの議論の特殊エリザベス朝的時論性、論争性を前提した批判である。しかし、『政治思想への中世の貢献』(1939)において近代政治思想全体の中でのフッカーの再評価を試みたダントレーヴ自身、トマスからフッカーへの理論の継承・発展を言いつつ、なお、フッカーとロックの動機の異質性は明確に指摘しているだけに、また、フッカーの、とくに国際法論には、短い言及ではあるがスアレスやグロティウスと重なり合う部分もあるだけに、スキナーのダントレーヴ批判がどこまで適切なのか、疑問は残り、むしろ、フッカーの歴史的位置づけの困難という印象を強くするのみである。C・モリスのように、フッカーを「包括力豊かな人物」と讃え、トミズム、パドゥアのマルシリウス、ローマ法、封建法その他「あらゆる古い伝統がこの一人の人物の心によって融合され」、いわばフッカーを水路として全中世が近代に流入した、とする手放しの賛辞には疑問はあるが、さりとて、それを荒唐無稽とも言い切れない。そこで、以下では、『諸法』全体の要約などという不可能事は企てず、これまでの叙述における展望の範囲内でその特質を述べてみたい。なお、本章の叙述全体の中で本項を位置付ければ、『諸法』には、これまで見てきたテクストにあったような統治の技術論は少なく、その大部分は、人間論、歴史論、法論に訴えた国教会体制の正当性の弁証論である。しかし、五三頁にわたる長大な「序文」にとりわけ明らかなように、一見理性主義的なその弁証論の前提には、明らかに、時代に共通のペシミスティックな人間理解と現状判断が据えられている。そうした人間理解と現状判断、また、神学における〈体系なき体系〉とも言うべきその理論的折衷主義は、本書をして、十六世紀初頭以来のヨーロッパ時代精神の一つの決算と見なさせるのに資格十分である。以下の叙述は、これらの点の確認と、次なる時代への展望に当てられるであろう[39]。

『諸法』を考察しようとするとき、何よりも留意すべきは、それが、時の政治・宗教論争の尖端に位置する論争の書であるということである。それは、カルヴィニズムの抵抗権論やスアレス『法について』などと同様、神学と政治理論の混交した法理論形式を取っているが、特徴的なことは、そこに歴史論の要素が付加されていることである。このスタイルを通してフッカーは、政治と宗教を一体のものとする包括国家論を示唆しつつ、しかも、そこで論じられる宗教論から、真理問題という、もはや合意の達成不可能な問題へのコミットメントを排除することによって、論争目的を達成しようとする。フッカーに穏和なエリザベス朝教養人の代表者の位置を割当てようとしたティリヤードは、こうした論争性を過小評価している。

さて、フッカーは、一五八五年来、女王が任命するロンドンのテンプル教会主任司祭の地位にあり、『諸法』執筆のためその職を辞したが、その後、女王から住居の提供を受けたりなどして稿を完成した。全八巻のうち、各巻の刊行時期は異なり、後半の三巻は没後の出版であるが、初めから全巻が執筆されたと見られている。フッカーの論敵は、何よりもまず、ヘンリー八世以来のイングランド〈国王首長制教会国家〉(ecclesiastical polity)の対立者たる、ジュネーヴ直輸入のカルヴィニズム〈長老制教会国家〉(church polity)論であり、次いで分離主義、および、エリザベス朝においてもなお根強いカトリック勢力であった。以下、そのイングランド国教会体制擁護論を見て行くが、文字通り多岐にわたる論点のうち、ここでは最重要と考えられる次の二つの主張についてのみ、とくにその論証方法を中心に考察したい。第一に、歴史において、可視の教会は本質的には唯一、普遍であるが、同時に、人々はそれぞれの社会に分枝しており、そこでそれぞれ同意によって国家を立てている。したがって、キリスト教徒の国家(Christian Commonwealth)においては、国家と教会とは実体的に同一である。第二に、このキリスト教国家においては、宗教問題においても、それが秩序に関わる限り国王は首長でなければならず、またその下に、教会組織として、明確な管轄権を規定された主教制がなければならない。本項の考察の対象はフッカーのこの二つの主張、とりわけ第一の点に絞られる。[40]

だが、主として第一巻および第八巻に展開されるこれらの問題に入る前に、九章構成という異例に大規模な「序文」を見ておかなければならない。というのも、明らかに「序文」は、続く本論八巻の議論の前提として意図されており、すでに述べた通り、そこには、フッカーの人間認識と社会認識が最も端的に示されているからである。「序文」に示された人間と社会認識は、結局『諸法』全八巻のすべての論題を支配する主旋律となるであろう。すなわち、フッカーによれば、長老教会主義者は使徒の時代を根拠として、長老という俗人が教会管轄権を持つことを主張しているが、長い時間を通して歴史的状況は変化しており、使徒の時代の制度が普遍的に必要かつ十分ということはあり得ない。長老教会主義者は、統治のすべての規則は聖書に直接に基づかなければならないと言うけれども、聖書からは使徒時代の教会規律を知るなどできないはずである。にもかかわらず彼らは、「教会規律に関する自分たちの確信は完全に聖霊によって得られたと想像する」ように人々を仕向け、それを根拠に「聖霊によって神の子と定められ」ている彼らと、それ以外の世の人を区別するという尊大さをもたらす(Preface, 3. 10)。こうした思い上がりによる不寛容はすべての理性的推論を拒否し、慣習を軽蔑し、暴力的に大学と学問を破壊し、法を破壊する。その危険は計り知れない(Preface, 3. 12)。

ここで注目したいのは、その議論においてフッカーは、自ら神学者でありながらなお、宗教論争が人々の精神に及ぼす影響、とりわけ、経験を超えた「聖霊」といった抽象的観念が、いわばレトリックとして演劇的効果を持って、人々を激烈かつ盲目な行為に駆り立てることを指摘し、非難していることである。ここには、ファサードとしての神学論争の向こう側に、人間行為の観察者フッカーの眼がある。それは、立場こそ違え、すでに同じ神学者エラスムスが見せた眼であり、同時代にはモンテーニュやベイコンやフランスのモラリストたちが、また二百年後、バークがその『自然社会の擁護』(1756)や『フランス革命の省察』(1790)において見せる眼でもある。人文主義が培った世界理解がここにも姿を見せている、と言うべきであろう。こうしたフッカーの視点は、彼が宗教対立の解決として提案するものが、相互の寛容ではなくて、たとえ真理の見地からすれば誤謬の可能性があっても所与の権威に服従することであり、それこそが平和に役立ち、神意にも叶う、とするところに最も鮮明に現われている。その限りで、リプシウスとの差異は、神学として特定の教派の正当性を主張するか否かでしかない。フッカーは、秩序はそれ自身として価値を持ち、保持されなければならない、そのためにも人は権威には服従しなければならないと主張する。これは、すでにエラスムスに、またフッカーの同時代人モンテーニュにも見られる、〈懐疑主義的保守主義〉と通底する態度である。引用しよう。

司祭や判事は、神が、係争中の問題について裁定を下すべく定め給うた人々であるが、彼らが判断を誤るのもあり得ること、また、しばしば誤るであろうことを、神は知られないわけではなかった。しかし、神の眼には、時には誤った最終決定でも、その決定者がいつかその誤りに気付き、修正または撤回するまではそれが有効とされるのがよいと見えた。……われわれの本性はあまりにも恣意や自己愛に溢れているので、いったん下されれば最終的で、両当事者が沈黙させられるような決定がない限り、ここまで来てしまった争いが短時日のうちに平穏に終わる希望など、ほとんど期待できない(Preface, 6.3)。

要するに、社会または国家全体の蓋然的な意見によって、その社会または国家の中の同じく蓋然的なすべての私的意見が封じられない限り、平和や静穏を得る方法はない。ここから十分に明らかなことは、教会の混乱ではなく平和の主たる神こそ、また、人々の平和への決意の主であったに違いないということである。平和を求める人々は、どうしても反対しなければならない理由が生ずるまでは、教会の定めるままに考え、行動しよう、と自ら決意しているのである(Preface, 6.6)。

右の引用の前半に見られる宗教紛争の終結可能性への暗い展望は、本節の初めに触れた、四〇年以上も前のラブレーの言葉とトーンにおいていまだに共通であり、後半の主張はリプシウスと、さらには、私的良心は公的なそれに服従すべしとする、後のホッブズの言葉を彷彿させる。また、とくに最後の文章は、次の時代、デカルト『方法叙説』第三部における、いわゆる「暫定倫理」を連想させるのに十分である。『諸法』全八巻の最後まで貫かれる主旋律としての「序文」の主張は、ここに集約的に表現されている。

『諸法』本論に入り、先に述べた、二つの問題に対するフッカーの議論を見て行きたい。

第一に、キリスト教徒より成る社会における国家と教会の実体的同一性の問題である。この問題に立ち向かうためフッカーは、第一巻の冒頭、まず〈国家論〉から始める。そして、カルヴィニズムすなわち長老教会主義の抵抗権論に対する論争的態度を打ち出して行く。論拠は、変形されたトマス風自然法論である。フッカーによれば、現在、本来は自分が服従すべき法に対して、それが腐敗、堕落しているという理由から服従を拒否する者がいる。また、神があれこれのことをなす時、その意志以外にそこに理由はないとする(カルヴァンのような)者もいるが、いずれも誤りである。われわれは、神の存在そのものが、その業に対して法であること、しかも、神の業は、その多様性と豊かさの中に示されていることを認めなければならない。世界のすべての存在はその法を持っている。天使には天使の法が、単純な自然物には自然の法(則)が、この世にある理性的存在には理性法が、それぞれ定められてある。とくに人間は、自然法のほかに、神の特別の啓示による神法と、理性または神法から必要に応じて集められた人定法を持つ。そして、これらの諸法は、すべて合体して永遠法を形成する。神は、この世界を善なるものとして創造し、そこによき秩序を与えたのであって、人間の魂は白紙として生まれるが、理性を用いる教育と、また選択する自由意志とによって、この永遠法の認識に達するであろう。理性の法は必ずや知られるものである。人が善を発見する方法には二つある。その一つは、ある事柄を善たらしめている原因の知識であり、いま一つは、それが善たることを示す徴しの観察である。人々が歴史の中で普遍的に同意してきたことこそ、善を知り得る最も確かな徴表である。人々の普遍的な声こそ神の声である。確かに歴史の中には、偶像崇拝も含め、習俗の多様性はあるが、それらも結局は錯誤や、君主の悪しき意図、操作などに基づくものであり、最終的に自然法の普遍性を損なうものではない(以上、第一巻第一章―第九章)。

自然法の認識問題も含むこうしたフッカーの議論は、ダントレーヴも言うように、理論としては、確かにトマス的自然法論ではある。しかし、トマスとの違いもまた明瞭である。違いは、その永遠法論を通してトマスは、文字通り宇宙の普遍的な全階層秩序を論証しようとしたのに対して、フッカーの最終的な論証意図は、〈歴史〉の中に神の理性の実現を読んで、まさに歴史的形成物としてのイングランド国教会体制の中には国民の普遍的同意があること、それゆえにそれは、人為の産物でありながら同時に神の意志によって聖なるものとして認知されている、とするところにあった。そうしたトマスとの論証意図の差違を如実に示すのは、『諸法』第一巻が、それまでのトマス風議論から、第一〇章になって突然そのトーンを変え、「自然状態」という言葉こそ用いられていないものの、人間の堕落と利己性が強調されて、統治なき人々の相互の闘争状態と、自然法の指示によるそこからの脱出の必要が語られることである。因みに、ロック『統治論第二』の中に、「賢慮の人フッカー」という形容に導かれたところも含み、『諸法』への訴えは十数ヵ所あるが、その過半数が第一巻第一〇章からのものである。

フッカーによれば、神は人祖アダムに生命の維持と法の遵守とを命じた。アダム以後、人類が増大するにつれて人知も発達したが、同時に、人々の間には嫉妬、闘争、暴力もまた発生し、増大した。しかし、人々はもはや後戻りはできなかったので、相互の同意によって何らかの統治を作り、法に従うこととした。なぜならば、全員が同意した者に命令権を与えない限り、各人は自己利益のみを考えるから、相互闘争は無限に続かざるをえないからである。今日われわれは時代の不都合を言い立てるが、政治社会(civil societies, politique societies)、または何らかの公的組織(regiment)なき状態の不便を考えるべきである。そうした相互不満、相互侵害を除くためには、統治を形成してそれに服従するほかない。もしも他者の利害を損なうならば自己の所有もまた安全ではないことを知るのが、神から与えられた人間の理性である。自然からすれば、あるいは人間は統治組織なしに生きることができる存在かも知れないが、現実には、人間性の堕落のゆえに、何らかの統治が必要だと言うことを自然法が要求している。ただし、その統治の具体的あり方については、自然はそれぞれの人々に委ねた。かくて、初めは父たる王が支配したが、次第にそれが整備されて、個々の人定法が発達してきたのである。フッカーのこうした政治社会成立論は、明らかに、天使すら社会を持つというトマスの自然法論とは、いや、本来の自然状態を平和状態とするロックのそれとすら異質であり、ホッブズのそれにより近い。ホッブズとの違いは、統治なき人々の相互闘争状態を自然と言うか言わないかだけであり、自然法が人々を統治の設立へと導くとする点では両者は一致する。第一〇章以前の議論との連続性のためか、自然法が口にされるにしても、論旨からすれば、政治社会の根拠の理論としては、倫理性よりはむしろ功利性に傾いているると見るべきであろう。「序文」の論理は見事に貫徹していると言うべきである。[41]

第一〇章の議論は続く。こうして人々は政治社会を形成することとなった。政治社会とは、そこに入ったすべての人々を共通に拘束する法を持つ社会であるが、重要なことは、そこでの法作成者が法を作成する権源である。そして、政治社会全体に命令を下す法を制定する権力は、その社会全体にある。それを無視して勝手に法を作る君主は僭主でしかない。逆に、われわれの身体は議会や枢密院にいなくとも、他の人物(agents)の理性を通じて、われわれの同意はそこに現存している。代表の行為はわれわれの行為なのである。それゆえ、われわれはそれに拘束される。そして、政治社会という団体は不死である以上、われわれは祖先の中に、祖先はわれわれの中に、それぞれ生きている。このようにフッカーは、慣習法も、議会の法令も、王の勅令も、すべて政治社会全体の同意によってはじめて効力を持つという、伝統的なフォーテスキュー流の議論をさらに拡大した〈同意理論〉に訴える。ここで同意の強調の意味するところは、ホッブズにも似て、自己意志を理由とする服従の強調である。こうした議論が、イングランド国教会体制の歴史の安定的歩みを読者に想起させながら、その正当性を納得させる準備としての役割を担っているのは言うまでもない。後に『フランス革命の省察』で、バークは同じ手法を用いるであろう。フッカーは言う。それぞれの社会をめぐる歴史的事情はさまざまであり、それぞれの体制(regiment)にはそれぞれに見合った実定的法制(人定法)がとられるのが自然である。人定法には、すでに理性によって拘束されている義務を確認する、(自然法との)「混合人定法」と、いかなる行為をなすべきか理性は何らかの蓋然性しか指示しない「純粋人定法」と、二種類があるが、そのいずれも政治社会が制定する法である。そして、一つの政治社会には、人々が「世俗的に結合したもの」(国家)の他に、もう一つ、「霊的に参加して、教会と呼ばれる組織をなすもの」(Ⅰ・10・10―11)としての側面があり、それぞれがそれぞれにふさわしい人定法を持つ。政治的統一と宗教的統一とを事実上同一のものとするフッカーの主張はここで初めてその姿を見せる。それは、実はフッカーの直接の論敵たるカルヴァンのそれと基本的に同じものであるが、そのいずれもがプロテスタント国教理論であることを思えば何ら不思議ではない。

ところで、フッカーによれば、政治社会に関わる第三の人定法がある。それは、「諸国民の法」(law of nations)である。諸国民の法すなわち国家間の法といっても、その起源、効力の理由いずれも国内法と同様である。すなわちその起源は、人間は相互の交際とりわけ交易を求めるにもかかわらず、国々が増大し、人々が堕落したことによって相互に暴力と不正を与え合うようになったというところにあり、その効力の理由は、一国の利害が、他国のそれを侵害してはならないという全世界の同意にある。フッカーは、この諸国民の法にも人定法的部分の他に自然法的部分があるけれども、あえてその問題には立ち入らないとして第一〇章を終わっているが、この短い「諸国民の法」論は、後に第八巻で、正戦における征服者の支配権の正当化理論として活用されることになる。そこまでも含めて、短いとは言えフッカーの議論は、続く時期における、とくにグロティウスの同様の論議を予測させる。彼らもまた、それぞれ異なった目的ではあったが、「正戦」や、国際法が自然法であるか人定法であるかを論議しなければならなかった。しかし、フッカーの国際法論のトーンは、第一章第二節(・ⅰ)に見たスアレスのそれとは明らかに異なっている。だが、そこまで含めて、トマスとフッカーの関係と同じく、フッカーと彼らとの具体的な理論的継承関係は明らかではない。

このように、『諸法』第一巻における国家論＝政治社会論は、自然法論および、それとの対比における人定法論を軸として展開して行くが、ここで、その自然法論について若干の考察を加えれば、まず、その自然法論の理論的性格を一義的に規定するのは著しく困難である。すでに見た通り、そこには超越的な規範論的意味と功利論的意味とが混然としている。問題はそれだけではない。もしもそれが規範論的なものだとすれば、そもそも人はいかにして自然法を発見するのか。歴史上の習俗や法の多様性をどう理解するのか。自然法と聖書との関係はどのようなものと考えるべきか。これらはすべてのキリスト教自然法論者を悩ませてきた問題であった。しかし、ここでも後のホッブズ同様、フッカーには、こうした理論的困難にたじろぐ様子はない。その理由は、次の段に述べるとおり、何よりもまず『諸法』の執筆意図そのものにあると思われるが、そこに進む前に、理論のレヴェルでもう一度考えてみると、自然法の発見について〈歴史を通して〉、という一つの答えをすでに示唆しているフッカーは、第一巻の残りでとくに自然法と聖書の関連の問題を論じて微妙な態度を見せている。すなわち、再びトマスを思わせるようにフッカーは言う。人間は感覚的、知的存在であると同時に、さらに霊的完成を求める存在である。神は、創造の日に、「善を為す能力を人間に与えた」(I・11・5)。しかし、堕落した人間は自らの理性だけではそれに到達し得ないので、慈愛深い神は、啓示によって真理＝救いへの道を人間に与えた。すなわち、「聖書は自然法に満ちている」。グラティアヌスは、「自然権」とは「人間が人間たる限り関わる一般的義務を要求する権利」であるとしているが(I・12・1)、その自然権を人間が知るのは、聖書という啓示によってである。そして、聖書の主たる目的は、人間に対する超自然的義務の伝達である。救いに関して必要なことはそこにすべて書き込まれており、自然の理性の光はそれを手助けすることにある。こうしたフッカーの自然法論は、自然法の認識問題に行き詰まったあげくそれを聖書における啓示と等置せざるをえなかった、ロック晩年の『キリスト教の合理性』(1695)における自然法論と共通する側面もあるが、他面では、人間理性の能力に対する信頼も繰り返し表明されており、結局フッカーの議論は、自然法〈認識論〉として見る限り、曖昧な、折衷的なものと考えざるをえない。

しかし、にもかかわらずフッカーはその実践的意図においては一貫していた。実際、テクストは少なくとも二つの意図を明示している。その一は、救済論において、聖書中心主義というプロテスタンティズムの原則を確認し、併せて、自然と聖書以外に「伝統」を真理の一部とするというカトリック教会の主張を、これまた原則において拒否することである。意図のその二は、救済論に対する意味で、むしろ教会論＝国家論に関わっているが、論議はより手が込んでおり、それ自体、二重構造となっている。すなわち、すべての法はその定立者の権威を予想し、そこに由来するゆえに人はそれに服従すべきであること、および、歴史的時間と状況の変化は、それぞれの法定立者に、それぞれの法の変化を要請し、また許容すること、この二つを主張することである。要するにフッカーの意図は、依然として侮りがたいカトリックに対して、また、すでにプロテスタンティズムを確立しているはずのイングランド内部に対して、国家と教会の相互的自律性と一体性、および、秩序主体の権威の一貫性とそれが与える法の歴史的可変性を主張するという、いわばそれぞれが重層性を持つ論議の、しかも二正面戦略を展開することであった。考えてみれば、論敵についても、論題についても、論法についても、すべて二正面戦略を取らざるをえないのは、フッカーの思想課題にとっては宿命であり、また、彼は自らそれをあえて意図したのであろう。自然法論は、この戦略のための武器だったのであろう。とすれば、理論の一貫性は必ずしも不可欠の要請ではなく、むしろ折衷性が合目的的だったのであろう。

こうしたフッカーの意図は、第一五章における、すべての法は実定法(positive law)なりとする宣言に始まる一連の議論の中に、より明瞭に読み取ることができる。すなわち、フッカーによれば、実定法を人定法に限定するのは誤りである。およそ法とは、個人が自らに対して、公共社会がその社会に対して、諸国民がすべての個別社会に対して、そして最後に、神がすべての存在に対して、それぞれ義務を課すものであって、そのすべてにおいて、その法の定立者を前提するものである。自然法もまたこの規定を免れるものではない。ところで、教会(church)には、神が自ら定めた超自然的社会という側面と、通常の人間社会と同じく、社会生活をするという人間の自然的傾向に基礎を持つ側面、すなわち公的団体(ecclesia)としての側面とがある。前者は、その本質において普遍、唯一であって、そこでは神の実定法は、神自ら変更しない限り不変である。他方、個別の社会としての教会のために作られた法は、典礼も含め、それぞれの社会の実状に即して、その意志によって立てられたものであり、時が経てば変更されることもある。このように人間行動は、自然的、政治的、超自然的、教会的というように多面的であって、それぞれの側面においてそれぞれの法があり、神が定めた聖書のみによって社会を統治しようとする長老教会主義の主張は根本的に誤りである。それは結局、公的な法が働くべきところで私的な理性の法に従うことを主張するものであり、そこに争乱は不可避である。われわれは政治社会に住んでおり、そこで支配する行為の規則に服従しなければならない。同様に、同じ社会に適用される教会法規(ecclesiastical laws)にもそれに固有の働きがある。われわれは、たとえ私的判断においては異論があろうとも、教会の混乱を欲するのでない限り、教会の公的判断の導きに服従しなければならない。こうして、『諸法』第一巻は、法の主意説を加味した独自な自然法論という形式を取りながら、再び「序文」の主旋律を繰り返し、私的良心は公的なそれに道を譲るべしとするホッブズの命題をほとんどそのまま先取りして結ばれる。

『諸法』第二巻以下でフッカーは、長老教会主義者の聖書至上主義に対する批判は継続しながら、自然法論を中心とする第一巻の〈国家論＝政治社会論〉から転じて、今度は、同じメダルの裏としての〈教会論〉、とりわけ公的組織としての教会すなわちecclesiaと区別された、本質における教会すなわちchurchの議論に進み、この側面からイングランド国教会の護教論を展開していく。当然にそれは、全体としてはイングランド国教会の基本法たる「三九箇条」(一五七一年)の線に沿ったものである。フッカーによれば、長老教会主義は、人間的英知の広大さへの無知から、人間生活のすべてを聖書で厳格に律しようとする偏狭な態度である。彼らの言うように、聖書は完全なるがゆえに合法的な事柄はすべてそこに書かれているとするならば、神は教会に聖書を与えることによって、自然法を廃棄したことになってしまうではないか。聖書では不十分として手前勝手な「伝統」を付け加えるローマの主張も不当であるが、さりとて長老教会主義のように、聖書に、それが含んでいる以上の事柄まで帰すことも誤りである。対してイングランド国教会は、独自のサクラメントを始めとする諸典礼、共通祈禱文、および、正統性の根拠不明な俗人長老などではなく、聖別され、明確な裁治権を伴った主教制、これらすべてを備えており、神の教会の本旨に適ったものである。それは、内的信仰は外的に示されなければならないことを認識し、そこに求められる一定の形式性の要求を、歴史を通して現われる古来の知恵を尊重しながら充足する。イングランド国教会は、「ルターが新しいキリストの教会を建設したかのように、ルターの誕生以前には何百年にもわたって教会は地上のどこかの洞窟に隠れていた」などとは考えない。キリストの教会は、神秘的な体としては不可視だとしても、キリストが世に降り立って以後の歴史世界では、その信仰を抱く人々の間にはただ一つの、可視的な「キリストの教会が存在し続けてきたし、それは世の終わりまで存在し続けるであろう」。そして、現に存在する各国の教会は、それぞれ、その可視の普遍教会の一分枝として独自の意義を担っているのである(III・1・10)。フッカーは言う。

われわれの理解するところでは、個々の教会はまた個々の社会である。すなわち教会とは、何らかのキリスト者の仲間に属している人々のことである。その場所と境界は明確である。そこでは人々は、使徒行録に書かれているように、一つになって、「教導し、パンを分かち、そして祈る」といった諸義務を公的に果たす。このゆえに、キリストの神秘体である人々は、同じ体に属さないそれ以外の人々から区別される内的な恩寵と徳を持つ。また、キリストの可視的な体に属する人々は、同時に何らかの外的信仰宣言の言葉を持ち、それによって、世界は彼らが誰であるかを知るのである。同じように、キリスト者のそれぞれの社会にはすべてキリストの名が与えられるが、それに付加して、それぞれの個別性を示すべく、ローマ人の教会、コリント人の教会、エフェゾ人の教会、イングランドの教会等々の名が与えられ、また、それぞれが公的キリスト教社会である限り、それぞれに固有の一般的属性が付与されるのである。そして、すべてのキリスト教社会に共通の属性のうち、最も主要なそれが、統治体としての教会(Ecclesiastical Politie)であることは否定し得ないであろう(III・1・14)。

これは、一方、教会の本質的普遍性を唱えながら、他方で、プロテスタンティズムにとって最も重要なパウロの書簡の題名に、イングランド国教会を巧みに滑り込ませて国家と教会の実体的同一性を論証する、鮮やかな二正面戦略のレトリックである。しかし、『諸法』第二巻から第七巻まで延々と展開される、そうした狭い意味での教会論にこれ以上立ち入る必要はないであろう。

最後に、『諸法』本論における中心問題の第二、すなわち国王首長論に触れなければならない。これは、長老教会主義の church 論に対抗する ecclesia 論であり、第八巻の全体がこれに当てられている。結論を先に述べれば、もはや容易に想像されるように、それもまた全体としては「序文」の主題の変奏であった。まず、第一章でフッカーは、これまでの国家=教会論を確認するかのように、次のような議論を展開する。すなわち、旧約の時代、古代ユダヤの国家(commonwealth)においては、王は何よりも王として教会裁治権を行使したのであり、その逆ではなかった。そもそも、いかほど高位であろうとも、たんなる祭司が、祭司として宗教問題に関する法を制定することはあり得ない。長老教会主義者たちは、国家と教会を曖昧に同一視しているが、両者はそれぞれ性質を異にする独立の団体であることをまず認識しなければならない。にもかかわらず両者は実体においては同一であって、イスラエルの国家においてそうであったように、真の宗教を保持する政治社会のみが、教会の名に値するのである。フッカーのこの議論については、国家と教会のそれぞれの独立性と実体的同一性が言われながらも、実は両者の関係は必ずしも並立または対等ではないことに留意しなければならない。それは、市民としての処罰を受けた者は教会からも排除されるが、破門は人を教会から切り離すけれども国家からは切り離さない、という同じ章の議論に端的に示されている。モデルとしてのイスラエル教会国家論は、この時期以降内乱期まで、ピューリタンの側にも見られるが、同じ論拠に訴えながらフッカーは、明らかに世俗権力の秩序形成力をより重視している。ここでは、〈政治の独立〉は、間違いなく〈政治による宗教の支配〉である。それはまた、後にロード主義という名で呼ばれることになる、高位聖職者の政治への介入を阻止し、他方では下位聖職者の反抗を抑止するという、国教会体制内部における二正面戦略でもあった。

フッカーは、こうした第一章を導入として、続く第二章以下で、国王首長論を具体的に展開する。その内容は、第一に君主権力の正統性論であり、第二にその権力の行使態様および範囲の議論である。ここでのフッカーの基本戦略は、権力の〈起源〉における征服者権力論と、その〈行使〉における同意理論の微妙な合成である。まず正統性論である。いささか長くなるが、最も核心的と思われる一節を引用したい。

私にとってはほとんど疑いも論議の余地もないことだが、いかなる人々の独立集団も、何らかの公的組織を設立する以前は、神の下、自らを完全に支配する至高の権威を持っていた。それは、いかなる他者にも服従の絆を未だ負っていない場合の個人が、自己の上に至高の支配権を持っているのと同様である。人類を創造した神は、おのずとそうした集団に対して、いかなる種類の社会の中に生きることを選択すべきかについて、自ら判断する完全な権力を賦与した。彼自身主君たるべく生まれた人物が、誰か他者の従者とされてしまい、そのため、自然的には全社会が持っていた権力が、さまざまの少数者または一人の手中に入り、その社会の爾余の人々は彼らに服従して生きることになる場合もある。また、屈服させられてしまって、もはや征服者が思い通りに課す軛に服従するのを厭わなくなった人々も見られるように、ある集団が、実力によって服従させられることもある。その場合、征服者たちは、正しく合法的な戦争によって、それら集団の上に、いわば上から下されたものとして、権力を行使する。神慮はかくも断固たるものである。征服者たちは、同じ権力を、また諸国民の法によっても享受することがある。諸国民の法は征服者たちに、彼らが打ち負かした人々に対して絶対的な主人として支配することを権威付ける。時に神は、誰に支配権を付与すべきかについて、特別の選定と指名により自ら選任するのをよしと考えられた。イスラエルの国家において神は、しばしばそうされた。こうして権力を受けた者は、まさに神の権利によって神から直接にそれを受けるのだが、人間の権利によって同じ権力を受ける者は、自分たち自身の統治者を選ぶについて神から自由を与えられた人々がある時、その人々の判断によってそれを受けるのである。これらの手段のいずれによって諸王あるいは統治者たちがその椅子に座ろうと、われわれは、彼らの合法的選任を、神によって裁可されたものとして、また彼らを神の代理人、その権力を神のそれとして、認めなければならない。教会問題(Ecclesiastical affayres)に関する至上権について言えば、神の言葉は、すべての王たちがそれを持つべきであるともないとも、どこでも定めていない。この理由から、キリスト教の諸王にそうした支配権が与えられるのは、まったく人間の権利によってであるとすべきであろう(Ⅷ・3・1――強調は原文)。

この一節には、フッカーの国王首長論のレトリックの枠が凝縮されている。すなわち、(ロック流の言葉で言えば)統治者の選任についてそれぞれの社会の自然権、いや、個人の自然権すら前提されながら、それは社会契約論としては決して展開せず、反対に、神の裁可を得たものとしての征服者権力の正統性論と結びつく。そうであり得るのは、ホッブズ同様、征服者権力への被治者の同意(の仮定)が、独立社会のもつ統治者選任権という最初の前提を満足させるからである。そして、所与の統治者の選任が合法的であった限り(とはいえ、征服ですら合法的であるが)、人々はその統治者の与える法に対しては、神の命令として絶対服従しなければならない。ローマの皇帝はその権力を神によって与えられたのではなかったにもかかわらず、キリストはそれへの服従をもって法としたではないか。こうして、「人間の権利による王に、神の権利による名誉が帰せられ」(Ⅷ・3・1)、それは、公的組織としての教会の上にも及ぶのである。もちろん、本質的意味における church に対する首長権がキリストに属することは言うまでもない。これに対して、世俗の政治社会の首長について、キリスト教世界の国家が世襲王政でなければならないとは神はどこでも命じていないが、他方で、血縁による王位継承を否定しなければならない理由もない。したがって、合法的出生による王の正統性を疑う必要はない。かくて征服王朝としてのイングランド王制の正統性は安泰である。その支配権は、必ずしもキリストの直接の命令ではないとしても、国家と教会が事実上一体である限り、公的組織としての教会も含まれなければならない。すなわち、「われわれの改革者の一人が言うように、君主および世俗の為政者たちは、礼拝および神の諸法に関わるすべての事柄、教会の諸問題および諸規定の執行と遵守を統べなければならない。また、それぞれの聖職者(Ecclesiastical person)が、任じられた職務を遂行するのを監督し、したがって、怠慢の折りには処罰しなければならない」(Ⅷ・3・3)。こう主張する限りで、フッカーは一人のエラストゥス主義者であった。

こうして教会に対する君主権力の根拠を確立した後、フッカーは、国王権力の行使態様およびその範囲の議論に進んでいくが、すでに最も論争的な正統性の問題は処理されており、具体的な政策問題はつきまとうものの、調整すべき理論的困難はもはや多くない。国教会体制の原理論としての『諸法』は、ここに漸く終結に向かうこととなる。しかし、ここでもフッカーは、その議論の性格に、意図的に折衷性を持たせることを忘れない。すなわち一方でフッカーは、これまで強調されてきた国王意志の絶対性の原則とは裏腹に、君主はその権力の行使の態様においては法に従うべきであり、また、世俗の支配者としてその首長権の範囲は、統治体としての教会(ecclesia)に関わる限りにおいてのものであるという、むしろ権力制限的な議論を打ち出す。そして、国王は国家を形成するすべての人々の意志の表明たる国法を尊重しなければならないことを強調する。「王が国家〔state＝権力機構――訳者注〕を導き、法が王を導くところ、その国家〔commonwealth＝政治的共同体――同上〕はハープのように、またはメロディー豊かな楽器のようになるであろう。その弦はすべての人の手によって調律され、扱われるであろう」とフッカーは歌う(Ⅷ・3・3)。そして、さもなければ王は僭主になり果てることを知って叡智を発揮したイングランド国制の創設者たちを賛美する。その具体的意味は、王は、神の言葉やサクラメントの管理、破門といった固有に宗教的な事項はもちろん、教会(ecclesia)問題においてもある点については、全員の同意がない限り、支配をなし得ないということである。とりわけ、教会会議における聖職者団の同意は重要である。また、世俗の問題についても、和戦、通商等、法の許すことについて王は全権を持つが、たとえば、訴因、法廷構成等、刑事訴追手続きの変更は、貴族院と庶民院に集う議会の同意なしにしてはならない。要するに、聖俗いずれについても、慣習法も含めて、一般に古来の国法という実定法に反することは誰にも許されない。他方でフッカーは、「共通善」がすべての支配の目的でなければならないことを強調し、それを実現すべき唯一の至上権が失われた場合の不便を読者に想起させることを忘れない。秩序の見地からしても、宗教体制の一元性は必須である。トマスに言及しながらフッカーは、「自由なキリスト教の国家または王国においては、キリストを通じて人々に指示を与え給う神は、その良きかつ慎重な顧慮からして、理性の光に導かれている限り世俗問題における至高の君主または統治者が、教会問題においても至上権を持つことを、合目的的〔expedient――強調は筆者〕と見られた。これを最終的結論としようではないか」と呼び掛ける(Ⅷ・3・5)。もちろん、魂は個人に属するものであって、それについて人は神と直接交わらなければならない。この議論は、リプシウスが、「いかなる王といえども、舌は統治できても心はできない」としたのと同様である。したがって、「われわれが君主たちを教会の首長(Heads of the Church)と名付けることによって、われわれは彼らを統治者(Governours)と認めている」

(Ⅷ・4・1)のであって、それ以上ではない。王が、高位聖職者団の意向を尊重しつつ、しかし、最終的には教会の首長として主教の任命権を持つのも、同じ意味である。その主教は、教会会議による聖別を経て、神の言葉の管理、牧師の任命・監督といった独自の裁治権を持つとされるが、第七巻に展開されているその議論の詳細にはここでは立ち入らない。

以上見てきた通り、フッカーの議論は、一つの時代精神と言うべきか、多くの点でホッブズを予測させるものであった。両者の差異ありとすれば、それは、ホッブズの議論が、彼の意図した主権の絶対性を論証するために、相互に平等な自然人から論議を出発させたのに対して、フッカー、とりわけ第八巻における彼には、人間の本質的平等という第一巻第八章における一見矛盾した発言にもかかわらず、「平等者は、その平等者に対して法も命令も課し得ない」(Ⅷ・6・1)という言葉が示すように、対等者の政治は認め難いものだったところにある。その限りではフッカーは、エラスムスとは異なって、アリストテレス主義者ではない。他方でフッカーは、全体はまず個に優越し、その服従を要求すると言う。この意味においては、まさにティリヤードやダントレーヴの言うように、その世界理解は、依然としてアリストテレス的中世のままであった。諸身分権力の均衡こそ正義と平和の鍵であるとし、また、任命するが聖別せず、という王の主教任命権を古来の制度とするその議論、さらには、全政治社会こそ法の制定者であるという繰り返される議論も同じである。フッカーは、そうした伝統的世界理解の言葉を、特殊エリザベス朝権力の政治目的に沿って組み直した、と言うべきであろう。フッカーにとって最も良き君主の実例は、教会の中に確立した慣行を遵守し、司教を尊敬し、しかし時には自ら重大問題の判定をしたとされる皇帝コンスタンティヌスであった。『諸法』は、王は地上における最終裁判権者であり、その違法は神のみが裁きうるゆえに、王における神への恐れと民における王への愛こそ良き国家への鍵である、とする第八巻第九章で結ばれている。

五　結びに代えて

エラスムスの『キリスト者君主教育論』からフッカーの『諸法』まで、四分の三世紀の歳月が流れた。その歳月は両者の間に、形式は同じ君主政論でありながら、ほとんど決定的と言ってもよいほどの距離をもたらした。その距離は、一方が共和主義的で他方が神授権的といった、理論の表面のそれでは必ずしもない。それらの理論的要素ならば、濃淡の差こそあれ、両者それぞれ備えている。真の差異はそこにはなく、むしろ、前者において君主は、まさに君主の形相の純粋実現でなければならなかったのに対して、後者においてそれは(リプシウスの場合と同様)、国家＝教会の管理者以外の何者でもないところにある。ここで求められているのは、夢のような形相の現実化などではなく、個別の国家の政治的な安定、それも、絶えざる不安定要因の介入による攪乱を認識した上での、相対的安定でしかない。しかもなお(あるいは、それゆえに)、その国家は、事実上、包括国家たることを要求する。時代の精神は大きく変化していた。十七世紀初頭、ロバート・バートンは、その『メランコリーの解剖』(1621)(邦訳名『恋愛解剖学』)の中で、恋愛を心の病気と定義しながら、リプシウスからの引用として、「この不幸な時代のいかなる運命によるものか、現代ほど色情狂の悪魔、牧神、妖怪が現われた時代はかつてない」と言わせている。この文学史上高名な書物は、一見政治とは無関係な恋愛を論じているかのようであるが、その主題は明らかに、政治・宗教を含めて人間の〈堕落〉一般であった。バートンは、一方「純粋な愛の真の対象は、徳であり智であり廉直であり、真の価値、内在的形相である」とし、また、「友情とは聖なる名である。それは友人相互の神聖な心の一体化(communion)である」(強調はいずれも筆者)としながらも[42]、他方で、その人間の現実がおよそ〈堕落〉している事実を、ホッブズにも似てほとんど生理＝自然現象として説明している。ヨーロッパはなお混乱の内にあった。依然として相対的ではあるにせよ新しい安定は、三十年戦争、イングランドの内乱、オランダ独立戦争、これらすべてが一応の決着を見た十七世紀後半に漸く訪れるであろう。

それでは、十七世紀は、政治思想家たちの世界理解に、前世紀のペシミズムの時代経験を通して何か新しいものを加えただろうか。もちろん、その問題に全面的に答えることは本章の主題の範囲を超えることになるから、ここでは差し控えなければならないが、しかし、少なくともこれまでの論述との関係で、一つだけ言及しなければならないことがある。それは、〈形相の純粋実現態〉の夢はどこに行ったのか、という問題である。確かに、非政治の世界では、バートンの「純粋な愛の形相」という言葉は、その非現実性に力点があったであろう。同じ時代、ラ・ロシュフコーは、友情について徹底的にシニカルに描いている。また、シェイクスピア描くところの、デスデモーナやコーディーリアのような形相の純粋体現者は、悲劇の主人公とされねばならなかった。しかし、政治の世界では、とりわけイングランドの十七世紀が、理想の res publica すなわち commonwealth とは何かについての論争の時代であったこともまた、無視することはできない。もちろん、そこには、ベイコンのように、また、議論のスタイルはベイコンとは非常に異なるけれども、ホッブズのように、政治の技術論を下地に、国家機構(state)に重心を置いて理論構成する立場が、依然として強固にあった。けれども、他方でそうした方向性に反対して、後期のロックのように、あるいはピューリタン諸派のように、〈society〉の観念を拠りどころとして権力と対抗する、より急進的な立場があった。とすれば、政治の世界において〈形相の純粋実現態〉を求める発想は、十七世紀にはいわば伏流とはなったとしても決して消え去ることはなく、この後者の立場の方に、懐疑の影を引きずりながらもなお引き継がれていったのではないか、という仮説をもって差し当たりの結論とすべきではないだろうか。『統治論』におけるロックの自然状態〈とくにその最初の純粋状態〉、または抵抗権の主体としての社会とは、それ自身の中には政治が存在しないという意味で、そうした性格のものではないか。そして、その夢は、さらに時代を下って、時にはそれに対する絶望とも組合わさって、その限りでは問題の位相まで一五二〇年以前とあまり変わらずに、十八世紀に再現するのではないか。言うまでもなくルソーである。

類似の状況は〈ただし、十六世紀ほどのペシミズムを伴わずに〉、ルソーの影響を強く受けた十八世紀イギリスの啓蒙思想家たちの間に見られる。『ガリヴァー旅行記』は決して孤独な影ではなく、十八世紀のイギリスには多くのユートピア物語があったことはすでに指摘されているし、事実、たとえば共和主義者リチャード・プライスや、ルソーとプライス双方の影響を強く受けたメアリー・ウルストンクラフトが考えた理想の社会とは、まさに、強い実現可能性の意識とともに構想された、神の創造の純粋状態の〈回復〉であった。だからこそ、彼らにあってそれへの歩みは〈進歩〉と表現されることができたが、そこで言う〈進歩〉とは、キリスト教的な、しかも同時に共和主義的な、人間の形相の質料化にほかならず、十九世紀になってJ・S・ミルが口にするような、将来に向かって無限に開かれた〈進歩〉とは、およそ意味を異にする。そうした発想が彼らにとって可能であったのは、その強いキリスト教信仰のためだったであろう。しかし、プライスやウルストンクラフトの信念は、ロマン主義者たちをもって終わりを告げる。他方で、ベイコン以後も依然として健在な技術としての政治論は、ベンサムからジェイムズ・ミルへと引き継がれていくが、時代とともに、技術の主体は見え難くなっていく。その過程で、ヒュームにおいて、この政治の技術論は、超越者をまったく排除した、新しい経験的、社会心理学的な人間学、倫理学と結合することとなる。ここでは、形相・質料合成論などまったく無用である。とすれば、ヒュームにおいて、ヨーロッパ政治思想史における初期近代の、少なくとも一つの終わりが告げられた、と言ってよいのではないだろうか(43)。すでに世俗化の大きく進行した初期十九世紀イギリスで、コウルリッジがフッカーとバークに導かれてプロテスタント国家ナショナリズムの言葉を見出していったのも、もはや初期近代が過去のものとなったことを裏付けるいま一つの証拠と考えてよいであろう。

第四章　ヨーロッパ保守主義政治思想の三類型

一　問題の提示

本章の主題は保守主義政治思想である。「保守主義」とは、本来、十九世紀の政治史の中から生まれてきた言葉であるが、本章では、そのことを考慮に入れながらも同時に、この言葉を、より広く近代全般に見られる政治思想の一つの重要な型を示すための分析概念として用いる。本章ではこの意味での保守主義政治思想について三つの類型を設定するという方法を採用するけれども、前三章と同じく、これもまた、ヨーロッパ政治思想史について一つの通時的物語の試みである。ただし、第一・二章が古典古代から二十世紀までという長期を、第三章が十六世紀を、それぞれ対象としたのに対して、本章は、初期近代以降二十世紀までを対象とする。もちろん、類型は類型である限り、その設定の仕方によっては、すべての時代にその対象を見出すことができるはずではある。しかし、ここではあえてそれはせず、より限定的に、政治思想としての保守主義を近代に固有の現象と考え、しかも、以下に提示する〈懐疑主義的保守主義〉の類型は十六・十七世紀に、〈目的論的保守主義〉のそれは十八世紀末から十九世紀に、〈生成論的保守主義〉は二十世紀に、それぞれ典型的に成立してきたのではないかという仮説を設定する。したがって、類型化それ自体は最終目的ではなく、あくまでも、対象の性質に即した、一つの近代政治思想史物語を発見するための手段であることを、まず確認しておきたい。

だが、なぜ保守主義政治思想を特殊に近代の現象と見るべきなのか。また、なぜその類型論が、ヨーロッパ近代政治思想史の一つの特質を示す手段たり得ると考えるのか。本章はこの二つの問いを背景に置きながら展開するはずであるが、ここで、こうした問いを発する理由を予め述べておきたい。

すべての保守主義政治思想は、本書のこれまでの叙述で中心的地位を占めてきた自由意志説とはおよそ対極的に、その論理の基底において、以下示すように、何よりもまず現に存在する事実の意味を重視し、それを人間行動の与件とすべきだとする。それは、最も広い意味で必然論の系譜に属する思想である。言うまでもなく、必然論はヨーロッパの思想史とともに古い。しかし、そこには同時に、それを正面から否定し抑制する、目的論と自由意志説の強い伝統があった。ところが、初期近代以降、目的論の漸次的後退とともに「自由」の観念が徐々に変質し始め、そこに生まれた空隙を埋めるかのように、それ以前とは装いを変えた必然論のさまざまなヴァージョンが展開し始める。その代表例が保守主義なのではないだろうか（必然論のいま一つの例は近代社会科学であろうが、それについてはここでは立ち入らない）。もちろん、保守主義現象がすべて必然論で説明できるわけではないし、実際、保守主義と自由意志論は、典型的には本章でも再び取り上げるモンテーニュの場合のように、個々の思想家においては併存することもあった。そうした現象をどう見るかは、それぞれの思想家の解釈問題である。いずれにせよ、近代に入り、世俗化の進行とともに、それと不即不離に、保守主義政治思想現象もまた進行したのではないかという仮説的判断が、こうした主題を設定した理由であり、以下は、それぞれの類型に即した具体的仮説およびその検証である。

だが、なぜ類型論なのか。そもそも類型論は何のためのものか。言うまでもなくそれは、ウェーバーの理想型概念が教えるように、言葉も実体もいずれも一見同じではない現象の底に、ある種の共通性を発見するためのものであろう。思想史叙述の手段としてここでこの方法を採用する理由は、一つには、本書の他の諸章と同じく、政治思想史上のいくつかの古典的テクストの中に、従来は読まれることのなかった主題を発見し、また、必要ならば思想史の正典——標準リスト——の再解釈と再編成を示唆するところにあるが、また一つには（というより、何よりもまず）、保守主義思想問題の最大の困難は、保守主義という言葉の捉え難さ、その具体的内容の多様性という事実にある。この困難については保守主義を論ずるすべての論者が一致していると考えてよい。いささか極端な例かもしれないが試みに、十九世紀前半ドイツの保守主義、二十世紀初頭のイギリス保守主義、一九六〇年代アメリカの保守主義、同九〇年代東欧の保守主義、(併せて、同四〇年代後半日本の保守主義)などを拾ってみると、それぞれ、自由主義に対する旧支配層身分の反感、伝統的アリストクラシーのデモクラシーへの適応努力、小さな政府と自由貿易主義、社会主義体制への郷愁、(日本の場合は明治国家体制懐古)などがイメージされるであろう。それらはいずれもそれらなりの思想を持っている。だが、それら相互の間には、保守主義という言葉以外には何ら共通点はないかに見える。日常語としてのこの言葉の一般的意味をオクスフォード辞典に尋ねると、「保守する」(to conserve)とは、物質の保全の意味の他に、「現在では通常、破壊または変化から現状を保持する」意味とされている。とすれば、保守すべき現実は時代の変化に応じてほとんど無限に変化するから、それぞれの保守主義の中身もまた千差万別となるのは当然である。その意味では、「保守主義」の内容は時間の経過とともに限りなく増殖して行くであろう。

もちろん、これまでも、そこまで言わず、保守主義を、自由主義や社会主義と並ぶ比較的に一貫した近代の政治理論の一つと考えて、それを歴史的あるいは理論的に位置づけてみようとする試みはなされてきた(1)。それらの試みは、保守主義を数ある体制構想理論の一つと見立てての議論であって、T・クーン流に言えば、従来の政治理論史パラダイム内での通常科学としての精密化作業であった。それはそれで一定の成果ではあるが、そこで問題なのは、いずれも、多様な保守主義現象の一部しか捉えられていないことである。これは、保守主義を一つのまとまった政治理論と見ようとする時、誰もが経験する躓きである。実際、右に挙げた「保守主義」のうち、代表的な二つだけに眼を限ってみても、身分制思考のなお強い十九世紀のそれと二十世紀後半の自由経済論的それとの間には、保守主義という言葉と態度を除けばおよそ共通性はないと言ってよい。成立の由来からすれば、冒頭に述べたとおりこの言葉は、資本主義の進行と旧体制勢力の後退とともに十九世紀前半のヨーロッパ政治史の中から生まれた、かなり具体的な意味を持った言葉である。しかし、デモクラシーの制度的勝利に伴う二十世紀の政治的、思想的混乱が、その意味を一挙に多様化した。(2) こうした事情に対応して、当然のことながら、従来のほとんどすべての保守主義論の主たる努力は、その分類論に当てられてきた。同じ事情は民主主義論や社会主義論などにもあるとしても、保守主義の場合、その程度は格別である。ところが、それらの分類論の多くは、分類の理論的基準を明確にしないままに、それぞれの保守主義の言説の表に現れた特徴を捉えて、「――的保守主義」という形容詞の羅列に終わっており、発見の機能に乏しい袋小路の感は否めない。しかも、それらの分類自体が論者によって実に多様であり、今や必要なのは分類の分類であるとすら思えてくる。もちろん本章の試みも、また別の袋小路を記録するだけに終る虞無しとしないが、願わくばそれは避けたい。

ここであらためて保守主義の分類の分類、言い換えれば、保守主義政治思想そのものではなく、保守主義の論じられ方について整理してみると、実際上は混交しているが、基本的に二つのタイプがあると思われる。その一は、今述べたように、保守主義と〈想定される〉任意の歴史的な思想を素材とした、いわば〈形容詞列挙型〉分類論である。その古典的な実例は、長い間わが国での研究に準拠基準を提供してきたK・マンハイムの『保守主義』(1927)である。(3) マンハイムもまた保守主義を近代の政治理論の一つとするが、その考察の対象は、もっぱら十九世紀前半のドイツ政治思想である。彼は、とりわけバークに依ったミュラーや、メーザー、ハラー、ヘーゲル、メッテルニヒなどを素材に、その発展段階に沿って「原初的」、「ロマン主義的」、「身分的」保守主義という三分類を与えた。この分類自体は、同時代ドイツ貴族層のイデオロギー分析と見る限り異議を唱える必要は必ずしもない。しかし、彼の分類が問題なのは、その枠組では、彼が直接に分析の対象とした時代についてすら、ドイツ以外の諸思想に対して適用可能性が乏しいことである。正当にもすべての保守主義の祖と仰がれるバークその人において、たとえば下院中心の議会政治は自明の前提であった。彼の中でそれは、「騎士道の精神」の主張と何ら矛盾するものではなかった。また、バークの政治・経済理論が、スコットランド啓蒙におけるスミスやヒュームのそれと多くの点で共通しているのは現在の研究者の常識に属するが、それもまたマンハイムの用語法とは矛盾する事実である。彼の言う意味では、保守主義という言葉を歴史上初めて大規模に流通させたイギリス保守主義は、保守主義ではないという奇妙な結論になりかねない。ましてや、それを二十世紀政治思想としての保守主義論のモデルとすることはできない。すでに、彼が書いていた二十世紀初頭の多くの保守主義は、かりに古き良き共同体への郷愁を抱いていたとしても、民主主義原理の最終的勝利は織り込み済みであったし、その支持層ももはや旧支配階級だけではなくなっていた。マンハイムは、彼と同時代のイギリス保守主義の活力には無関心であったかに見える。こうして、形容詞列挙型の保守主義論は、現象の多様性の前に敗退せざるをえない。

　保守主義論のもう一つのタイプは、注(3)で見たハンティントンのように、保守主義を、既存制度への挑戦に対する支配層の対抗理論として、いわば、類似の状況の下ではいつでも、どこでも出現しうるものとする、超歴史的または機能論的な見方である。その古典的な好例は、再びマンハイムに見られる。ただしそれは、どちらかと言えば『保守主義』におけるそれではなくて、『イデオロギーとユートピア』(1929、英語版 1936)におけるそれである。そこでは彼は保守主義を、「非合理主義」にまで行き着いた現状肯定のほとんど極限として描き、「完全な無緊張状態」、「静寂主義」、「現に存在するものすべてを何もかも正当化しようとする傾向」といった規定を与えている[4]。その規定が、彼が念頭に置いていると思われる、二十世紀初頭の反自由主義、反社会主義の立場の描写としてどこまで一般性を主張し得るのか、問題ではあろうが、それはともあれ、歴史上のたった一つの時点においてすら、何がその時々の支配層の理論であるかは決して一義的ではありえないから、こうした機能論的保守主義論が、思想史のための分析概念として何らか意味あるものとは思われない。もちろん、そこから支配層イデオロギーという限定を取り払って、保守主義とは、およそ既定の現実の中に何らかの意味の合理性を認め、その見地から新規なものに対して反対する思想すべてを言う、とするならば、それは、おそらくは保守主義という言葉の現在の日常的意味にも合致し、妥当な判断であるかもしれない。しかし、それだけでは政治思想史の物語の主題とするにはあまりにも一般的に過ぎる。現実主義的な可能性判断をするのが保守主義の特質であると考えるとしても、それでもって、たとえばプラトンの思想の一つの側面を「保守的」と形容することはできても、(5) プラトンを「保守主義者」とするには根拠不十分である。なぜならば、その意味での保守主義ならば、途方もないユートピアンでもない限り、多かれ少なかれすべての政治思想家に共通に認められる要素だからである。とすれば、現実の保守主義現象の多様性を前にして政治思想史は、形容詞列挙型でも機能論的一般概念でもない、何らか別のアプローチを探さなければならない。

こうした保守主義という言葉の内容の多様性を何らかの基準によって整理し、近代ヨーロッパ政治思想史に何らかの新しい展望を持つための一助にしたい、というのが本章の課題であり願望である。もちろん、ここでは政治思想としての保守主義を問題とするのであるから、たんなる無自覚的現状墨守の態度ではなく、現実の持つ意味について何らかの原理的認識を含むものを考えなければならない。そこで、以下で試みられるのは、とりわけ近代において、保守的と考えられる思想家たちが現実を肯定する際に、その現実に対して与えてきた積極消極さまざまな〈意味〉の類型化である。ウェーバー流に、「主観的に考えられた行為の意味」を動機と言うならば、保守主義における現実肯定の動機の類型化と言ってもよい。したがって、ここでの作業の性質は帰納的なものである。その試みの成否は、懸かって収集された資料が質的に十分な広がりを持っていることと、類型化のための理論的基準が十分に明晰であることにある。逆に、この条件に欠けるとき、その類型化は、たんなる形容詞の並列に終わるか、あるいは、一つのイデオロギーまたは神話に堕するであろう。しかし、もしもそれらが適正かつ十分であれば、それらの類型は、ある種の理想型として、そもそも「保守主義」という言葉を知らなかったバークや、さらにバーク以前の多くの政治思想の分析にも適用可能なはずである。本章はそれを目指している。因みに、こうした手続きは何もここだけに特殊なものではなく、たとえば「リベラリズム」を、十七世紀のロックなどのように、その言葉の成立する以前の対象に適用する時、多くの人々が直観的に採っている（はずの）ものである。

だが、もしそうだとするならば、逆に一つの疑問が生ずる。では、なぜ保守主義を特殊に近代の問題として論じようとするのか。実際、もしもここでの作業が帰納的なものであるならば、帰納のために必要にして十分な材料を採取する範囲は、近代に限らず、保守主義という言葉が日常用語として常識的に許容しうる最大限にまで拡大されなければ有意義ではないのではないか。つまり、「破壊または変化から現状を保持する」ため、存在する現実に何らか合理的意味を認め、現実主義的可能性判断をする思想一般にまで考察の対象を拡大すべきではないか。それでは「保守」的という形容はできても、それでもって思想史の主題とするのには一般的に過ぎる、と先に述べたが、やはりこの最大限を基準にするならば、保守主義を特殊に近代の問題とするとか、いわんやバークとともに始まるなどとしなければならない理由は消滅してしまうのではないか。言い換えれば、政治思想としての保守主義を問題とするとき、まず、〈架空の〉純粋保守主義者を構想してみる必要があるのではないか。保守主義を近代の問題と考えようとするとき、これは処理を避けられない問題である。

ところで、この問いに対する答えを結論的に述べるならば、確かに帰納的たるべきここでの作業としては、まず、あらゆる保守主義思想の基底にあるものとして、超歴史的な保守主義者の純粋存在のようなものをいったんは仮定すべきであろう。だが、それでもそのような〈純粋保守主義者〉は、ヨーロッパ政治思想史の主役の一人とするにはやはり性格不足である。なぜか。ここで、問題を掘り下げて考えるために、その純粋保守主義者の抱く現実主義的可能性判断の内側を少し詳しく観察してみよう。それは、なぜ、いかなる根拠で、保守主義は現実存在の中に合理性を認めるのか、あるいは、いかなる意味で現実は合理的であると考えるのか、と問うことである。
さて、アリストテレスが、財産共有の問題をめぐるプラトン批判の一節で、ポリスは統一性の中にも多様性を維持しなければならないとし、伝統的な私有財産制度を擁護して次のように述べているところがある。

われわれは、長きにわたる過去に対しては相当の考慮を払わなければならないし、もしもそれら〔財産共有その他、『国家』における一連のプラトンの提案を指す——筆者注〕が本当に良いものだとすれば、それらが注意されずには済まなかったであろう年月の経過というものも考えてみなければならない。ほとんどすべての事柄はすでに発見されているのである（『政治学』第二巻第五章 1264a）。

ここに見られるのは、〈存在する事実の強靱さ〉への感覚とでも言うべきものではないだろうか。存在するものは、消極的理由であれ積極的理由であれ、必ずや何らかの理由があって存在しているという感覚、と言ってもよい。だからこそ逆に、可能性のまったく無いものを実現しようと考えたり言ったりすることは無意味であり、知的にも政治的にも誠実な態度ではないことになる。アリストテレスは、人間的幸福の実現のために諸国制について最も望ましい事柄を考えるのは必要だが、その場合でも、不可能なことを想定してはならない、と再三警告している(6)。彼にそう言わせるものは、たんに存在する事実だけではなく、その多様性に対する強い感受性でもある。
もしも、超歴史的な、〈純粋保守主義者〉といったものを考えるとするならば、このアリストテレスの言葉こそ、その保守主義者の言葉に相応しいのではないだろうか。保守主義は改革には反対しないとはしばしば言われることであるが、改革を肯定する場合でも、現に存在しているものは理由があって存在しているのだから、政治は、その範囲を越えない限りでの可能性を探る術、まさに〈可能性の技術〉にとどまらなければならない。それぞれの場合の政治における選択の範囲は、諸条件の比較考量を必要とする以上、最初から限定的なものである。これがアリストテレスの考えであろう。近代に眼を移せば、青年時代、とくに故郷アイルランド問題をめぐって、決してユートピアンではなかったが急進主義的情熱は持っていたバークが、ロッキンガム侯爵の下で政界に身を置いた時、最初に捉えられたのは、理念を実現すべく、政治における選択の範囲はいかに狭いか、という強烈な印象であった[7]。こうした考えからすれば、あたかも白紙の上にまったく新しい社会を設計できるかのように主張する改革主義者は、たかだか合理主義的ユートピアンにすぎない。改革主義者たちは、現に存在する事実に対応しない架空の理想状態を言葉の上でのみ構想し、それに現実を合わせようとしている。そのような、(ハイエクの言葉を借りて言えば)「設計主義的主知主義」または「社会的制度のデザイン理論」に対しては、保守主義は、理性の傲慢に無感覚な知的欠陥または不誠実、あるいは改革の支払うべきコストに対する無感覚、さらには、それと知りつつあえて行おうとする意図的な政治的欺瞞として強く批判する[8]。求むべきポリスの一体性とは何かという問題を出発点として、多様性の中に一体性を求めようとするアリストテレスのプラトン批判の中心は、この厳しい可能性判断にあった。アリストテレスだけではなく、下ってはモンテーニュ、さらにはバーク以降、政治思想史の中でこの種の批判は枚挙にいとまがない。保守主義の特質の一つとしてしばしば言及される「慎慮」(prudence)の主張も、この可能性判断重視の一つの表現であろう。政治とは現に存在する事実の許す可能性の操作技術以上でも以下でもあってはならない。ほとんど混沌としか見られない現実の多様性の中に、何らかの意味での秩序と統一の根拠を見出し、また時にはそれを政策的に実現していくためにはこの〈技術〉は不可欠である、と仮想の純粋保守主義者は考える。その時求められているのは、可能な限り現実と正確に対応した言葉による、現実の分析である。もちろん、それまで蓄積されてきた歴史過程に、将来に対する重要な、規制的意味を認めるという考え方自体は、社会進化論のような進歩主義の中にもあるだけではなく、一般に二十世紀の社会科学の前提でもあろうが、進歩主義と異なり、保守主義の場合は、同じ理由が進歩を否定する根拠となる。

このように、〈存在する事実の強靭さ〉への感覚を備えた〈純粋保守主義者〉には、とくに近代における他のイデオロギーの持ち主、たとえば自由主義者や社会主義者と比較して、相対的に特徴的な一つの言語感覚がある。それは、保守主義者は人間的現実を表現する手段として言葉に対して必ずしも全面的に信を置かず、言葉はそれを要求する衝動には不十分であると考えているという、時に指摘される事柄の中に示唆されている。(9) もちろん、保守主義者も、人間における思想表現の唯一の手段は言葉だ、いや、思想とは言葉そのものだ、ということはよく知っているのだから、ここで言葉に対する不信というのは、言葉の意味の一義性、より正確には、言葉とモノとの一対一の対応関係の想定に対するそれだと考えなければならない。一つの表現がなされた時、その背後にはいつも何か表現しきれない残余がとどまっているという感覚、と言い換えてもよい。歴史上、アリストテレスは、森羅万象の分類を試みた、まさに〈分類王〉であったが、そのような飽くなき分類に彼を駆り立てたものは、最大の分類努力によってすら世界は把握しきれない、という感覚であったに違いない。もちろん、そうした感覚は、まったく保守主義者だけのものではない。リアリティの表現手段としての言葉の相対的無力の意識は、およそ思想家ならば多かれ少なかれ持っているはずのものである。だが、それは保守主義者においてとりわけ強く自覚されているのではないだろうか。M・オークショットは、彼のいわゆる「政治における合理主義者」批判をしながら、人間とは、科学の言語を政治において模倣しようとする近代合理主義の言うところとは異なって、詩、歴史などさまざまの様態(mode)の言語を使用する存在であるとし、それらさまざまの言語、または発話のイディオムが出会うことができるのはただ会話においてのみであると述べている。(10) これは保守主義者の言語感覚をよく物語っていると言えよう。保守主義者の多くは、その思想表現に当たって、論理的一貫性のために事実を犠牲にする危険性の多い演繹的体系よりは、多様な事実に対してより柔軟に対応できるアフォーリズムの形式を好む傾向があるが、この事実も彼らの言語感覚を示している。

だが(先の問題に戻れば)、こうした仮想の純粋保守主義は、それなりに分析の用語としての保守主義という言葉の一つのレベルではあり得るとしても、また、それぞれの思想家の気質とその採用する特定の理論との間にはある種の関連があるという、政治思想史では通常無視される問題を考え直す上で示唆的であるとしても、やはり、それをヨーロッパ政治思想史の主題とするには何か不足するものがあるのではないだろうか。なぜならば、こうした要素は、ヨーロッパでは多くの政治思想家にほとんど普遍的に認められる、最も基本的事実の一つなのであって、それだけを取り上げれば、人による程度の差異こそあれ、大部分の思想家が保守主義者になってしまうからである。それでは何も新しい知見が得られないどころか、反対に、本来具体的であるはずの、保守主義という言葉の意味を空虚にしてしまうであろう。なお、保守主義を一つの政治思想として描こうとする時、仮説的にせよその輪郭を明確にする必要については、この他にも大きな理由がある。それは、ヨーロッパ思想史二千数百年を通時的に流れる歴史意識の中では、前章にも触れたように、歴史過程を、悪の恒存状態か、または、ある理想状態からの下降過程とするものの方が、上昇または進歩のそれとするものよりもずっと一般的であったという事実である。堕落した現実に対して、記憶の彼方にあるはるかな原初の時代に理想状態を設定し、その回復を夢見るのは、キリスト教成立以後近代に至るまで、キリスト教も含めて多くのユートピア思想の共通項でもあった。それは一見急進主義的態度であるが、歴史意識とすれば本質的に保守的なものである。歴史を上昇と下降の循環と見るストアも、「ギリシア人の本能的ペシミズム」に従って現実は下降の過程にあると考えた[11]。変化は実際上、より多くの腐敗をもたらすという視点は、プラトンにもマキアヴェッリにも見られる。プラトンとアリストテレスの違いは、腐敗を防ぐための方法論の違いにすぎないとすら言える。しかし、彼らすべてを一括して保守主義者と認定しても、何も得るところはないであろう。

したがって、保守主義を近代政治思想史物語の不可欠の一主題として考えようとするならば、現状維持の衝動、現に存在する事実の強靭さへの感覚、そこから生ずる現実主義的可能性判断の主張、慎慮の強調、言語に対する留保的態度といった、ここまで述べてきた〈純粋保守主義者〉の一般的な特徴にさらに加えて、ただし保守主義という言葉の日常的意味と矛盾しない限りで、帰納の前提として何か別な条件を考えてみなければならないであろう。そこで、ここでは次のようないま一つの仮説を立ててみたい。それは、政治思想としての保守主義の出現には、これらの諸条件に加えて、さらに、思想家個々人の存在の感覚と深く結び付いた、世界と文明の〈喪失感〉、または〈喪失への恐怖感〉とも呼ぶべきある種の感覚が関わっているのではないか、という仮説である。この感覚はしばしば堕落という言葉で表現されるが、その実は、世界をもっぱら世俗社会の文脈においてのみ捉える感覚である。思想家たちがそうした喪失感をしばしば表明したのは、最初は十六世紀末以降の一時代であった。前章に見たように、それは、中世までの文明を支えてきた目的論の共通性の確信も、宗教上の統一も失われた、暗い宗教戦争の時代であり、政治においては、君主を中心とする事実上の主権国家が成立しつつあるものの、その現実は、中世以来長い間説かれ続けてきた「君主の鑑」の伝統が教えるのとは裏腹に、「賢明な立法者」などおよそ期待し得ない、非情な実力の世界、人間像におけるペシミズムの時代であった。とすれば、この時期に、たんなる保守的態度でも純粋保守主義でもない、特徴的な原理的世界認識を含んだ保守主義政治思想の最初の表現があったとしても、少しも不思議ではない。以後フランス革命の時代を経て二十世紀まで、内容こそ変われ、類似の、世俗的な意味での喪失感とその恐怖感はたびたび政治思想史に登場する。以下の叙述は、そうした精神の生地の上に織りなされる現実肯定の論理、あるいは思想家たちがその現実に与える意味の諸類型の分析である。

なお、本題に入るのに先立ってもう一、二の方法上の問題に触れておきたい。たびたび述べてきたように、以下でなされるのは、理想型としての仮想の近代保守主義者における現実肯定の動機、すなわち現実に対する意味づけの類型化と、それを梃子とした、いくつかの古典的テクストの読み直し作業である。ここで設定する〈懐疑主義的保守主義〉、〈目的論的保守主義〉、〈生成論的保守主義〉、という三つの類型は、それぞれが、個々の思想家の相対的特質を発見し記述するための仮説的枠組み、すなわち理想型であり、個々の思想家にあって、その保守主義の心理と論理を構成する諸要素である。したがって、ここでの意味では、たとえば丸ごと〈懐疑主義的保守主義者〉なるものは実在しない。理想型は、分析のための一種の仮想極限概念であり、具体的な担い手からは抽象されているからである。さらに、強調しなければならないのは、この三つは、それぞれの中に、ある種の強弱の幅を許すが、それだけではなく、少なくとも具体的な個々の思想家の中では相互に必ずしも排他的ではなく、併存可能なことである。考えてみれば、研究者にとっては対象とする思想家の〈一貫性〉を探し求めることがどれほど肝要であろうと、現実の歴史の中に生きた個々の思想家にとっては、私たち通常人の場合と同じく、著作も含めて、さまざまな行為、いやたった一つの行為ですら、動機や論理は一つでなければならない必要は必ずしもないはずである。[12] 実際、保守主義者は、すでに触れたその言語感覚からしても当然に、他のイデオロギーの持ち主以上に多様に言葉と論理を駆使するであろう。すでに見たとおり、フッカーもバークも、思想を必ずしもその真理値においてではなく、人間の情念に働きかける演劇的効果の可能性において見る視点を持っていた。[13] もちろん、ここに挙げた三つの類型は、広い意味での反啓蒙理性主義という点では共通の基礎を持ちながらも、それぞれかなり異質の論理である。それらが一人の思想家の中でどのように統一されているのか、いないのかは、個々の思想家の解釈論として論議されるべきことである。実際、少なくとも保守主義においては、一人の思想家が、一つのテクストの中においてすら、複数の型の論理を組み合わせて議論していることがある。その最良の実例はバーク『フランス革命の省察』(1790)(以下『省察』と略記)である。その意味では、以下の論述全体が、直接の言及がなされていない場合でも、『省察』のテクスト分析であると言っても過言ではない。同じ作業を対象拡大すれば、通常は必ずしも政治上の保守主義者とは見なされず、時に進歩主義者としてすら理解されている一人の思想家が、(マンハイムの言うように)必ずしも非政治的生活領域においてではなく、同じく政治的領域においても、保守主義者としての顔も持っている場合(あるいはその逆の場合)がありうるであろう。要するに以下の論述は、仮想の近代保守主義者の精神の奥底に複雑に錯綜する論理の分解であり、これもまた、政治思想史の脱構築作業の一つである。

二　類型の設定

(i)　懐疑主義的保守主義

保守主義は、それがきわめてイデオロギー的に唱えられる場合においてすら、本質的に懐疑主義である、とは保守主義についてほとんどすべての論者の指摘することである。一般的にはそれは正しいであろう。しかし、そこで言われる懐疑という言葉の意味は必ずしも明確ではない。理性不信と言っても、思想家である保守主義者が人間の理性をまったく信じないなどありえない。あるいはバークを真似て「個は愚かであるが種は賢明である」と言うとしても、(14)いったいどこで個へのペシミズムは終わり、どこで種へのオプティミズムが始まるのか。言うところの種とは何か。人類全体か、いや国家、民族またはエスニック・グループなのか。その「種」は、縦の時系列ではどこまで拡げられるものなのか。こうした曖昧さを避けるために、ここでは、日本語とすれば同じ〈懐疑主義〉でも、〈scepticism〉ではなく〈cynicism〉を意味したい。

さて、懐疑主義的保守主義としてここで設定しようとする類型は、たんに、秩序が秩序なるがゆえにという一般的理由以上に、論理的に最も徹底した懐疑を理由とする現存秩序擁護の論理である。ここで前提されているのは、この地上にある人間にとって、言葉を手段としたいかなる本来的・絶対的なモラルの基準の認識も、正義の基準についてのいかなる妥当な合意への到達も、いずれも不可能と見る悲観的判断である。もちろん、歴史の過去の中ではいかなる正義の実現もなされなかった、と批判する思想家は数多い。そうした歴史批判の思想家の典型は〈論議の余地はあるにせよ〉ルソーであり、ニーチェであろう。しかし、彼らは、そこからの人間の救済を、同じ〈ただし将来の〉歴史過程の中に求める。懐疑主義的保守主義はそうした非論理性、あるいは人間理解の甘さは承認しない。この立場からすれば、そもそも正義とは、かつては実在したのかもしれないが、現実には言葉、それも多くの場合強者の言葉以外には存在しない。その意味では、喪失状態がそもそも人間性の与件である。したがって、絶対的にも相対的にも〈正しさ〉など知りえず、その方向への改善など期待できないからには、各人にとって最も合理的な選択は、たまたま各人が置かれた位置にそのままとどまること、つまりは、文字どおりの現状維持でなければならない。同じように、もしも人間社会が合理的に期待しうる最高の幸福とは、消極的な意味での平和＝戦争状態の欠如でしかないとするならば、専制であろうと独裁であろうと、その権力が実効的に平和を維持してくれる限り、それに服従するのが合理的選択となるであろう。なぜならば、もはや守られるべき価値は、その質を問わない個人の生存のみであり、そこで人間たちを相互闘争から救ってくれる唯一の信頼しうる手段は、実力、または百歩譲って習慣以外にはありえないからである。こうして、懐疑主義的保守主義は、最も消極的で最も徹底してシニカルな理由から現存の秩序と権力を受容し、擁護する。存在は、かくある以外にはありえないのである。プラトン『国家』におけるトラシュマコスの言葉にその古典的例が見出されるこの論理は、ニヒリズムすれすれであって、極限としての理想型が、生の形で直接的に述べられることは稀と考えなければならないが、それでも、近代においてはパスカルの『パンセ』の中に純粋形の近似的な表現を見出すことができる。ここに見るパスカルは、神を思うパスカルではなく、もっぱら世俗社会の性質を論じているパスカルである。いくつかの例を挙げる。

〈真の法〉われわれはそれを持っていない。もし持っていたならば、国の風習に従うことをもって正義の規則とすることはなかったであろう。人は正義を見出すことができなかったので、力を見出した(断章二九七)。

正義、力。正しい者に従うのは正しいことである。最も強い者に従うのは必然である。力なき正義は無力である。正義なき力は圧政である。世に悪人は絶えないから正義は常に抗われる。正義なき力は非難される。だから、正義と力を一緒にしなければならないが、そのためには、正しい者をして力あらしめるか、力ある者をして正しくあらしめなければならない。

正義は論議の的となりやすいが、力は見分けるのがきわめて容易で論争の余地もない。力は正義に反抗して、不正なのはそちらの方で正しいのはこちらだ、と言ったので、人は正義に力を与えることができなかった。こうして、人は正しい者を強くできなかったので、強い者を正しいとしたのである(同二九八)。

なぜ人は多数に従うのか。多数には、より多くの理性があるからか。否。力があるからである……(同三〇一)

……最大の害悪は内乱である……(同三一三)

世の中が、内的な性質よりも、むしろ外観によって人を見分けるのは正しい。われわれ二人のうち、どちらが先に通るべきか。どちらが相手に席を譲るべきか。知恵の無い方か。だが、私も相手と同じくらいに知恵がある。

そこで争いが起こらざるをえない。ところで相手は従僕を四人持っている。私には一人しかない。これは一目瞭然である。数えればよい。譲るべきは私である。もしそれに異議を唱えれば私は愚かである。こうしてわれわれは平和を保っている。これは最大の幸福である(同三一九)。

ここに表明されているのは、最小限(または最大限)の幸福としての強者への服従を拒絶すれば、あとは文字通りホッブズ的自然状態しかありえないとする、極限的な、個人の生存そのものの喪失への恐怖感である。パスカルが影響を受けつつしかも対立しようとした、モンテーニュ『随想録』の中にも、やや緩和された形ではあるが、これに近い言明を見出すことができる。宗教への態度も含めて二人の気質の差異のためであろうか、あるいは、政治社会における地位の差異によるものであろうか、モンテーニュの場合、パスカルほどには赤裸々には実力説的ではなく、力点はむしろ慣習や歴史的存在の重みの強調の方に置かれているが、自然的理性に適った制度に対する人間の認識能力への懐疑や、正義の基準の実定性の強調という論点では同じである。後の時代のバークや現代のオークショットと同じく、モンテーニュがとりわけ戒めたのは理性の傲慢であった。

習慣の把握から自己を取りもどし、自己に立ちかえり、習慣の命令を理性的に反省することなど、われわれには不可能である。実際、われわれは誕生の時の乳とともに、習慣を飲み込むのであるから、そして世界の姿は習慣という状態ではじめてわれわれの眼にあらわれるのであるから、われわれは習慣の歩みについていくという条件で、生まれてきたように思われる。……そういうわけで、習慣の蝶番からはずれたものは、理性の蝶番からもはずれているように思われてくる(松浪信三郎訳、河出書房「世界の大思想」4、上、九八頁)。

いかなる法律であれ、既存の法律の変更は、これを動かすときに生じる弊害ほどに、明白な利益を生ぜしめうるかどうか、はなはだ疑問である。……革新がどんな顔を見せようとも、私は革新が嫌いである。それには理由がある。というのも、私はこれまでに、その破滅的な結果をいくつも見たからである。……革新の口実はいかに立派でも、きわめて危険である。……したがって、率直に言えば、私にはこう思われる。自分の意見を重んじるあまり、「これを実現するためには国家の平和をくつがえすことも必要である。こういう重大なことがらにおいては、内乱や国制変革が起こって、多くの避けがたい害悪や恐るべき風俗の頽廃をまねく結果になってもやむをえない。自分の国の場合でもやむをえない」などと考えるのは、はなはだしい自惚れであり不遜である。……自国の様式や法律に従う者の動機と、それらを左右し変革しようと企てる者の動機との間には、大きな差異がある。前者は、自分の弁明のために、単純、服従、模範に拠りどころを求める。……後者の立場ははるかに苦しい。選択と変革にたずさわる人は、裁定の権威をわがものにしており、自分が棄却するものの欠陥と、自分が採用するものの長所とを、見分けることができるのでなければならない。……われわれの現在の争いのうちには、廃棄したり改変したりしなければならない重大深刻な問題がたくさんあるが、双方の理由と根拠を確実に認識したと自負しうる者が、はたして幾人いるだろうか。神さまだけがご存じである(同、一〇一―一〇四頁)。

ここで(一六六頁の引用とも併せて)、モンテーニュの喪失感は明らかである。もちろん、モンテーニュとパスカルの思想家としての行為の動機は同じではない。パスカルにあってそれは、この世界と人間の矛盾を仮借なく暴くことによって神とその恩寵の必然性を論証することにあったし、モンテーニュにおいては、あらゆる迷妄から醒めて精神の自立とストア的な心の平静に達することであった。また、第二章第四節(iii)に見たように、パスカルとは違って、モンテーニュにおいては彼に独自のユートピア願望はハッキリと存在していた。だが、二人はいずれも不可避のものとして政治を受け入れ、また、いずれも国王専制反対という具体的立場を持っていたにもかかわらず、なお政治に対しては距離を置こうとした。その意味ではこれらの言明は共通して、政治的主張であるよりは、むしろ非政治的、私的な見解表明と見ることもできる。しかし、そうであっても、明らかにここには、政治、とりわけ現に存在している実効的権力に対する一貫した判断に基礎付けられた、いわば方法的な態度選択が示されている。

ところで、こうした私的態度表明は政治理論としてはまったく無意味であるとして、政治思想史はこれまでと同じように無視することもできるかもしれない。なぜならば、伝統的な観念に従って、政治思想史の対象は何らかの体制構想理論でなければならないとするとしても、あるいはQ・スキナーのように、政治的行為の正当化の理論という意味で政治的イデオロギーに限るとしても、こうした懐疑主義は、そのいずれの基準からも外れるからである。アリストテレス以来の観想的生と活動的生の二元論に即して言えば、多くのユートピア物語と同じく、それは間違いなく観想的生の所産であった。だが、モンテーニュにおいて典型的に見られるように、観想的な私人もまた、時には政治に対して重大な発言をすることもあるのであって、その時、懐疑主義的保守主義は、政治に対する一つの私的態度選択であるとともに、また公的提言における政策選択の前提認識でもあり得る。この点は、必要ならば従来の政治思想史の正典の再検討を試みたいという、すでに述べた本章の課題からすると、少なからず重要である。と言うのも、実際、こうした権力観、とりわけパスカルの政治観と、パスカルにとってはまさに同時代人たる、外ならぬ政治理論家ホッブズのそれとの距離はほんの一歩だからである。政治理論家ホッブズもまた、自らの立場を一貫して「私人」と規定していた。

ここでパスカルとホッブズの共通性に眼を向けるとき、ホッブズ『リヴァイアサン』の解釈問題にある程度は立ち入らないわけにはいかないが、そうすることは、取りも直さず、従来、多くはそのいわゆる「近代性」の背後に見過ごされてきたホッブズ政治思想の同時代性に眼を向けることである。[15] 実際、その近代性は、同時代性のそれを的確に視野に入れて後はじめて、記時錯誤《アナクロニズム》に陥ることなく論ずることができる問題ではないだろうか。だが、それに入るに先立って、モンテーニュに戻って指摘しておかなければならないいま一つの点がある。それは、彼が社会を、それを構成する究極の単位としての個人とその情念に分解して考察していた点で、通常そうした手法の政治理論史上の先駆者とされるホッブズに先立ち、しかも、そのノミナリズムはホッブズよりもはるかに徹底的だったことである。『リヴァイアサン』の「総括と結論」の章の末尾近くに次の文章がある。

私は主権者の政治的権利ならびに国民の義務と自由を、人類の既知の自然的傾向および自然法の条項の上に基礎付けている。これらについては、自分個人の家族を治めるに足るだけの理性を持つと主張する者は無知であってはならない。

ここに示唆されているように、それまでの行論でホッブズが自然法の認識主体としての各人または人々に言及した時、それは、現代において考えられるような文字通りの各人または人々のことでは必ずしもなくて、政治社会の構成者としての、各家族の長を指していると考えなければならない(この事情はロックについてもルソーについてもそのまま当てはまる)。そして、彼はその家族の内部を構成する個々人の関係についてはほとんど語っていない。これに対して、モンテーニュには次のような叙述がある。

或る国においては、習慣として、子が父を殺すこともあったし、他の国民においては、父が子を殺すこともあった。それは、ときとして相互のあいだに生じがちな障害を避けるためであった。自然的にみれば、一方は他方の死滅に依存している。……なるほど、兄弟という名は美しく愛に満ちた名である。……けれども、財産の共有、その分配、また、一方が富めば他方が貧しくなるというようなことが、この兄弟的な結合を驚くばかり弱くし、それを弛める。兄弟は、立身出世をするのに、同じ道を、同じ歩調で進まなければならないから、しばしば衝突したり、いがみあったりすることも避けられない。……父と子はまったく相反する気質を持つことがある。兄弟も同様である。「それは私の子である。それは私の親である。けれども、それは残忍な人間、邪悪な人間、もしくは愚かな人間である」。……結婚について言えば、これは、加入だけが自由な契約であり、……また通常、他のいろいろな目的のためになされる契約であるが、そればかりではなく、そこには解きがたい幾多の縺れがおこり、それが生き生きした愛情の糸を断ち切り、その流れを乱しがちである（上、一六一頁）。

右の文章は、実は、第二章一七〇頁に引用したのと同じ箇所のものである。テクストの中では、この人間論は、そこに見られるとおり、モンテーニュにおけるユートピアとしての、自由意志を根拠とする〈友情論〉と綯い交ぜて述べられている。だが、このようにそこから友情論の部分を取り去って眺めると、彼が文字通り人間一人一人を、本質的には孤独な存在と見ていたことがより浮き彫りになるであろう。だが、それは、人間の社会性の承認とはまったく矛盾しない。人間は社会的存在でありつつ同時に孤独な存在である。モンテーニュがそのように見ることができたのは、明らかに、ヨーロッパ思想史の伝統の中にあって、非政治的な視点から社会と政治を見ていたからこそであろう。そして、このことと、彼の懐疑主義的保守主義とは不可分と考えなければならない。もちろん、モンテーニュが人間を、常にこのようにペシミスティックにのみ見ていたと言うのではない。『随想録』は、その飽くなきリアリズム志向のゆえにシニカルな印象を与えがちではあるが、第二章にも述べたとおり、モンテーニュは決して相対主義者ではなかった。『随想録』には、友情論以外にも、理想の妻や、子供の教育を論じているところもある。だが、それらにおいてもまた、モンテーニュは夫と妻、親と子の関係を、まったく一個の人間対人間の問題として論じている。そうした人間認識の冷徹さは、子への支配権は本来父と母いずれに属するのか、といった法的関係でのみ家族を論ずるホッブズには期待できない(16)。

さて、『リヴァイアサン』を中心とするホッブズの解釈問題に入れば、その中に懐疑主義的保守主義の論理の一つの——ただし、後にも述べるように、パスカルやモンテーニュと比較すれば若干緩和された形での——表現を見出そうとするここでの解釈は、とりわけわが国の読者には違和感を与えるであろう。と言うのも、従来このテクストは、個人の自由と自己保存の自然権を出発点とし、そうした諸個人の合意と授権の上に主権理論を構成したことによって、近代政治原理の成立を告げた政治思想史上の金字塔とされているからである。それどころか、とくにわが国ではホッブズは時に「戦闘的民主主義者」とされることすらある。ホッブズには、およそ保守主義と呼ぶべき何ものも無いかのようである。だが、ホッブズを同時代思想史の文脈に置いてみると、様相は異なって見えてくる。

この二つの解釈のうち、まず後者は比較的処理が簡単である。ホッブズを一見民主主義者と思わせる根拠を資料の中に求めれば、とくに『臣民論』(*De Cive*)第七章で彼が、「デモクラシーが成立するのは特定の諸人格と人々(強調はホッブズ)との契約によってではなく、個々人相互の間の約束によってである」(第七節)とし、さらに貴族政も王政もその権力の源は結局、この、人々の権力にある(第八、第一一節)としている点であろう。その限りでは、彼のいわゆる「設立による主権」の性格はデモクラシーである。しかし、ここで重要なのは、ホッブズのこの議論の目的は、実は、最高権力に対する人々の平等な、無条件的権利委譲、抵抗権の放棄を論証するためだったことである。この目的から『臣民論』は、続いて主人の召使いに対する、および両親の子供たちに対する支配権を論ずる二章を挟んで、第一〇章全体が政体としてのデモクラシーの欠陥の指摘、絶対王政の優越性の主張に当てられている。『リヴァイアサン』に眼を移せば、第一九章でホッブズは、王政、貴族政、民主政という伝統的な政体区分論に言及しながら、その区別を、権力そのものの質的差違として見ることをはっきりと拒否し、代わって、権力設立の目的である国家の安定性との関連でのみ見ることを主張する。理由は明白である。彼にとって、権力はいかなる形態のものであれ常に絶対に強力であることが第一義的要請であり、政体区分論は二次的な意義しか持たないからである。そして彼は、国家の安定性という点からすれば、この三者の中では王政に軍配が上がると主張している。また彼は、第四六章の終わり近く、そのアリストテレス批判の一つの論点として、アリストテレスの誤謬は民主政および、人々の——すなわち主権者の——ではなく法の支配を、是としたことにあると述べている。これはアリストテレス『政治学』第三巻第九章から第四巻にかけての解釈として正確なものであり、これらの言明におけるホッブズの言葉には何の曖昧さも見られない。ホッブズを「戦闘的民主主義者」とする解釈は、ホッブズの言葉を尊重する限り、明白な背理に見える。

これに対して前者の問題は、序章にも述べたように、わが国におけるホッブズ理解を方向付けた福田歓一『近代政治原理成立史序説』(一九七一年)が、その解釈では必ずしも一貫し得ないことを「契約説の偉大と悲惨」という言葉で自ら表明し、その処理に苦しんだだけに、より慎重な対応を必要とするであろう。そこで以下では、『リヴァイアサン』第一八章を境とし、とりわけ第二一章以降に明らかな叙述内容の変化は、ホッブズが「その劃期的成果を自ら裏切って……一個の形式的保守主義者として立ち現れ」た、「理論的貫徹の挫折」と見る必要は必ずしもないのではないか、と言うよりは、一つのテクストとして『リヴァイアサン』全四八章および「総括と結論」は、中途からの叙述内容の変化まで含めて、明確に一貫した、意図的な構成を持っており、そこには一方では懐疑主義的保守主義、他方ではある種の共同体論志向という、必ずしも相容れない二つの性格が最初から混在していたのではないか、という解釈を提示してみたい(17)。ホッブズにおいて、その懐疑主義的保守主義がパスカルに較べれば緩和されて見えるのは、後者のためではないかというのがここでの推理である。

さて、『リヴァイアサン』に先立つこと九年、一六四二年の『臣民論』冒頭においてすでに彼は、自分が明らかにしたいのは、人間として、臣民として、そしてキリスト教徒として人間が持つ諸義務の問題であること、また、人間は、自然状態においては人間に対してまさに狼であるが、国家においてはその平和ゆえに互いに神のごとき存在であると宣言していた(18)。すでにこの宣言は、ホッブズが、パスカルと同じく、最大の害悪は内乱であると考え、また、その害悪を回避すべく最強者の権力による実効的支配の必要を主張すると同時に、パスカルとは異なって、その強者の支配がある種の共同体性を実現することを期待していたことを示唆している。その後、内乱の進行を目の当たりにしてホッブズは、一六五一年、あらためて『リヴァイアサン』を世に送った。その動機は、人間にとって、自然的生命を全うするためには自然状態の無秩序から脱出する以外に希望はなく、しかもその方法は、たとえいかなるものであれ、絶対的な力に服従してその保護を求める外はないことを、従前の著作よりも一層強く人々に説得することにあった。しかし、天才的幾何学者パスカルがその政治認識をアフォーリズムの形式で直観的に示したのに対して、晩学の幾何学者ホッブズは、同じ動機を表現するに当たって、幾何学に少しでも近づけた議論をするためか、演繹的推論の形式を取ろうと努めた。

ここで、とくに『リヴァイアサン』において、ホッブズが演繹的推論の形式を取ろうと努力したことの意味について一言しなければならない。というのもそこには、このテクストを理解する上で最も基本的な手続きに関わる問題が含まれていると考えられるからである。明らかにホッブズは演繹的推論に固執している。もっとも彼自身、経験の世界に属する政治の問題を幾何学のように演繹するわけにはいかないことは直観的に知っていたらしい。そのことは、彼が、自らの内省とそれに対する読者の共感の中に自己の議論の論証を求めている「序文」末尾の一節や、また、有名な主権設立の議論に際して、誤解されないためにであろうか、第一七章から第一八章にかけて同じ事柄を違った言葉で数回繰り返していることの中に示されている。だが、それにもかかわらず彼は演繹的推論の手続きで議論を進行させようとした。この手続きの意味するところは、先行する章は後続の章に論理的に包摂されることである。したがって、仮に先行の言明と後続のそれとの間に矛盾が見出される場合も含めて、解釈上の統一は、後続の言明を優先することによってなされなければならない。このことは『リヴァイアサン』のように、政治的目的が強く、しかも主張に重層性のある作品の場合とくに重要である。なぜならばそれは、一つの言語行為としてこの作品を見る時、そこに含まれるすべての言明の意味と、そこに見られる言明個々の相対的重要性の判断は、その最終結論から導き出されなければならないと教えるからである。具体的に言うならば、『リヴァイアサン』のテクスト解釈は、何よりもまず「総括と結論」の章から、そして、その直接的前提となっている第三部と第四部の宗教論から出発しなければならない。第二部までの言明の意味は、それに従属させられなければならない。そして、実際、第二部までの議論にしばしば見られる論理的不透明さに比較して、分量的にも全体の半分を占めるこの部分の論旨は、強引ではあるが、きわめて明晰である。

ホッブズは、その国家論に入る第二部冒頭の有名な第一五章で、まず、人々の相互的権利放棄、および放棄された権利の主権への授権という、主権の設立手続きを論じて、その主権とそれに対する人々の服従の合理性を論証しようとする。確かにそれは、自然状態における人々の自己保存の絶対的権利を維持するためであった。それは一見デモクラシー論と親和性があるかのようである。だが、ホッブズは、主権設立手続き論から主権の性質へと推論を進めるに従って、次第に強調点を、設立された主権の絶対性の問題に収斂させていく。そして、第二〇章に至り、現に存在している主権が主権として事実上人々を保護する能力を持っている限り、その実際の起源が人々の現実の設立行為すなわち同意と授権によるものであろうと、征服によるものであろうと、その服従要求根拠には何ら差異はないとする。なぜならば、被征服者は、征服された時、死を選ばずに生命を助けてもらったその瞬間に、約束による主権設立の時と同じ同意を征服者に与えたと見なされなければならないからである。いずれの場合も、人は死への恐怖から服従に同意するのである。しかも、「設立による主権」など歴史的に実在しないことはホッブズにとっても自明であったかに、実質的にはこれは、前章に見たフッカー風に、国内国外を問わず征服権力の合理性、と言う以上に、デ・ファクトに存在しているすべての実効的権力の合理性を主張することに外ならない。その合理性の根拠は二つあり、一つには服従者(subject)の自己保存の目的と合致することであり、いま一つには、(『臣民論』の議論を引いて言えば)それが人々の「自由意志」による選択だからである。[19] ホッブズ自身がステュアート王朝の現実をどう見ていたかに関わりなく、この論理からすれば、ステュアートの権力とその後のランプ議会のそれとを区別する理由は、それが実効的か否かという点以外にはどこにもない。内戦の勝利者が征服者に当たるか否かは別としても、同じ論理はクロムウェルに対しても働くであろう。

権力の性格について、相互の交渉はなかったにもかかわらずパスカルとホッブズが結論的にこれほどにも一致するのは、明らかに、正義の客観性についてのペシミズムにおいて、両者が実質的に一致しているためと考えなければならない。[20] 確かにホッブズは、『リヴァイアサン』第一五章で正義について論じ、「各人に彼のものを帰する」ことをもって正義とするという、「スコラ学派における通常の定義」に与しているかに見える。しかし、仔細に見ると、ホッブズの認める「各人に彼のものを帰する」基準は、交換的正義においては契約者の欲望の均衡であり、配分的正義においては主権者の決定意志であって、これは、要するに、正義の客観的基準は存在しないと主張するに等しい。すでに『臣民論』においてホッブズは、正義が生ずるのは自然からではなくて同意からであると宣言していた。[21]

ホッブズの中に懐疑主義的保守主義の論理を色濃く認めようとする、こうした解釈に対しては、ホッブズは自然法論者だったのではないかという反論が当然予想されるので、ここで、その点について予め答えておきたい。ここでの答えは、確かにホッブズは自然法という言葉を自己の主張のほとんどすべての根拠に援用したが、人間が人間に対して神たりうる唯一の場所である国家において自然法の解釈権が主権に独占されるとする主張は、はたして自然法論の名を称し得るか否か疑わしい、似て非なるものである、というものである。歴史的に使われてきた自然法という言葉の意味は、キリスト教徒であろうと異教徒であろうと関わりなく、人間がまさに人間なるがゆえに持つ普遍的な理性の規範意識であった。だからこそ、トマスから現代に至るまで、優れた自然法論者は皆、規範の普遍性の主張を、歴史的な法と慣習の多様性の事実といかに調和させるかに最大の苦心をし、また人間理性はいかにして自然法を知りうるのかという、認識問題に真剣に取り組んだのであった。ホッブズの同時代にもロックが、その問題に生涯苦しみ通したことは周知の事実である。ロックはその初期作品『自然法論』(c. 1660)においては、その直接の引き写しではないかと思わせるほどトマスに酷似した議論を展開しながら、すべての人間の神への運動というトマスの本質的オプティミズムを持つことができず、結果として自然法への懐疑に終わった。また、その彼が、晩年の『キリスト教の合理性』(1695)において自然法を辛うじて救い出すことができたのは、自然法をキリストの啓示と同一視するという、自然法論としてはほとんど自殺的言明によってであった。そこにも、主知主義者ロックにおいてすら、普遍的規範としての人間理性に対するペシミズムの時代精神がその影を落としていると読むのは誤りではないであろう。『リヴァイアサン』の中で自然法の項目を一気に十九も列挙するホッブズからは、ここでもフッカー同様(ただし異なった意味においてではあるが)、自然法の認識問題についての苦悩はまったく感じられない。ホッブズから見れば、国家において、人々の平和と安全に役立つ事柄は、すべて自然法の名において正当である。『臣民論』では、外敵に対する備えも、租税の公平な賦課も、腐敗した裁判官の処罰も、主権への絶対服従も、私的、秘密裡にではなく公的に神を礼拝することも、すべて自然法とされる。もちろん、具体的にいかなる行為がそれに合致するかは、もっぱら主権の判定に懸かっている。自然法の判定権をすべて主権に独占させることによってホッブズは、その認識問題を一挙に消滅させることができた。ホッブズが自然法論においてかくも強引なのは、もはや言うまでもなく、彼がそのすべての関心と議論を、人々の平和と安全に意図的に集中したからである。彼は、彼から見てそれに必要な命題集を、自然法という通貨価値の高い言葉で呼んだにすぎない。その前提にある判断が、懐疑主義的保守主義であった。

宗教内乱の現実を前にして、懐疑主義的保守主義者ホッブズは、何としてでもその主権をいわば水漏れのないものにしなければならなかった。そのためには、カルヴィニズムも、ロードの高教会理論も、一見権力には従順な「受動的服従理論」も、そこにいささかでも国家の主権を批判し、それと競合する論理の芽の認められる限り、理論的に批判し尽くさなければならなかった。また、あらゆる意味での主権の絶対性を維持する政策手段を追求し、提唱しなければならなかった。彼がそうするのは、主権にいささかでも綻びがあれば、自然状態の回帰は必然であり、人々が生命を全うするのは危ういと判断するからである。もちろんホッブズにとっては、主権設立のそもそもの目的である個人の自己保存権、すなわち自然権の維持もまた、と言うよりは、まさにそれこそが至上命題であった。さもなければ、人々が国家に入った目的そのものが失われるであろう。だが、他方で、この二つの命題が極限においては両立し難いことがあるのも明白である。ホッブズはそのことを十分知っていた。主権の絶対性に水漏れがあってはならない。そのためには、そもそも主権の行為はその主権に同意した個人の行為である、という『リヴァイアサン』の授権の論理からすればあり得ないはずであるが、必要とあれば主権者は、服従を誓った国民に対して死をも命ずることができなければならない。しかし、それは、死を命じられた本人からすれば絶対に承認できない、と言うよりは、国家の行為は彼自身の行為であるとの原則からして、そもそも不能命題である。それは人が主権に同意し、服従した本来の目的と矛盾する。ホッブズの硬い演繹的理論体系においては、この相反する要請をともに満足させる中道はない。彼は『リヴァイアサン』第二一章において、権力による死の命令に対して、国民が正当に抵抗しうる状況を、兵士、犯罪者それぞれのケースによって腑分けしようとし、一定の場合には抵抗を認めるように見せながら、他方で一般論としては、その服従拒否行為が許容されるか否かは、その行為が主権設立の目的を破壊するか、しないかという基準によってのみ判定されねばならないとしている。だが、ホッブズの論理においては、主権がそうした重大問題について判定権を国民に委ねるなどあり得ない以上、これは、事実上は抵抗を認めないに等しい[22]。しかも彼は、たとえ正当な自己防衛であっても、いったん主権の側から赦免の申し出があった場合には、自己防衛という口実はなくなる、と追い打ちをかけている。

　ホッブズが、その人間認識と権力認識においてパスカルと多くの類似点を示しながら、なおかつ演繹を生命とする『リヴァイアサン』に致命的な論理的矛盾となる危険を冒してまでも、解決不能の抵抗の正当性の問題をあえて取り上げたのはなぜだろうか。彼がそれを、「服従の自由」という論理で強引に解決しようとしたことからすれば、そこには、フランス亡命から帰国したホッブズ自身または彼の周囲の人々の、ランプ議会の権力に対する帰順と赦免の問題がかかわっていたとの見方も有力に成立しよう[23]。しかし、この問題は、また別の意味でも示唆的なのではないだろうか。人間の社会性についてのそのペシミスティックな言葉とは裏腹に、同郷の後輩オーブリーの描く彼の人間像や、また同時代人によって描かれた彼の肖像画(の少なくとも一つ)はわれわれに、ホッブズ自身は、敵には厳しかったかもしれないが、それ以外では社交性豊かな、暖かい人間性の持ち主ではなかったかと思わせるに十分である[24]。そうした性格が、懐疑主義的保守主義をパスカルほどには仮借なく貫徹することを妨げたのではないだろうか。その実質はともあれ自然法という言葉の援用は、この文脈から理解することもできる。

　だが再びこれは、通常の政治理論史の眼からすれば、一見理論とは無関係な個人的要因を思想の解釈に導入するように見えるかもしれない。しかし、このように考えてくるとき、とりわけ危機意識の切迫した『リヴァイアサン』には、しばしば強調される理論構成上のアトミズムだけではなく、作者の人間性を反映して、ある種の共同体論志向もまた貫通していると考える余地が生まれてくる。もちろん、ホッブズの理論に描かれた政治的人間が、彼ら自身で、つまり主権無しにも共同的に行動できる存在ではないことは明らかである。そのペシミスティックな人間論と硬い演繹的推論方法はそれを許さない。だが、それにもかかわらずホッブズは、国家を描くために、主権という言葉と同時に、きわめて古典的な政治共同体を表現する言葉である「コモンウェルス(ラテン語でキヴィタス)」を用いた。そして、彼は、そもそも人々の主権設立行為そのものが、「平和と共同防衛」、「共通の平和と安全」(強調は筆者)のためであると主張する。また、アリストテレス以来の伝統に従って、党派を非難し、人々に対する主権の教育的役割を強調する。また、主権者の意志たる法を公権的に解釈する権限を持つ裁判官には不偏と公正を期待する。

それだけではない。分量としては実は『リヴァイアサン』全四部の中で最も長大な第三部の主題は、ルター以来のプロテスタンティズムの救済論を踏まえた教会論に当てられているという、動かし難い事実がある。時代の喫緊の要請はまさに国家と教会の関係の問題であり、しかもそれは救済論とは不可分の問題であった。先にも強調したように、ここにこそ『リヴァイアサン』の実践的意図があり、第一部、第二部の議論はその問題でのホッブズの立場を弁証するための前提としてのみ、はじめて意味を持つと見なければならない。もちろんホッブズは、主権問題を議論の外に置いたエラスムスやルターのように、純粋に人々のキリスト教的愛の連帯を主張しているのではない。彼の主張する信仰の共同性は、事実としては個人の内面的信仰と良心の自由を認めながら、他方でそれを外的行為として、すなわち言葉として表出する時には、個人はその「私的良心」を持ち出してはならず、「公的良心」すなわち主権者の与える公権的解釈に厳格に服従しなければならないというものであった。言い換えれば、ホッブズにおける良心は、それが私的良心と認定される限り、そもそも音声や文字として表現すること、すなわち伝達の手段をまったく禁じられている。多くの点でホッブズに従ったスピノザも、さすがにこの点だけは同意しなかった。因みに、リベラル・ホッブズを強調する解釈の一つの根拠は、主権論における良心の自由という、いわゆる「内面の留保」に求められているが、そうした解釈は、この単純な事実を無視している。秘密の私的礼拝が自然法違反とされる以上、ホッブズの良心には口も筆もないと考えなければならない。第二章第二節でも触れたが、ホッブズによれば、キリスト教信者国民として人が救済を与えられる条件は、心の中で「イエスはキリストである」という信仰を持ち、しかも、信仰の表明も含めて外的行動においては、かつてイスラエルの人々がしたように、徹底的に主権者とその法に服従することであった[25]。『リヴァイアサン』において、彼が殉教問題に多くの筆を費やし、キリスト教思想史の確固たる伝統にあえて楯突いてまで、救済論上のその意義を否定することに躍起となったのは、その論証のためだったと考えなければならない。また、『リヴァイアサン』第三部最終章(第四三章)の最後近く、救済の条件として、ルターさながらに心情の純粋性を強調し、「われわれが業によって義とされると言われる時、そのことの意味は意志についてであると理解されなければならない。神は、善人においても悪人においても変わらず、意志を業それ自身として受け取り賜う」、と読者の説得にこれ努めなければならなかったのも、同じ目的のためであった。ホッブズのキリスト信者国民は一つの教会という共同性を形成するが、それは主権を通してのみである。そこには、私人の間はともあれ、主権と国民との間では、およそ寛容論の成立する余地はない(26)。このように、ホッブズの中では、懐疑主義的保守主義と、彼なりの共同体論志向とが相拮抗しているかに見える。

シニカルな保守主義が、あらわに、純粋に近い形で主張されたのは、西洋思想史二千数百年を通じて他に例を見ないほどに人間理性に対するペシミズムと秩序の喪失感が人々の精神を一般的に支配した、十六・十七世紀の宗教戦争の時代であった。同じ精神は、上に挙げた三人に止まらず、同時代フランスのモラリストたちにも、また、前章に見たとおり、カルヴァンの長老教会制国家を批判した、フッカー『国王首長制教会国家の諸法について』における秩序それ自体の重要性の強調の中にも、そして、シェイクスピアの悲劇諸作品の中にも、色濃く見出すことができる。ルネサンス文学の精神は懐疑の精神であった。だがそれは、人間の進歩と完成可能性を信ずる次なる啓蒙の世紀には、思想史の表面から後退していく。さらに、少なくとも建前として、政治権力の正当性の根拠が人々の同意に求められる民主主義の時代には、その直接的表現はそもそも許容されなくなるであろう。だが、それにもかかわらず啓蒙への懐疑が表明され、理性の傲慢が批判されるところでは、それは、表面的には緩和された形を取るにせよ、保守的思想家たちの精神の基層に生き続けてきたと見なければならない。保守主義者中の保守主義者バークに聞こう。ここで確認されなければならないのは、懐疑主義的保守主義の前提たるペシミスティックな人間観、権力的秩序そのものの必然性の主張である。『省察』に次の一節がある。

歴史の大部分を成すものは、高慢、野心、貪欲、復讐、情欲、反乱、偽善、抑制なき熱情、その他あらゆる混沌たる欲望の連続、等々がこの世にもたらした不幸なのです。この不幸は、かの「私人の境遇を揺がし、人生を甘美ならざるものとする災い多き嵐」と同じ嵐で以て、国家を揺さぶるのです。歴史の大部分たるこうした悪徳は、そうした嵐の原因です。宗教、道徳、法、大権、特権、自由、人権などは口実です。口実は何か尤もらしい、本当の善の外形をしているものです。精神の中からこれら欺瞞的口実の下に掩われている真の原動力を根絶すれば、人間を暴政や反乱から守ることができるでしょうか。仮に守れるとしても、それは人間の心の裡から価値あるものすべてを根絶やしにすることにもなるでしょう。……共同社会の中には常に一定量の権力が、誰かの手中に、何らかの名称の下に存在しなければならないのです。……同じ流儀の口実や同じ態様の害悪を二つの時代が持つことは滅多にありません。人間の邪悪さはもう少し発明の才に長けていて、人が流儀を論じ合っている間にもその流儀は過ぎ去ってしまいます。まさに同一の悪徳が新しい姿を装うのです（半澤孝麿訳、みすず書房、一七七頁）。

バークが、その急進主義的心情にもかかわらず、初期から決してユートピアンではなかったことはすでに触れた。実際、その無政府論的な言辞を翌年の第二版でバーク自ら、あれは風刺作品であったと釈明した『自然社会の擁護』(1756)においてすら、政治社会の害悪は語られても、ルソーの『人間不平等起源論』のように、それと対比して「自然」の牧歌性が語られることはなかった。奇妙なことにこの作品では、擁護するはずの「自然社会」については、それが夫婦と子供という基礎的単位より成ること以外ほとんど語られず、むしろ、より快適な生活を求めてその不便から脱出しようとする人間の「欲望」が語られる。成立してくる政治社会が直ちに堕落して専制に陥るのも当然であろう。ルソーとバークが似るのはその堕落の描写においてのみである。バークにおいては、人間論におけるペシミズムが最初から基調であった。人間は、利己的な、放置されれば限りなく堕落する、「裸では打ち震える」ほかない存在である。確かにバークは、伝統とその中にある人間の知恵を賛美したが、それが賛美されなければならないのも、もとはと言えば、それ無しには人間社会の害悪と悲惨は耐え難く、ただ伝統が築き上げてきた習俗の洗練——騎士道の精神——というヴェイルのみが、人間の苛酷な現実を和らげて見せることができるからである。文明の喪失への恐怖感は明らかである。とするならば、それに対する信仰・信頼なしにはすべてが瓦解し、人はニヒリズムの淵に陥る外はないという意味では、パスカルにおける「神」とバークにおける「伝統」とは、パラレルの性格のものであるとすら言えよう。パスカルが神に〈賭け〉たとすれば、『省察』におけるバークは、美しい伝統と習俗に〈賭け〉たのであった。別の一節を引用しよう。

たとえ習俗や思想を絶滅させる程の衝撃にあっても、何らかの権力はそれに耐えて生き残るでしょう。そして、自らをささえるために一層悪辣な別な手段を見付けるでしょう。古来の諸制度を覆すため同じく古来の諸原理を破壊した簒奪は、それが権力を獲得したのと同じ技巧によって、その権力を維持するでしょう。王を恐怖から解放し、以て王と臣民を共に専制に対する警戒から解放せしめた忠節という古い封建的騎士道的精神が人々の心の中から消滅するその時、予防殺人、予防没収、陰惨で血まみれな格言の長大な目録など……を前触れとした陰謀や暗殺がやって来るでしょう。臣下が原理を盾として反逆者となる時、王達は政策を盾として圧制者となるでしょう(同、九七—九八頁)。

モンテーニュやパスカルのように直接的表現ではないにせよ、ここに懐疑主義的保守主義の基調を認めるのは容易である。だが、パスカル、いやホッブズとすら異なって、彼はキリスト教救済論の中にペシミズムからの脱出を求める道を取らなかった。バークはすでに宗教的熱狂への嫌悪が時代の精神である十八世紀人であり、世俗的人間観の持ち主であった。彼とスミス、ヒュームとの近さは周知の通りである。また、一七七〇年前後、政治における選択の範囲の狭隘さを嘆いたバークは、文筆での名声が約束されるならばいつでも一私人の観想的生に戻る用意のある政界の新参者であったが、九〇年の彼は、ホイッグの指導者として、もはや完全に公的人間であった。おそらくは気質からしても、モンテーニュのように、個人的な精神の自律を求める観想的私人の政治態度は、その選択肢ではありえなかった。彼にとっては、活動的生のみが残された人生を生きる道であり、懐疑主義的保守主義は、たとえ彼の思想の基層にあったとしても、あらわに表面に出て来ぬよう、封じ込められなければならなかった。彼は、革命フランス、そして、イギリスでそのイデオロギーにうつつを抜かす急進貴族や文筆家たちに対抗して、イギリスの現存体制の価値を積極的に擁護しなければならなかった。そして、この目的に向かって彼が取った方法は、一つには、人間の人間たる所以を、ヨーロッパ世俗社会における最も確実な価値の言語たる美学的言辞で読者に訴え、イギリス国制がそうした人間的価値を体現していると主張することであり、いま一つには、人間世界を支配している歴史的生成の必然性と意義を主張することであった。

　バークにおける保守主義のいわば表層を構成するこの二つの方法については、続く〈目的論的保守主義〉と〈生成論的保守主義〉の項目で改めて取り上げるが、それに先だってここでは、十九世紀の進歩史観を前景に置くととかく見失われがちであった一つの基本的事実を強調しておきたい。それは、程度の差こそあれ、こうしたペシミズムの人間論を政治理論の前提とし、ただその利己的人間のみを素材として、いかなる政治社会の秩序がいかにして可能かを模索するのが、モアとマキアヴェッリ以来、少なくとも十八世紀末までの初期近代政治思想の共通の課題であり続けた、という事実である。ベイコンも、ハリントンも、ロックも、ヒュームも、ルソーも、ベンサムも、ジェイムズ・ミルも、いずれもその例外ではありえない。そこに、バークのように、自己または自己の属する社会の存在に必須な何ものかの喪失への恐怖が加わるとき、保守主義者が生まれるであろう。啓蒙とはそのペシミズムの前提を変更しようとの試みであったが、皮肉にもその実現には、フランス革命という最高の権力手段が必要であった。人間社会において、権力による強制無しに秩序が自ずと実現すると期待できたのは、革命とはほど遠いイギリスで、農民共同体論、共和主義、啓蒙思想という、相互にかなり異質なものを一つの理論に綯い交ぜようとした『政治的正義』(1793)におけるゴドウィンなど、きわめて少数であった。

とするならば、十九世紀半ば近く、デモクラシーを歴史の不可避の方向性と見て、摂理としてそれを受容しながら、同時に、そこに自由の理念をいかにして貫徹して行くかを生涯の思想的課題としたトクヴィルの中に、次の言葉があっても何ら不思議ではない。

この新しい状態(貴族制とは異なった、デモクラシー社会における新しい主従関係——筆者注)が、先行の状態より劣っているのか、それともただ別の状態であるだけなのかを究める必要はない。私にはそれが規律ある安定した状態であればそれでよい。なぜなら、人間社会に最も重要なのは、ある特定の秩序ではなく、秩序そのものだからである(『アメリカにおけるデモクラシー』第二巻(1840)第三部第五章、岩永・松本訳、研究社、一五一—一五二頁)。

明らかにトクヴィルは、民主主義的な世紀の将来について、アンビヴァレントな可能性を見ていた。それは、間違いなく彼が、現実を冷静に見、それに対して慎重に距離を置く、貴族的なフランス・モラリストの伝統の継承者であったことを示している。もちろん彼において、旧社会への喪失感から懐疑主義的保守主義に向かおうとする傾向は、歴史に背を向けまいとする時代への感受性によって意志的に克服されるべきものであり、精神の奥深く沈んでいなければならなかった。そして、仮にも彼の理論の中に保守主義が認められるとしても、それは、次項で述べる目的論的なそれに最も近い言葉で語られることになる。だが、絶え間のない革命と行政的中央集権の下にあると彼が見る、フランスにおける自由の理念の喪失への危惧に押されて、秩序そのものへの強い関心は、時に思想の表層に姿を現す。『アメリカにおけるデモクラシー』には次のような言葉もある。

「アメリカの説教者たちは……会衆の心をより一層動かそうとして、信仰が自由と公共の秩序とにいかに望ましいかをいつでも示す」。「民主的な世紀の人々が物質的な享楽に対して示すこの特殊な好みは、本来、決して秩序に対立するものではない」。「このような政治の状態が、平等と相まって、われわれヨーロッパにかつてなかったほど社会を安定的にするであろう」(同、一二七頁、一三四頁、一八〇頁)。

また、同書第一巻(1835)第二部第八章で、デモクラシーによる多数専制への傾向に対する平衡の錘として、アメリカにおける法曹の精神の役割を論じているところも、同じ文脈で読むことができるであろう。法曹の精神は、デモクラシーを否定しないが、同時に、秩序とそれを保証する権威を重視し、またすぐれて保守的で、圧制よりも恣意を恐れるところにその特質があり、アメリカでは、そうした法曹がデモクラシーの無反省な激情に対する抑制となるであろう、というのがトクヴィルの期待であった。

すでに述べたように、ひとり西欧世界に止まらず、普遍的に民主主義が正統イデオロギーとされる二十世紀においては、あからさまな懐疑主義的保守主義の主張は許されないであろう。したがって、現代においては、結論として現存秩序を秩序なるがゆえに尊重すると主張するとしても、そこには、より積極的な理由がなければならないであろう。

求められているのは、秩序は秩序であるがゆえに合理的であるとするための、いわば認識論的な理由である。ここに〈懐疑主義的保守主義〉と〈生成論的保守主義〉との接点がある。そうした議論の典型的例は、マイケル・オークショットである。よく知られたエッセイ「保守的であることについて」から引用しよう。

保守的な性向の源泉は、私が描写したような、人間の環境の現在を受容するという態度の中に見出すことができる。……だがたとえ統治に関する保守的性向の源泉がこうした受容にあるとしても、だからと言って、保守主義者が、統治者の職務とは何も行わないということにある、と考えていることにはならない。彼の理解に従えば、現在の諸々の信条を、ただひとえにそれが現在のものだというだけの理由で受容し、現在の諸々の活動を、ひとえにそれが現在行われているというだけの理由で受容しているからこそ、なすことができる仕事というものがある。そして、簡単に言えば、彼が統治者の職務としているのは、信条や活動のこうした多様性から生まれてくる衝突のいくつかを解決することであり、また、平和を維持するために、……統治に服する人々の誰にも等しく、手順に関する一般的な規則を守らせる、ということである(『政治における合理主義』(1962)嶋津・森村他訳、二二三―二二五頁)。

ここでオークショットが言う、「私が描写したような、人間の環境の現在」とは、「われわれには自分自身で選択を行い、かつそうすることに幸福を見出そうとする傾向」があり、また、「各人は多様な信条を、それだけが正しいという確信とともに抱いている」事実である。彼によれば、現在の人間は、そうした自己選択に由来する価値観の多様性が並立する自由な社会を実際享受し、またそれに必要な能力を、一般的には身につけている。政治権力の任務は、そうした多様性にさらに何かを権力的に付加したり、矯正したりすることではなくて、すでにある「一組の価値ある道具を時々修繕しては調子を維持していくという活動」でなければならない。[27] オークショットがそう言うことができたのは、自由主義社会の喪失の危機感をバネに、政治の世界において働く経験知の性質を、〈伝統〉という概念を用いて明らかにしようとするその社会認識論のためであった。その性格は、第三項に論ずるように〈生成論的保守主義〉と呼ぶべきものであろうが、しかし、その精神の基層に懐疑主義的保守主義の影を認めるのは不当ではないであろう。

(ii)　目的論的保守主義

保守主義者と呼ばれている思想家の共通の特質は、存在とその多様性に対する強い感受性および、そこから来る反啓蒙理性主義的感情にあるのではないか、というのが本章の一つの前提であった。だが、そうした気質のゆえに彼らが現実を肯定する理由または動機は、現実のシニカルな消極的受容に尽きるものではない。むしろ、常識的な保守主義者イメージからしても、彼らは積極的かつイデオロギー的な現実の擁護者である場合が多く、それは、彼らが現実の中に何らかプラスの意味を発見し、その喪失を恐れるからであるに違いない。もちろん、そこで見出された意味の内容は、歴史的現実が多様であるのに応じて多様であるし、また、その意味の当人に対する心理的強制度もさまざまである。見出された意味が心理的にきわめて厳しく、ほとんど超越的規範に近いほどの力で迫れば、その保守主義者は反動主義者により接近するであろうし、それほどでもなければ、穏やかな、現実適応的保守主義者となるであろう。しかし、そうした内容と強度の多様性にもかかわらず、保守的な思想家たちが、現実の中に単純な自己利益考量を越えて積極的な原理的意味を見出す仕方には共通性があって、その一つの型を「目的論的」と呼んでよいのではないか。これがここでの仮説である。この理想型は、保守主義という言葉の発生源に最も近い〈大〉(arch)保守主義者バークと、彼を近代保守主義の始祖と仰ぐ二十世紀までの保守主義者たちの思想の共通項から帰納されたものである。それは基本的にデモクラシー批判であって、その意味ではそれが見出される範囲は最初から限定されたものではあるが、とくに一九五〇年代までの保守主義政治思想の中心に、この型を多く見出すことができる。

ところで、保守主義政治思想のさまざまな型を分類するモデルとして目的論という言葉を使用することには、もちろん重大な異論がありうる。というのは、目的論という言葉の本来の意味は、キリスト教化されたアリストテレス主義に言うような意味で、世界と人生に到達すべき究極目標を設定する理論のはずだからである。実際、キリスト教的自然法論に見られるように、超越的規範を設定する目的論は、保守の原理になりうるのと同様に、急進的現実批判の原理にもなりうるのであって、保守主義に固有の理論的資源では必ずしもない。それが保守主義思想として用いられるのは、そこに〈伝統〉といった、歴史主義的要素が付加された時だけである。一般的にも、近代の、しかも世俗的政治思想としての保守主義は、明示的に価値相対主義を掲げないまでも、そうした歴史の究極のゴールを設定することには懐疑的なのが通常である。その意味では、そもそも保守主義と目的論とは相容れないと言わなければならない。それにもかかわらずここで目的論という言葉を使用するのは、保守主義の中でもとくに、社会認識論というよりは、より端的に規範論的性格の強い、積極的な現実肯定を主張する一つの型を、一般的に表現するのに適当な言葉が他に無いからである。因みに、後に述べるように、この型の保守主義思想には審美主義的傾向の強い言明がしばしば見られ、その限りでは「審美主義的保守主義」という類型化も不可能ではない。審美主義もまた、少なくとも歴史的には必ずしも保守主義だけの資源ではなく、ウィリアム・モリスやJ・S・ミルの場合のように、急進主義や自由主義のそれでもあったが、それを最大限に活用したのは保守主義である。しかし、ここで取り上げる型の保守主義には宗教論的言語もまたしばしば見られ、したがって〈審美主義的〉という言葉は、それだけではこの型の保守主義の論理を性格付けるのに十分な拡がりに欠けると思われるので、ここではあえて〈目的論的〉という言葉を使用したい。いずれにせよ、こうした意味での目的論と、その目的の喪失感との混合が「目的論的保守主義」の精神の生地ではないか、というのがここでの議論の出発点である。バークの『省察』にちりばめられている論理を手懸かりにその特質を考えてみよう。

さて、『省察』をパラダイムとしてこの型の保守主義を検討してみると、そこには共通して、有機体論と自由論とを結合する国家論、宗教論的な言語、審美主義的な言語等が積極的に駆使されているのが見える。ただし保守主義は、現実政治と密着しながら、一つの生活様式を総体として擁護しようとすることが多いためか、あるいは先に述べた特有の言語感覚のためか、その具体的表現に当たっては必ずしも論理性を重視しない傾向があり、実際、これらの言語は、それぞれが分節化されずに一つのテクストの中に、いや時には一つのセンテンスの中に混然としている場合が多い。彼らはその言語をレトリカルに駆使して、時に国家、時に教会、時に社会、時に芸術、時に伝統、時に私的生活の享受等の価値を強調する。だが、そうした論点の多様さを通して一つの共通の発想が認められ、その特質は目的論として性格付けられるのではないだろうか。以下、『省察』の中から叙述の順序に従って例文を拾ってみる。

世襲原理を選択することを通して我々は、自分達の政治組織の枠組に血縁関係の似姿を付与してきました。すなわち、我が国家制度を我々に最も親密な家族の絆によって結び上げ、我が基本法を家族的愛情の懐深く抱き入れ、しかも、皆が一致し相共に通じ合う善意の暖かみを以て慈しみつつ、我が国家と暖炉と墓標と祭壇〔強調は筆者〕を相互に不可分のものとしてきたのです。我々は、おのが作為としての制度を自然と一致させるという同じ計画を通じて、また、誤り易くか弱い人間理性の考案物を補強すべく自然の不謬強力な本能の援けを求めることによって、自らの自由を遺産として考えるということからもたらされる……少なからざる利点を引き出してきました。〔こうして〕それ自身としては無秩序と過度に導きがちな自由の精神といえども、畏怖すべき厳粛さで以て中庸を得るようになるものです。……我々の自由は一種高貴な自由となります(半澤訳、四四―四五頁)。

騎士道の時代は過ぎ去りました。詭弁家、守銭奴、計算屋の時代がそれに続きます。ヨーロッパの栄光は永遠に消え失せました。身分と女性に対するあの高雅な忠節、あの誇り高い服従、……奴隷身分にあってすら一種格調高い自由の精神を生き生きと保たせた事どもは、もはや決して、決して見られないでありましょう(同、九七頁)。

我々は、宗教こそ文明社会(civil society)の基礎であり、すべての善、すべての慰めの源泉であると知っています。……我々は、人間がその造りからして宗教的動物であることを知っています。……われわれは、既存の教会、既存の王政、既存の貴族政、既存の民主政を、それぞれが存在する程度に応じて、またそれ以上にではなく、維持すべく決意しています。……国教制度による国家の聖別は、また自由な市民達に健全な畏怖心を抱かせるためにも必要なものです(同、一一四―一一八頁)。

この文明社会無しには、人間は本性上可能な完成の域に達する可能性がまったく無いばかりか、それに対して遥か遠い地点に微かに接近することすらできません。彼ら[イギリス人]の考えによれば、自らの美徳によって完成さるべきものとして我々の本性を与え給うた神は、その完成に必要な手段をもお与えになりました。すなわち神は国家を欲し……給うたのです(同、一二五頁)。

完全な民主政治とはこの世における破廉恥の極みにほかなりません(同、一一九頁)。

絶対的民主政は絶対的王政に劣らず正統な統治形態には数え難いという彼ら〔古代人〕の意見に同意せざるを得ません。……民主政には暴政との驚くべき共通点が数多くある、とアリストテレスは見ています。……民主政において、多数者市民は少数者に対して最も残酷な抑圧を加えることができます(同、一五八頁)。

貴族は文明ある秩序という柱式の優雅な装飾です。洗練された社会のコリント風柱頭です。……思想に肉体を……与えんがため設けられてきたあらゆる人為の諸制度を、およそ水平にしてしまおうと欲する徒輩は、精神を高貴にする動機を自らの心中に感受しない人間です。……〔彼らは〕現実性への感覚も無ければ、美徳を可視化しようとする愛好も無い人間です(同、一七四―一七五頁)。

これらの議論の中心主題が国家論にあることは明らかである。バークが強調するのは、家族的有機体と国家との類比、国家の中でこそ抑制され中庸を得る自由、徳の完成の場としての国家、国家にとっての貴族と教会の本質的重要性、純粋(絶対)デモクラシー批判などである。バークによれば、名誉革命以来のイギリスの伝統的国家体制には、人間世界におけるすべての善きものが具わっている。そこでは、王と貴族と民衆、家族と国家、宗教と国家、土地財産の便宜と所有者の義務、自由と服従、理性と愛情、若さと成熟、個人と全体、永遠性と現在性等、それらおのおのの間ではともすれば矛盾、対立しがちな諸要素が渾然と調和し、多様な立場が一つの統一的秩序に高められて、文字通り「文明社会」が実現している。中世以来の騎士道の精神と国教制キリスト教がその源泉である。人間を知らない、冷たくて抽象的で機械論的な人権理論の言う理性などに酔い痴れてその日暮らしをしてはならない。長い間に蓄積された祖先の英知という共同の資本を信頼しなければならない。こう主張するバークの国家は、すべてのイギリス国民一人一人を、その全存在において捉える〈包括国家〉である。そこには国家と社会の区別は存在しない。ある意味ではルソーにも似たこの包括国家論こそ、バークにおける目的論的保守主義の核心と言えよう。

国家において初めて人間は真に人間的となるという、この主張はどこか前項に引いたホッブズ『臣民論』の言葉を思わせなくもないが、両者が決定的に異なるのは、ホッブズにおいて正当化されるのは絶対権力一般であり、しかもその国家＝主権は人間の内面性に対しては遠慮がちに距離を保っていたのに対して、バークにおいてそれは、ブリテンという特定の国家の歴史の総体であり、しかもその国家は、少なくともブリテン人に関する限り、その内面性をしっかりと支配しているとされる点である。二人のこの差異は、より一般化して言えば、また、懐疑主義的保守主義と目的論的なそれとの差異を示すものでもあろう。すなわち、前者を特徴付ける喪失感またはその恐怖は、すでにパスカルとホッブズについて見たように、まさに個人の生存そのものというギリギリの価値であった。もちろんバークも、前項に見たとおり、フランス革命が、事と次第によってはその危険を現実化する可能性を否定しないが、彼にとってより現実的な恐怖は、その前段階たるべき「文明社会」の喪失であった。そこには、ヒュームが前世紀の宗教争乱に対して示した判断と共通なものがある。バークにとって文明社会とは、（たとえ全くの現実ではないにせよ）少なくとも原理においては、ここに描かれているように、人間にたんなる生存を保障するだけではなく、進んで国民を高貴な存在たらしめるという意味で、すでにある種の完成に達した社会である。革命フランスがその運命を暗示しているように、それを喪失することは人間の完成状態からの退歩、または野蛮への転落に外ならない。比喩的に表現すれば、懐疑主義的保守主義において恐れられている喪失は、人間的達成の最小値であるのに対して、ここで喪失が恐れられているのはその最大値である。とすれば、とくに『省察』以後のバークの言動が、より先鋭的にイデオロギー化していったのは、時に言われるように老年ゆえの狂気ではなく、賭けられている価値の絶対値の高さの意識ゆえであったと理解すべきであろう（因みに、喪失するものの最大—最小値という比喩で言えば、次項に述べる〈生成論的保守主義〉は両者の中間にあると見ることができる）。

こうしたバークの目的論的保守主義における国家論を補強しているのは、その宗教論である。ホッブズに関して触れたように、政治思想との関連におけるキリスト教論には、教会論と救済論の二つの側面があるが、バークは、ごく初期からとりわけ教会論に強い関心を示していた。たとえば、政界入り以前、一七五〇年代の執筆と推定されている「宗教」と題する小論では、人間にとっての救済の必要を論ずるところから直ちに、神からの救済の言葉を告げる聖職者団とその制度としての教会の必要を結論している。[28]『省察』において、キリスト教が洗練された文明社会の本質的要素であると論じられているのは、そうした議論の延長であることは明らかである。もちろん、社会制度論および習俗論としての教会論は、同じ視点からの家族論とも連動している。まさに「国家と暖炉と墓標と祭壇を相互に不可分とする」議論である。保守主義がキリスト教を擁護する時、その関心は、バークだけではなくそれ以後も、こうした社会制度論的なものであるという一般的傾向はすでに指摘されていることであるから、ここでは同じ議論は繰り返さないが、実際、保守主義とは本質的に世俗的思想であるとすれば、それも当然であろう。[29]しかし、一つ保留しておかなければならないのは、自覚的な保守主義者でありながら同時に深く救済論を追求した思想家の中には、そうした、もっぱら社会的効用の視点からする教会論に飽き足らなかったコウルリッジのような場合もあったという事実である。彼は最晩年の著書『教会と国家の基本構成について』(*On the Constitution of the Church and State*, 1829)の中で、国家を有機的全体とし、それに必要不可欠な制度の一つとして「国家教会」(national church)を論じている。だが、この国家教会は、教会と呼ばれるにもかかわらず、その実質は、国民に善き市民たることを教えることを通じてネイションの文明を維持、促進するためのまったく世俗的な機関である。コウルリッジは、フッカーに従って、この国家教会と、いつでもどこでも何人でもキリスト信者が集まったところに存在する「信仰者の集い」という、救済論的な意味での「キリストの教会」とを概念的に厳しく区別し、その上で改めて、「神慮の賜、祝福された偶然」として、イギリス国王という一人の人格における両者の幸福な結合を論じた。コウルリッジのこうした苦心の論理操作は、逆説的にも、目的論的保守主義の世俗政治思想としての性格を浮き彫りにしたと言うべきであろう。

これに対して、目的論的保守主義において、宗教論以上に拡がりと大きな意味を持ったのは、その審美主義的言語である。『省察』でバーク自身が、一見宗教を論じている時ですら、名誉革命体制擁護のために審美主義的言語と美的イメイジャリーをそのレトリックの中に最大限に駆使したことについては、先の引用から直接的に読み取れるので、そのこと自体については多くの説明は不要であろう。ただ、一言付け加えれば、右に引用した「貴族は文明ある秩序という柱式の優雅な装飾です」に始まる一節は、(あるべき)貴族政の特質は徳の支配であるとするアリストテレス以来の議論と、真理は受肉(すなわち可視化)するというキリスト教の教義との組み合わせであることに注意したい。それによってバークは、視覚の世界に現れる(現実の)貴族の優雅さの倫理的正当性を説得しようとしている。イデオロギーと象徴の巧みな結合である。『省察』は、その初期から抽象的論理の演劇的効果を十分に認識していたバークが、議会での長年の体験を生かして、広くパブリックに向けて上演しようとした脚本としての性格が濃厚である。

目的論的保守主義における審美主義は、バークだけにとどまらず、それ以後も、多くの保守主義的思想家の中で大きな共鳴現象を生み、それは少なくとも二十世紀初期まで繰り返された。その特徴は、一つには、急速に勢いづく功利主義の唯物論的＝無機的論理主義、産業革命によって飛躍的に高度化した資本主義の非人間性、そして、ますます進行するデモクラシー、この三つが結びつけられて批判されたことであり、また一つには、そうした非人格性の支配に対して、共同体としての国家の意義が強調され、また、真理と美と人間性を一身に体現する可視的＝象徴的人格が求められたことである。目的論的保守主義は、その資本主義批判とデモクラシー批判において、社会主義とまさに双子であった。たとえば、『キリスト教世界あるいはヨーロッパ』で、豊かな芸術と詩と平和と調和の支配した「美しい」カトリック的中世への哀歌を歌った一七九〇年代末のノヴァリスに、次のような時代批判がある。ノヴァリスのロマン主義を保守主義にしているものは、懐古主義の形を取った喪失感である。

あからさまな利欲というものは、まったく測りがたい反組織的なものであるように思われる。この利欲はまるで抑制されることができなかった。……原理として、この卑しい利己主義を文字通りに受け入れることによって、甚だしい損害が生じたわけで、今日の革命の萌芽はここ以外にはないのである（「信仰と愛　あるいは王と王妃」断章三六、柴田陽弘訳『ノヴァリス全集』第二巻、牧神社）。

真の民主主義は絶対的なマイナス国家である。真の君主政治は絶対的なプラス国家である。……きわめて精神の豊かな国家はおのずから詩的であるだろう……国家の精神は、ひとりの模範的な人間の精神にますます似てくるのである（「「花粉」における国家論・国民論など」断章一六、同、第二巻）。

だが、目的論と審美主義の結合についても、保留しておかなければならないのは、宗教論についてと同じくコウルリッジの場合である。晩年の保守的国家論と教会論にはるかに先立ってコウルリッジは、宗教的性格の強い、若き日の詩人としての輝かしい成果の中で、究極的には神の意志である不可視の理念が人間に開示される時には可視的イメージすなわち象徴的人物の形を取るという、真理認識の方法論を確認し、我がものとしていた。もちろん、この方法論自体はキリスト教とともに古いものであるが、コウルリッジの象徴理論の意義は、功利主義の論理至上主義に対抗して、時代精神のもう一つの方向である審美主義を、キリスト教的目的論と結合させ、それに、バーク以上に明確に歴史認識の一般理論としての位置を与えたところにあった。しかしそれは、バークがルイ一六世とその王妃について意図的にしたように、象徴としての一人の王や王妃の崇高と美を持ち上げることを意味しなかった。コウルリッジは、バーク風騎士道の時代やノヴァリス風中世の賛歌を歌うことは最後までしなかった。反対に、もしも真理は象徴的人物を通して開示されるとするならば、後にシェリーが『詩の擁護』(*A Defence of Poetry*, 1820)で主張したように、それを具象化する詩人こそ本質的な意味での哲学者、立法者たる地位を要求しうる者たるべきと考えた。急進主義者時代の初期コウルリッジのイギリス旧体制に対する批判の正当性の最終的な根拠は、天才詩人としてのその自負の中にあった。後期の保守主義者コウルリッジは、同じ論理によりながら、過去の歴史の中から選択的に記録を拾って体制擁護の論理を構築した。確かに、『教会と国家の基本構成』における国家論は、状況の中での客観的判断としては時代錯誤的ではあった。それは、カトリック解放や普通選挙権に反対し、エリザベス女王の時代を賛美する、保守と言うよりはむしろ反動に近いものであったが、その議論は、彼に独自な状況判断に基づくものであった。彼の中では、それぞれに強い政治性、宗教意識、美意識が、一つの思想表現では不可能なまでに激しく相拮抗していた。それは、目的論的保守主義における審美主義は、本来非政治的論理でありながら、必ずしも現実政治に対するリアリズム志向と矛盾せず、それと並立しうるものであることを示している。バークにおいてもそうであった。そこに、先に見たように、ある面では一見異質に見える、目的論的保守主義と懐疑主義的保守主義との親和性を認めることができる。

このようにコウルリッジ自身は、美意識を政治論や社会論に素朴に投射することを慎重に抑制した。だが、一般的には十九世紀は、非政治的・審美主義的言語が政治論を彩った世紀である。「騎士道」だけではなく、「田園の自然」、「生活の美」、「多様性の中の統一性」等が社会批判の言葉として用いられた。産業化と民主化によって伝統的共同体はまさに喪失の危機に瀕し、機械的平準化がすべてを呑み尽くそうとしているという意識が、このように可感的自然という、かつては倫理的に中立だったはずの事柄に規範的意味を与えたのであろう。ラスキンの山岳美論の劃期性もそこにある。もちろん中世においても、可感的自然は、世界の調和と美を現し、そこから人間が規範的意味を汲み取るべきものではあったが、その背後には、それを創造した神の姿が厳としてあった。十九世紀にはその神の姿は無い。

この時代、アーノルドやJ・S・ミルにおける「教養」、「陶冶」、「人格の完成」等、やはり美意識とは関わっても厳格な目的論からすればむしろ手段の領域に属したはずの観念が自己目的化され、強い規範的意味を与えられるようになった。そして、これらの言葉は、規範としての意味を持つために視覚化され、そこに、理念を体現する具体的人格がさまざまに語られることとなった。もはや一人の国王は支持されずとも、慈愛心あふれる家父長はオーウェンの「空想的社会主義」においては健在であった。ワーズワースの「牧場に一人立つ牧夫」、モリスの「職人」たち、カーライルの「英雄」たちがあった。もしもこれらの例がイギリスに偏りすぎているとすれば、ブルクハルトがイタリア・ルネサンスに見出した悪魔的スーパー・スターたちを挙げることもできよう。また、トクヴィルがデモクラシーの中に貴族の精神を維持するものとして、アメリカに見出した法律家たちをその列に加えることも不適当ではないであろう。〈英雄〉を広い意味で象徴的人物と解するとすれば、英雄崇拝はまさに時代の精神であった。同じ精神は、アメリカでもエマソンの中に見出すことができる。エマソンは理念の可視化と自然の規範指示力を信じ、アメリカの田舎の中に、古くから有るもの、生活と共にあるものの美しさを認め、それらを歌う詩人の中に、「新しい貴族」を見ようとした。彼は進歩を必然として受け入れて、頑なではない保守主義者として自己を諒解しようとした(30)。十九世紀が、天才的個人の世俗主義的〈能力としての自由〉を謳歌した世紀であったことは第一章で述べた。

目的論的保守主義という一つの理想型を設定し、このようにそこでの審美主義的言語の使用を考察してみると、社会的ではあっても本来非政治的だったはずの美意識が、十九世紀という一つの時代に、きわめて大きな政治思想上の役割を果たしたことがはっきりしてくる。もちろん、すでに述べたように、審美主義の言語は保守主義だけの資源ではなかった。ミルが、そのいわゆる「精神の危機」において、モーツァルトやウェーバーの音楽、ワーズワースの詩の描く自然の風景に慰めを見出しただけでなく、その後もそれを、「精神の陶冶」という彼の思想の方法そのものの出発点としたことは、美意識が自由主義的精神にとっても本質的な構成要素であった実例である。また、モリスの社会主義における民衆芸術論は、ゴシック芸術復活論が急進主義の中にも錨を降ろしていたことを示している。だが、そこで上訴法廷の役割を担う美意識の中心にあったのが、〈グロテスク〉または〈非対称の美〉ではなく〈調和の美〉であった以上、それを最も有効な政治的資源とすることができたのは保守主義であった。振り返ってみれば、この美意識の支配が、ヨーロッパ思想史の最終的世俗化に至る重要な転機であったことは明らかである。すでに十八世紀中葉、バークの『省察』以前にヒュームが、マナーの洗練と会話の重要性を主張した時、美意識は政治思想史における決定的な地位を与えられたと見てよい。その意味では、一七九三年、カントの影響の下にシラーが、「実践において政治の問題を解決したければ美学の道を通らなければならない、なぜならば、われわれが自由にたどり着くのは美を通してであるから」と言った時[31]、彼は次の世紀における美意識の役割を的確に予言したと言ってよいであろう。ヨーロッパは、神は捨てても、それと一緒に目的論までは一気に捨てることはできず、少なくとも一世紀以上、神に代わる絶対的な規範を必要とした。しかし、それは世俗的な何ものかでなければならなかった。自然的なものにせよ社会的なものにせよ、〈美〉はその目的には最適だったのであろう。

こうした事情は、目的論的保守主義のその後のありようを考える上でも重要である。というのは、右に述べてきたように、その発生期における目的論的保守主義は、戦闘的社会批判という性格を強く持っていて、その限りでは一方社会主義と双子的関係にありながら、他方で、その懐古的感情、高貴な文明の喪失への恐怖感のゆえに、反動に接近するという二重性を示したのに対して、世俗化の進行した今世紀になると、美意識はその批判性、戦闘性を次第に希薄化させて本来の非政治性に退却し、防御的になっていったかに見えるからである。第一次大戦期のトマス・マンが、〈デモクラシー＝非ドイツ性＝政治化＝啓蒙主義＝パリサイ主義〉に対して、〈普通選挙反対＝ドイツ性＝非政治主義＝真の寛容・礼節・友愛・自由〉を対立させた時、彼の自己諒解は、「機知と憂愁を知る」「イローニッシュな保守主義」であった。彼は、「ゲーテとニーチェは、保守主義者であった。すべてのドイツ的精神は、昔から保守的であったし、そして、それがおのれ自身にとどまり、デモクラシー化されない限りは、すなわち、それが廃棄されない限りは、何時までも保守的であるだろう」とした。そこには、二十世紀における目的論的保守主義の最後の拠りどころたる美意識の、僅かに残った政治性が示されている。これに対して、第二次大戦後のイギリスでR・J・ホワイトが、保守主義とは心の習慣、感じ方、生活方法であり、政治の残余であって、そこに支配する本能は、政治を二義的なものと見なし、生の多様性をあるがままに「享受する」本能であると語っているのは、同じ態度におけるさらに一歩後退と見てよいであろう。(32) それは、J・S・ミル以来、進歩の思想に属した多元主義的価値論の容認であり、目的論的保守主義における美意識の、観想の世界への最終的引退である。そこから懐疑主義的保守主義への道はそう遠くはない。国際的にも国内的にも政治が多中心化している現在または将来の世界では、政治思想の中で審美主義が果たす役割はますます減少していくであろう。そして、そこで目的論的保守主義が生き残るとすれば、それは、たとえばマキンタイアーが『美徳なき時代』(1981)でしたように、宗教を背景に、本来の目的論的性格を強めることによってでなければならないであろう。

(iii)　生成論的保守主義

保守主義と一般に呼ばれている現象の中で、同じく現実存在の原理的な意味の発見でありながら、現実をシニカルに受容する懐疑主義的保守主義とも、また、懐古的感情と綯い交ぜになった社会批判とともにしばしば美的言語で歴史を語った目的論的保守主義とも異なった、一つの積極的な現状承認の態度を、ここでは〈生成論的保守主義〉という言葉で捉えてみたい。ここで一つの類型と見るのは次のような考え方である。すなわち、自由な近代社会には、人為的に妨げられない限り、そこに動く個々のアクターたちの意志とは独立の、ある種の非人格的、自生的な秩序が成立している。この秩序は近代文明のもたらした貴重な成果である。それは、人間の自由にとってきわめて有用、有益であって、不当な破壊または操作から保守するに値するものである。すなわち、この自由を守るために人間のなすべき、あるいはなしうることは、その自生的秩序の歩みを妨げず、せいぜい慎ましく助けることであり、またそれに尽きる。こう考える生成論的保守主義は、逆説的にも必然論的理由から、自由主義体制を積極的価値として擁護する理論、とくに社会認識論である。そこでは、喪失の現実感は必ずしも大きくない場合でも、とくに二十世紀においては、全体主義の歴史的体験からして、喪失への恐怖感は大きい。自由論として見れば、それは〈能力としての自由〉の発現を抑制し、代わって〈状態としての自由〉をより重要視する政治態度である。一般に保守主義は、ここで見る三つの型いずれにおいても政治を、それぞれ意味こそ異なれ〈現実に規定された可能性の技術〉と見るところに共通の特質があるとすれば、このことは、とりわけ社会認識論に依って立とうとする生成論的保守主義において鮮明である。

最初に述べたように、歴史的には、この論理はすでに十八世紀、ヒュームとバークの中にかなり純粋な表現を見ることができるが、一般的に言えば、懐疑主義的保守主義が十六・十七世紀の、目的論的保守主義が十九世紀の、それぞれの特徴であったという意味では、生成論的保守主義は二十世紀の特徴である。もちろん、社会の中にはある種の秩序または構造があるのではないかという仮定は、二十世紀のすべての社会科学、とりわけ社会学、経済学、そして経験科学としての政治学に共通の出発点である。だからと言って、それらがすべて保守主義であると言うのは無意味であろう。実際のところ、二十世紀の生成論的保守主義は、社会科学の隆盛と密接な関連を持ちながら、そこに反啓蒙理性主義の強力なドライヴが働き、しかも、一見逆説的ではあるが、それが自由論の言語で語られた時、初めて成立した。ハイエクのような自生秩序論者が、計画経済をそもそも認識上の誤りとして批判する時、社会認識論と自由論という、この二つの要素の結び付きを見ることができる。目的論的保守主義がほとんど常に〈歴史への訴え〉を通して特定のナショナルな政治体制の擁護と結び付くのに対して、生成論的保守主義は、歴史に訴えないという点では懐疑主義的保守主義と軌を一にしながら、他方、後者のように秩序一般をではなく、近代自由社会を擁護する。なお、ここで言う生成論的保守主義における、生成論的社会認識論と自由論との結びつきは本質的ではなく偶然的であると想定して、そこから自由論を切り離せば、あるいはその理想型概念としての純度は高まって、その結果、たとえば中世の慣習法主義にもそれを見出すといった一般化が可能になるかもしれないが、他方それでは、保守主義一般の場合と同じく、それぞれの対象の歴史的個性を分析する道具としての有効性は乏しくなるであろう。したがってここでは、これまでと同じく眼を近代に限定し、生成論的保守主義において両者の結びつきは本質的なものであると想定しておきたい。

さて、二十世紀の生成論的保守主義の論理の範型は、ハイエクあるいはオークショットの中に比較的典型的に発見できるが、ここでは、その原型と見てよいヒュームとバークから出発したい。

まずヒュームである。ヒュームについては自由論の文脈ですでに第一章に述べたが、ここでは保守主義論の文脈で論じたい。ヒュームにおいて生成論的保守主義は、主としてその社会心理学的な秩序認識の上に成立している。「統治の起源について」と題するエッセイの中で彼は、権力者の権威の一種自生的な確立過程を次のように叙述している。この一節は、ヒューム最晩年の一七七七年のものであるだけに、彼における社会心理学的方法の特質を正確に記述していると思われるので、多少長くなるが引用する。

統治が確立されてからというものは、生まれや身分や地位への尊敬が、人々に対して強力な影響を持つようになり、権力者の法令を力あらしめるようにする。君主または指導者は、彼の社会を乱す混乱をすべて声高に非難する。……彼はその職務を遂行するについて、すべての公平な人々に容易に支持される。まもなく彼はこれらの奉仕に報償を与える権限を獲得し、そして、社会の進展とともに、手足となる大臣や、またしばしば軍隊を設ける。彼らは君主の権威を支持することに直接の目に見える利益を見出すのである。まもなく、慣習が、人間性の別の原理〔相互の安全と平和のため優れた指導者に服従せざるをえないという必然性――筆者注〕が不完全な基礎しか置かなかったものを堅固にする。人々は、いったん服従に慣れてしまうと、自分や自分の祖先が踏み慣れた道を、しかも彼ら自身もあまりにも多くの切迫して眼に見える動機で繋がれている道を、踏み外すことなどおよそ考えなくなる。

だが、人間における出来事のこうした成り行きは確実で不可避だと思われるにもかかわらず、……人間が事前にそれに気付いたりその作用を予見できるなど、期待すべくもないことである。統治はどちらかと言えば偶然に、不完全に始まるものである。一人の人間が群衆の上に最初に立ったのは戦争状態においてであった、ということは大いにあり得ることである。戦争状態においてこそ、勇気と才能の卓越が最も見える形で現われ、全員一致と協力が最も必要となり、無秩序の弊害が最も明瞭に感じられるのである。未開人の種族には普通のことであるが、戦争状態の長きにわたる継続は、人々を服従へと慣らすこととなった。そして、この首長が深慮と勇気と同じほどに大きな公平さをも備えていた場合には、彼は、平和期においてすらあらゆる紛争の裁定者となり、かくて力と同意を混合することによって、次第にその権威を確立することができたのである。その後は、共同体の大部分では服従はもはや選択の問題ではなくなり、最高権力者の権威によって有無を言わさず上から課される事柄となった(*Political Essays*, Cambridge Texts in the History of Political Thought, pp. 21-22. 小松訳、下、一六〇―一六一頁)。

ここで重要なのは、このエッセイは、こうした一般的な統治の起源論で終わっていないことである。右の言葉の直後には全体を結ぶ次のような言明がある。

あらゆる統治において、「権威」と「自由」の間には、公然隠然の永遠の内部闘争がある。その競争ではどちらもが絶対的支配を揮うことはできない。……普通の言い方で自由と呼ばれている統治とは、その構成者の間で権力の分割を認めている統治のことである。……この意味で、自由は文明社会の完成であると言うべきであるが、にもかかわらず、その文明社会の存続にとって権威は不可欠であると認めなければならない（*Ibid*, pp. 22–23. 同、一六二―一六三頁）。

これは、バークの文明社会論と共通の認識である。ここには、およそ一般に政治的秩序形成の社会心理的過程とそのメカニズム、それと自由との緊張関係についてのヒュームの理解が見事に要約されている。こうした発生論的な説明を前提にヒュームは、文明社会を擁護すべくその生成論的保守主義の論理を展開する。その構造は必ずしも単純ではないが、初期の「政治社会について」その他も加味しつつ、次のように要約できよう。まず、ヒュームは、対外防衛と内部的混乱に対応する必要が統治をもたらしたとする点でホッブズと一致する。しかし、絶対的強権を維持しない限りその統治は絶えず崩壊の危険に晒されていると考えるホッブズと異なって、いったん成立した統治は、条件さえ許せばそれ自身の自律性を獲得すると考える。それは、一部はここに描かれているように集団心理の過程の必然でもあるが、また一部は、人間は必要に応じてさまざまな社会的、政治的規範を発明することができるからでもある。ヒュームの考えでは、人間はその第一次的本能においては限りなく利己的ではあるが、にもかかわらず「正義」の規範を守ることによって、ホッブズ的な絶対権力による強制なしに相互の秩序を維持していくことが可能な存在である。だがそれは、社会契約論者が言うように、人間の心の中に自然法といった生得的規範の観念が植え付けられているからではない。人間が強制なしに秩序を守るのは、要するに、そうしなければ社会が、したがってまた個々人が生きて行くことが不可能だという認識を、「反省」によって共通に獲得するからである。すなわち、卓抜な立法者が教えるのでも、生得的規範としてでもなく、「共通の利害」と「効用」という社会生活の必要が、人間の間に「正邪の基準」すなわち社会規範を生み出す。とすれば、当然この規範は、効用次第で歴史とともに変化する。習俗の多様性は、それぞれの社会の求める効用の違いが然らしめたものである。

こうして歴史的に生成してきたさまざまな規範の中でも、とりわけ貴重なのは、習俗の洗練された「文明社会の完成」と言うべき「自由」である。それをそのようなものとして維持することに社会は細心でなければならず、そのためにも権威は不可欠である。近代の文明社会は、自然的秩序の自生性に加えて、節度ある自由を尊重するならば、それに固有の自律的秩序の安定性をも享受するであろう。節度ある自由とは、〈能力としての自由〉を否定するものではないが、〈状態としての自由〉をより不可欠のものと考えるものである。こうしたヒュームの議論は、政治理論の中から、トマス的自然であれアリストテレス＝キケロ的徳性であれ、およそ超越的な規範を完全に追放したという意味で、第一章にも述べたように、ヨーロッパ政治思想史の中で際立って革命的であったことにあらためて注目したい。もちろんそれは、すべての正義の実定性の主張としては、『パンセ』におけるパスカルの系譜に属するものであり、その意味では新しいものではないが、ただ、パスカルはそこから消極的な懐疑主義的保守主義だけを引き出したのに対して、ヒュームはそれを文字通り彼の政治理論の中核に据え、政策論まで含めて一貫した体制構想論を打ち出すことができた。

ヒュームの体制構想論の中心は、まず第一に、社会の中にさまざまな利益対立が存在することである。他者の利益のプレゼンスは、すべての当事者にそのことについての「反省」を強いるであろう。対立する諸利益は、それぞれ自分だけの利益を求めて他者を圧迫すれば、結局は自己も含めて全体が破滅することを教えるゆえに、人は自己利益のためにも他者のそれを尊重せざるをえない。ただし社会の中で対立が許され、また有益なのはあくまでも利益のそれでなければならない。原理の対立はあってはならない。原理の対立とりわけ宗教的原理の対立は、人々の情念を不規則に反応させる。秩序の自律性にとってこれほど有害なものは他にない。したがって、その核心において自由社会は世俗社会でなければならず、宗教は私的領域に閉じこめられていなければならない。ヒュームの体制構想論の第二点は、社会の中に存在する部分的利益が、その機能においては同時に全体的利益と一致するための、また、統治者の個人的恣意などの偶然によって左右されない、精巧な統治のメカニズムを持つことである。これは、ベイコン以来の統治の技術論の系譜に属する発想であり、その限りではまたしても新しいものではないが、もちろん、具体的レシピーはヒュームに特徴的なものである。彼によれば、そうしたメカニズムをブリテンのような巨大国家で組織するためには、「賢明な為政者」の「巨匠的熟練」を必要とするが、幸いにしてブリテンの国制はすでにそれを達成している。したがって、問題はそれをいかに維持するかである。そのためには混合政体が望ましい。混合政体は、人々が、社会内に自分以外の異なった利益が存在することを必然的に感じざるを得ない政体である。一人支配にせよ複数者支配にせよ、あらゆる純粋政体は欠陥がある。混合政体が優れているいま一つの理由は、そこに含まれる王制と貴族制の要素が、民衆に対しては時代の箔の付いた権威として現れることである。豊かな時代の進展とともに、今や民衆は政治においても無視し得ない存在になりつつある。だが、彼らは依然として理性によってではなくて権威によって支配されている。こうして、結論としてヒュームが主張するのは、世襲の君主制、同じく世襲の、ただし家臣団を持たない貴族制、代表者によって投票する民主制、この三つの混合体制である。

ヒュームの判断では、このように人間が、いわば合理的利己主義者としての本来の性格を十分に発揮できるのは、古代的な、公共的徳性はあるかもしれないが原理対立の危険もあり、また尚武的に過ぎる農業社会ではなくて、まさにブリテンで実現しつつある、マナーの洗練された近代の自由な商業的文明社会または自由な国家だけである。そこにおいてのみ、自生的秩序は十分に発展するのである。その枠組みは保守しなければならない。この秩序に、権威に対する民衆の服従の習慣というもう一つの心理的な自生的秩序が加わった時、ブリテン社会の安定は盤石となるであろう。しかし、現在のブリテンでそれを妨げ、喪失させるおそれのあるものが二つある。その一つは前世紀に荒れ狂った宗教的熱狂の再現であり、いま一つは、国王専制の危険に代わる専制たる「完全デモクラシー」、すなわち代表を通して行動しない民衆の政治である。これもまた後に『省察』における、バークの判断となった。

すでに目的論的保守主義の項で、ヒュームがマナーの洗練と会話の重要性を主張した時、美意識は政治思想の中で決定的な役割を与えられ、それがヨーロッパ政治思想史の最終的世俗化の出発点だったのではないかと述べたが、そうした世俗性は、とりわけその生成論的保守主義の道徳問題への適用において明らかである。ヒュームの考えでは、道徳とは、自生的秩序をその本来の姿において維持するための社会的行動の格率の束である。そこに根拠不明な超越的規範など導入してはならない。経験的にも実在の疑わしい社会契約論は、この意味から厳しく批判される。人の行動の基準は、その行動に対する社会内の他者の判断でなければならない。その条件の下でのみ、安全で平和な〈状態としての自由〉がある。それはまた、ハイエクがヒュームを継承して言うように、抑圧なき社会である。人々は、王個人の専制にせよ多数大衆の専制にせよ、抑圧から免れていなければならないが、同時に自らが他者を隷属させることがあってはならない。抑圧なき社会だけが自律的でありうる。反対に、主観的な善を求めて〈能力としての自由〉を追求することは許されない。自由とはルソー的な絶対自律でも、ピューリタン的個人の神に対する内面の関係でもなく、まったく社会における対他者関係の問題であることを人は知らねばならない。かくて、ヒュームにとっては、自由な社会を守るために個人の行動を規制すべき基準として、「世論」(general opinion)が決定的な重みを持つ。そこには、心の中にある擬人化された社会という意味で、スミスの有名な「公平な観察者」や、バークの「列聖された祖先」と共通な考え方がある。ヒュームが、「会話」を重視し、その技術の中でもとりわけ相互の敬意と礼節とを重視したのも、それが自分の好みを抑えて相手のそれに合わさせ、人間の心にとって自然な傲慢と不遜を抑制するからであった。ルソーも含めて同時代まで、知識人の論争の的だった「古代―近代論争」において、ヒュームがハッキリと「近代」商業社会の側に立ったのも当然である。

次にバークについて述べたい。バークに関してはこれまでに度々、かなり詳しく論じたので、ここで多くの引用を重ねる必要はないであろう。バークにはここで述べてきた側面に併せて、その初期から生成論的思考が顕著にあった。政界に入る以前、文筆生活時代のほとんど最初の作品である『イギリス史略』(*An Essay towards an Abridgement of the English History*, 1757)の特徴的な方法は、歴史過程を、諸条件の因果連関的複合という意味での必然性の体系として捉えようとするところにあった。同年出版の、かなりの成功を収めた『崇高と美の観念の起源に関する哲学的探求』(*A Philosophical Inquiry into the Origin of our Ideas of the Sublime and Beautiful*)のテーマも、人間における美的判断の性質について、古典派美学に対抗して必然論的、原子論的心理学を展開したものであった。また、政界入り(一七六五年)した頃の作品と推定されている「アイルランド・カトリック関係諸法論」(オリジナルは無題)の議論の基調も同じであった。今や決して反逆的でもなくその能力もないアイルランド・カトリックに対して、政策的理由からさまざまな抑圧的諸法律が課され、財産取得、労働、教育に対する制限、カトリック聖職者の追放と入国禁止、カトリック信者に対する治安判事による恣意的家宅捜索、密告制度等が依然として行われている。それらは、本来自生的たるべき一つの社会の発展を阻害し、かえって全体に対する不安定要因を作り出すとバークは主張する。さらに、アメリカ問題が緊迫化した一七七四年頃、議会で彼は熱心に宥和政策を主張したが、その目的は、あくまでもイギリス帝国を構成するメカニズムの自律性の恢復にあった。もしもアメリカの混乱と不満が増大し、あげくの果てに本国からまったく離れて行くならば、それは長い時間をかけて成長してきた「帝国」に対して計り知れない打撃となるであろうというのが、生成論的思考に基づく彼の直観であった[33]。

バークの自生的秩序論において特徴的なことは二つある。その一つは、『イギリス史略』や『崇高と美』に典型的に見られるように、彼はそうした自生的秩序を神秘なものとして外から眺めるだけでなく、常にその内に働くメカニズムを、ほとんど実証主義者の精神で分析しようと努めていることである。そうした精神の方向性は、たんに初期著作に現れているだけではなく、『省察』においても明らかに貫徹している。『省察』第二部で彼は、新たに成立しつつある革命フランスの体制のメカニズムとその本質的脆弱性を、新権力の人的構成と政策から分析しようとしている。だが、この第二部は、A・コシャンのジャコバン権力分析を再評価したフランソワ・フュレ『フランス革命を考える』(1978)以外(34)、バーク研究では通常は無視されてきた。バークの自生秩序論のいま一つの特徴は、ヒュームのそれがもっぱら社会心理学的議論であるのに対して、バークの場合、人間の社会と活動がより多次元的に考察されていることである。すなわち、現に成立し、繁栄しているブリテンの社会には、社会心理的、法的、道徳的、経済的、政治的性格の諸次元があり、そのおのおのに秩序が自生的に成立している、というのがバークの社会認識論であった。保守主義者バークの名においてしばしば断片的に引かれる多くの言葉があるが、それらも、たとえば「先入見」は心理的秩序、「時効取得」は法的秩序、「美徳」と「騎士道の精神」は道徳秩序、「自由貿易」は経済秩序、そして「国家」は政治的秩序という、それぞれの次元での秩序の自生性を表現する言葉であることに注目しなければならない。そして、このようにそれぞれの背後に歴史的な自生性を負っている、美しい、「自然と照応した」秩序の複合体が、ほかならぬブリテンの国制(British Constitution)である。彼が「神は国家を欲し給い、またその国家があらゆる完全性の源泉たり大原型〔自然を指す――筆者注〕たるものと結合することを欲し給うたのです」と言った時、その国家とはブリテンの国制に外ならなかった。彼が「各人が私的に蓄えた理性」の頼りなさを言い、「各人の蓄えは僅少」であって、人は「諸国民や諸時代の共同の銀行や資本を利用」すべきであると主張した時(35)、彼にとってその言葉は、政治的レトリック以上のものだったのであろう。バークから見れば、パリの革命権力を担う「法律実務屋」や「文士」が行いつつある、抽象的理性による人為的な制度改造は、歴史の必然的生成の許し難い蹂躙であり、自由な文明社会の自律性に対する最大の蛮行に外ならなかった。

最後に、二十世紀における生成論的保守主義について述べなければならない。ここではまずハイエクについて触れ、次にそれとの比較において、政治理論として最も一貫して生成論的と考えられるオークショットについて述べたい。ハイエクにおいて特徴的なのは、その自由論である。彼の自己諒解は、真の自由主義者、真の個人主義者である。彼のすべての議論は自由をめぐってのものと言ってよいが、そこで言う「自由」の中核は、単純明快に「他人の恣意的意志からの独立」であり、不当に「隷属しないこと」であり、しかもその意味は、もっぱら〈状態としての自由〉である。したがって彼は、消極的自由、積極的自由といった二分論にはあまり意味がないと考える[36]。ハイエクにとってこの自由は、文明社会の果実として何ものにも代え難い貴重なものであり、その意味で彼がヒュームを自らの師とも考えるのは不当ではない。人口に膾炙しているその市場主義の主張にしても、高度に複雑な現代社会においては、人間の予見能力の限界からして計画経済はそもそも不可能であるのにあえてそれを試みれば、必然的に計画者の、しかも最悪のそれの恣意の支配を結果せざるをえず、それは自由にとって致命的だと考えるところに力点がある。このように自由を強調するハイエクに対して、そのイデオロギー性を感じたオークショットは、『隷属への道』を論評して、「すべての計画化に反対する計画は、その反対物よりはましかもしれないが、しかし、それは同じ政治のスタイルに属するのである」としたほどであった[37]。オークショットから見れば、自由は文明に不可欠ではあっても、同時に穏やかなものでなければならない。彼は、その点でハイエクの主張が限界を超えていると見たのであろう。

経済学者としてのハイエクの社会認識は、今述べたように、現代の資本主義社会は大まかな見取り図すら描くのが困難なほど複雑化しており、社会主義の主張する中央統制などという原始的制御方法はおよそ不可能だという認識である。ハイエクによれば、現代社会では、各個人の行為や決定がそれぞれどのような重要性を持つか、誰も測定することはできない。したがって、分権化と知識の分業は不可避である。さりとて、現代社会はアナーキーではない。とりわけ貨幣経済が高度化した現代資本主義社会には一つのすばらしい調整装置が働いており、その結果、そこには「人間の行為の結果ではあるが、しかし、人間の計画の結果ではない」自生的秩序が成立している。すなわち、「一見不可能に思われるこのような機能、他のどんなシステムも請け合うことのできぬこの働きを、まったく見事に果たしているのが、競争体制における「価格機構」なのである」。この見地からハイエクは、いわば過積載になってしまった合理主義、彼自身の有名な言葉で言えば「設計主義的合理主義」(constructivist rationalism)を批判する(38)。計画化に代わるものとしての競争は、あるいは盲目かもしれないが、自由を維持し、権力者の、しかも最悪の権力者の恣意的支配を免れたければそれ以外の選択肢はありえない。彼は言う。「過去において一つの文明の発展を可能ならしめたもの、それは、市場の非人格的な力に対する人々の服従であった。……自分たちには理解もできない諸力や、また、何か知性的存在者の意図的な決定だと認識もできない諸力に対して身を任せるのを拒否するというのは、不完全な、それ故にまた誤った合理主義の産物である」。「自由主義の基本原理は……われわれの活動を秩序づけるためには、社会それ自体が持っている自生的な力を最大限に活用すべきだということ、そして強制は最小限に抑えるべきだということ」なのである(39)。

これはよく知られた彼の市場主義である。社会認識論とすればそこに、J・グレイの言うように、「見えざる手の命題」と「暗黙知優位の命題」、そして、「伝統による自然選択の命題」の複合を読むこともできるであろう(40)。それを政治思想に翻訳すれば、一つには、政治の領域の限定という意味である種の非政治主義であり、また、いま一つには、多数決ルールの適用範囲、つまり合意により決定すべき事柄を制限するという意味で、反デモクラシーではないにせよ、デモクラシーへのある種の態度保留であり、その必然性の主張である。そして、何よりもまず、自由経済にとくに力点を置いた現存資本主義社会の原理的擁護であり、また、その必然性の主張である。自由主義者としての彼の自己諒解と、保守主義者とされることへの拒否にもかかわらず、その自由市場主義を保守主義の一類型と解する所以である。ところでハイエクは、自生的秩序すなわち市場のメカニズムには合理性があると主張しながら、その合理性の内部構造を〈見えざる手〉に任せ、いわばブラック・ボックスとした。その一方で彼は自由の重要性を強調した。オークショットの批判は、そこに見られるある種の論理的空白を衝き、それ自身としては進歩の思想を暗黙の前提とする自由主義へのハイエクの過度のコミットメントを咎めたものであった。それにしても、グレイの言葉を言い換えてハイエクに問うとして、暗黙知または伝統の構造はどう考えられているのだろうか。だが、「暗黙知」を詳しく論じているM・ポラニーと友人でもあったからには、当然その問題は知ってはいたはずであるにもかかわらず、ハイエクはそれについて論ずることはなかった。むしろ反対に、後年の彼は、依然として自生秩序論の原則は主張しながらも、その自生的秩序を維持するのに必要なルールを強調し、さらに時には「因襲的なルール」への服従すら強調した。そこに、自由主義社会を保守しようとする一種目的論的意志を読み取っても誤りではないであろう(41)。

これに対して、政治学において最も一貫した生成論的保守主義の論理を追求したと考えられるオークショットは、まさに「伝統」という言葉に、ハイエクにおける「市場」という言葉にも似た、重要な地位を与えた。だが、オークショットもまた、伝統という自生的秩序の構造そのものについては必ずしも多くを語っていない。しかし、オークショットの考えでは、それはまったくのブラック・ボックスというものでもない。確かにそれは、そもそも一般化して提示することが不可能な事柄ではある。その理由は、それがコード化つまり「虎の巻」化可能な「技術知」ではなくて、「実践知」だからである。「実践知」とは、徒弟奉公して経験によって習得する外ない、個々の具体的な知識とその集積である。「伝統」はまた「共感の流れ」でもあり、そのようなものとして、「論議によって決着するのではなく、会話によって追求」されるものである。その意味では「会話」は、自由社会にとってはその存続可能性にかかわる本質的重要性を持っている。要するに「伝統の原理とは連続性の原理」であり、「バークが現在と過去とのパートナーシップと呼んだもの」である。個々の行動における伝統は、抽象化して捉えることはほとんど不可能に近いが、なお人々の意識の中に確実に実在するものであって、一社会の政治は、その社会の行動の伝統の中においてのみ発現するし、また、それ以外にはありえない。伝統や「共感の流れ」とはそれぞれの社会に個性的なものであり、その知識は不可避的に細々したものたらざるをえない。したがって、本当の意味での政治教育は、「合理主義的」な空虚なイデオロギーの吹き込みなどではなくて、それぞれの具体的な「伝統を享受し、先輩たちの行動を観察、模倣することから始まる」のである。

こうした議論は、伝統という自生的秩序を説明するというよりは、すでにその存在を前提にして、それをいかに維持、発展させていくかという議論に近い。そして、オークショットの政治論はここから始まる。オークショットによれば、「政治的活動とはこの共感を探求する試み」である。それは、「夢や一般理論の追求ではなく、暗示(または予兆)の追求」すなわち、社会の中に暗示的に察知されるさまざまな可能性の実現に努めることである。それが、政治という、出港地も寄港地も目的港もない果てしない航海で「船を水平に保って浮かび続ける」ための技術なのである。「自由の政治経済学」の中に、バークの言葉と言ってもおかしくない次の一節がある。

> 政治における自由尊重主義者(libertarian)の営みは、すでに種の蒔かれたところを耕すことにあり、また、自由を達成する既知の方法だけでは確保し得ないような、新規提案自由の不毛な追求を避けることにある。政策とは、何らか新しい社会を想像することでも、既存の社会を抽象的な理想に合致させるべく改造することでもなく、われわれの現存の社会がほのかに暗示しているもの(intimation)をより充分に実現するために、今何をなす必要があるのかを察知することである(『政治における合理主義』五五頁)。

ここでオークショットが、保守的な政治的態度を、ほとんど目的論的とも言ってよい自由論の言語で語っていることは注目に値する。実際同じエッセイで彼は、ハイエクに劣らぬ情熱的な語り口で「結社の自由」、「私有財産権において享受される自由」、「言論の自由」について語る。市場の活動を政治的に統制することは「自由と不可分な権力の分散を破壊する」。「集産主義(collectivism)と自由とは文字通り二者択一」の関係であって、自由を愛する社会にそれを課すことができるのは「ただ人々が自由への愛を忘れた場合だけである」。また「集産主義の真の源泉は自由への愛ではなく戦争への愛である」。オークショットにとっては、自由を主張することと自覚的に「保守的であること」とは一つであった。

〔われわれを取り巻く現在の状況の〕すべてがなぜそうなのかは問題ではない。それは必然的にそうなのではない。別の条件の人間的環境も容易に想像できるし、他の時代や場所では、活動がはるかに多様性や変化に乏しく、意見もはるかに変化が少なくて衝突も起き難い、あるいは起き難かったということもわれわれは知っている。だが概してわれわれは、これを自分たちの状況だと認めている。この状況は、誰が設計したのでも、他のすべてに優先して選択したのでもないが、にもかかわらずわれわれが獲得したものである(同、二二一頁)。

保守主義者の理解に従えば、統治とは、何か別のより良い世界のヴィジョンとともに始まるのではなくて、情熱的な人々ですら、自己の企てた事柄においては自治を実践しているということに気付くことなのである(同、二二五頁)。

ここから、オークショットの考えている自生的秩序もまた、ハイエクと同じく自由社会、とりわけ現代西欧自由主義社会のものであることは明らかである。ポラニーの『自由の論理』(1980)の中に、「人間に自分のイニシャチヴで――ただし、彼ら全部に妥当する法律にだけは従うことにして――互いに相互作用を許すことによって秩序が達成される時、社会における自発的システムが生じたことになる」という一節があるが、(42) オークショットも同じ考えだったであろう。各人が自ら目的を選択し、かつそうすることに幸福を感じながら情熱をもってさまざまな企てに従事しているが、それにもかかわらず各人が、自己責任、自由競争、法の支配等、相互の秩序を維持する術を心得、かつそれが継承されていることが、自由社会の〈伝統〉なのである。もちろん、そこにはそれらの目的を挫折させる利害の衝突があり得る以上、人々の間に平和を維持するため、行為に関する規則を作って、法的な制約を公平に課す必要がある。統治とはまさにこの目的のために、そして、それのみのために存在する。政治の領域は限定的でなければならない。「夢見ることと統治が結合する時、それはすなわち専制の誕生である」(43)。これがオークショットの保守主義者の信念である。だが、こう見てくると、物理学のモデルとの連想の下に、「価格機構への信頼」から自生的秩序の根拠としての「市場」をブラック・ボックスとして放置できたハイエクと異なって、オークショットの自生的秩序は、より条件付きの、より繊細なケアを必要とするものであると言えよう。それが「市場」と「伝統」との差異なのであろう。具体的な、生きた思想としてのオークショットの保守主義が、その表層においては生成論的でありながら、同時に懐疑主義的な、また時には審美主義的な様相を呈すのはこのためであろう。エッセイ「人類の会話における詩の言葉」の末尾の、「詩の言語に耳を傾けることは、勝利をではなく、束の間の解放、瞬時の魅惑を享受することである。……観想的生活(vita contemplativa)は存在しないのだ。あるのはただ、好奇心や企みの流れから切り離され、救い出された観想的活動の瞬間瞬間だけである」という、詩の瞬間を讃えた一節からは、現代における保守主義政治思想の三類型の声が、重層的に聞こえてくるかのようである。

注

序　章

(1)　『丸山眞男集』第九巻(岩波書店)四七―五四頁。「政治学史」(一九八五年)『福田歓一著作集』第三巻(岩波書店)七頁、九頁。丸山の「学問の独立の分野としての思想史」という発言については本章注(25)も参照。なお、かつて私は論文「政治思想史叙述のいくつかの型について」(『思想』七九四号、一九九〇年八月)において、政治思想史研究を、①「理念史」、②「精神史」、③「もう一つの政治思想史」の三種に分類してみた。そして、一九七〇年代初めにQ・スキナーやJ・ダンらが従来の政治思想史の「神話性」、「非歴史性」の徹底的批判に乗り出して以後、二〇年間にわたって欧米の学界を揺さぶった政治思想史方法論論争について、その批判に対する基本的同意を表明した。この論争の中心的テクストは、Q・スキナー『思想史とはなにか』(1988)(半澤・加藤編訳、岩波書店)であるが、私には、そこに含まれる諸章のうちでは、彼が批判の戦いを開始するに当たって最初に書き、以後の論争の出発点となった第一章が、いまださまざまな理論的不完全さを抱えていたにもかかわらず、優れた直観的洞察力を示している点で、現在でも最も説得力があると思われる。この章は、「われわれが伝統的、いや「時代を超越した」真理としてさえ受け入れがちなわれわれ自身の諸制度の特徴が、どの程度まで、実は、われわれに特殊な歴史や社会構造の偶然さの最たるものにすぎないのか」と問い、「必然的なものとわれわれ自身の偶然的な制度の産物にすぎないものとの相違を学ぶことは、自己認識そのものへの鍵を学びとることなのである」という言葉で結ばれている。第二章冒頭にあらためて述べるが、方法論争が終結したかに見える現在から振り返ってみれば、実際、私だけではなく多くの研究者が、今や、政治思想史研究における歴史的要素を重視する必要性の認識において一致しているかに見えるのは、スキナーらの批判を軸とするこの論争の積極的果実と考えてよいであろう。

しかし、私の前記『思想』論文は、同時に、スキナーに対する、次の三点での批判も含んでいた。この批判は現在でも変わらない。まず第一に、政治思想をもっぱら政治的行動における正当化のイデオロギーと見るスキナーの視点は、政治思想史の対象を狭く限定し、結局はそれを政治史に従属させるものではないか。それはそれで一つの政治思想史であるとしても、スキナーは、自己の主張する方法のみが、歴史研究として正当な唯一の政治思想史であるとしているかのようである。第二に、そうしたイデオロギーの発話の意図または動機やその政治的文脈を重視する方法は、実は、スキナーが得意とする時代、すなわち、思想家たちが高度に現実の政治的アクターでもあった十六、十七世紀の思想に対しては確かに有効で、政治思想史研究に歴史研究としての質を保証するのに役立つであろうが、それ以外の時代、すなわち十九世紀以降の、思想家たちがいわば市民の教師化した時代、および、発言の文脈を知るのが事実上困難な遠い古代については、同じようには有効に作動しないのではないか(もちろん、対象とするテクストの中に動機を窺わせるに足る言明がある場合、それを重視するのは当然である)。第三に、スキナーがその「教義の神話」批判の例として、「観念史」、とくにA・O・ラヴジョイのそれを挙げているのは、ラヴジョイの思想史叙述に対する理解不足なのではないか。スキナーは、観念史における「理想型」の設定は、容易にその実体化に導く危険性があるという、慎重な表現をしながら、他方では、結局それは不可避的に実体化されるとも述べているが、それでは、スキナーが「観念史」の問題を経験的失敗の問題と考えているのか、本質的な欠陥と考えているのか、曖昧なままである(『思想史とはなにか』五七—五八頁。おそらく、彼は後者を言いたかったのであろう)。ラヴジョイは、本文にも後に述べるように、「存在の大いなる連鎖」という、言葉としては十八世紀イギリスのポウプから取ったものを中心概念としながら、さらにその内容を具体化する概念として「充足理由の原理」、「充満の原理」、「連続の原理」等を設定して、プラトン『ティマイオス』以来、ロマン主義に至るヨーロッパの宇宙論の歴史を雄大に描いた。だが、それらの概念は、明らかに説明のための分析概念であって、その使用方法においてラヴジョイは、スキナーが批判したのとは異なり、実体化からは最も遠い、操作的な態度を貫徹した(そもそもスキナーは、「理想型」(ideal type)という言葉の本来の意味を理解していなかったのではないだろうか)。

こうしたスキナーへの同意と批判を前提に、前記『思想』論文の、「もう一つの政治思想史」といういささか曖昧な表現で私が強調したかったのは、個別の思想家について、伝記的要素も取り入れながら、その思想家の世界諒解の上に政治思想を重ねて見るという、〈思想史的方法〉を重視するモノグラフと、その集積の重要性であった。この主張は、歴史研究としての正確さの要請を第一義的に考えれば、もはや通時的政治思想史物語は不可能なのではないか、という当時J・ダンが私に表明していたのと同じ判断を前提にしていた。だが、翻って考えて見れば、精密なモノグラフの集積という要請は、実践的に見て、外国研究というハンディキャップを負わざるをえない、日本におけるヨーロッパ政治思想史研究にとってはかなり困難な要請である。もちろん、かつてと比較して資料的制約の格段に減少した現在、その可能性が大きく開け、実際、相当な成果を収めていることも事実であるが、ヨーロッパにおける精密な歴史的研究の進展を考えれば、相対的な困難さは変わらないと言えよう。しかし、それはそれとして、視点を変えてみれば、日本におけるヨーロッパ政治思想史研究は、従来必ずしも十分とは言い難かった、ヨーロッパ政治思想史を対象化して眺めるという視点を持つことを条件に、外国研究として、ヨーロッパにおけるそれとは異なった独自の存在意義を示すこともまた可能なはずである。このことは、アメリカその他における日本研究などを見れば明らかである。作業仮説である分析概念の内容と抽象のレヴェルが明確化されている限り、そして、その仮説が正確な資料解釈によって確実に根拠付けられている限り、観念史として(かつて私にはもはや不可能に思われた)通時的思想史物語を構想することも可能なのではないか。これが現在の私の判断であり、本文の全四章は、成功しているか否かは別としてその試みである。なお、前記『思想』論文で試みた、政治思想史の型の三分類は、本章の叙述でもって置き換えたい。

(2)　「政治学史」『福田歓一著作集』第三巻、二頁。ダニング『政治学説史』第一巻(古賀鶴松訳、人文閣)。セイバイン『西洋政治思想史』I(丸山真男訳、岩波書店)。

(3)　Ernest Barker, *Traditions of Civility* (Cambridge, 1948), pp. 312–313.　A・P・ダントレーヴ『政治思想への中世の貢献』(1939)(友岡・柴田訳、未来社)。F. Watkins, *The Political Traditions of the West* (Cambridge, Mass., 1948), pp. x-xi. A・D・リンゼイ『現代民主主義国家』(1943)(紀藤信義訳、未来社)七七頁。J・プラムナッツ「自由主義」『個人主義と自由主義』(1968)(田中治男訳、平凡社)八〇—八一頁。この点について詳しくは、半澤孝麿「政治思想史におけるテクストの自律性」(一)『東京都立大学法学会雑誌』第二九巻第一号(一九八八年)、および前記『思想』論文参照。もちろん、あまりにも有名なK・ポッパー『開かれた社会とその敵』のように、理念のマイナス成長史もあった。なお、ここで私の言う「神話」という言葉には二重の意味があることに読者は気付かれたことであろう。その一つは、人間またはその集団が生きていくために必要不可欠な一群の倫理的ア・プリオリの意味であり、いま一つは、その神話が乗せて語られる歴史物語の意味である。この二つは不可分ではあるが、それでも、所与の神話において後者が著しく非歴史化すれば、終極的にはそれは、前者の崩壊を帰結することになるであろう。思想史研究の一つの重要な意味は、そうした非歴史化を阻止するために絶えず歴史的再構成を試みることにあるのではないか、というのが私の考えである。R・ローティは「哲学史」の「合理的構成」と「歴史的構成」は両立するとしたが(『連帯と自由の哲学』(1987)〔冨田恭彦訳、岩波書店〕第四章)、それもこの条件の下においてのみであろう。

(4) 『精神科学における歴史的世界の構成』(1910)(尾形良助訳、以文社)四一頁。『ルネサンスと宗教改革』(1891-92)(西村貞二訳、創文社)三二一—三三頁。

(5) 「政治学史」『福田歓一著作集』第三巻、八頁。

(6) 『日本の思想』(岩波新書)五—六頁(強調はいずれも原文)。この論文は『丸山眞男集』第七巻、一九一頁以下に収録されているが、そこでは本文に記した見出しの項目は除かれている。

(7) 「歴史意識の「古層」」(一九七二年)『丸山眞男集』第一〇巻、四九—五〇頁。「思想史の方法を模索して」(一九七八年)同、三四〇頁、三二一頁。なお、強調しておかなければならないが、私は、丸山の日本政治思想史研究、とりわけ日本ファシズム批判の内容と重要性を否定する者ではまったくない。ここで問題とするのはあくまでもそのヨーロッパ近代理解である。前者はそれ自身として十分に緻密かつ客観的であって、その説得のために後者への引照を必ずしも必要としないのではないか、というのが私の印象である。

(8) 「近世日本政治思想における「自然」と「作為」」(一九四一年)『丸山眞男集』第二巻、三六—三七頁、四三頁、四七頁(強調はいずれも原文)。

(9) 『日本の思想』(岩波新書)四二—四四頁。この引用中、「ロックからホッブズを経て」の一節は、『丸山眞男集』第七巻では、「ホッブズからロックを経て」と改訂されているが(二二六頁)、オリジナルの『現代思想』第一一巻でも、引用した岩波新書版のとおりである。また、『丸山眞男集』二一三頁では「森の説はスピノザからホッブズにつらなる」とあるが、『丸山眞男集』四一頁、『現代思想』二九頁、いずれにおいても、「森の説はホッブズからスピノザにつらなる」である。『丸山眞男集』編集者の意図は不可解である。

(10) 『歴史哲学』下巻 ヘーゲル全集10b(武市健人訳、岩波書店)三〇二—三〇四頁、三〇六頁(強調はいずれも邦訳原文)。

(11) 「思想史の方法を模索して」『丸山眞男集』第一〇巻、三四三頁、「原型・古層・執拗低音」(一九八四年)同、第一二巻、一二五頁、一三五頁、一三八頁。なお、丸山は、「日本思想史における「古層」の問題」(一九七九年)では、「そこが、私の『日本政治思想史研究』での考え方と、現在の考え方と非常に違う点の一つです」とも述べている（同第一一巻、一八八頁）。明快な撤回宣言である。

（12）Leonardo Bruni, *History of the Frolentine People* (Ed. & Eng. trans., James Hawkins), (Harvard University Press, 2001), Vol. 1, Introduction pp. xii-xiii. B. P. Copenhaver, Translation, terminology and style, *The Cambridge History of Renaissance Philosophy*, p. 82. P. O. Kristeller, Humanism, *ibid.*, p. 113 ff. *Meditation on the Soul, Selected letters of Marsilio Ficino* (Eng. trans., Members of the Language Department of the School of Economic Science, London), (The School of Economic Science, 1975). H. Baron, *The Crisis of the Early Italian Renaissance* (Princeton University Press, 1966), p. 207. E・ガレン『イタリアのヒューマニズム』(1947)（清水純一訳、創文社）四三頁。なお、ここでクリステラーは、人文主義(studia humanitatis)とは、文法、修辞学、詩学、歴史、道徳哲学という明確に範囲を限定された職業・学問分野を指す言葉であって、論理学、数学、音楽、神学、形而上学、法学、医学、と言った伝統的学問は、人文主義の影響を受けながらもそのものとして変わらずルネサンス時代の大学を支配していたことを指摘し、人文主義概念の過度の一般化を戒めている。

（13）Otto Gierke, *Political Theories of the Middle Age*, Eng. trans., F. W. Maitland (Cambridge, 1900), p. 28 ff.

（14）すでに本文でも言及したが、先の二番目の引用の初めにある「論理的かつ歴史的道程」という言葉にあらためて注目したい。この二つを等置するところにヘーゲルとマルクスの姿は明瞭である。必然性を本質とする「論理的過程」と、偶然性を本質とする「歴史的道程」とは、本来、範疇を異にすることは言うまでもない。

（15）『省察』（三木清訳、岩波文庫）八六―八九頁。同「第三反論と答弁」（福井純訳）『デカルト著作集』（白水社）2。「情念論」（花田圭介訳）八三節、同3。「シャニュあて書簡」（一六四七年二月一日）同3、三九五―三九六頁。「エリザベトあて書簡」（一六四五年八月一八日、一六四九年九月、同年一〇月または一一月）（いずれも竹田篤司訳）同3。「思索私記」〔二一八・19–20〕（森有正訳）同4、四四一頁。パスカル『パンセ』断章七七（前田・由木訳、中公文庫）。G・ロディス・レヴィス『デカルト伝』(1995)（飯塚勝久訳、未来社）一八二頁。H・グイエ『人間デカルト』(1937)（中村・原田訳、白水社）第六章、III、IV。A・バイエ『デカルト伝』(1692)（伊沢・井上訳、講談社）。E・ジルソン『神と哲学』(1941)（三嶋唯義訳、ヴェリタス書院）第三章。グイエは、「最もデカルト的な」デカルトと、「『省察』の著者」デカルトとを対比させ、後者の内に、デカルトの育った家庭とイエズス会の学院での教育とに由来するに違いない、アウグスティヌス、トマス以来のカトリシズムの要素を見出している（一七三頁)。だが、そのグイエにも自由意志説への言及はない。デカルト自身、『省察』の中でも、「概要」と「省察」四とでは、自由意志説の扱いに微妙に違いがあるかに見える。『デカルト著作集』2に収録された『省察』の訳者は、デカルトの中の目的論的自由意志論の要素を意図的に排除しようとしているという印象を受ける。なお、『「文明論之概略」を読む』(岩波新書、一九八六年)中巻第七講の冒頭に見られるように、丸山は、晩年に至るまでも、ここでと同じく「自由意志説」を近代に固有の思想と考えていたようである。だが、第一章に詳説するとおり、自由意志説は、アウグスティヌス以来のキリスト教的中世が近代に残した最大の遺産であって、それをもっぱら近代思想の所産としたのは、そのデカルト理解によるものなのか、あるいは、ヘーゲルが意図的に冒した誤謬に丸山が識らずして巻き込まれたのか、定かでない。いずれにせよ、後の章で述べるホッブズやロックの場合と同じく、デカルトの「近代性」を論ずるに当たってはとくに慎重さが必要なのではないか、というのが偽らざる印象である。

(16) スキナー『思想史とは何か』七五頁(ダント『物語としての歴史』よりの引用)。ホイジンガ「ルネサンスの問題」(1929)『文化史の課題』(里見元一郎訳、東海大学出版会)二一八頁、二三七頁。

(17) 「思想史の方法を模索して」『丸山眞男集』第一〇巻、三一八頁。「原型・古層・執拗低音」同第一二巻、一二一頁。一つの推理をすれば、こうした丸山の理解の根拠は、natura=natureというヨーロッパ語の日本語訳が「自然」という言葉だったことにもよるのかもしれない。本文(一四頁)にも引用したように、「漢語の「自然」が人為や作為を俟《ま》たぬ存在だという意味では、それは“natura”と同様に、「おのずから」の意に通じている」という言葉もある。確かに、natureの訳語に「自然」という漢語が使用されたのは、前者の言葉を構成する観念の集合と、後者のそれとが重なり合うところがあったからに違いないが、その場合の重なりと、(第一章で論ずる)「自由」という訳語におけるヨーロッパ語との重なりとでは、どちらが重なりが多かったか、疑問は尽きないが、私はそれを論ずる立場にはない。ただ、今もなお、重なり合わない残余が相互にあることは、日本におけるヨーロッパ思想史研究の立場にとって、意識の中から失してはならないであろう。その残余こそ、ヨーロッパ思想史における最もヨーロッパ的なものの、少なくとも一部であると考えられるからである。なお私は、優れた思想史研究者においては常に「知る意志」と「戦う意志」とが併存していること、しかし、両者は、その研究者の卓越のゆえに、状況によっては相互に厳しく矛盾し合う可能性があることを、『福田歓一著作集』第四巻の「解説」で述べた。それは福田に関する記述であるが、もちろん同じことは、丸山についても高度に妥当する。本文で、丸山の神話創出意志を想定した所以である。それも含めて本文の以下の記述は、この「解説」の趣旨の敷衍である。

(18)「近世日本における「自然」と「作為」」『丸山眞男集』第二巻、一二四頁。引用のうち前半部分の語順を若干変更したが、意味に変りはないはずである。この一節は、ほとんどそのまま、第三章注(1)に引用する、ヘーゲル『歴史哲学』におけるゲルマン近代への讃歌を彷彿させる。ヘーゲルはそれを「自由を自覚した精神の時期」とも表現している(『歴史哲学』下巻、二六六頁)。

(19)「近代政治原理成立史序説」一九七一年(『福田歓一著作集』第二巻)一七頁、三六四頁。

(20) 同、三三一頁。

(21) 同、二九四頁、一八八頁、一九五頁、三三一頁、三四八―三四九頁。同第三巻、一一頁。ホッブズの問題については第四章第二節(i)も参照。

(22)『福田歓一著作集』第二巻「解説」四〇九頁。なお、現在となってみれば、個別の研究のレヴェルではこの〈中世＝自然秩序・近代＝作為秩序〉論の問題はもはやそれほど重大ではないかに見える。そこに先鞭を付けたのは佐々木毅の一連の研究である。その『近代政治思想の誕生』(岩波新書、一九八一年)は、十六世紀政治思想が「外見以上に(政治についてのイメージが)非常に多様性に富んでいる」ことを指摘するところから叙述を始めている。その前提は「この時期には一時代を画するような体系は存在しない」(『近代政治思想史(1)』有斐閣、一九七八年、二頁)という認識であった(これは本書第三章の前提でもある)。そこに見られるように、丸山以来の〈自然・作為対立モデル〉はすでに個別研究を規制する力は失ったようである。ただし、方法的には佐々木は、そのマキアヴェッリ研究においてもボダン研究においても、本文で次に述べる、哲学的認識論から政治理論を演繹的に説明する立場を取っている。もう一つの問題は、佐々木が慎重にもその作品をすべて特殊研究の形式で発表したところに現われているように、それらの個別研究の成果が、教科書の世界を中心とする通時的叙述の中には相変わらず反映されていないことである。付言すれば、「日本における政治学史研究」においては福田自身、「現代」も含む意味での「近代」政治思想の成立を、十七世紀ではなく十八世紀に求めようとしているのではないか、との印象がある。

(23)〈世俗化〉という言葉の意味は、一般的には現世への関心の高揚と彼岸への関心の減退、あるいはより端的に、非宗教的または俗語文学の隆盛の意味などで用いられようが(W・アルマン『中世における個人と社会』(1966)(鈴木利章訳、ミネルヴァ書房)一八一頁)、ここでは、本文にも述べたように、第一義的には思想史の正面舞台からのキリスト教の退場(もちろん、これとても一般的表現でしかないが）の意味に用いたい。もちろんそれは、この言葉を一般的用語法に従って使用することを拒否するという意味ではない。どの意味に用いるにせよ、〈世俗化〉とは、一般的傾向を叙述する言葉ではあっても、分析概念とはなり難い言葉であると思われる。

（24）「ルネサンスの問題」『文化史の課題』とくにその第二章（引用は二五八頁）。

（25）丸山真男は、遅くとも一九六〇年代の初期から、ラヴジョイの観念史にかなり強い関心を示した。彼は六一年の「思想史の考え方について」では、ラヴジョイが一九二二年に創設したアメリカの History of Ideas Club について言及し、しかも、本文に最初に述べたように、それを「学問の独立の分野としての思想史の自覚」と結びつけている。だが、そこでは『存在の大いなる連鎖』そのものについては何も語られなかった。その後、ラヴジョイへの関心が丸山にとってどのような意味を持ったのか、そもそも『存在の大いなる連鎖』を彼が読んだのか、彼は語っていない。しかし、「歴史意識の「古層」」について見る限り、「基底範疇」という概念の設定（ラヴジョイの「単位観念」（unit idea）との類似）、また、この論文第一節の最初の注で、「ロゴスの受肉」すなわち「イエスの位置づけ」というキリスト教思想史の問題を、「ここでの主題に翻訳すれば、「つくる」論理における神と被造物との断絶性と、「うむ」論理における連続性との間のディレンマにほかならない」と述べていること（『丸山眞男集』第一〇巻、九頁）、さらに根本的には、歴史意識の「古層」または「原型」という問題設定そのものなどは、ラヴジョイのこの書物との関連を感じさせるものがある。もちろん、それも丸山自身が語っていない以上、すべては蓋然的推理でしかないが、それにしても、これらは偶然の一致であろうか。彼がそこで述べている「ディレンマ」は、本文にも述べるとおり、プラトン以来のヨーロッパ神概念または形而上学の二重性という、『存在の大いなる連鎖』の主題そのものであった。本文の初め（六頁）に、丸山の中での「深まり行く緊張関係を暗示するかに思われる」という表現をあえてしたのはこうした意味である。対談「日本思想史における「古層」の問題」の中での、「歴史意識の根本は永遠と時間がどう交わるかという問題です」という発言も（『丸山眞男集』第一一巻、一九〇頁）、一般化された表現ではあるが、ヨーロッパ思想史についてのラヴジョイの問題設定と共通である。丸山の前期作品と後期作品との中間に、仮にラヴジョイを置いてみると（もちろん他に多くの要因があったであろうが）、後年の彼の発展段階論否定宣言は、一人の卓越した研究者の、（丸山自身自ら回顧した言葉を使えば）「成熟」（「原型・古層・執拗低音」同第一二巻、一二〇頁）として、自然なものと理解できるのではないだろうか。

（26）『存在の大いなる連鎖』（1936）（内藤健二訳、晶文社）三九―四〇頁、四六―四七頁、四九頁、五一頁、五二―五三頁、五五頁。

(27) 同、五六頁、六〇頁、八〇頁、九一頁。
(28) 同、八八―八九頁。
(29) 同、第六講、第七講。とくに二一一―二一七頁。
(30) 同、二五六―二五七頁、二六〇頁、二六五頁。
(31) 同、三三六頁、三四四頁。
(32) 同、三一六頁、三二〇頁、三二二頁、三二九頁、三三二頁。
(33) 同、三四七―三五一頁。

第一章

(1) プラトン『国家』III・1・387b(藤沢令夫訳、岩波文庫)。『新約聖書』「ガラテア人への手紙」五・一。ルソー『社会契約論』第一編第四章、同第八章(桑原・前川訳、岩波文庫。以下、この場所以外でも訳文は若干変更した場合がある)。J・S・ミル『自由論』(早坂忠訳、中公 世界の名著38)三三三頁。F・ハイエク「自由の条件」(1960)『ハイエク全集』第五巻(気賀・古賀訳、春秋社)一〇頁、一二頁。V・フランクル『夜と霧』(1947)(霜山徳爾訳、みすず書房)写真8。なお、Arbeit Macht Frei という標語は、より自然な連想としては Stadtluft macht frei(都市の空気――農民の、一定期間の都市居住――はその農民を自由人とする)という中世ドイツの法諺と結び付くであろう。ただし、そう理解しても、ナチスの用語法が「自由」という言葉の歪曲であるという事実に変りはない。
(2) 『津田左右吉全集』第二一巻、八四頁(岩波書店、一九四九年。現代仮名遣いは筆者)。なお、第二章第一節で触れるように、福沢諭吉『学問のすすめ』(初編、一八七二年)は、現在まで続く訳語としての「自由」という言葉の使用の初期の例であろうが、その福沢も、その数年前の『西洋事情』では、「フリードムまたはリベルチ」に「未だ適当な訳字あらず」としなければならなかった。
(3) 仲手川良雄『古代ギリシアにおける自由と正義』(創文社、一九九八年)一五一頁。ギリシア語の「自由」を問題にするならば、仲手川のしているように、eleutheria だけでなく、たとえば freedom of speech と英訳されている parresia (Diogenes Laertius, *Lives of Eminent Philosophers*, Loeb Classical Library, II, p. 71 による)や、民会における平等な発言権を意味する isegoria や、さらには eleutheria の派生語なども問題にしなければならないのかもしれないが、そうした関連する言葉全体を包括する概念史は私の手に余る。この問題については、田中治男「自由論の歴史的構図」(佐々木毅編『自由と自由主義』東京大学出版会、一九九五年)に簡潔で要を得た叙述があるが、これに対して本章での課題は、概念史と言うよりはむしろ、自由の観念を軸とする一つの思想の伝統を叙述し、最終的には現代において自由という言葉が持っている意味を確認するところにある。関連して、「……からの自由」と「……への自由」という、十九世紀以来人口に膾炙した二分論があるが、その二分論自体が、歴史的解釈を要請する culture loaded な議論だと思われるので、分析の道具としてそれを用いることは意識的に回避した。関連して、I・バーリンの「二つの自由概念」については、本章第三節(iii)であらためて論議の対象としたい。

(4) 小学館『国語大辞典』。『広辞苑』の説明もほぼ同じである。

(5) 『戦史』(久保正彰訳、岩波文庫)上、一三二頁、一六五頁、一八三頁。

(6) 『国家』第八巻第一四章以下、『法律』第三巻第一四—一六章。

(7) 使用テクストは、Aristotle, *Politics*, Translated by Ernest Barker, edited by R. F. Stalley (World Classics, 1995) および『政治学』(山本光雄訳、岩波文庫)。

(8) 『政治学』第三巻第一一章、第五巻第一章。

(9) 同第五巻第五章、第一〇章、第一二章 1316a。

(10) 『ストア派のパラドックス』(鹿野治助訳、「中公 世界の名著」13)一〇八頁。「義務について」第二巻第二〇—二一章『キケロー選集』(高橋宏幸訳、岩波書店)第九巻。

(11) 『語録』鹿野治助訳(「中公 世界の名著」13)第二巻第一章。

(12) 『自由意志』『アウグスティヌス著作集』3(泉治典訳、教文館)第一巻第七章第16節—17節。以下、引用および要約は、本文にI・7・16と示す。なお、この作品の題名は、本文に括弧付きで示したように「自由意志について」であるが、邦訳名に従って、また独立作品であることを示すために、『自由意志』とした。

(13) 「真の宗教」(389–391)第五部・四四・82『アウグスティヌス著作集』2(茂泉昭男訳)。

(14) 自由意志説や、さらにはデカルトを思わせる自己認識へのその強い欲求を根拠に、一部に言われるように、アウグスティヌスを〈最初の近代人〉に仕立ててしまう解釈には賛成できない。アウグスティヌスにおいては、それらの一見〈近代人的〉側面と同時に、古典古代人の側面、さらには教会の権威と指導への服従要求もまた、その理論の大きな柱であったことを無視することはできない。しかし、ここでは、それらについてのさまざまの議論は留意しておくだけに止めたい。広い視野で考えて、これもまた、ルネサンス以前の思想においてしばしば見られる重層性、あるいは近代的な単一基準への還元不可能性の問題の、アウグスティヌス的発現と見るべきであろう。なお、自由意志説の歴史的展開についての研究は、少なくともわが国においてはきわめて乏しい。管見の限りでは、金子晴勇『近代自由思想の源流』(創文社、一九八七年)がほとんど唯一のまとまった研究である。ルターとエラスムスを中心とするこの研究は、多くの知見を提供する貴重な労作であるが、他方、基本的視点として「近代的自由」または「近代的人間の理念」というア・プリオリを設定していること、またアウグスティヌスについては恩寵先行説を同じくア・プリオリに前提していることなど、歴史的研究を目指す立場からすれば同意し難いことが少なくない。そもそも、右に述べたように、そうした単一基準には還元不可能なのがアウグスティヌスの特質なのではないだろうか。

(15) 以上『ニコマコス倫理学』については、高田三郎訳、岩波文庫による。なお、優れた人物とはロゴスに従って悲しみによく耐える人物である、という趣旨の発言は、プラトン『国家』603E–604Dにも見られるが、その議論が選択意志論に基礎を持つものなのか、いや、一面においては必然論的色彩の濃いプラトンの議論において、選択意志論はどのような位置と意味を持っているのか、慎重に考えなければならない。さし当たり私は、この点に関する限り、プラトンとアウグスティヌスとの間には大きな距離があるのではないか、という印象に傾いている。

(16) 『自由意志』「訳者はしがき」、一頁。

(17) 第一巻第一六章。同第一八章・一『アウグスティヌス著作集』11(赤木善光・泉治典訳)。

(18) 第一四巻第一一章・一『アウグスティヌス著作集』13(泉治典訳)。第一二巻第一章・二『アウグスティヌス著作集』15(同上訳)。

(19) 第一四巻第二八章『アウグスティヌス著作集』13(同上訳)。

(20) Q・スキナー『マキアヴェッリ——自由の哲学者』(1981)(塚田富治訳、未来社)。

(21) ブルーニに先立つこと半世紀、一三四三年にペトラルカが、ローマで革命を目指すコーラ・ディ・リエンツォに書簡を送って古代共和政ローマの自由への愛を讃えたとき、彼は、共和主義的徳とキリスト教的敬虔とが一致することを信じて疑わなかった。ペトラルカは後に君主政論者に転じたが、ダンテのように皇帝への期待は持たなかった(『ルネサンス書簡集』(近藤恒一訳、岩波文庫)一六五頁以下。E・H・ウィルキンス『ペトラルカの生涯』(1961)(渡辺友市訳、東海大学出版会)。

(22) 極端な例としては、M・ウェーバー『プロテスタンティズムの倫理と資本主義の精神』第一章第二節末尾に、自由意志をイタリア人やフランス人(すなわちカトリック国民——筆者注)の精神的特性として揶揄している一節がある。

(23) Thomas Aquinas, Summa contra Gentiles, iii, lxxiii (E. Cassirer, P. K. Kristeller, J. H. Randall, Jr. (eds.), *The Renaissance Philosophy of Man* (New York, 1966), p. 150, n. 13 (Valla, Dialogue on Free Will, introduction)よりの引用)。

(24) 『神曲』煉獄編、第一六歌四〇行—五五行(平川祐弘訳、河出書房新社)。平川訳では、原文の行数に合わせて詩歌調に改行が施されているが、ここでは散文形式とした。訳文それ自体は平川訳に従っている。なお、ブルクハルト『イタリア・ルネサンスの文化』第六章(柴田治三郎訳、「中公世界の名著」45、五二六頁)に、『神曲』のこの一節に言及している箇所がある。ブルクハルトは、「人間の自由と必然にたいする神の摂理の関係」(同、五二四頁)の問題がその後ますます先鋭化するとして、その先駆的例にダンテのこの一節を引いているが、その言葉は、ウェーバーほどではないにせよ、自由意志説に対して揶揄的であるとの印象を免れない。

(25) 「エラスムスの評論「自由意志」について」Ⅰb二、Ⅱa七、Ⅱa八、Ⅱa一四(『ルター著作集』第一集7「奴隷的意志について」(山内宣訳、聖文舎)二四頁、三三頁、三四頁、三九頁)。なお、本文に述べたように、エラスムスは基本的にアウグスティヌスに従っていると思われるが、この作品では、アウグスティヌスは恩寵を強調するあまり自由意志の過小評価に傾いているのではないか、と見ているようである(Ⅱa一〇)。罪は実在ではないという議論はすでに論破された古い見解である、とする議論もアウグスティヌス批判と読める(Ⅲb八)。しかし、それ以前の作品である『エンキリディオン』(1503)などでは、エラスムスはアウグスティヌスを大いに賞揚しているという事実もある。二つの作品における議論の隔たりが、二十年という時間の経過の中でエラスムスの見解が何らか変化したためなのか、それとも、ルター批判といううきわめて論争的な状況と意図の下に書かれた『自由意志論』の特殊事情によるものなのか、いずれの思想家についても専門研究者以外には判定不可能である。なお、ここでエラスムスの言う「自由意志」が、倫理的に無規定中立のものではないことは言うまでもない。十六世紀における「堕落」という言葉の特別の重みについては第三章参照。

(26) ここで、「広い意味で契約説と呼んでよい政治理論」という表現を用いたが、そう表現したのは、契約説政治理論として、ホッブズ、スピノザ、ロック、ルソーだけを取り上げるのは十分ではないと考えられるためである。政治社会の存在根拠を人々の合意に求める考え方は中世以来のものであり、あえてトマスまでは遡らないとしても、少なくとも十六世紀のヴィトリア、フッカー、ここで取り上げるスアレス等いずれも契約説論者の範囲に入れて考えるべきであろう。彼らを視野に入れて考えてみると、通説に言う、身分を基礎とした「中世的統治契約」と、個人の意志を基礎にした「近代的社会契約」との区別はあまり意味をなさなくなるのではないだろうか。

(27) 使用テクストは Francisco Suarez, De Legibus, ac Deo Legislatore, 1612 (Engl. Trans., G. L. Williams *et al.*), A Treatise on Laws and God the Lawgiver, *Selections from Three Works of Francisco Suarez, S. J.* (Buffalo, N. Y., 1995).

(28) 因みに、この一節は、行為の倫理性を求める自由意志説の伝統とは異質の、ある種必然論への傾斜も感じさせ、ほぼ二〇年前に書かれたフッカー『諸法』の政治的共同体成立論を彷彿させるものがある(フッカーについては第三章第四節(iii)参照)。イエズス会士スアレスに対する、イングランド国教会司祭フッカーの影響の有無については専門研究者の教示を待つほかないが、この一節は、トミストの言葉であるにもかかわらず、フッカーと同じく、同時代に共通な政治的雰囲気であるペシミズムのトーンを感じさせないだろうか。だが、それにもかかわらず以下本文で述べるように、トミスト・スアレスにおいては、政治的共同体の倫理性の主張は失われていない。この事情はロックにおいても同様である。スアレス(と同じくカトリックのモリーナ)におけるペシミズムの要素を強調するQ・スキナーは、意識的にか無意識的にか、こうした二重性を無視している(Q. Skinner, *The Foundations of Modern Political Thought*, Vol. 2 (Cambridge University Press, 1978), p. 154 ff.)。スアレスを含むこの時代のトミストたちが、「自然状態」という言葉を用いていないにもかかわらず事実上その概念を持っていたこと、そして、その自然状態は決して一般的な無法状態とは考えられていなかったこと、これらを指摘している点でスキナーは正しい。しかし、彼は、ではなぜそこから国家がほとんど必然的に成立してくると彼らは考えたのかという点の説明に、ルソーの正統性論との類推を借りてきており、その点で、彼が最も強く批判するアナクロニズム(記時錯誤)スレスレである。スキナーの失敗は、彼が自由意志説の伝統を十分考慮に入れていないためのものであろう。

(29) 『神学・政治論』(畠中尚志訳、岩波文庫)下、一七八―一八〇頁。

(30) 同書、一七五頁。なお、ホッブズ『臣民論』第七章の議論については、第四章第二節(i)参照。

(31) ルソーの政治思想、とくに『社会契約論』に到るまでの諸作品と同時代ジュネーヴの政治との関わりを詳細に扱ったものとして、小林淑憲『ジュネーヴの改革とルソー政治思想』(東京都立大学博士論文、二〇〇〇年)がある。

(32) (野田・稲本・上原・田中・三辺・横田地訳、岩波文庫)上、二九一頁。

(33) 鋭い現実感覚の持ち主だったルソーにしてみれば、この理論選択は、小林前掲論文が分析するように、ジュネーヴにおける政治的論争から要請されたものかもしれないが、それにしても理論選択の態度としては〈古い〉のではないだろうか。自分が比較的若い時に修得した、一時代前の支配的理論に固執するのは、理想主義者にありがちな心的態度であろうが、ルソーの場合こうした態度は、彼のいま一つの活動分野であった作曲の技法に最も端的に現われていると見てよい。思想活動に比較して音楽活動はより直観的であるだけに、より直接的に心性を表現する。大きな権威を振るっていたラモーに対抗しようとして、ルソーがイタリアン・バロックを再興しようとしたことはよく知られているが、すでにラモーどころかマンハイム学派の華麗な技法が成立していた同時代にあって、ルソーの作曲はいかにもアナクロニズムの感が強い。歌曲の単純さを愛する向きも一部にはないではないが、一般に音楽史がルソーを無視してきたのは不当ではないと思う。それは、作曲家ルソーの音楽的天分の乏しさの問題かもしれないが、作曲も思想形成も、それが同一人物の精神活動である限り、そこに通底するものを認めるのは不当ではないはずである。理論内容の急進性によって覆われてはいるものの、理論以前の心的態度においてルソーは、さまざまなものに対するその喪失感からか、過去に眼を向けた、本質的には〈保守的〉な思想家だったのではないだろうか。もちろん、それは彼の歴史意識や現実感覚の鋭さと矛盾するものではまったくない。

(34) この問題については、第二章第四節(ⅳ)参照。

(35) 『カント全集』第七巻(深作守文訳、理想社)二二一頁。

(36) 「実践理性批判」第一部第二章、同二三七頁。

(37) コウルリッジについては、なお第二章第四節(ⅳ)および第四章第二節(ⅱ)も参照。目的論的保守主義についても同章同節参照。

(38) (氷上英廣訳、岩波文庫)上、一〇四頁。

(39) 『自由論』(中公 世界の名著38)二七九頁、二八八頁、二九二―二九六頁。

(40) 同、二八七頁、二九三頁。

(41) (小松茂夫訳、岩波文庫)上、一八五頁、二三三頁。以下同訳書の頁番号を本文に示すが、すでに半世紀近く以前のこの訳書には問題が少なくないと思われるので、Hume, *Political Essays*, Cambridge Texts in the History of Political Thought, ed. K. Haakonsen その他を参照して、訳文は変更した場合がかなり多い。

(42) Of superstition and enthusiasm, *Political Essays*, pp. 46–50.（小松訳）下、一八四頁。

(43)「グラーフェ・パラノモーン」については、M・フィンレー『民主主義――古代と現代』(1973・1985)（柴田平三郎訳、刀水書房）第一章参照。

(44) この一節にある〈civil society〉を、第四章第二節(iii)では「文明社会」と訳したが、ここでは「政治社会」とした。一つの言葉に両方の意味がある以上、それぞれの（日本語の）文脈で適当な方を選択するほかない。

(45) Of the rise and progress of the arts and sciences, *Political Essays*, pp. 69–70, p. 75, p. 63, p. 3.（小松訳）下、二四三―二四四頁、二五五頁、二三〇頁、二一八頁。

(46) バークについてはなお第四章第二節、ヒュームの自生秩序論については同章同節(iii)参照。

(47)『正義論』（矢島鈞次監訳、紀伊国屋書店）一五三頁以下。

(48) 思想家が、自らの理論を根拠付ける方法として、過去の思想家の言説を肯定的にか否定的にか引き合いに出すことは珍しいことではないが、その際、とくに現代の哲学者の場合、哲学史についてのきわめて非歴史的、定型的図式によることが多いのはなぜだろうか。それらの図式の多くが、二十世紀前半のある時期に成立した、歴史と言うよりは神話であることはすでに批判されているはずである。加えて言えば、ロールズだけではなく、後に触れるように、「思想史家」バーリンですら、「消極的自由」の論者の最初にエラスムスを置いていることや（『自由論』、三一三頁）、J・グレイ『自由主義論』(1989)が、「アリストテレスは……選択という行為に何らの本質的な価値があるとも考えない」という発言をしていることなどは（山本貴之訳、ミネルヴァ書房、三六八頁以下）、思想史研究者としてはただ驚きと言うほかない。とくにグレイの発言は、アリストテレスにおける選択の概念は現代のそれとはまったく別物であるということが論証されない限り、事実に反する最も基礎的誤謬と言わなければならない。

(49)『美徳なき時代』(1981)（篠崎栄訳、みすず書房）三〇四頁。

(50)『アナーキー・国家・ユートピア』（嶋津格訳、木鐸社）上、六頁。

(51) ロマン主義論もふくめてバーリンの作品はその大部分が、『バーリン選集』全四巻（福田・河合訳、岩波書店）、『バーリン ロマン主義講義』(1965)(田中治男訳、岩波書店)、『自由論』(1969)(小川・小池・福田・生松訳、みすず書房)、『ヴィーコとヘルダー』(1976)(小池銈訳、みすず書房)、バーリン／R・ジャハンベグロー『ある思想史家の回想』(1991)(河合秀和訳、みすず書房)などに邦訳されている。以下、引用はこれらの邦訳によるが、このうち『自由論』に収録されている「二つの自由概念」の生松敬三訳にはかなりの問題があると思われるので、変更した部分もある。この箇所での引用は、「まえがき」(ジャハンベグロー)『ある思想史家の回想』一〇頁。

(52) 「ヨーロッパの統一とその変遷」(1959)『選集』4、二四一頁(原典に従って「概念」という言葉を補った上で訳文を変更した。*The Crooked Timber of Humanity* (1990), p. 204)。なお、『回想』一六二―一七一頁、『自由論』四五―四七頁、八〇頁以下(いずれも「序論」)をも参照。〈懐疑主義的保守主義〉については第四章第二節(i)参照。

(53) 『ロマン主義講義』五六頁。

(54) 「希望と恐怖から自由に」(1964)『選集』2、二八五頁、「ヨーロッパの統一とその変遷」『選集』4、二三八頁。ルネサンスにおける「人間の尊厳」の解釈については、第三章第一節参照。

(55) 「歴史の必然性」(1954)『自由論』二〇六頁。以下、この論文からの引用は本文に『自由論』の頁番号を記す。カー―バーリン論争については、半澤孝麿「アイザイア・バーリンの歴史理論」『東京都立大学法学会雑誌』第四巻第一号(一九六三年)参照。

(56) 「ジョン・スチュアート・ミルと生の目的」(1969)『自由論』四五〇頁。

(57) 「序論」(1969)、同、九六頁。

(58) 「二つの自由概念」『自由論』三七二―三七三頁。

(59) 「平等」(1956)『選集』2、三二四頁。

(60) 『ロマン主義講義』四―五頁参照。

(61) 「西欧におけるユートピア思想の衰退」(1978)『選集』3、三〇―三一頁、三三頁。『ロマン主義講義』四―五頁、一八―一九頁、二〇五頁。

(62) 「ヨーロッパの統一とその変遷」『選集』4、二二二―二二六頁、二三一―二三二頁。

(63) 同二三三―二三四頁、『ロマン主義講義』二一四頁、二二四頁。

(64) 『ロマン主義講義』二二三—二二五頁。『選集』4、二四二頁。
(65) 「ヨーロッパの統一とその変遷」『選集』4、二八三頁、二七三頁。
(66) 「ロマン主義における「意志」の讃美」(1975)『選集』4、二三八—二四一頁。
(67) 「ヨーロッパの統一とその変遷」『選集』4、二三八—二四一頁。
(68) 「アレクサンドル・ゲルツェン」(1954)、「モーゼス・ヘスの生涯と意見」(1959)。いずれも『選集』3所収。この二編および『選集』1所収の「ヴェルディの「素朴さ」」は、バーリンの精神が最も平穏に息づいているエッセイと思われる。音楽についての発言のうち、『回想』に述べられているワグナー論とシューベルトの素朴さへの愛も、バーリンの精神を窺うのによい材料である。

第二章

(1) S・ウォーリン『西欧政治思想史』(1960)(尾形・福田・佐々木・有賀・佐々木・半澤・田中訳、福村出版)二六頁、三二頁。John Dunn, *The History of Political Theory and Other Essays* (Cambridge, 1996), p. 17.
(2) M・フィンレー『民主主義——古代と現代』(1973)(柴田平三郎訳、刀水書房)。
(3) J. Coleman, *A History of Political Thought From Ancient Greece to Early Christianity* (Blackwell, Oxford, 2000), p. 15. このコウルマンの言葉以外にも、いま一つの例示として「歴史は二様に作動する。歴史は変化の理由を説明するが、それも持続の背景の下においてのみであり、次に持続を再説明するが、それは(逆に)変化の背景の下においてである」というP・キングの一文を加えてよいかもしれない。P. King and H. Devere (eds.), *The Challenge to Friendship in Modernity* (London, 2000), p. 1. いずれも、本文に述べるポスト・方法論争における研究者の歴史意識を物語っている。
(4) たとえば *Cambridge History of Political Thought*, *Cambridge History of Philosophy* などのシリーズがある。わが国にも藤原保信・飯島昇藏編『西洋政治思想史』二巻(新評論、一九九五年)がある。
(5) 『西欧政治思想史』五—七頁、九—一〇頁、二九頁、二七頁。

(6) 丸山真男『「文明論之概略」を読む』(一九八六年、岩波新書)下、七六頁。なお、次の「伝統化」という表現は、丸山『日本の思想』(岩波新書)八頁(『丸山眞男集』第七巻、一九六頁)より借用した。

(7) (前田・由木訳、中公文庫)一九五—一九六頁。

(8) 王権の基礎を特定の血統だけに求めるというこの考え方は、まさに旧約聖書の世界である(「サムエル記」下 第七—一二、参照)。世襲王政(dynastia)の観念は古代ギリシアでも知られており、その実例もあるが、プラトンもアリストテレスも、それを正当な王政からの逸脱形態としている(プラトン『国家』544d、アリストテレス『政治学』1292b)。周知のように、プラトンにおいても、アリストテレスにおいても、王政は貴族政とともに正しい統治形態とされ、逸脱または堕落形態と対比されるが、それらが正しいのは、特定の王家や貴族の血統ゆえではなく、そうした王や貴族が個人として、また家族として、他に抜きん出て優れた徳の持ち主だからである。徳という条件を欠いた時、形の上では王政や貴族政であっても、それは逸脱形態として僭主政や寡頭政だとされるのはこの理由による。十三世紀にアリストテレスを継受したトマスも、その点ではまったく同じ考えであり、その考えは、ルネサンスの時代のエラスムスやそれ以降にも及んでいる。なお、ホッブズについては第一章第二節(i)および第四章第二節(i)も参照。「君主の鑑」諸作品の重要性、またそこでのイスラエル諸王への言及については、柴田平三郎『中世の春——ソールズベリのジョンの思想世界』(慶應義塾大学出版会、二〇〇二年)に教示を得た。

(9) ウェーバー『宗教・社会論集』(中村貞二訳、「世界の大思想」Ⅱ-7)一六四—一六五頁。

(10) 同、一六八—一七〇頁。

(11) 『神の国』第一九巻第一六章・第一四章『アウグスティヌス著作集』15(松田禎二訳、教文館)。

(12) A・ニグレン『アガペーとエロース』第一巻(1930)第三章以下(岸・大内訳、新教出版社)。アガペーと(プラトン的)エロースとを、一方を神からの人間への愛の「下降原理」、他方を人間から神への「上昇原理」として截然と対比させるニグレンは、あまりにもルター的な一方恩寵説と人間観を持ち込んでいるという批判もあるが(大林浩『アガペーと歴史的精神』日本基督教団出版局、一九八一年、五五頁)、そもそも、キリスト教の出現をもって「古代のあらゆる価値の逆転」とすること自体(ニグレン、六頁)、歴史家にとっては反証不可能なア・プリオリである。なお、同時期、ニグレンに対するカトリックの側からの応酬として、M・ダーシー『愛のロゴスとパトス』(井筒・三辺訳、上智大学、昭和四一年)第四章「友愛」が、当然に、自由意志説によりつつ、人間の側からの神への応答の能力と義務とを強調している。

(13)「義務について」第三巻六九節『キケロー選集』9(高橋宏幸訳)、三一六頁。

(14)「真理と政治」『過去と未来の間』(引田・齋藤訳、みすず書房)、三三四頁、三五八—三六〇頁。

(15) J. M. Cooper, Aristotle on Friendship, A. O. Rorty (ed.), *Essays on Aristotle's Ethics* (Berkley, 1980), p. 301. ただし、ここでクーパーは、アリストテレスの友情論を、個人がよりよい生を完成させるために必要な自己認識の問題として理解し、『ニコマコス倫理学』第七巻までに述べられた個人倫理と、『政治学』における政治・社会理論とを結びつける重要な環としては必ずしも認識してはいない。

(16) P. King & H. Devere (eds.), *The Challenge to Friendship in Modernity* (London, 2000).

(17) M. Sandel, Justice and the good, Sandel (ed.), *Liberalism and its Critics* (N. Y. University Press, 1984), pp. 173–176. *The Challenge to Friendship in Moderity*, p. 13.

(18) Suzanne Stern-Gillet, *Aristotle's Philosophy of Friendship* (N. Y., 1995), p. 5. Jacques Derrida, The Politics of Friendship, *The Journal of Philosophy*, Vol. 85 (1988), pp. 632–644. その後デリダは、この論文を発展させた同名の著書を発表している(*Politique de l'Amitie* (Paris, 1994), Eng. trans. *Politics of Friendship* (London & N. Y., 1997), 鵜飼・大西・松葉訳『友愛のポリティックス』みすず書房)。私は、その第一章のアリストテレス解釈には基本的に異議はないが、続く諸章に展開されるデリダの、言うなれば友情の政治神学には、ここでは関わるつもりはない。なお、以下においては、philia, amicitia, friendship は、『ニコマコス倫理学』(高田三郎訳、岩波文庫)の引用の際も含めてすべて、日本語としてある程度の無理は承知の上で、「友情」と訳した。

(19) A・マッキンタイア『美徳なき時代』(1981)(篠崎栄訳、みすず書房)一一章以下。なお、前記M・C・ダーシー『愛のロゴスとパトス』は、マッキンタイアに近い立場から(ただし神学的な視点で)、「友愛」を論じている。

(20)『政治学』(山本光雄訳、岩波文庫)第二巻第四章、第三巻第九章、第一巻第六章。

(21)『随想録』第一巻第二八章「友情について」(松浪信三郎訳、河出書房、「世界の大思想」4)。なお、友情論の中に血族関係と非血族関係が混在するのは、ギリシア語において、妻子を表現する言葉(philtatos)は、友人を表す形容詞(philos)の最上級の名詞化であったという事実と対応することが知られている。因みに、プラトン『国家』第九巻に、「最も古くからの友人たる父親」という表現がある(574C)。ニーチェは、あらゆる民族の中で最も「深い多様な哲学的友情論を持つ……ギリシア人が、身内の者たち〔強調邦訳原文〕を「友」という言葉の最上級にあたる表現で呼んでいる。これが私にはどうもわからない」と述べているが、これは、本文での私の疑問と同じ性質の疑問かもしれない（「人間的、あまりにも人間的——自由精神のための書」(1878)三五四節『ニーチェ全集』第五巻（池尾健一訳、理想社）二八五頁、訳者注四三七頁）。

(22)「真の友情」の形成に当たって選択意志を重視し、それによって友情論と徳論とを結びつけるアリストテレスの議論においては〈二人の自己〉が想定されているのではないか、ということは少しでも慎重な読者なら誰も容易に気付くはずの論点であろう。たとえば、A. W. Price, *Love and Friendship in Plato and Aristotle* (Oxford, 1989), p. 105 は、欲求と選択の主体としての自己と、そうした欲求と選択によって形成されてくるペルソナとしての自己という二分論が、アリストテレスの友情論には含意されているとしている。行為する主体としての自己と、それを客観的に眺める自己という、いわば自己概念の二重性の想定は、その後の友情論に共通する暗黙の前提であると思われる。

(23)「義務について」第一巻五四—五五節、『キケロー選集』9（中務哲郎、岩波書店）、一六一頁。

(24) 同、七六頁。amicitia は本来ローマ貴族の間で互恵関係を表わす言葉である。キケロの語法はその原理化であろう。

(25)「クレメンスの手紙——コリントのキリスト者へ」（Ｉ・三八）『使徒教父文書』《聖書の世界》別巻・新約Ⅱ（荒井献編・小河陽訳、講談社）七七頁。

(26)『キケロー選集』9、訳者（中務哲郎）解説、三七二頁。

(27) セネカについては『道徳論集』、『道徳書簡集』（いずれも茂手木元蔵訳、東海大学出版会）、プルタルコスについては『モラリア』2（瀬口昌久訳、京都大学学術出版会）、『モラリア』6（戸塚七郎訳、同）による。

(28)「心の平静について」五—六節、『道徳論集』三一四—三一五頁。

(29)「多くの友を持つことについて」三節、九節、『モラリア』2、二九頁、四〇頁。なお、前掲柴田平三郎『中世の春』は、下って十二世紀に「友情の共和国」という語法が存在していたことを紹介している（七頁）。

(30)『随想録』第三巻第一章「実利と誠実について」（松浪訳）下、三三三頁。〈懐疑主義的保守主義〉については第四章第二節（i）参照。

(31) モンテーニュをエラスムスとの強い類比で見るということでの視点は、M・A・スクリーチ『モンテーニュとメランコリー』(1983)（荒木昭太郎訳、みすず書房）、とくにその第五章「特権と恩寵」に示唆を受けたものである。ストア的な懐疑主義者モンテーニュという通常のイメージに対して、カトリック的懐疑主義者モンテーニュ像を打ち出したスクリーチの解釈には、モンテーニュの思想のさまざまな側面を一体的に理解する視点として強い説得力がある。

(32)『随想録』第三巻第九章「空虚について」（松浪訳）下、四八二頁。

(33) 同、第一二章「人相について」、同、五六三頁。

(34) スタロバンスキー『モンテーニュは動く』(1982)（早水洋太郎訳、みすず書房）二六頁。

(35)『随想録』第三巻第一三章「経験について」（松浪訳）下、六三一頁。

(36) 同、第一巻第二三章「習慣について。また、既存の法を軽々しく変えてはならないことについて」上、一〇一頁。

(37) ここで用いた〈形相の純粋実現状態〉という言葉について、詳しくは第三章第二節を参照。そこでは、形相の純粋実現状態への希望は十六世紀の進行とともに次第に後退していったと述べたが、それはあくまでも一般的な傾向としてである。しかし、その点では古典的な人文主義者であったモンテーニュも、本文に述べたとおり、その時代認識においてはきわめてペシミスティックであった。

(38)『モンテーニュは動く』九〇頁。ラ・ボエシは、「自発的隷従」の最後に、「必ずや神は、あの地獄のどん底に、暴君たちやその共犯者に対する、何か特別の刑罰を準備していられるであろう」として、明示的ではないにせよ、暴君放伐を容認するかのごとき姿勢を見せている（邦訳題名「奴隷根性について」『モンテーニュ全集9　モンテーニュ書簡集』関根秀雄訳、白水社、二九九―三〇〇頁）。おそらくモンテーニュは、この表現にある種の危険を感じて、『随想録』ではあえて批判の文章を入れたのではないか、という関根の推理には説得力があると思われる（同二五一―二五二頁）。なお、理由は必ずしも同じではないが、モンテーニュを人文主義の伝統の中で見るという点で私は、宇羽野明子「フランス人文主義の友愛感への一考察――ラ・ボエシの『自発的隷従論』をめぐって」（大阪市立大学『法学雑誌』第四八巻第一号）と同意見である。

(39)「意志は自由である。それゆえ、友情は自由意志によって得られるのである」。「友情とは、徳を通して魂を向上させるという、一つの目的のために二人の人間が努力することである。それゆえ、明らかにそれは、神への心を育むことにおける、二つの魂の至高の調和に外ならない（Ficino, *Meditations on Soul, Selected Letters of Marsilio Ficino*, Eng. Tr., Members of London School of Economics (London, 1975), p. 176, p. 178）。

(40) P・バークは、その『モンテーニュ』(1981)で、「〔後期の〕モンテーニュは私的な価値を公的な価値より上位に置くようになり、アレクサンドロス大王よりもソクラテスを賞賛するようになった」としている。しかし、これは、非政治的価値と政治的価値と言い直した方が、事態をより明晰に説明できるであろう（小笠原／宇羽野訳、晃洋書房、一一三頁）。

（41）『随想集』（渡辺義雄訳、岩波文庫）一一九―一二九頁。

（42）『ルソー全集』第一〇巻、松本勤「解説」（白水社）五六一頁より引用。

（43）『エミール』（今野一雄訳、岩波文庫）下、一四〇頁。

（44）同、二七頁、下、二五七頁、二六三頁。

（45）スタロバンスキーは、『モンテーニュは動く』八〇頁で、ルソーに言及し、「すべてを捧げる献身における完全な相互性というこの基本モデル〔友情の共同体を指す――筆者注〕は、後に、ルソーが『社会契約論』の冒頭で、個人と共同体の間で、成立の一瞬に生ずる働きであると言うものであるが、……ルソーは（アリストテレスやキケロ、あるいはモンテーニュから読みとった）*philia*〔愛〕と*amitica*〔友愛〕のモデルを、「共通の自我」によって動かされる*polis*つまり〈市民団《シテ》〉に適用したと言うことができるであろう」と述べている。だが、この解釈は無条件には賛成できない。本文に述べたように、友情の共同体はそれ自身としては政治のアリーナには乗らない、ということをルソーは明確に自覚していたと見るべきである。

（46）『カント全集』第一一巻（吉澤・尾田訳、理想社）三九九―四〇三頁。

（47）「現代の不満の原因を論ず」『エドマンド・バーク著作集』１（中野好之訳、みすず書房）二七九頁。

（48）『女性の権利の擁護』（白井堯子訳、未来社）六二―六三頁、二〇八頁、三〇六頁。

（49）同、三五一頁、三三一頁。社会学者はこうした主張の中に「近代家族論」を読みたいであろうが、その必要はないと思われる。ヨセフ、マリア、キリストという「核家族」は、ルネサンス期以来、キリスト教的家族像の理想であり続けた。

（50）プライス『祖国愛について』（1789）（永井義雄訳、未来社）五八―五九頁。

（51）『美徳なき時代』二九〇頁。

（52）*The Notebooks of Samuel Taylor Coleridge* vol. 3 1808–1819 (Routledge & Kegan Paul, 1973), note 3093, 3180, 3574, 3284. *Notebooks*は『雑記帳』と訳したが、その書き込みは、長短合わせて数千に上り、コウルリッジの思想を知る上で、同じく膨大な量の『書物欄外書き込み』（*Marginalia*）と共に、最重要資料の一つである。

（53）*The Collected Works of Samuel Taylor Coleridge* (The Friend) vol. 4–II (Routledge & Kegan Paul, 1969), p. 323. なお、

コウルリッジにおける愛の社会原理化について、一八一〇年頃までと時期を限ってではあるが、半澤孝麿「コールリッジにおける政治哲学の形成」(有賀・佐々木編『近代民主主義思想の源流』東京大学出版会、一九八八年、一八九―二三二頁)においてやや詳しく論じてある。本文の記述はその線に沿ったものである。

(54) 「友情」(1841)『エマソン選集』2(入江勇起男訳、日本教文社)一八〇頁、一九六―一九七頁、一九九頁。
(55) 「政治について」(1844)『エマソン選集』4、一〇二頁、一〇八―一〇九頁。
(56) 『ユートピア便り』(松村達雄訳、岩波文庫)一一一頁、一六一頁、一六九頁。
(57) The Art of People (1879), *William Morris* (Centenary Edition, The Nonesuch Library, London 1945), pp. 520–521.
(58) 『非政治的人間の考察』(前田・山口訳、筑摩書房)中、一六四頁。
(59) 同、一三一頁。
(60) 『友情論』(青柳瑞穂訳、筑摩書房)五五頁。
(61) 『著作集』11(小野寺・川本・小池・北条訳、みすず書房)一〇五頁。なお、この一節は、印象深い言葉のためか、マッキンタイア『美徳なき時代』一九二頁、および Stern-Gillet, *Aristotle's Philosophy of Friendship*, p. 165 にも引用されている。
(62) 同、一〇四頁、一一二頁。
(63) Sandel, *Liberalism and its Critics*, pp. 171–176.
(64) (半澤孝麿訳、みすず書房)六〇頁。

第三章

(1) 『歴史哲学』ヘーゲル全集10b(武市健人訳、岩波書店)二六一頁、二六五頁、二七三頁、三〇〇頁。
(2) J・ホイジンガ「ルネサンスの問題」(1920)『文化史の課題』(里見元一郎訳、東海大学出版会)一九五頁。K・ブールダッハ『宗教改革・ルネサンス・人文主義』(1926)(坂口昂吉訳、創文社)。J. W. Allen, *A History of Political Thought in the Sixteenth Century* (London, 1928), p. 4. E・M・ティリヤード『エリザベス朝の世界像』(1943)(磯田・玉泉・清水訳、筑摩叢書)。C・ヒル『十七世紀イギリスの文書と革命』(1983)(小野・圓月・箭川訳、法政大学出版局)八八頁。

(3) E・ガレン『ルネサンス文化史』(1967)(澤井繁男訳、平凡社)。同『ルネサンス人』(1988)(近藤・高階ほか訳、岩波書店)。同『イタリアのヒューマニズム』(清水純一訳、創文社)。W・アルマン『中世における個人と社会』(1966)第三章「人間中心の理論」(鈴木利章訳、ミネルヴァ書房)。P・バーク『イタリア・ルネサンスの文化と社会』(1986)(森田・柴野訳、岩波書店)四頁。P・O・クリステラー『ルネサンスの思想』(1961)(渡辺守道訳、東京大学出版会)一〇—一一頁、一四九頁、一六四頁。P. O. Kristeller, Humanism, *The Cambridge History of Renaissance Philosophy*, (ed.) C. Schmitt & Q. Skinner (Cambridge, 1988), pp. 113–114。

ここで序章注(12)に挙げたHans Baron, *The Crisis of the Early Italian Renaissance* (1966)に述べられ、本書でもこれまで度々言及してきた、いわゆる「政治的人文主義」(civic humanism)の概念について一言しておきたい。バロンが、一四〇二年を境とする、フィレンツェ政治思想における〈劇的〉な転換を〈発見〉し、新しい政治態度を表現するためにこの言葉(最初はBürgerhumanismus)を造語したのは早くも一九二五年であった。バロンはその代表者をレオナルド・ブルーニに見たが、すでに三〇年代から、バロンのそうしたブルーニ解釈に対する批判は繰り返されてきた。そのことは、James Hankins, The "Baron Thesis" after Forty Years and some Recent Studies of Leonardo Bruni, *Journal of the History of Ideas*, 55 (1995), pp. 309–338, およびHankins (ed.), *Renaissance Civic Humanism* (Cambridge University Press, 2000) に詳細に述べられている。もちろん、ルネサンス思想についての専門研究者ではない私は、それらの批判個々の内容や妥当性について云々する立場にはないが、バロン・テーゼに対しては私なりの疑問があるので、その理由だけは述べておきたい。第一に、バロンの資料の使い方は、そのテーゼを強調するためか、一貫して断片的であり、個々の個所の引用は、全体の文脈から切り離されてなされているのではないかと疑われることがきわめて多い。第二に、ブルーニ『フィレンツェ頌』(*Laudatio florentinae urbis*)についての記述のように、あまりにもしばしば「近代の予兆」を口にするバロンは、やはり「予期の神話」を語っているのではないかと疑われる(この作品の性格についてもハンキンズはバロンとは異なる判断を下している)。第三に(これは傍証でしかないが)、ハンキンズは、バロン批判者の中でも、本文にも触れたクリステラーに重要な地位を与えているが、クリステラーは、私から見ても最も均衡のとれたルネサンス思想研究者に思われる。ブルーニ以前と以後との連続性を無視してはならないことについては、Q・スキナー *The Foundations of Modern Political Thought* 第三章もバロン批判に加わっている。なお、ハンキンズは、ドイツ時代、若き日のバロンがE・トレルチを尊敬する熱烈なワイマール共和国支持者であり、バロンにとって共和主義者ブルーニは、まさに世界史的意義を担う人物であったと見ている。とすれば、一九五五年に最初に(二巻に分けて)刊行されたバロンのこの書物が、彼に対するそれ以前からの批判にもかかわらず、アメリカで急速に名声を獲得したこと自体、一つの政治思想史現象と言うべきであろう。

関連して、右の一九九五年の論文の中でハンキンズは、高名なポウコック *The Machiavellian Moment* (1975)に触れ、「バロンの civic humanism は、ポウコックとその追随者によって、初期近代イギリス・アメリカ史叙述の中で第二の生命を持つことになった」(p. 314, n. 9)といささか皮肉な発言をしている。明らかにポウコックは、その第三章・第四章で、ガレンを傍証に引きながら、バロンの図式に従っている。それだけではなく、ポウコックは、ブルーニがペトラルカの普遍主義と断絶して新しい civic humanism の出発点となったとするバロンの主張をさらに一般化して、ここにキリスト教の終末史観と根本的に対立する新しい世俗的な時(time)の観念が生まれたとしている。それが、ハンキンズの言う「第二の生命」の少なくとも一つの意味であろう。だが、人文主義はペトラルカもブルーニもいずれもカトリック世界内部の思想現象であったことを考える時、また、スキナーの批判にもあるが、序章にも述べたとおり共和主義的言説は十三世紀にすでに有力に存在していたことを考える時、新しい世俗主義の勝利を歌い上げようとするポウコックの主張に十分な説得力があるとは思われない。ポウコックは中世自然法論の存在には無関心と見える。ポウコックの言う新しい「時」の概念は明らかに説明不足であり、とくに *The Machiavellian Moment* 第一章はしばしば意味不明である。確かに、十七世紀人ハリントンのマキアヴェッリ継受、およびハリントンとアメリカ共和主義との関連を明らかにしたのは、ポウコックの偉大な功績であった(ただし、後者のテーゼはすでに批判の対象ともなっているが)。だが、アメリカ共和主義のルーツを求めるために、すでに存在していた批判を無視してまでバロンの「予期の神話」に依存するポウコックの civic humanism 概念は、結局はコミュニタリアニズムのイデオロギーであったと見られても致し方ないのではないだろうか。なお、前頁で言及したハンキンズの論文(1995)は、そのバロン批判にもかかわらず、必要な留保を施せば、civic humanism 概念は同時代政治思想を表現する言葉として依然有効なのではないかとしているが、これも前頁で言及した最近の編著(2000)では、近時の十五世紀政治思想研究でもバロン・モデルはなおオーソドクシーの地位を維持していると見て、批判の姿勢を強めている(Introduction, p. 3, p. 7)。論争の行方は未だ不透明ではあるが、「共和主義」をそれ以前には存在しなかった新しい政治言語と見ることはできないとし、むしろ十二世紀から十六世紀に至る政治思想史の連続を主張する方向性もある(J. M. Blythe, “Civic humanism” and medieval political thought, Hankins (2000), p. 32)。また、クリステラーは、「キリスト教的人文主義」、「政治的人文主義」などの概念を特定化すること自体に批判的である。本文の記述のとおり、本書での理解は、基本的にはこれらに近い。

(4) マネッティ「人間の尊厳と優越について」『ルネサンスの人間論――原典翻訳集』(佐藤光夫編、有信堂高文社)七九頁。ピコ「人間の尊厳についての演説」同、二〇八頁。クリステラー「ルネサンスにおける「人間の尊厳」」同、二五六頁、二六一頁。エラスムス「エンキリディオン」第二八章『宗教改革著作集』2(金子晴勇訳、教文館)。*The Enchiridion of Erasmus*, tr. R. Himerick (Indiana University Press, 1963), p. 173. *Meditations on the Soul, Selected Letters of Marsilio Ficino*, pp. 89–93. ミル『功利主義論』第二章(『中公 世界の名著』38)四七〇頁。なお、エラスムスの「キリストの哲学」(philosophia Christi)という言葉は、人文主義者が口にした「道徳哲学」(philosophia moralis)を念頭に置いた言葉ではないだろうか。そうだとすれば、そこにエラスムスの強い使命感を見ることができるであろう。

(5) 福田歓一『近代政治原理成立史序説』(一九七一年)同『著作集』第二巻(岩波書店)。J. G. A. Pocock, *The Machiavellian Moment* (Princeton, 1975); Quentin Skinner, *The Foundations of Modern Political Thought*. これらの中では、私の関心(解釈では必ずしもないが)は、社会契約説の頂点をルソー、カントにおける自律的人間の理論に求める福田のものに最も近いとも言えよう。そこでは、必然的に政治と非政治の接点が論じられなければならなかったからである。

(6) 鈴木朝生『主権・神法・自由――ホッブズ政治思想と十七世紀イングランド』(木鐸社、一九九四年)一六頁。

(7) こうした同時代の思想家たちの精神の奥深くでの現象を、無視しないまでも少なくとも軽視し、彼らを権力ゲームの一アクターとしてのみ扱おうとする思想史叙述は、序章注(1)にも述べたように、政治史の一部ではありえても、精神の世界を対象とする政治思想史としては不適切なのではないだろうか。その意味では、最近四半世紀の研究を牽引してきたポウコックとスキナーが、共にキリスト教そのものに対して著しく無関心であることは、研究史にとっては不幸な事態と言うべきかもしれない。たとえば、スキナーは、真の信仰を抑圧する政治権力に対する抵抗の可否の問題――そもそも、プロテスタンティズムがあって初めて成立した問題――に関するルターの態度を取り上げるに際して、それが、時間と共に否定から消極的肯定へと変化したことによって、後のカルヴィニストの抵抗権論を鼓舞したと述べているが、そうした主張や変化がルター自身の世界理解とどう関係するのかという問題については無関心である(Skinner, *The Foundations*, vol. 2, p. 14, p. 74)。

(8) Allen, *A History of Political Thought*, p. 512.

(9) ここで、ホッブズ自身の信仰は問題ではない。なお、ホッブズの問題については第一章第二節(i)、および第四章第三節(i)を参照。

(10) 近年のわが国で、十六世紀政治思想を扱った優れた研究として私が負っているものを挙げておきたい。佐々木毅『マキアヴェッリの政治思想』(岩波書店、一九七〇年)、同『主権・抵抗権・寛容』(岩波書店、一九七三年)、同『近代政治思想の誕生――16世紀における「政治」』(岩波新書、一九八一年)。塚田富治『カメレオン精神の誕生――徳の政治からマキアヴェリズムへ』(平凡社、一九九一年)。同『政治家の誕生――近代イギリスをつくった人々』(講談社現代新書、一九九四年)。これらはいずれも、緻密な資料探索に基礎づけられた堅固な研究であり、統治の技術論も十分視野に入れている。だが、佐々木の場合、そのリプシウス論も含めて、基本的には理念史の方法が採られていて、分析枠組みは資料の性質の要請するものでなければならないとする本章とは、当然のことながら標的が異なる。塚田の研究は、最近著『近代イギリス政治家列伝』(みすず書房、二〇〇一年)も含め、数多くの資料を駆使しながら、従来の大多数の研究とは異なって、統治技術としての政治の問題を正面から取り上げており、教えられるところは多かったが、思想家たちの内面における世界理解を主題とする本章の分析とはやや視点を異にする。

(11) (越智武臣訳、みすず書房)二四一頁。

(12) 『ルネサンス書簡集』岩波文庫、一三四―一三六頁。「論難」はペトラルカの好んだスタイルと見られている(Kristeller, Humanism, *The Cambridge History of Renaissance Philosophy*, p. 125)。

(13) セネカ「怒りについて」、「寛容について」、「恩恵について」。いずれも『道徳論集』茂手木元蔵訳、東海大学出版会。『モラリア』についてはCopenhaver, Translation, terminology, and style in philosophical discourse, *Ibid.*, pp. 85–86. エラスムスの言葉は、ホイジンガ『エラスムス』(1924)(宮崎信彦訳、筑摩書房)一六〇頁より引用した。なお、ヨーロッパ思想史における「友情」の観念の重要性については第二章に述べた。

(14) ピコ「演説」『ルネサンスの人間論』二三八頁。ピコの折衷主義を中世理性概念の域内のものと見ることは可能であろう。ボダンの宗教思想については、*Colloquium Heptaplomeres de Rerum Sublimium Arcanis Abditis*, Eng. Trans. (M. L. D. Kuntz), *Colloquium of the Seven about Secrets of the Sublime* 参照。佐々木毅は、この謎の対話の参加者七名のうち、ユダヤ教徒Salomonと自然宗教論者Toralbaがボダンの真意を代弁するものと見ているが(佐々木、一九七三年)、英訳者クンツは、カトリックのCoronaeusの調停者としての役割に注目し、七人すべてが一致し、しかもカバラの中心思想である、多様性に基づく宇宙的調和こそ、ボダンの主張なのではないかと見ている(p. xlv)。私には、ボダンもまた、懐疑的でありながらカトリックに止まったピコ以来の伝統の中の一人であると見るのが自然に思われる。

(15) アルマン『中世における個人と社会』一八一頁。

(16) クリステラー『ルネサンスの思想』一二一頁、一七八頁。Erasmus, *Praise of Folly*, Introduction (A. H. T. Levi), Penguin Classics, p. 22. なお、中世芸術には空間を見る視点が複数あり、それが独自の階層秩序観と併存しているとされるが(平凡社『大百科事典』「遠近法」の項)、思想における折衷主義も、この時期に初めて現われたものではなく、むしろ、中世の複眼的思考法の延長線上にあるものと考えるべきものなのかもしれない。この点は前掲柴田平三郎『中世の春』にも示唆を得た。

(17) 下村寅太郎『ルネッサンス的人間像』(岩波新書、一九七五年)は、カスティリオーネの『宮廷人』の中で、ウルビーノ公の宮廷における談論の話題として、形相と質料が論じられていたと記述されていることを紹介している(一二九頁)。

(18) アリストテレス『ニコマコス倫理学』第八巻一〇章、『政治学』第三巻七章。

(19) J・H・ヘクスター『モアの「ユートピア」――ある思想の伝記』(1952)(菊池理夫訳、御茶の水書房)七三頁。なお、私のモア解釈は、塚田富治『トマス・モアの政治思想』(木鐸社、一九七八年)に負うところが多い。

(20) 『ユートピア』沢田昭夫訳(「中公 世界の名著」17)四四三頁、四八三頁。

(21) ただし、作品における統制原理の稀薄さ、または曖昧さは、必ずしもその欠陥を意味しない。すでに本章第一節に述べたように、ひとりモアに限らず一般にこの時代の思想家たちは、直接に権力ゲームの中にいて、どちらかのサイドが時々に必要とする理論を供給するという役割を担う運命にあった。そこでは、自分が何を言うかは、自分の地位どころか、時には生命にすら直接に影響する。もちろん、それはこの時代以前にもあったことであるし、キケロや、アウグスティヌスや、ボエティウスのように、思想家が自ら権力主体である場合もあったが、彼らと比較してとくに十六世紀の思想家たちは、権力ゲームにおける従属的アクターであった。その彼らにとって、個々の作品においても、またそれらの相互関係においても、理論的一貫性は必ずしも第一の関心たり得なかったのではないだろうか。この事情は十七世紀末まで続くと見てよいと思う。もちろん、それは、モアが典型例であるように、思想家が一人の人間として、生命を賭しても守るべき一点を持っていなかったということではない。なお、『パンタグリュエル物語』は、渡邊一夫訳(白水社)によった。

(22) この有名な言葉は、エラスムスの書簡のものとされている。*Praise of Folly*, Penguin Classics, Introduction (A. H. T. Levi), p. 25.

(23) ここでの「テレームの僧院」の解釈は、基本的には渡邊一夫の「解説」に負っているが、そうしたユートピア文学としての読み方の他に、特権階級化した現実の修道院のパロディーという読み方も可能なのではないかとも思われる。しかし、この点については、専門研究者の教示を待ちたい。二世紀後のルソーの小説『新エロイーズ』における「クララン農園」の叙述は、ラブレーのこの物語と何か関連がありそうにも思われるが、裏付けはできなかった。

(24) 『キリスト者の自由』(石原謙訳、岩波文庫)一七頁。

(25) 『ティトゥス・リヴィウスの初篇十章に基づく論考』は、わが国では『ローマ史論』『リヴィウス論』『政略論』などの名前で略称されてきた。最近、英訳名の影響もあって『ディスコルシ』という訳語も用いられているが、ここでは大方の慣用に従いたい。なお、一見唐突のようではあるが、『キリスト者の自由』と『リヴィウス論』のパラレルな関係は、それぞれの自由論についても認めることができる。これについては第一章第二節(i)に見たとおりである。スキナーは、『リヴィウス論』は『君主論』より後に書かれたとして、いわば両者をそれぞれ別のマキアヴェッリに帰しているが、そうではなく、後者は前者を中断して、その間に書かれたとする研究者もある(W. Connell, The republican idea, Hankins (ed.), *Renaissance Civic Humanism*, p. 28)。

(26) 「エンキリディオン」『宗教改革著作集2 エラスムス』(金子晴勇訳、教文館)九八頁。以下本項でのこの作品の引用・言及は、本文中に、同書頁数のみを示す。なお、*The Enchiridion of Erasmus*, tr., R. Himelick (Indiana University Press, 1963)を参照した。

(27) *Praise of Folly* (Moriae encomium), tr., B. Radice, *Collected Works of Erasmus* 27 (University of Toronto Press, 1986), p. 79. なお、この作品についての言及・引用は、本文中に、該当する章番号を記す。

(28) Letter to Martin Dorp, 1515, *Ibid*., p. 78.

(29) グィッチャルディーニ『政治と人間をめぐる断章』(リコルディ)(1512–1530)(永井三明訳、清水弘文堂)。

(30) ホイジンガ『エラスムス』八二頁。

(31) 「キリスト者の君主の教育」『宗教改革著作集2 エラスムス』(片山英男訳)二六九頁。他に、The Education of a Christian Prince, *Collected Works of Erasmus 27* も参照した。なお、本文前段に述べたエピソードは、マキアヴェッリ、ギョーム・ビュデらにも同様の例がある。人文主義者の生活と行動の現実だったのであろう(*The Education of a Christian Prince*, Cambridge Texts in the History of Political Thought, tr. N. M. Cheshire & M. J. Heath, Introduction, pp. xix-xxii)参照。

(32) 『平和の訴え』(箕輪三郎訳、岩波文庫)三九頁。なお、前注ケンブリッジ版の編集者は、その「序文」(p. xiv)の中で、エラスムスのこの同意理論は、後にカルヴィニズムの抵抗権理論として名高い *Vindiciae contra Tyrannos* にエコーしている、と指摘している。

(33) フォーテスキュー「イングランド法の礼賛」(小山貞二訳、『法学』東北大学法学部)五三巻、六〇一頁。なお、前記ホイジンガは、エラスムスの「精神の非政治性」を言うが(一六一頁)、それを、狷介で孤高な〈知識人の独立〉の意味に解しているかに見える。その側面は否定できないが、他方、本文に述べたように、エラスムスには「愛の掟」に従った祈りの共同体を求める側面もあったことをホイジンガは見過ごして(あるいは無視して)いるようである。ホイジンガは『キリスト者君主教育論』もほとんど無視している。第一章注(48)に示したバーリンの「消極的自由論者エラスムス」も同じイメージであろう。

(34) Francisco de Vitoria, On Civil Power, 1. 3–4; I On the Power of Church, 5. 6–8, *Political Writings*, Cambridge Texts in the History of Political Thought. 因みに、同時代のドミニコ会は、エラスムス批判の急先鋒であった。

(35) 以上、同書Ⅲ/2(渡辺信夫訳、新教出版社)。

(36) ゲルハルト・エストライヒ「近代的権力国家の理論家 ユストゥス・リプシウス」(1969)『近代国家の覚醒』(阪口・千葉・山内訳、創文社)。山内進『新ストア主義の国家哲学——ユストゥス・リプシウスと初期近代ヨーロッパ』(千倉書房、一九八五年)。佐々木毅「政治的思慮についての一考察——ユストゥス・リプシウスを中心として」有賀・佐々木編『民主主義思想の源流』(東京大学出版会、一九八六年)。塚田富治『カメレオン精神の誕生』第五章。なお、引用は Justus Lipsius, *Sixe Bookes of Politickes or Civil Doctrine*, Done into English by William Jones Gentleman, 1594 より、各巻名・章名を本文中に略記する。

(37) リプシウスは、新ストア主義の立場とキリスト教とを調和させようとしているというP・バークの説明があるが、表面的に過ぎると思う(*The Cambridge History of Political Thought 1450–1750*, p. 492)。

(38) シェイクスピアの史劇『ヘンリー五世』第四幕第一場で、アジンコートの決戦の前夜に、ヘンリーが陣地を見回りながら兵士と交わす会話の中に「民の一人一人は王に忠誠を尽くす義務がある。しかし彼らの魂はあくまでも彼ら自身のものだ」という一節がある。優者への肉体の服従と〈心の独立〉のテーマとでも言うべき台詞は、阿諛と恣意的支配に身を滅ぼした暴君の敗残物語『リチャード二世』にもある(第四幕第一場)。国教制プロテスタンティズムの時代の共通感覚であろうか。

(39) ダントレーヴ『政治思想への中世の貢献』(1939)第六章「リチャード・フッカー」。Allen, *A History of Political Thought in the Sixteenth Century*, p. 185. クエンティン・スキナー『思想史とはなにか』(1988)第一章(半澤・加藤編訳、岩波書店)。C・モリス『宗教改革時代のイギリス政治思想』(1953)第九章「フッカーとテューダー王朝の政治思想」(平井正樹訳、刀水書房)二一七頁。わが国での最近のフッカー研究としては、高野清弘「リチャード・フッカーの思想的出立」『甲南法学』第三七巻第四号(甲南大学、一九九七年)が、『諸法』に始まる、ピューリタンの聖職者ウォルター・トラヴァースとの神学論争を詳細に紹介しており、フッカーをめぐる状況の理解のため助けられるところが大きかった。なお、テクストとしては、*Of the Laws of Ecclesiastical Polity*, The Folger Library Edition of The Works of Richard Hooker (The Belknap Press of Harvard University, Cambridge Massachusetts, 1977 以下〈ハーヴァード版全集〉と呼ぶ); *Of the Laws of Ecclesiastical Polity*, A. S. McGrade, ed. Cambridge Texts in the History of Political Thought (Cambridge, 1989); および、フッカー「教会政治理法論・序文」『宗教改革著作集12　イングランド宗教改革II』(村井みどり訳、教文館)を使用し、該当巻・章・節名を本文中に略記する。ただし、題名も含めて、訳文は変更した場合がある。

(40) 『諸法』については、後半の三巻はなぜ生前に発行されなかったのか、そこには何らかの政治的圧力があったのではないかという問題、また、生前に刊行されなかったため、とりわけ第八巻について多くの手稿や刊本が錯綜し、テクスト上の混乱が甚だしいという問題などが指摘されているが、そのいずれについても私は発言する立場にはない。しかし、ここで使用したハーヴァード版全集は、テクスト批判としてはほぼ最終的なものと考えられ、それによって見る限り、本文にも述べたとおり、少なくともその執筆意図において全体は一貫しているのではないか、という印象を持っている。

(41) ここに見られる、政治社会に先立つ個人の自己保存権、共同体が持つ統治者選任権などの議論は、すでにヴィトリアに見られるが、フッカーの議論がそこに負っているのか否か、いずれとも裏付けはできない。Vitoria, On Civil Power, 1.3–4, *Political Writings*, Cambridge Texts in the History of Political Thought. 同じ議論が、十七世紀に入って、スアレスとロックに繰り返されることについては、第一章第二節(i)参照。なお、こうした議論や、本文に以下述べる〈同意理論〉の中に共和主義的要素を認め、フッカーは不当な権力への抵抗を暗黙に認めていたのではないかとする解釈もあるが、とりわけ折衷主義的なフッカーの議論については、そうした〈論理的〉分析は、極言すればいくらでも可能である。それよりも、フッカー自身はその問題を決して論じなかった、という事実の方を重視すべきであろう。cf. J. P. Sommerville, Richard Hooker, Hadrian Saravia, and the advent of the divine right of kings, *History of Political Thought*, Vol. IV, No. 2, 1983, pp. 229–245.

(42) (齋藤美洲訳、桃源社)六五頁、三三頁、四〇頁。The Clarendon Edition of Robert Burton's *The Anatomy of Melancholy*, Vol. III, (ed.) T. C. Faulkner, N. K. Kiessling, R. L. Blair (Oxford, 1994), Vol. iii, p. 48 (III・2・1), p. 23 (III・1・2), p. 30 (III・3・1).

(43) 世界理解も含めてヒュームの理論の〈革命性〉については第一章第三節(i)参照。

第四章

(1) たとえば、ロバート・ニスベット『保守主義——夢と現実』(1986)(富沢克・谷川昌幸訳、昭和堂)。山崎時彦編『政治思想史——保守主義の生成と発展』(昭和堂、一九八三年)等参照。

(2) 半澤孝麿「保守主義」、田村秀夫・田中浩編『社会思想事典』(中央大学出版部、一九八二年)第一二章参照。なお、そこで行った「懐疑による保守主義」と「共同体論としての保守主義」という分類はここで撤回したい。しかし、歴史的事実に関するそこでの記述、とくに保守主義という言葉が本来は優れて政治史に属するものであるとする点は、本文にも記した通り維持したい。なお、近代日本において自覚的な政治思想としての保守主義が成立せず、「保守」はしばしば「反動」と結びつけられて、「保守反動」という成句が比較的早期から一般化したことは、丸山真男がつとに一九五七年に指摘した通りである(「反動の概念」『丸山眞男集』第七巻八五頁、岩波書店、一九九六年)。この丸山の論文が初出のとき巻頭を飾った『岩波講座　現代思想』第五巻が、現代を一般的に問題にしているにもかかわらず、「保守主義(または保守)の思想」ではなく「反動の思想」と題されているのは象徴的である。政治思想としての保守主義は本来ヨーロッパの現象と考える所以である。なお、一般にかなり以前から学生たちは、「保守反動」という成句を知らない。この言葉はもはや死語と化したのかもしれない。

(3) マンハイム以外に、たとえばC・ロシターは、『アメリカの保守主義』(1955)(アメリカ研究振興会訳、有信堂)の中で、すべての保守主義を、気質的な保守主義、所有に基づく保守主義、実際的保守主義、哲学的保守主義、の四つに分類している。また、A・クイントンは、イギリスに限ってではあるが、保守主義の起源を、通常言われるようにバークの『フランス革命の省察』にではなく、十六世紀のフッカーに求め、フッカー以来のその伝統を、宗教的と世俗的とに分類している(*The Politics of Imperfection: the religious and secular traditions of conservative thought in England from Hooker to Oakeshott*, Faber and Faber, 1978)。分類論の中で比較的に示唆的なのは、S・ハンティントンの次の三分類である。(一)普遍主義的または哲学的な保守主義論としての「自律的定義」、(二)自由主義に対抗し、伝統的貴族主義に傾斜した「貴族主義的理論」、(三)既存制度に対する根本的挑戦に直面した場合、歴史上いつでも、どこでも出現しうる、支配層イデオロギーとしての「状況的定義」。ハンティントンのこの分類は、「理論」という言葉と「定義」という言葉の間を、断りなしに自由勝手に移動したりしているが、他の形容詞羅列型分類論と比較すれば、多くの保守主義論の中に無意識に混在している哲学論的側面、歴史論的側面、機能論的側面の相互の異質性を明確に認識している点で、はるかに発見のための機能を持っている(Samuel Huntington, Conservatism as an Ideology, *American Political Science Review*, vol. LI (1957), pp. 454 ff.)。保守主義に関する邦語文献は必ずしも数は多くないが、示唆を受けたものを挙げれば、村松恵二「「保守」概念の論理構造」(弘前大学教養部『文化紀要』第一四号、一九八〇年)は、対抗思想としての保守主義、柔軟な対応の政治としての保守主義、人間学的・社会学的定数という三分類を提唱している。この分類は、保守主義の分類であるよりは、保守主義〈論〉の分類に近い。また、この論文はドイツ語圏の文献を多く紹介している点でも興味深いが、それだけではなく、保守主義研究に対する理念史的方法や、時空を越えた保守主義原理のカタログを設定することの不適切を指摘するなど、本章の問題設定と共通する点も多い。また、分類論ではないが、小川晃一「保守主義的態度」(『思想』一九六一年八月号)は、保守主義の特質をイデオロギーではなくむしろ態度の一貫性に求め、「保守主義的態度」の核心として「理性批判」を挙げて、「イデオロギー的態度」と「ユートピア的態度」と対比させている。

(4) 高橋・徳永訳、「中公 世界の名著」56、三五三頁。

(5) エミール・ブレイエ『ギリシアの哲学』(1938)(渡辺義雄訳、筑摩書房、「哲学の歴史」1)一七五頁。

(6) 『政治学』第二巻第六章 1265a、第四巻第一章 1288b、第七巻第四章 1325b。

(7) 半澤孝麿「思想家としてのエドマンド・バーク――一七八〇年まで」(日本政治学会編『年報政治学　政治意識の理論と調査』岩波書店、一九六五年)。

(8) Friedrich von Hayek, *Studies in Philosophy, Politics and Economics* (University of Chicago Press, 1967), p. 107; *Individualism and Economic Order* (Routledge and Kegan Paul, 1947), p. 10.

(9) R. Scruton, *The Meaning of Conservatism* (Macmillan, 1980), p. 11.

(10) 「人類の会話における詩の言葉」『政治における合理主義』(1962)(嶋津・森村他訳、勁草書房)。なお、すぐ次に述べるように、近代政治思想としての保守主義の特質を〈喪失への恐怖感〉に求めるというここでの仮説は、同書所収のエッセイ「保守的であること」に示唆を受けた。

(11) J. B. Bury, *The Idea of Progress* (1932, Dover ed., 1955), p. 17.

(12) もちろん、すべての場合において対象とする思想家の「一貫性」を求めようとするのは無意味だと言うのではない。ここではその方法は取らないと言うだけのことである。

(13) 第三章第四節(iii)フッカーの項、および、バーク『フランス革命の省察』(半澤孝麿訳、みすず書房)、「解説」四〇〇頁。

(14) R. Kirk, *The Conservative Mind*, 3rd ed. (Chicago, 1960), p. 552.

(15) この問題については、本書と視点は同じではないが鈴木朝生『主権・神法・自由』に教えられるところが多かった。なおRichard Tuck, *Natural Rights Theories* (Cambridge University Press, 1979); David Johnston, *The Rhetoric of Leviathan* (Princeton University Press), 1986; Quentin Skinner, *Reason and Rhetoric in the Philosophy of Hobbes* (Cambridge University Press, 1996) などにも示唆を受けた。

(16) 『随想録』第一巻、第二六章、第二巻、第三五章。『リヴァイアサン』第二〇章、*De Cive*, Chap. IX.

(17) 『福田歓一著作集』(岩波書店、一九九八年)第二巻、二九四頁。なお、福田の言う「形式的保守主義」とは、『著作集』第一巻の解説者前田康博によれば、「既成体制いっさいの存在理由をただそれが既成体制であるだけで無差別に弁証する」立場を示すために「造語した著者一流の概念」とされる。もしそうだとすれば、それとここで言う懐疑主義的保守主義とはそう遠くはないとも考えられる。いずれにせよ私は、この言葉で、人間と社会についての明確な原理的考察を経た上での、現存秩序擁護論のある種の極限的類型を表示したい。ホッブズにはまさにその意味での保守主義の要素が最初から一貫してあり、自然状態論も自然権論もその文脈で読むべきだと私は考える。

（18） *De Cive*, Dedication to The Earl of Devonshire, The Author's Preface to the Readers.

（19） *De Cive*, chap. 6, §1. ホッブズはしばしば必然論者であると考えられていて、哲学的認識論においてはそのとおりであろうが、政治理論に関する限り、自由意志論を取っていると見ざるを得ない叙述も多い。ホッブズの用語法とは契約の主体や性質の違いがあるにせよ、そもそも契約説の理論構成自体、第二章に示したとおり、自由意志論の支配する中世以来のものだということも考えるべきであろう。すでに十六世紀初頭、スペイン人によるアメリカ・インディアンの征服を批判したドミニコ会士ヴィトリアは、自然法によってすべての人間には自己防衛の権利と権力があるとしている。Francisco de Vitoria, *Political Writings*, p. 11, p. 250, p. 288. また、第一章第二節（ⅰ）に見たとおり、スアレスの中にも自然状態を出発点とした、人々の自由意志による合意＝国家形成という理論構成を認めることができる。

（20） この点に関連して、P・バークは、モンテーニュとホッブズの近さを指摘している（Burke, P., Tacitism, scepticism, and reason of state, Burns and Goldie (eds.), *The Cambridge History of Political Thought 1450–1700* (Cambridge, 1991), p. 495）。

（21） *De Cive*, Dedication.

（22） 同じ問題はロックにおいても存在する。ホッブズもロックも、この矛盾が最も日常的に予測される、上官の命令に対する兵士の服従義務の問題を取り上げ、いずれもその問題に対して迂遠な、曖昧とも受け取れる回答を与えていることは、功利性を目的とする同意理論構成におけるこの問題の処理の難しさをよく示している。ロックについては『統治論 第二篇』第一三九節参照。社会契約論者の中でこの問題に明快な回答を与えたのはスピノザとルソーであった。ルソーは『社会契約論』第二編第五章で、主権が死を求めた時、市民はそれを応諾しなければならないとする。市民の生命は単に自然の恵みであるだけではなく、社会契約成立以降は、その命令への服従の反対給付として国家によって維持された「条件付きの贈り物」だからである。あるべき国家として共和政ローマをイメージするルソーからすれば、『リヴァイアサン』第二一章でホッブズが認めたような兵役義務の金銭的解決は、文字通り公共精神の欠如と映ったことであろう。ルソーにおいては国家は生存という功利的目的のためにだけではなく、人間がまさに人間たる倫理性のためにも存在するという二重の目的を与えられていることが、彼にとって問題の論理的解決を容易にしたのであろう。スピノザ『神学政治論』第一六章における扱いも同様である。

（23） 鈴木朝生『主権・神法・自由』、第三章。

(24) オーブリー『名士小伝』(橋口・小池訳、冨山房)第二部「トマス・ホッブズ」。

(25) *De Cive*, chap. XV, §15. なお、梅田百合香「ホッブズのリヴァイアサン――十七世紀イングランドにおける政治と宗教」『名古屋大學法政論集』一九〇(二〇〇一年一二月)九九頁では、フッカー『国王首長制教会国家の諸法について』第一巻第一章および説教を挙げて、「イエスはキリストである」というホッブズの言葉はフッカーからの継承であると論じている。だが、この言葉自体、そもそも「ヨハネによる福音書」23・31からのものであり、フッカーが、『諸法』以外の説教でそれを繰返したにしても、それでもってフッカーとホッブズの継承関係と断定することはできない。前章第四節(iii)に見たように、確かにフッカーとホッブズは、エラスティアンな方向で宗教論争を収束させようという動機の共通性からであろう、共通な議論も多く、そこに継承関係が存在したかのような印象を与えるが、論理的にかなり厳格な構築物であるホッブズの理論と、伝統的な同意理論その他雑多な理論の折衷であるフッカーのそれとの間には、理論の性格一つを取ってみても、相当な距離があると見なければならない。折衷主義が正常な理論的態度と考えられ、多くの著者の多くの文書でさまざまな理論がさまざまな動機から利用されて飛び交ったこの時代、一つの理論と他のそれとの継承関係を論証するのは容易ではないし、必ずしも有意でもない。

(26) Arihiro Fukuda, *Sovereignty and the Sword* (Clarendon Press, Oxford, 1997)は、『リヴァイアサン』においては言葉(word)に対して剣(sword)が優越するとする解釈を提起している。本文に述べたとおり基本的には私も同じ理解であるが、ホッブズは宗教的寛容政策を承認していたとする点に関しては見解を異にする。この問題については私人相互の関係と国家―国民の関係とを区別して論ずる必要があろう。

(27) 『政治における合理主義』一二三頁、一二九頁。

(28) Burke, *Pre-Revolutionary Writings*, Cambridge Texts in the History of Political Thought (1993), pp. 82–87.

(29) ニスベット『保守主義』九八頁以下。J. Z. Muller (ed.), *Conservatism* (Princeton University Press, 1997), Editor's Introduction. Jurgen Habermas, Neoconservative Cultural Criticism in the United States and West Germany, *The New Conservatism* (MIT Press, 1944), p. 44. なお、H・セシル『保守主義とは何か』(1912)(栄田卓弘訳、早稲田大学出版部)七六頁も参照。セシルの議論は、全体的には保守主義としては例外的と思われるほど、キリスト教の救済論的側面を論じているが、そのことと、彼のホッブズ的国家論とは無関係ではないであろう。

(30)「詩人」、『エマソン論文集』(酒本雅之訳、岩波文庫)下、一四五頁。「逃亡奴隷法」同、二五二―二五三頁。
(31)シラー『人間の美的教育について』(小栗孝則訳、法政大学出版局)三四頁(訳文は変更した)。
(32)マン『非政治的人間の考察』(前田・山口訳、筑摩書房)下、三二二頁。R. J. White (ed.), *The Conservative Tradition* (London, 1950), Introduction, pp. 1–2.
(33)これら初期作品については、半澤孝麿「思想家としてのエドマンド・バーク――一七八〇年まで」参照。
(34)(大津真作訳、岩波書店)。
(35)『省察』一二五頁、一一一頁。
(36)「自由の条件」(1960)、第一部「自由の価値」第一章「自由と個別的自由」、『ハイエク全集』第五巻。
(37)オークショット「政治における合理主義」、『政治における合理主義』二一頁。
(38)Hayek, *New Studies in Philosophy, Politics and Economics* (Routledge and Kegan Paul, 1978), p. 254.『隷属への道』(1944)(西山千明訳、春秋社)五九―六〇頁。
(39)『隷属への道』二七九―二八〇頁、一四頁。
(40)J・グレイ『ハイエクの自由論』(1984)(照屋・古賀訳、行人社)二一―三頁。
(41)「法と立法と自由」、第一部「ルールと秩序」第二章「コスモスとタクシス」、『ハイエク全集』第八巻。なお、ここで論じたヒューム、バーク、ハイエク、オークショットいずれにも見られる、生成論と自由論との本質的結合を考えるとき、生成論的保守主義とはむしろ、目的論的保守主義の一つのヴァージョンと見るべきではないかという疑問が当然に生まれるであろう。しかし、後者におけるある種の超越論的規範主義と、前者のより徹底した世俗性とは、連続的スペクトルムと見るとしても、やはり、かなりの距離がある。それぞれ別個の型と見る所以である。もちろん、繰り返し述べてきたように、一人の思想家の中に複数の型が併存するのは不思議ではまったくない。
(42)(長尾史郎訳、ハーベスト社)二〇一頁。
(43)「保守的であること」、『政治における合理主義』二三三頁。

あとがき

本書の意図は、私の力の及ぶ限り広い視野を取りながら、ヨーロッパ政治思想史を読み直してみようとするところにあった。ここでは、このような叙述を試みるに至った個人的背景について若干述べるのをお許し頂き、併せて感謝の義務を果したい。

振り返ってみれば、本書に至る道の出発点は、学生時代にあったと思う。私が、政治や法の理論について関心を最初に持ったのは、一九五〇年代半ば、東京大学法学部カトリック研究会の学生として、未だ若い星野英一先生を指導者に、カトリック自然法の勉強を始めた時のことであった。この研究会には滋賀秀三先生、法学部出身の澤田和夫神父も出席され、隔週で、二年以上続いたと記憶している。それは、今にして思えば、学生にとっては実に贅沢な研究会であった。しかし、当時の私にその贅沢さは理解できるはずもなかった。研究者の道に入るとき、私は、この研究会で学んだ法哲学ではなくて政治思想史を選んだが、研究者の卵になって程なく関心を持った、昭和前期日本のカトリック思想家吉満義彦の影響もあってか、私にとっては、同世代の多くの政治思想史研究者のように、「前近代」と区別された「近代」という言葉が特別の輝きを持つことは最初からなかった。もちろん、だからといって私が反近代主義者だったというわけではない。だが、吉満は私に、「近代」ではなくて、ヨーロッパ思想史の総体に立ち向かう必要を教えた。

しかし、こうした出発点は、東京都立大学で西洋政治思想史を講義する義務を負った若い私にとっては大きなハンディでもあった。と言うのも、未熟な講義者にとって依るべき通史のほとんどすべては、たとえ明示的にではないにせよ、少なくとも暗黙の前提として、ヨーロッパにおける前近代性の克服とデモクラシーの勝利という構図の上に書かれており、私はそれを受け入れながら、同時にそこにある種の違和感をも抱かざるをえなかったからである。私は、何としてでも自前のヨーロッパ政治思想史を持たねばならなかった。そのために私の取った方法は、古典古代以来の政治思想家を、その個々人について、伝記的事実や非政治的側面も含めてできるだけその内側から、歴史的に、私の主観や研究書の与える思いこみを抑制しながら理解するよう努め、その積み上げとして政治思想史の通史を語ってみる、というものであった。それには長い時間が必要であり、ようやく私なりの見通しを持つことができるようになったのは、過去二十年ほどのことである。本書は、その過程で見出された諸問題に、私自身の研究課題を加えて、あらためて問題別に整理し、仮説とその検証を試みたものである。とすれば、本書の成立について私が最初に感謝すべきは、いつも不安定で模索続きであった私の講義に耳を傾けてくれた多くの学生たちに対してでなければならない。

私は、本書で扱った多くの思想家たちのほとんどすべてについて、〈専門家〉ではない。その私に、曲がりなりにもこうした叙述を可能にさせたのは、古くからある古典の英訳書のほか、わが国における多くの先行研究、とりわけ層の厚い、多数の原典の邦訳であった。それら無しには、私は一歩も進めなかったことは間違いない。このことについて私は、とくに大きな感謝を捧げなければならない。もちろん、個々の思想家に関してここで述べた解釈が、〈専門家〉の常識に反することもあるであろう。そのことについては必ずしも怖れてはいないが、しかし、取り上げた思想家それぞれに関する最も基礎的な事実についての無知または誤謬が見出されるとすれば、それは私の落度である。

本書の全五章のうち、第二章は、私の東京都立大学における最終講義「西洋政治思想史における非政治的なものについて」を、同法学部『法学会雑誌』第三八巻第一号（一九九七年）に、第四章は、同じ題名で『思想』（八八九号、八八九一号、一九九八年)にそれぞれ発表したものである。いずれも、基本的な枠組は変わらないが、大幅に改稿した。第一章と第三章は、それぞれ、東京大学政治理論研究会、東京都立大学創立五十周年記念法学部講演会、および成蹊大学を拠点にする学際的な「思想史研究会」などで口頭発表したものを原型としているが、序章とともに、基本的には書き下しである。なお、本書執筆のほぼ最終段階の昨夏、集中講義の形で、本書全体について語る機会を九州大学大学院法学府から与えられた。この講義を企画された関口正司氏、そこに出席し、多くの適切な疑問を提起された同学大学院学生、助手、それに遠路お越し頂いた関西、四国在住の若い研究者諸氏に深く感謝したい。

思想史研究の作業それ自体は誰にとっても孤独なものである。しかし、私は、これまでの研究の人生で多くの師友に恵まれて幸せであった。半世紀近くも昔、研究者の世界に入ることをお許し頂いた故堀豊彦先生、早くからバークを勉強することを勧めて下さり、いろいろお教え頂いた故丸山真男先生(もっとも、晩年の先生との間の話題はほとんど音楽であったが、今ではそれも懐かしい思い出となった)、必ずしも従順ではなかったにもかかわらず、懐に暖かく迎えて下さり、常に励まされ、今なお、私の目配りの足りない時にはそれとなく注意して下さる福田歓一先生には、御礼の言葉もない。また、三七年にわたる東京都立大学在任中の先輩、同僚諸氏、とりわけ、日本政治思想史についての私の初歩的な質問にいつも丁寧に答えて頂いた宮村治雄氏、教会法の専門家として、制度から見る思想史の風景は、私のような思想史研究者から見るそれとはいかに異なっているかという、ある意味では恐怖感にも似た刺激を与え続けられた渕倫彦氏、かつては同大学大学院学生または助手として共に学び、今では学界およびそれぞれの大学で中心的役割を担っている諸氏、とくに、時折共にする山行の途次その他、折に触れて適切な助言を与えてくれる杉田孝夫氏、鈴木朝生氏、いずれの方にもそれぞれ御礼を申し上げたい(だが、そのうちの一人、塚田富治氏はすでに世に亡い)。なお、「思想史研究会」で日頃論議を交わしている諸氏にも、心からの謝意を表わしたい。

私は、本書に辿り着くまでに私が出会った人々のうち、ケンブリッジの研究者たちについて黙して過ごすことはできない。コウルリッジ政治思想研究の先駆者であり、暖かい心で懇切丁寧に指導して頂いた故R・J・ホワイト氏、無名の若い一日本人研究者のコウルリッジへの関心を一時間にもわたって問い質し続けた故E・H・カー氏（そのとき氏はすでに七八歳であった）、マッカーシズムの嵐に遭遇してアメリカからケンブリッジに移り、そこでアテナイのデモクラシーを、たんなる考古学的対象としてではなく、人間的事象として見事に描いて鋭い批判の矢を酬いた、威厳と慈愛に溢れる故サー・モーゼス・フィンリー教授（ダーウィン・カレッジの長であった教授の執務室には、大学紛争の余波で非業の死を遂げた若い一日本人ギリシア史研究者の、未完に終った博士論文草稿の一部が、心を打つ哀悼の言葉と共に置かれてあった）、私より年若いが、丸山、福田両先生を深く尊敬し、また、弱冠二九歳にして画期的なロック研究を発表した後、今なおデモクラシーについて答えのない問いを発し続けているジョン・ダン、および、正確な言語使用に厳しい執念を見せるクエンティン・スキナー二人の教授、彼らはいずれも、それぞれの仕方で、研究者の生涯はいかにあるべきかについて、また、学問の共和国の何たるかについて、私に深い印象を与えずにはいなかった。

最後に、しかし、最小にではなく、本書の存在そのものを負っている岩波書店編集部小島潔氏に、心からの感謝を申し上げたい。氏の激励と鋭い示唆がなければ、本書は、今あるとおりにはなかったはずである。

二〇〇三年八月　蓼科にて

半澤孝麿

半澤孝麿（はんざわ・たかまろ）

1933年生まれ.
東京大学法学部卒. 東京都立大学教授を経て, 現在同名誉教授, 和洋女子大学教授. ヨーロッパ政治思想史専攻.
著書に『近代日本のカトリシズム』(1993年, みすず書房), 訳書に, バーク『フランス革命の省察』(1978年, みすず書房), ダン『政治思想の未来』(1983年, みすず書房), スキナー『思想史とはなにか』(編訳, 1990年, 岩波書店)などがある.

ヨーロッパ思想史における〈政治〉の位相

2003年10月28日　第1刷発行
2022年5月19日　第2刷発行

著　者　半澤孝麿《はんざわたかまろ》

発行者　坂本政謙

発行所　株式会社 岩波書店
〒101-8002 東京都千代田区一ツ橋2-5-5
電話案内 03-5210-4000
https://www.iwanami.co.jp/

印刷・理想社　カバー・半七印刷　製本・松岳社

© Takamaro Hanzawa 2003
ISBN 4-00-002397-7　Printed in Japan

アセンブリ
――新たな民主主義の編成
アントニオ・ネグリ
マイケル・ハート
水嶋、佐藤、箱田、飯村 訳
A5判四九二頁
定価四九五〇円

ロバート・フィルマーの政治思想
――ロックが否定した王権神授説
古田拓也
A5判二八二頁
定価五一七〇円

プルードン
――反「絶対」の探求
金山準
A5判二二八頁
定価四六二〇円

実践 日々のアナキズム
――世界に抗う土着の秩序の作り方
ジェームズ・C・スコット
清水展
日下渉
中溝和弥 訳
四六判二三〇頁
定価三〇八〇円

デモクラシーとは何か
ロバート・A・ダール
中村孝文 訳
四六判三二〇頁
定価三五二〇円

岩波書店刊

定価は消費税10%込です
2022年5月現在